让我们一起追寻

Bin Yang

*Cowrie Shells and Cowrie Money*

# 海贝与贝币

A GLOBAL HISTORY

鲜为人知的全球史

杨斌 / 著译

社会科学文献出版社
SOCIAL SCIENCES ACADEMIC PRESS (CHINA)

# 目　录

# 中文版序

本书的翻译和出版，必然首先要感谢甲骨文书系的创办人董风云先生。如果没有他的热心接洽以及甲骨文团队的支持，此书的出版恐怕会遥遥无期。

早在2018年本人撰写本书的英文书稿时，风云兄得知大略，便一口承诺届时向劳特利奇出版社（Routledge）购买中文版权，翻译出版此书。本书英文版甫一出版，甲骨文工作室便马上购买了版权，着手请人翻译。不过，寻找一个合适的译者并非易事，因为本书涉及的时空和领域远远不同于一般的历史书籍。在购买版权后的一年多时间里，甲骨文邀请了七八位译者试译，均不能满意。最初，风云兄建议笔者自译，而本人原想集中精力做科技医疗史的研究，不愿意做此苦工。到了2020年5月初，得知译者难寻的情况，思之再三，笔者还是决定亲自动手。

笔者自译的结果，便是无法忍受英文的书写，所以将中文版称为译著并非完全是笔者自美。首先，在翻译的过程中，笔者不但进一步温习、查阅了相关资料，如《一切经音义》《明实录》《历代宝案》等，而且还收录和融入了一些关于海贝的新的中英文材料，同时笔者就原来存在的疑问进行了反思和辨析，甚至对英文版的个别说法进行了纠正。其次，基于笔者对中文读者的知识背景和兴趣的认知，中文版添加了相当多的段落，或是史料，或是背景说明；许多无法或不宜在正文中说明的内容，笔者增添了注释。以上的情况，中文版中均以"译注"标明，读者一看便知。如此的代价，便是行文不免有窒碍处，只能恳请读者宽容。当然，中文版也并非逐字逐句对译，而是根据中文的习惯，略做调整；这些调整基本遵照原文意思，因此不做额外说明。由于以上提到的修改，特别是内容的增加，中文版反而不如英文版简练。因此，中文版在内容上的补充，虽然是出于善意，但或许会使读者厌烦，这实在是两难的选择。

帕特里克·曼宁（Patrick Manning）教授所赐的英文版序，承蒙师兄程映虹教授翻译；第四章的部分内容，曾由新加坡佛学院的纪赟教授翻译，并收入《中印关系研究的视野与前景》[沈丹森（Tansen Sen）、孙英刚编，上海：复旦大学出版社，2016 年，第 167～181 页]；有关葡文的问题，笔者请教了澳门大学历史系博士生刘琼；有关泰历的问题，笔者请教了澳门大学历史系博士生张晨；中央民族大学黄鸣教授帮助造字；由于手头不便，一些中文史料由北京大学图书馆的小同乡吴冕、安阳师范学院的孙富磊博士以及华侨大学图书馆的张磊屏博士热心提供，特此一并致谢。当然，本书的纰漏之处，均系笔者学识浅陋所致，请读者批评指正。

1906 年，王国维在其《奏定经学科大学文学科大学章程书后》中说："异日发明光大我国之学术者，必在兼通世界学术之人，而不在一孔之陋儒，固可决也。"① 非常遗憾，这位

---

① 王国维著，周锡山编校，《王国维集》，第四册，北京：中国社会科学出版社，2008 年，第 13 页。

先哲的观点似乎和近些年来的国学热背道而驰。王国维是在熟谙传统的基础上实现现代转型的最早的学人，也是最成功的学人之一。熟谙传统，故其陋缺悉以知之；接受现代，故能审视中外。而长期以来，史学之中外，宛如鸿沟；学科之边界，俨然壑丘。本人不才，愿以此书作一填沟壑之砖石，以慰前贤。

# 英文版序

　　这是一部有关海贝——一种寄居在袖珍而优雅的外壳之内的软体生物——的卓越的历史著作。海贝外壳的优美和均质使得这种印度洋热带海洋边缘的造物让人爱不释手，甚至被运输到几千里之外。海贝就像金银，其光彩和优美等同于价值连城的珠宝，有时被作为最重要的陪葬品。不仅如此，在市场发展到相当程度的地方，海贝也像金银一样被当作货币使用，成为贝币。贝币的世界异常广阔。罗马钱币因其在疆域之外被广泛使用而出名，但贝币的传播范围更大。甚至在罗马时代以前，海贝就通过中亚传播到了中国北部，也通过波斯湾到达了意大利。

　　这本书不仅是一部有关海贝的传奇，还是一部由贝币交错串联起来的全球史。这是杨斌教授的一部世界史力作：它既向我们展示了贝币在全球体系内作为支撑性基础货币的区域和地方性特色，又揭示了它在东半球传播的广度。从海贝本身到其作为货币的兴衰，本书描绘了一幅它在东半球六个区域内传播的历史画卷。重要的是，本书不仅研究了何时及为何海贝在很多地方成为货币，也解释了在一些地方，如先秦时期的中国，虽然海贝看上去很有可能成为货币，最终却没有的原因。此书对将海贝作为货币的讨论甚至扩展到新几内亚、北美洲的大西洋和太平洋沿岸地区，以及大西洋沿岸的其他地区。

海贝在"旧世界"随处可见，但用作货币的海贝是特殊的类型，它们袖珍均匀，光泽耀眼，主要产于马尔代夫群岛附近。马尔代夫群岛海域多珊瑚礁，近赤道和南亚，盛产用作货币的海贝。海贝究竟何时开始被用作货币呢？我们没有确切的答案，但在至少两千年前，信奉印度教和佛教的马尔代夫定居者就在当地发展起了海贝出口贸易。所以，马尔代夫群岛地理位置的独特性和当地海贝的特性一起，创造出了人类历史上第一种世界性货币。

有关贝币的叙事始于公元四世纪的孟加拉地区。那个地区很早就发展起了活跃的商业，但那里的君主国逐渐丧失了发行货币的资源和信用，于是普通人开始将海贝用作货币。袖珍、均质、无法伪造，以及邻居马尔代夫是海贝可靠的供应者，这些条件使得海贝成为大大小小的商人中意的货币。此后，由于有了贝币作为本地和区域间交易的媒介，印度洋贸易体系扩展和深化了。贝币又被印度的其他地区采用，然后传播到中南半岛。从那里再往北，在将近一千年的时间里，来自马尔代夫的海贝成为当时在中国云南流通的主要货币。同时，海贝也向西北部扩展，到达波斯湾、红海和更远处。在遥远的西非，尽管那里的草原盛产黄金，但早在十一世纪，海贝就成了当地的货币。

杨斌属于最早被授予世界历史学博士学位的一批学生，现在已经是卓有成就的世界历史学家。他完成于 2004 年的博士论文获得了美国历史学会古腾堡博士论文奖，根据这一奖项的规定，他的博士论文的纸质版和电子版同时发行。在前往波士顿东北大学攻读博士学位前，杨斌在中国人民大学学习。在波士顿东北大学时，他受到柯临清（Christina Gilmartin）和亚当·麦基翁（Adam McKeown）这两位杰出学者的指导。我也有幸成为他的指导老师，看着他把有着长达两千年的历史的云南及其与全球的联系成功地做成博士论文的研究对象。在新加坡国立大学执教世界史和亚洲史十多年后，他现在是澳门大学历史系的副教授，也是《亚洲全球史评论》［*Asian Review of World Histories*，荷兰博睿学术出版社（Brill）］的执行编辑①。

通过对全球历史细节的详尽探究，杨斌向我们展示了贝币是如何在长达一千五百年的时间里支撑起世界经济的。他的这项工作兼具广度和深度。通过比较来自中国、印度、泰国和西方国家的材料并在其中建立联系，他清楚地定义了自己研究的基本要素，对历史上旅行者的叙述和现在的考古材料进行了分析。他尊重前人的研究成果，并且以认真的态度对待它们，同时重新考察这些材料和观点。然而，最终是他自己的阐释将众多历史叙事和分析熔于一炉，呈现出一个完整的贝币世界。他描绘了在两千年的时间里，以贝币为媒介的市场是如何将语言复杂、文化多元的印度洋世界整合在一起的，同时也考察了此前的商业交易是如何走向这一市场的，而后来在印度洋和大西洋区域发展起来的全球资本主义又是如何终结这一市场的。他按区域划分展开叙事，同时不忘区域之间的联系。在最后一章，他向我们揭示了以贝币为流通手段的贸易体系对理解全球史的重要性。

贝币体系得以建立和维持，主要是基于印度洋区域的市场对一种可靠支付手段的需求，而宗教和帝国的连续性扩张也对贝币体系的产生起了作用。因此，佛教的商业传统以及印度教

---

① 笔者已于 2019 年 12 月底辞去这一职务。——译注

的兴起是和贝币的产生及它在印度、东南亚和中国云南的最初传播有关联的。伊斯兰教兴起后，波斯和也门的水手曾航行至印度，甚至远至中国，进入贝币流通区。也门船只用海贝作压舱物，有些海贝因此传播到埃及、地中海沿岸其他地区，或者穿越撒哈拉沙漠到达尼日尔河大拐弯处的马里，在那里，海贝和黄金一样被当作货币使用。通过这些交往，马尔代夫国王在1153年皈依了伊斯兰教，自那以后，马尔代夫一直是伊斯兰国家。

在十三世纪，蒙古人的扩张将中国和伊斯兰世界都囊括进西半球的商业体系。贝币世界仍然在这个巨大的市场体系里保有它重要的地位。这个时期的帝国政府试图把自己的货币制度强加于其治下的地区，但最终还是认识到了贝币的价值。直到十七世纪，在清政府平定云南之前，随着越来越多的汉人移居云南，贝币才开始衰落。

第三次给贝币的使用带来冲击的帝国扩张发生于十六世纪，当时欧洲人来到了印度洋地区。葡萄牙和荷兰商人加入了把马尔代夫的贝币运到印度的商业活动。但葡萄牙人也开始购买海贝，把它们运回欧洲后再输往西非作为货币使用。在西非出口的奴隶当中，将近三分之一是欧洲人用海贝购买的，这些奴隶被运往美洲种植园劳动，欧洲人以此积累财富。接着，欧洲人用印度产的棉花从非洲购买奴隶。这样，到十八世纪，欧洲人已经成为印度洋地区贝币世界的一个组成部分。当时欧洲商人把从美洲获得的白银运到中国和印度，然后经印度洋将海贝运到西非。到十八世纪晚期，经过几个世纪的印度洋贸易，英国和其他欧洲国家增强了它们在印度洋地区的势力，征服了孟加拉和其他一些亚洲地区，直到那个时候，它们才试图限制海贝作为流通手段的用途。正如杨斌书中所展示的，在欧洲殖民这一全球背景下，贝币在每个地区衰落和被取代的过程都非常复杂，但又不尽相同，很有意思。

海贝被用作货币的历史直到二十世纪初才画上句号。即使到了那个时候，这些小巧精致的贝壳仍然被用来装点衣物和其他日常用品。感谢这本书，它向我们展示了有关贝币的记忆，使我们对过去一千五百年间的世界历史的理解更加全面和深刻。

帕特里克·曼宁

匹兹堡大学安德鲁·W.梅隆讲席教授、

美国历史学会前任主席

# 致 谢

一本专著，无论好坏，其完成都非作者一人力所能及，遑论这样一本广度和深度都非同一般的书。

从一个青年学者向中年学者转换的过程充斥着各种各样的挣扎，包括学术性的，也包括无关学术的，笔者对此深有体会。在过去的六年当中，笔者失去了好几位良师，包括笔者在波士顿东北大学攻读博士学位时的导师柯临清教授（1949～2012年）和亚当·麦基翁教授（1965～2017年），以及杰瑞·本特利（Jerry Bentley，1949～2012年）教授和卫思韩（John Jr. Wills，1936～2017年）教授。他们的过早离世不时让笔者回想起这么多年来他们（以及其他师友）对笔者的帮助、关爱以及他们与笔者分享的智慧。他们一路的指导，笔者不敢忘。

以上这些学者的逝去更让笔者体会到了帕特里克·曼宁教授二十多年来的情谊。1998年9月，当笔者进入波士顿东北大学攻读博士学位时，派（帕特里克教授，我们都直接称呼他为派）是世界史中心的主任。正是他与亚当和柯临清一起将笔者领进了世界史的大门。他们都知道我当时对世界史的认识是如何有限，近乎无知；然而，他们都以无比的耐心和宽容时刻指引我前行。每当我感到孤立无援时，总能发现他们在我身边。大约在2000年8月，当我从云南完成初步的田野调查，决定把云南历史作为自己的博士研究课题时，正是在派的办公室，我向他提到了云南的贝币，派马上跟我提到西非的贝币。如果可以追溯的话，这恐怕就是这本书的起源。如同对待我的博士论文一样，派仔细阅读和认真修改了本书的初稿，纠正了不少错误，提供了一些我不曾注意到的文献，提出了许多建设性的意见和建议；更为荣幸的是，他还慷慨地为本书撰写了序言。笔者对他的感激之情，是无法用语言来表达的，无论是中文、英文，还是其他语言。

借此机会，我要向程映虹、张颖、咪咪和艾文一家表达我深深的谢意，感谢他们长达二十年并将持续的友谊。1998 年 9 月 5 日凌晨，映虹开车到波士顿洛根机场接机；此后的六七年内，他不断地接我、送我；每一次我们都会迷路，其间充满惊诧、欢欣和喜悦，每一次都如第一次，可以驱散黎明前的黑暗。映虹潜心学术，工作之勤奋几乎无人可比，他在无数次的讨论当中给予我灵感和启迪。二十年来，他待我如小弟，支持我，陪伴我成长。

在我研究海贝的十八年当中，还有许多其他学者给予我帮助和指导。贡德·弗兰克（Andre Gunder Frank，1929～2005年）和杰瑞·本特利是最早读到我的手稿，为之提出建议、给予我鼓励的前辈学者；印度历史学家里拉·慕克吉（Rila Mukherjee）通读并评论了第三章；牛津大学的 R. 米歇尔·费纳（R. Michael Feener）博士（曾是我在新加坡国立大学历史系的同事）通读了关于马尔代夫的部分；新加坡国立大学经济系教授、我的好友钟松发为本书的经济学部分提了建议；此外，在研究和写作的过程中，笔者还得到了洪文发、邹坤怡、姚达兑、谢明达、黄彦杰、魏兵兵、王璐曼、范雪、白元清、赵刚、张珺以及澳门大学图书馆馆际流通部诸位同人的大力帮助。此外，笔者还要感谢梅维恒（Victor H. Mair）、曹树基、吴小安、韦杰夫（Geoffrey Wade）、傅汉斯（Hans Ulrich Vogel）、约翰·德耶尔（John Deyell）、李晨阳、姚新勇、黄坚立、约翰·米克西克（John Miksic）以及陆韧等诸位师友一路以来的支持、关心和鼓励。

本人也在新加坡国立大学亚洲研究所、西澳大学（柏斯）、尼赫鲁大学（新德里）、亚洲全球史学会第一届大会（大阪）、云南大学、哈佛燕京学社（波士顿）、中山大学、暨南大学、首都师范大学等高校或机构做过相关研究的报告，也因此感谢主办方（邀请者）以及听众的支持和帮助。

当然，我还要感谢为我的英文稿件润色并提出很多建议的苏珊·艾米（Susan Amy），感谢拍摄和制作图片的王喆、绘图的赵洁敏，以及造字和帮助整理参考文献的向天南。劳特利奇出版社的西蒙·巴特斯（Simon Bates）在2016年提出了出版本书的建议，并一度提醒和督促我完成本书；Tan ShengBin、Adam Guppy、Sheri Sipka以及Apex CoVantage团队为本书的及时出版提供了高效细致的服务，令人感佩。当然，书中的错误是笔者本人的粗率所致，责任由笔者本人承担。

如果从2000年夏开始了解云南的海贝算起，本书历经十八春。回头看来，十八年在弹指间，我却终身受益。在研究期间，我得到了许许多多新老朋友的各种支持和鼓励，特别是北京的伊莎白·柯鲁克（Isabel Crook）、大理的董风云一家，以及我在波士顿的房东和朋友丁志勇、关莺迎一家，他们都给我留下了美好的瞬间和难忘的记忆。

本书部分初稿完成于本人在2011～2012年访问哈佛燕京

学社期间，此外，我还就本书向学社的同人做了报告，尤其要感谢裴宜理教授、魏策尔（Michael Witzel）教授、李若虹博士的关照。本书的相关研究得到了澳门大学社会科学院的研究资助（SRG2017 - 00101 - FSS），出版则获得了哈佛燕京学社的出版资助，特此一并致谢。

谨以此书献给我在新加坡、浙江、北京和厦门的家人。

# 第一章　全球现象，地方特色

匽（燕）侯旨初见事于宗周，王赏旨贝廿朋，用作
姒宝尊彝。

——燕侯旨鼎（西周早期）[1]

他们唯一的货币就是我们带去的海贝，这些海贝从东
印度而来，那里4磅海贝只要一分钱而已，而这里我们用
100磅海贝换一个奴隶。

——托马斯·菲利普斯（Thomas Phillips），
"汉尼拔"号（Hannibal）船长，1694年[2]

## 遍及亚非欧大陆

贝币曾经在亚非欧大陆（Afro-Eurasia）内外长期存在，
这需要一个全球性的解释。

世界上存在250多种海贝，[3]不过，当我们谈到贝币时，
实际上是指两种主要的海贝。第一种是货贝（旧名为Cypraea
moneta，学名为Monetaria moneta），它之所以被如此命名，就
是因为它具有货币功能，曾经被当作货币使用，其英文为

money cowrie 或 money cowry，意思就是钱贝、货贝；货贝的中文名为黄宝螺，俗名为白贝齿。另一种是环纹货贝（旧名为 Cypraea annulus，学名为 Monetaria annulus）[4]，又称金环宝螺，俗名也叫白贝齿。这两种海贝在中文中都有白贝齿的俗称，非常容易混淆。环纹货贝体积略大，因其背部有一道环纹而得此名。这两种海贝，尤其是第一种，因为在世界历史上曾被用作货币而得到广泛关注。相较而言，虽然两者都曾经是货币，但货贝的重要性远远超过后者，它是最重要、最主要的贝币。热带和亚热带浅海区域盛产的海贝，尤其是马尔代夫群岛出产的货贝，在史前时期已经被运到亚非欧大陆的许多地方，因稀有而被赋予价值，逐渐在许多社会中演变为货币的一种形式，一直持续到二十世纪。

对绝大多数人而言，海贝就是海洋出产的贝壳或者海洋生物的外壳。全世界有超过 11 万种软体动物，多数软体动物都有一层坚硬的外壳，这是软体动物的一种特殊腺细胞的分泌物所形成的保护身体柔软部分的钙化物，人们对此不加区分，泛称之为贝壳或海贝。和自然界中的天然碳酸钙矿物质相比，贝壳具有独特的多尺度、多级层状结构，因而具有韧性好、强度高等优良特点。我们在海滩上漫步时，经常发现被海浪冲上海滩的贝壳，它们往往是空的，因为海洋生物已经死亡，其软体部分（通常所说的肉）已经被其他生物食用或者已经腐烂。大众所称的海贝，大致就是海洋里出产的贝壳的简称，对应的英文为 sea shells，但它并非本书中着重讨论的海贝。从生物学的角度看，海贝指的是一种海洋腹足纲软体动物（marine gastropod mollusks），文献中对应的英文名为 cowries 或 cowrie shells。

　　早在十八世纪末十九世纪初，考古学家和人类学家就发现，无论是在史前还是在当下，各式各样的人类社会都广泛使用海贝。[5]这些海贝在日常生活和仪式中承担着政治、经济、文化和宗教上的各种功能，人们普遍相信它们具有生育的神力，可以驱走恶魔或者霉运。不过，海贝最主要的特点还是其具有货币功能。这些海贝在马尔代夫被采集之后，再被船运至孟加拉地区交换大米。在印度，可能早在四世纪之前，这些海贝就已摇身一变，成为当地的货币。从印度一路向东，海贝抵达了东南亚，在那里的某些地区和社会，如阿萨姆（Assam）、阿拉干（Arakan）[6]、下缅甸、暹罗、老挝和中国云南，同样被用作货币。在中国北方，大量的考古遗址中发现了天然海贝以及用玉、石、陶、蚌、骨、金、锡和青铜制作的仿贝；同时，西周时期的青铜器铭文中也常常有关于赐贝的记录，赐贝是当时在周王和诸侯之间非常流行的仪式。正是由于这些赐贝金文的存在，中国大陆的绝大多数学者认为，不但海贝是中国最早的货币，而且中国是最早使用海贝作货币的国家。正如笔者在本书第六章中所论证的，先秦时期，中国的海贝并不是货币，但它们确实在商周社会中扮演着极其突出的角色，影响深远，在中华文明的形成和演变中留下了不容忽视的足迹。

　　从印度一路向西，海贝到达了非洲。虽然早期的证据模糊不清，但非常明确的是，至十四世纪，贝币已经进入尼日尔河的上游和中游地区，深入了马里王国和桑海王国。从十六世纪开始，欧洲人从印度洋地区购买海贝，再将之转运至西非，其数量之巨大令人咋舌。这些天文数字的海贝一方面重塑了西非当地的货币和经济体系，另一方面推动了大西洋黑奴贸易以及棕榈油贸易的繁荣兴旺，有助于欧洲确立在全世界的霸权地位。一些海贝也被欧洲商人从非洲运到了新大陆，参与了毛皮贸易，或者由于中间通道（Middle Passage）的存在，它经过甚至留在了北美或加勒比海地区。

综上所述，从公元四世纪开始，亚非欧大陆上就出现了一个贝币世界。这个贝币世界在孟加拉地区崭露头角，此后的几个世纪内，它逐渐向东扩展到了东南亚沿海地区，然后向北渗入中南半岛，大约在九世纪至十世纪时，它扩展至其北端的云南地区；至晚在十四世纪——如果不是更早的话，这个贝币世界已经将南亚、东南亚和西非的广大地区和社会纳入其中；到十六世纪，随着欧洲人的到来，这个贝币世界开始与西欧的世界体系互动并发生重叠，最后被后者吸收，逐步形成一个全球体系，在这个全球体系当中，贝币为跨大西洋的黑奴贸易和欧洲的工业革命发挥了关键作用，直至十九世纪末贝币体系在全球的消亡。

除了这个肇造于印度的贝币世界外，在太平洋的一些岛屿和北美新大陆的许多社会中，原住民在交易中也广泛使用海贝或其他贝壳（有的经过加工）。这些贝壳，不仅对于当地的经济以及原住民与其邻居或白人之间的贸易至关紧要，而且对于当地社会的繁衍和延续也有不可或缺的作用。这些零散的贝币社会各有其特色和轨迹，它们与以印度为基地的贝币世界没有联系，但其提供的历史经验可以与亚非欧大陆贝币世界相提并论，可以用来分析贝币乃至货币的产生、供应、通货膨胀以及消逝。事实上，这些贝币体系的产生和消亡具有共同的模式：因（和欧洲人）接触而崩溃。

海贝在成为贝币之前——当然，也在承担货币功能的同时——被人们广泛地用来作为装饰品、生育象征物及护身符等。这些审美的、政治的和宗教的功能早于其经济功能，特别是货币功能，而后者或许也加强了前者。举例来说，商周时期中国的赐贝展现了中国统治精英心目中的海贝的多种功能。

本书试图对从考古时期到二十世纪初期的亚非欧大陆内外的贝币做一番全球性的考察。贝币兴起于公元四世纪前后，消逝于公元二十世纪早期，其演化历经了一千六百多年。贝币的出现既是一种全球性的现象，又充满地方特色。通过一一考察印度、中国、东南亚、西非以及太平洋诸岛和北美的海贝与贝币，本书揭示了长时段、跨地区的经济和文化联系、网络及互动；分析了全球视野下贝币的在地化过程；指出贝币塑造了亚非欧大陆各个社会甚至整个人类社会，它是最早的全球性货币；还提出了贝币世界这个范式，并以此与各式各样地方的、地区的、跨地区的乃至全球的角度、方法和主题进行对话。

## 海贝的习性

Cowrie、cowry 和 gowrie 这几个同义词在希腊语中的意思是小猪，[7]这就是为什么早期欧洲人把海贝叫作"猪贝"（pig shells）；而根据二十世纪的天才学者伯希和（Paul Pelliot）的考证，这一说法出自梵文。在探讨人类对海贝的认识和使用之前，我们不妨先熟悉一下海贝的生物习性。

海贝已经在地球上生存了一亿多年，其历史源头远远早于人类的出现，在印度、中国、东南亚、欧洲以及亚非欧大陆的其他地区的史前考古遗址当中，都有它们的身影。今天，海贝主要生活在南北纬30度之间的热带和亚热带海洋的浅水里，水深一般不超过五米，但也有少数海贝生活在水深超过五十米的海域。虽然海洋里的藻类植物是它们的主要食物，但多数海贝是肉食性的，还有少数是杂食性的。以软体动物为食的鱼类则是海贝的天敌。[8]

海贝的身体包括两部分：坚硬的外壳和外壳所覆盖的软组织。软组织包括包裹着内脏的主体部分——内脏囊、外膜，以及头、足、虹管和触须等。外膜就是包裹着贝壳的一层薄膜，它具有许多功能，如持续分泌碳酸钙质，使得贝壳不断生长；同时，它还可以保护和修补贝壳的裂缝和小孔；另外，它还是海贝天然的伪装。海贝的软足可以迷惑许多天敌，如珊瑚鱼类；虹管可以不断吸进海水；触须负责探索和认识附近的环境；大约五十排甚至更多的牙齿，可用来摄取和粉碎海藻等食物。[9]海贝的牙齿是它最吸引古代中国人的外形特征。

海贝的繁殖方式也很特别，主要是产卵，少数是直接胎生。[10]海贝生长得很快，一般一年即可成熟。货贝和环纹货贝相对慢一些，成熟大概需要两到三年。[11]货贝和环纹货贝在印度洋和太平洋赤道附近的温暖的浅水海域大量存在，其生活区域由此向西从红海到莫桑比克，由此向东从日本延伸至夏威夷、新西兰和加拉巴哥群岛。[12]而马尔代夫群岛是亚非欧大陆许多地区（如泰缅和孟加拉地区）的主要海贝供应地，是历史最悠久的、最重要的海贝产地。[13]

## 为什么是货贝？为什么是马尔代夫？

在250多种海贝当中，为什么只有货贝（以及少量的环纹货贝）被先民选中作为货币使用？[16]这是个非常有趣也异常复杂的问题。

首要原因在于，货贝天然的物理特性使它成为货币，尤其是成为小额交易媒介的不二选择，至少是在开始阶段。货贝

"在交易中可称、可量、可数"[17]，单个的货贝分量很轻，每个不过 1 克多点，大约 400 枚货贝为 1 磅；同时，货贝坚固耐磨，不易破碎；再者，和其他生物不同，货贝的色彩和亮度也经久不褪；最后，成熟的货贝基本大小一致，尺寸几乎没有差别。[18]经久耐磨、轻便适运、坚固如铁，再者，和金属货币相比，货贝无须政府开矿、加工、铸造和分割——货贝的这些优点是其他作为交换媒介的天然物所不具备的。

其次，从体积、色彩和形状上看，货贝和其他种类的海贝相比具有天然的优势。[19]我们知道，在考古发掘中，环纹货贝和货贝经常混淆，难以区分，因为两者十分相似。但实际上，货贝的尺寸较环纹货贝略小；同时，环纹货贝背部有一道黄橙色的环纹。只要环纹未被磨损，它和货贝的区别就可以一眼看出来。因此，大自然没有留下任何仿制货贝的可能性，人类同样没有仿制的能力。

再次，货贝在马尔代夫礁石区唾手可得，其采集、加工和运输都非常便捷，因而它的价格很低。[20]低价格这种属性使得货贝具有两个优势：其一，它比需要加工的金属货币更受市场欢迎；其二，低价且丰富的供应使得货贝能够深入日常交易，满足人们对于零碎商品的频繁需求，成为人们偏爱的货币。

最后，虽然货贝承担着形形色色的宗教和文化功能，但由于它廉价且丰富，这些对货贝非货币功能的使用不会导致其供应的稀缺，也就不会影响或削弱海贝的货币功能。事实上，金、银、铜等金属货币面临的一个重大问题是，原材料的稀缺导致它们几乎始终无法满足市场的需要。[21]

总而言之，货贝经得住时间，耐得了磨损，容易交付和运输，无法仿制，同时其低廉的价格符合日常交易的需要，[22]因此，它们甫一输入孟加拉地区，就变成当地首选的商品交换媒介。可是，问题来了。货贝不是在南北纬30度之间的广大海域中广泛存在吗？既然如此，为什么只有马尔代夫产的货贝才是亚非欧大陆贝币的主要来源？下面我们就谈谈马尔代夫的特点。

珊瑚礁所在的浅海区是海贝生存的理想环境，在250多种海贝中就有130多种生活在珊瑚礁里。[23]珊瑚礁仿佛是一个海洋森林，里面生活着五花八门的动植物群体，包括各种鱼类、软体动物、海绵动物、蠕虫等。它们一方面依赖于珊瑚礁的空间和资源而生存，另一方面又为珊瑚礁提供了丰富的资源。经过上亿年的演化，海贝的生活习性和珊瑚礁的生态相得益彰。海贝的外壳、色彩和外膜与珊瑚礁的形貌、色彩及阴影吻合；海贝巨大的软足不但使它们能够吸附在礁石表面，而且使它们能够在珊瑚礁突起的表面自由蠕行；同时，珊瑚礁还给海贝提供了各种食物，它是一个理想的庇护所。[24]正是海贝与珊瑚礁之间的这种天然联系使得马尔代夫成为海贝的天堂。马尔代夫群岛由1192个珊瑚岛组成，这1192个珊瑚岛又形成了26个自然环礁。中世纪的旅行者，无论是中国人、穆斯林还是欧洲人，都异口同声地感叹马尔代夫是千岛之国。这些岛屿地处赤道附近，属于典型的热带气候，它们分布在9万平方公里的海域内，平均面积为1~2平方公里，地势低平，平均海拔才1.2米；此外，这个区域雨量丰沛，日照充足，年降水量为2143毫米，年平均气温为28摄氏度，日平均最高气温为31摄氏度，最低气温为26摄氏度。丰富多彩的珊瑚礁、温暖的生活环境（如合适的水温、气温以及丰沛的食物）为海贝的生存和繁殖提供了一个理想栖息地，使得马尔代夫成为海贝——特别是货贝——的不二选择。[25]登临马尔代夫的早期旅行者，无不曾提及那里数不胜数的货贝。

有人会问，从印度洋到太平洋，到处都有货贝，为什么单单是马尔代夫的货贝受人青睐？从海贝的生物习性来看，同一类海贝仅喜欢与同类群居，不喜欢和其他类别的海贝杂居；货贝在马尔代夫占据压倒性的数量优势，环纹货贝的数量就比较有限，这使得海贝的分拣工作相当容易。[26] 除了品种纯、数量多这些优势外，马尔代夫的货贝还具有一个得天独厚的生物特性优势，使得其他地区的货贝难以与之竞争，那就是，和其他地区的货贝相比，马尔代夫的货贝体型较小（见表 1.1），而体型小就容易运输和贮藏。根据伯格曼法则（Bergmann's Rule），同一种恒温动物的体型会随着生活地区纬度或海拔的增高而变大，用通俗易懂的话来解释就是，气温越高，体型越小。因此，水温最高的海域繁殖着体型最小的货贝。马尔代夫群岛位于赤道附近，其水域吸收了更多的阳光，故其年均温度相对较高，从而使得这里生长的货贝体型较小。[27]

表 1.1　货贝栖息地及其对应的货贝长度[①]

单位：毫米

| 货贝栖息地 | 货贝长度 |
| --- | --- |
| 马尔代夫 | 12.5 ~ 16.0 |
| 夏威夷 | 21.0 |
| 西澳大利亚 | 18.8 |
| 菲律宾 | 16.4 |
| 琉球 | 15.0 |
| 东太平洋 | 25.1 |
| 关岛 | 16.8 |
| 泰国 | 23.0 |

①Hogendorn and Johnson, 1986, 9 – 12.

如表 1.1 所示，马尔代夫货贝的长度在 12.5 毫米到 16 毫米之间，其最小值远远低于其他地区（少则 3 毫米，多达 10 毫米），其最大值也远远低于其他地区（除了琉球和菲律宾）。或许有人会追问，为什么不是琉球或菲律宾的货贝更受人青睐呢？这和马尔代夫所处的地理位置密切相关，因为它毗邻繁荣、广阔的印度市场，那里很早就需要一种小额的、数量充沛的货币，而琉球和菲律宾则不与巨大的、渴求货币的市场毗邻；同时，马尔代夫是印度洋交通的必经之地，是海洋贸易的枢纽；再者，没有证据表明琉球和菲律宾集中生产了天文数字的货贝。

马尔代夫货贝的生物特性以及马尔代夫毗邻印度且为海上交通要道的地理特征，使得马尔代夫具有无可比拟的天时、地利、人和的优势，成为亚非欧大陆的货币供应地。

## 货币以及货贝如何成为货币

什么是货币？[28] 货币的定义是什么？为什么有些东西能够成为货币，另一些则不能？[29] 对于这些看似简单的问题，似乎人人都能娓娓而谈，但实际上这些问题却不容易回答。

一般说来，货币具有三种职能：支付手段、价值尺度[30]、贮藏手段。随着政府的建立，货币又有了第四种职能，也就是政府的支付手段。虽然某种媒介只有具备了这三种或四种职能才被认为是真正的货币，但是前两种职能对货币的起源而言最为关键。古典经济学家和新古典经济学家认为，支付手段是货币最重要的特点，[31] 然而，货币的支付手段和价值尺度却是密切相连、无法分割的，我们无从得知究竟哪一种出现得比较早，从而使货币出现。

　　人们在日常生活中会使用大量关于货币的概念，有时并不准确。除了"钱"之外，还有"商品货币"（commodity money）、"特殊用途的货币"（specific - purpose money）、"全能货币"（general - purpose money）、"通用货币"（general money）、"原始货币"（primary money）、"小额货币"（small money）、"传统货币"（traditional money）、"抽象货币"（abstract money）以及最近的"电子货币"（e - money）等。这些概念让那些没有经济学或金融学常识的人更加摸不着头脑。在本书中，为简洁起见，只保留了"商品货币"和"货币"这两个在本质上一样的概念，并用"通用货币"来指代至少承担了两种以上货币功能的交换媒介。

　　根据亚当·斯密的理论，社会分工是推动货币出现的动力。社会分工使得人们有可能消费不是他们自己生产的产品。一方面，某种物质的内在属性是这种物质［笔者称之为货币候选物（money candidate）］能否成为货币的关键；同时，货币候选物的内在属性又和人们对此产生的信念息息相关。因此，"货币的使用必定涉及某些关键因素和社会习俗的某些方面"[32]。换句话说，货币不是随意选定的。

　　经济学家指出，普通的物物交换的成功有赖于双方存在需求巧合。需求巧合是一种经济现象，包括时间、空间和数量上的需求的巧合，也就是在特定时空内的商品交换中，双方各自持有另一方想要的物品，这样一来他们无需任何交换媒介就可以直接交换物品。这样的交换就是物物交换，也就是以货易货。以货易货要求双方彼此需要对方持有的物品，因此这种交换发生的前提条件很高，交换成功的概率也就很低。而一般等价物（或者说交换媒介）的产生便克服了要求需求巧合这一障碍，使得人们可以相对容易地进行商品交换。可是，交换媒介不是什么物品都可以充当的，它必须具备一些特性：其一，一般等价物必须能够以浓缩的形式（concentrated form）表达其价值；其二，它必须具备可分割性，这样，它便可以满足不同价值的等额交换；其三，它必须具备便携性和持久性，这样，它便可以循环并长期使用。[33]此外，一般等价物必须具备稀缺性。

稀缺性是某种物品成为货币的前提条件。经济学家认为：首先，稀缺性可以防止伪造；其次，稀缺性既是货币的形成条件，又保证了货币价格的稳定。[34]然而，稀缺性也是货币形成过程中的双刃剑：它既锁定了某种货币候选物，又排斥了另一些候选物。由于稀缺性是货币形成的必要条件，大多数生活中的常见之物自然而然地被排除在外，只有少数一些比较稀少的、稀奇或外来的物品才有可能成为货币候选物。可是，如果供给困难导致某种货币候选物长久地稀罕少见，那么，这样的稀缺性便阻碍了这种货币候选物发展成为货币。也就是说，稀缺性既成就货币，也淘汰货币（候选物）。在必须具备稀缺性这个大前提下，货币又必须满足具备充足性这个小前提。因为没有相对稳定、充足的供应，某种货币候选物便无法满足商品化、市场化社会对交易的需求。这样，这种货币候选物只能永远停留在贵重物品这个阶段，而不能转化为货币。因为，一种货币候选物假如不在交易中频繁出现，它便没有机会被市场接受为货币。

因此，笔者在本书中尤其强调货币形成中的一个关键因素，那就是货币候选物的供给问题。货币候选物不应当随处可见，人人都可以随意得到；而且，货币候选物也不应当极其稀少。就第一点而言，某种货币候选物会因为随手可得，而价值趋向于零；就后一点而言，某种货币候选物会由于难以获得，而价值永远高昂，无法进入市场来满足交易的需要，这样市场自然而然地会转向其他的货币候选物。正因如此，有些物品比另外一些物品更适合作为交换媒介。贵重金属，如黄金和白银，就很符合条件，这就是为什么它们总是在货币候选物的名单中名列前茅，在几乎所有的早期人类社会当中都被当作货币。海贝同样满足市场对优质货币候选物的要求。这种海洋软体动物本身没有什么价值，在采集和运输过程中也几乎不会增加什么价值。可是，一旦这种海洋动物远离产地，特别是进入内陆区域，它们就变得稀缺，从而受到大家追捧，具有了价值。海贝体积小巧，耐磨，尺寸均匀，容易清点，虽然在海洋里大量存在，可是到了内陆它们就因稀少而变得珍贵。此外，小而轻的特点使得它们容易运输，供应相对充足。海贝的这些特点使得它们脱颖而出，成为亚非欧大陆许多社会中理想的一般等价物。

读者千万不能忘记，货币的形成是一个过程。这个实实在在的历史过程与经济学的逻辑和理论是有区别的。[35]贝币的形成过程亦是如此。从海边的海贝转化为内陆的货币，这个过程恐怕至少要经历成百上千年。最初，这些内陆地区距离海洋几百里远，海贝十分稀罕，因此当地百姓把这些远道而来的海贝当作贵重物品，使之逐渐成为财富的象征，他们有时候直接用海贝来换取其他物品。渐渐地，内陆的统治精英们开始青睐海贝，将其用于赏赐或交换礼物这种政治仪式上。随后，海贝逐渐在物物交换中成为价值尺度，承担起一定的货币功能。最后，海贝从某种货币性的商品演化为交换媒介，也就是大众所接受的货币。

在理解货币形成这一过程时，同样要注意交换的空间和频率，因为它们也是海贝能否演化为货币的决定性因素。海贝必须且只有在一定的地理空间里的某个特定社会中被频繁、长期使用，才能成为货币。也就是说，如果海贝只是在偶尔几次交换中充当等价物，或者只在特定的少数人中被使用，那很难说这些海贝就是货币。

综上所述，海贝在内陆地区成为货币的关键在于供给。[36]在具备稀缺性的前提下的充足或近于充足的供给是不可或缺的条件，可是，供给绝对不能过多。在海贝充当货币的地区，海贝的供给必须在某种程度上能够持续满足经济发展，从而带来市场需求的增长。随着海贝供应日渐充沛，其价值相对降低。这就是为什么在贝币出现早期，海贝与白银的比值很高，而随着海贝供应的增加，海贝与白银的比值逐渐走低。

海贝成为货币的过程已成过往，无法重构了。不过，我们大致的推测如下。公元四世纪前后，在印度东北部，很偶然（同时也是合乎逻辑且自然而然的），某次交易中的买卖双方都选择以海贝为媒介，双方都接受“一定的海贝代表特定的价值”；这一偶然的个例很快被其他交易效仿，从一个市场传播到另一个市场，成为一种模式。这样，海贝逐渐从偶然的等价物演变为一般等价物，进而成为交换媒介和商品货币，也就是大家所说的钱。不仅市场上的买卖双方接受了贝币，当地政府也认可了用贝币交易的习俗。同时，贝币逐渐承担了经济生活中不同的货币功能，成为一种通用货币。由于单个贝币的价值很低，贝币主要在低端的、最接地气的地方市场上使用，但它们也逐渐开始与金、银等金属货币兑换；后者的价值比较高，常常在区域的和跨区域的大额交易市场以及高端市场上使用。海贝虽然不是政府铸造或颁布的货币，但随着商业和市场对贝币需求的不断增长，越来越多商人发现，海贝贸易利润可观，有很大空间。他们用大米从马尔代夫换来大量海贝，然后将之船运至印度海滨地区，再将之转运至把海贝当作货币使用的内陆地区。到了内陆地区，海贝就摇身一变，从原来的普通商品变成货币。随着印度经济的商品化，跨地区的贸易越来越频繁，贝币交易这种模式也就从某个区域传播到邻近区域，对其产生影响。邻近区域或者接受贝币这种货币，开始在本地使用，或者被融入贝币区域。这样，贝币使用的频率变高了，数量变多了，地理范围变大了。最初可能是在孟加拉地区，很快，贝币扩展到其邻近区域，向东到达东南亚，向西到达西非，横跨亚非欧大陆。在这数百年中，贝币和亚非欧大陆内部的联系与全球化互为因果，贝币稳步地拓展了自己的"领土"。

## 世界史：全球性和地方性

世界史或者全球史考察跨地区的联系和互动。在很多时候，世界史或全球史挑战甚至解构地缘政治的边界或地理空间的划分。[37]从狭义上来说，全球史关注当今我们所处的全球社会形成的过程，倡导那些超越并将不同地区联系起来的主题、问题、研究方法、研究角度和研究范式。这样，在全球史和地方史（国别史作为其最耀眼的代表）之间就有某种张力。实际上，全球史从来没有宣称自己可以替代地方史，相反，全球史渴望、需要并召唤地区研究。更何况全球史不但以区域研究为坚实的平台，其本身也是从区域研究中诞生的。

从二十世纪九十年代以来，全球史缓慢地、逐步地被越来越多的学者接受，开始在学术界扎根。全球（global）这个概念实际上和跨地区（cross-regional）、跨国（transnational）、跨文化（cross-cultural）以及其他类似的概念是同义的。一方面，乍一看"全球"这个词似乎只强调全球化这个方面，也就是只强调某个事物向全球扩展或者被卷入全球化的过程；与之相对应的是，面对或者迎接（被迫迎接）全球化过程的特定地域似乎是从属的、被动的，从而似乎是次要的、边缘的，[38]因而没有得到应有的或者足够的重视和解读。此外，如果某个事物具有全球性，那么，它在全球化的过程中就是一成不变的吗？它在全球化之前和之后也是一成不变的吗？答案当然是否定的。因此，全球史和全球视野（global perspective）的倡议者非常谨慎，强调地方性和全球性在参与和塑造全球化的力量、因素、过程和结果时具有同等重要的作用，以避免上述那种对全球化的片面理解。毕竟，全球史诞生的意图并不是压制地方的、地区的或者国家的那些主题、角度和叙事；恰恰相反，全球史是从它们当中产生的，而且是脱颖而出的，与它们互相补充、相得益彰，从而得以更好地理解人类历史。以东南亚为例，学者安东尼·瑞德（Anthony Reid）就评论道："我相信东南亚历史的脉动同样可以被解读为全球化和地方化的互动。"[39]维克多·利伯曼（Victor Lieberman）也试图把东南亚置于全球范畴内，"在地方的结构当中寻找把芜杂的变化连接起来的全球模式（global pattern）"[40]。米拉尼·利斯特（Mirani Litster）根据马尔代夫的考古发现指出，全球化虽然经常与全球均质化（global homogenisation）相联系，但它"可能是这个偏僻的岛屿社会定居和发展的推动力"，因此，全球化"更应该被认为具有产生显著的文化多样性的能力"[41]。这些都是对全球性和地方性这两者间关系颇有见地的解读。

一些学者或许认为全球化这个概念太宽泛了。定义的模糊性使得全球化可以泛指一切跨地区或跨国的行为，无所不包，故对全球史这个概念有必要加以提炼。[42]或许正是在这样的学术场景中，全球在地性（glocal）这个概念出现了，它是全球史的一个新范式——如果不是新阶段的话。罗兰·罗伯逊（Roland Robertson）是全球在地性研究的先驱，他曾阐述全球在地性和地方性两者间的联系，他认为："全球在地性既不处于地方性之中，也并非处于地方性的对立面；相反，我们常常谈论的地方性，从本质上来看却处于全球在地性之中。"[43]如此说来，全球化不但连接各个地区，而且涉及各个地区的构建过程。

把各个地区的形成置于跨区域（trans-local）或者超区域（supra-local）的场景/场域或过程中来考察，是颠覆传统且引人深思的。事实上，"我们所称的地方（local）在很大程度上是建立在跨区域或超区域的基础上的。换句话说，所谓'地方'这个概念的提升，相当程度上来自地方之外或地方之上"[44]，而非地方之内。因此，所谓主动的全球性和被动的地方性之间的对立，或者被动的全球性与主动的地方性之间的对立，都不过是一种偏见。全球化不是简单地摧毁、"闷杀"、遮蔽、消融或者吞噬地方文化、地方传统或地方社会，而是与地方一起互动，发明（以及被发明）、邀请（以及被邀请）、要求（以及被要求），甚至有时候不情愿地导致全球性地方化或者地方性全球化，从而重塑了某个地方。[45]

正因如此，无论是全球性还是地方性，它们都不是全球化的起点。这两个因素——正如历史学家把任何历史都看作一个过程而非停滞、淤积的状态——都是全球化过程的组成部分，在这个过程中，两者无论在何时何地都处于变迁当中。亚当·

麦基翁在对近代中国华人华侨历史进行实证性研究和理论升华之后说："历史并不是地方选择的结果，地方选择的结果往往同全球趋势相悖。可是，的的确确存在着全球趋势，而且全球趋势的的确确制约了地方选择的可能性。这并不是说其中的一个角度更正确。"[46]换言之，正是在全球化的过程中，全球性和地方性得以产生，并随机变化。因此，"全球化"这个词重视的是全球性和在地性这两个方面及其结果的互动过程。

话说回来，试图用全球性－在地性这一联合体对全球化加以理论化，也未免有些过于简单了。在这两者之间，其实还存在着其他跨地方、超地方、次区域、区域内以及跨区域的角色或力量，正如苏伽特·玻色（Sugata Bose）提醒我们的，它们同样参与并塑造了跨地区或全球化的过程。[47]滨下武志也指出，全球化塑造了地方内部和不同地方间网络的层块，因此，区域研究必须和全球研究以及地方研究相结合。[48]本书当然不会忽视全球和地方这两者之间的其他中间层次，因此，只要有可能，就会对这些中间层次（如民族、文化信仰、网络）加以讨论和辨析。本书采用的当然也是"地方"的宽泛定义，以与"全球"对照、对比、对应，以及指向"全球"。事实上，区域性的空间或者角色，如孟加拉湾、阿拉伯海、中南半岛、先秦中国乃至佛教世界，都被泛泛地当作"地方的"。这样，本书的全球－地方模式实际上是全球－区域－地方这个多层次模式的简写。

虽然全球、区域和地方都在全球化的过程中扮演着关键角色，但我们必须意识到，全球化并不一定产生全球性的结果。这个结论并不新奇，因为过去没有全球化，当下也不一定拥有一个全球化的结局。有时候全球化会遭到地方性的或者区域性的不合作和抵抗，这就可能导致全球化进程的突然断裂、终止或者流产。当然，其开端和过程还是全球性的。

不妨用海浪来打个比喻，以帮助理解全球化这个概念及其过程，即使这个比喻并不十分恰当。将全球性比作一个海浪，地方性就是海床，它有山脉、峰峦、峡谷、壕沟、河流和森林等。当海浪席卷海床时，它会被海床上丰富的地形阻拦、束缚、推拉、吸收、扭曲以及分裂。这些互动产生了新的不同形状的海床，而这新的海床随着新的海浪的到来，又随时发生变化。与此同时，海床也参与以及推动海浪前行、后退、逗留、之字移动、徘徊或打圈。于是又一个新的海浪形成，它再引发附近海域的变动。这样，在每一个交错的过程中，全球性和地方性互相施力，同时受力，一起改变。

恐怕没有比食物更能说明全球化现象的了。先以茶为例。茶最初是中原的一种饮品，不久便被日本社会、吐蕃社会、阿拉伯社会和欧洲社会接受。但最有名的茶道在日本，而不在中国；而下午茶的传统两百多年来是不列颠帝国的象征。另一个例子是快餐业的麦当劳。一些学者曾经用麦当劳来阐释全球化的均质过程，指出麦当劳全球化的过程将其高效、便宜、快速、可期待和可控的特征从美国向世界其他地区传播；可是，另一些学者指出，现实其实很不一样——如果不是和事实相反的话。[49]在美国之外的很多地区，麦当劳套餐价格昂贵，排队队伍长，服务缓慢，连锁店太多，质量参差不齐、不可控。无论是在北京还是在莫斯科，麦当劳以及它的对手肯德基都是城市精英的象征。[50]确切地说，麦当劳在全球的成功很大程度上在于它在地化的调适。自麦当劳把它在中国大陆和中国香港的多数股份卖给了金融巨无霸——中信集团（《财富》杂志所评世界五百强之一、中国的国有投资公司）——之后，麦当劳（中国）有限公司的投资者将其改名，把"麦当劳"这一由"McDonald's"音译而来的名称改为"金拱门"。[51]"金拱门"对应英文"Golden Arch"，这是因为麦当劳的标志"M"呈金色拱门状，而金拱门在中文中的意思就是黄金拱门，有财富源源不断地涌进来的寓意，这符合中国人的文化和心理。无论是麦当劳还是肯德基，全球化时代的这些成功案例都应归功于它们在中国采取的在地化战略和策略。

海贝的故事同样为我们揭示全球史的丰富提供了一个不可多得的机会。当海贝被运送到亚非欧大陆、太平洋岛屿乃至北美大陆的各个社会中去，并促成全球性的海贝文化时，海贝在各个社会中的实践、传统、特点及意义都有所差别。同理，虽然贝币的使用是一个全球过程和现象，但是在每一个特定的地区，其途径、实现和结果都各不相同。举个例子，虽然印度、东南亚、中国云南这三个地区都曾使用贝币，而且贝币在这些地区的出现和使用是孟加拉贝币体系扩张的结果，可是，每一地区的货币体系的特点都不同，比如金、银、铜等金属货币和贝币的关系在每一地区都不同。此外，贝币在这些地区的消逝虽然处于同一全球场域下，也就是处于跨大西洋贸易正在发展的背景中，可是，每一地区都有不同于其他地区的原因和过程。此外，先秦时期的中国是一个特殊的地方性反例，它为我们讨论贝币这种全球性的货币在某些地区没有成为货币的原因提供了案例。大量材料表明，在商周时期，海贝曾经承担部分货币功能，海贝一度也是最有力的货币候选物（而不是之一），可是，海贝最终在中国没有成为货币！可见，正是全球性和地方性两种势力的相互博弈，促使海贝成为第一种全球性货币。

## 学术回顾、研究材料和章节结构

如果没有几代学者坚持不懈的探索、不断推进的学术积累，撰写一本具有这样时空规模的书必定是不可能完成的使命。这些学者，无论是早已归山隐林的前辈，还是仍在埋头苦干的师友，都给予了笔者灵感，笔者在此向他们致以发自肺腑的感谢。在中国、印度和泰国，现在关于海贝、海贝贸易和贝币的第一手考古及铭文材料不计其数；而中世纪以后传奇般的旅行者，不论是中国的汪大渊、马欢，还是马可·波罗（Marco Polo）、伊本·白图泰（Ibn Battuta），抑或是后来的托梅·皮莱资（Tomé Pires）、弗朗索瓦·皮拉尔（François Pyrard），他们留下的记录都让人拍案称奇、眼界大开，使人感慨历史上不同文化之间的联系和纽带被忽视得太多了。

早在二十世纪初，西方学者维尔福莱德·杰克森（J. Wilfred Jackson）和安特生（J. Gunnar Anderson）分别讨论了世界范围内的海贝和中国的海贝，前者依据世界各地的原始文献，后者依据中国最新的考古发现。[52]杰克森的著作最早勾勒了世界范围内海贝和贝币的历史状况，值得称道，不过，他的论断有时候太过简单化，释读也用力过猛。保罗·爱因格（Paul Einzig）是第一个从经济和货币的角度来审视贝币的学者，遗憾的是，由于其欧洲中心的立场，他只把贝币看作小额货币（small money）。[53]天才学者伯希和精通东西方多门语言，学识渊博，所掌握的材料一时无两，对海贝也颇有兴趣。他撰写的对世界范围内海贝的综述，几乎囊括了当时可以得到的所有文献，是那个时代（二十世纪五六十年代）臻于完美的分析和总结，令人赞叹不已。[54]伯希和以各种不同语言的文献为基础，结合当时已知的考古发现，介绍和分析了海贝的名称、来源、使用范围、兑换率，可惜的是，他没有提到非洲，这个空白留给了非洲历史学家去填补。简·哈根多恩（Jan Hogendorn）和马里恩·约翰逊（Marion Johnson）以及许多西非史学者，采取了经济学的方法去讨论西非的海贝贸易和贝币。[55]简·哈根多恩和马里恩·约翰逊相信："所有进入西非的海贝都留在了西非。"[56]可是，事实似乎并不完全如此。有一些运往西非的海贝并没有在西非售卖，而是被转运到了新大陆。芭芭拉·海兹（Barbara J. Heath）通过研究在贝宁、南达科他州，特别是弗吉尼亚州发现的海贝指出，全球性、区域性和地方性的因素塑造了海贝的功能和分布，从而把不为人所知的跨大西洋的海贝贸易和对海贝的使用，与为人所知的旧大陆的海贝贸易和贝币世界联系起来，为海贝的全球史书写锦上添花。[57]

回到亚洲，罗伯特·威克斯（Robert S. Wicks）在研究东南亚的货币时，对该地区的贝币进行了速写。[58]至于东亚地区，江上波夫（Egami Namio）是第一个对该地区的海贝文化进行全面考察的东亚学者。[59]在东亚地区内部，云南地区因其和东南亚及南亚的特殊关系尤为引人注目。伯希和首先注意到了海贝在云南历史上的长期存在，之后的中国学者（如江应樑和方国瑜）以及西方学者（如傅汉斯）也纷纷对海贝在云南的历史的研究做出了自己的贡献。特别是傅汉斯所著的关于九世纪到十七世纪云南贝币的宏文，可谓对此问题做了一项结论性的研究。[60]更多的中国学者更关注北方的海贝，这也是自司马迁以来的传统。他们认为古代中国黄河流域的海贝从南方而来，是中国最早的货币。在二十世纪的中国，许多海贝在考古中被发现，这使得学者可以把考古发现与甲骨文文献、金文文献对照，对从新石器时代到先秦时期的海贝做出全面的探讨。李永迪（Li Yung‑Ti）在仔细分析了考古发现和金文文献后指出，至少在西周，商周贵族所使用的海贝并不是货币。[61]再者，对印度和东南亚地区的海贝和贝币研究也有相应的发展。此外，随着十九世纪对欧洲殖民主义的兴趣而来的是，二十世纪六十年代，人类学家重新拾起了对于太平洋诸岛及北美大陆使用海贝或贝壳作为货币的兴趣，为贝币研究提供了比较的视角和案例。所有这些实证性的研究和理论性的分析，都为本书对贝币进行全球性考察和构建奠定了扎实的基础。其实，很少有历史学家从全球史的角度来研究海贝贸易或者贝币（在论及黑奴贸易时，海贝偶尔会被提及），这无疑是一个缺憾。根据丰富且多样的文献，从各地不同的案例出发，跨越地区的界限，实现全球概念化，以达成全方位的分析，是本书大胆设定的目标。

十八年前，也就是 2000 年夏天，笔者在去云南做田野调查并确定自己的博士论文主题时，就对海贝产生了浓厚的兴趣。此后完成的博士论文（后来出版为专著）就已经讨论了云南历史上的海贝。[62]在这十八年里，笔者陆续收集了各种不同材料，这些材料既激发了笔者的灵感，也促使笔者思考并提出许多关于海贝的地方性和跨区域问题。此后，笔者发表了数篇相关论文，这些论文在做了相应的修改之后，被纳入本书。[63]

人们常常诟病世界史大量依靠二手文献，本书也不免如此。不过，如果我们历史学家自己都不能信任自己的同行，那么，所谓的学者之间的对话还有什么意义呢？其实，世界史学者所做的不仅仅是吞噬二手文献（包括地区史学者的研究），世界史学者还要对印度、东南亚、中国、西非以及其他国家和地区所积累的丰富多彩的关于海贝的原始材料和学术研究成果，进行勤奋阅读、全面理解，同时加以批判性反思，这样才能表现出对相关材料、学者和学术的尊重与肯定。这个批判性的阅读过程，是历史学科甚至所有学科学者的必经过程，世界史学者如此，地方史学者亦不例外。当然，借鉴和吸收二手文献或学术研究成果必须和阅读原始材料密切结合。世界史学者不是凭空而生的，也不是从天上掉下来的，他/她一方面必须依赖地区研究的扎实基础，另一方面又必须修正和超越地区研究的界限和局限。在本书的研究和写作过程中，笔者既从过去和现在的学者那里受益良多，又阅读和参考了大量原始文献，包括中英文的考古报告和出土铭文，已经翻译成英文的、在泰国和印度发现的碑刻和法典，各个殖民地的档案、报告、日记、游记、信件等材料。与此同时，笔者和各地不同领域的学者保持联系，及时向他们请教相关问题，听取他们的意见和建议。此外，笔者还参观、考察了中国和东南亚地区的许多博物馆和考古遗址，以获得从书本上得不到的观感，或者文献中不曾提到的信息和知识。

撰写贝币的全球史是本书的最终目标。本书的结构一方面按照地区展开，一方面又大致根据贝币演化的时间向前推进。当然，本书沿用了许多地区性的空间概念，如印度、中国（包括云南）、东南亚、欧洲、太平洋诸岛、东方、西方等，只是为了方便表达。读者可以看到，本书实际上一直在努力打破地理空间，挑战形成这些地理空间概念的界限和逻辑。

全书共分十章，包括第一章"全球现象，地方特色"，即本章。第二章"源自马尔代夫：采集和出口"设定了本书的背景。此章回顾了马尔代夫从起源到十七世纪的历史，强调了马尔代夫作为东西方海上交通和贸易要道的地理位置，介绍了马尔代夫的特产，突出了它作为海贝首要产地和供应地的特点。

第三章"自印度始"关注海贝最早被用作货币的地区——印度。本章在短暂回顾海贝在印度社会的文化和宗教功能之后，介绍了海贝被本地贸易以及跨地区贸易用作货币的过程；然后，本章考察了贝币是如何从孟加拉地区传到阿萨姆和印度北部地区的，讨论了不同时期贝币在印度纷繁复杂的货币体系中承担的角色和作用；最后，本章勾勒了英属殖民地时期贝币被殖民政府承认、使用以及最终被代替、废弃的过程。

第四章"东南亚：亚洲内部的互动"把目光移到了东南亚。本章借助泰国、中国和欧洲文献来追溯贝币在东南亚的传播和演化。贝币在这一地区的使用，不仅彰显了印度的影响，而且作为跳板把这一货币习俗从东南亚带到了中国与东南亚的交界处——中国云南地区。

第五章"云南：印度洋的痕迹"考察了贝币在近代之前的云南的崛起与没落。从地理空间上看，云南地区位于东南亚与中国的交界处。云南地区的贝币历史可谓精彩纷呈。由于和东南亚接壤，云南地区无论从族群上看，还是从经济和文化上看，都有着非常浓厚的东南亚色彩，甚至也受到了印度的影响。九世纪以后在云南流通了七八百年的贝币，就是一个明证。因此，本章回顾了滇国使用的海贝，讨论了其来源和性质，并着重分析了从南诏后期开始在全球和地方这两大势力的作用下，云南地区贝币繁荣、延续、衰落直至消逝的过程。

第六章"并非货币：先秦中国的海贝"打破了长期以来的一个误区：海贝在古代中国是货币。本章根据考古和文献中关于海贝的记载，详细讨论了先秦时期中国的海贝。本章首先驳斥了南海是先秦海贝来源的传统（主流）观点，指出了海贝在先秦时期是财富、权力和社会地位的象征，分析了海贝对于理解中华文明形成和欧亚大陆交流的微妙作用。本章尤其深入探讨了商周时期的海贝为什么不是货币，以及海贝为什么没有变成中国最早的货币等问题。有意思的是，楚国的蚁鼻钱——一种铜贝——作为海贝的仿品，却成为中国最早的货币之一。

第七章"西非：连接旧大陆和新大陆"将视线从印度洋以东转到了海贝世界的西部，也就是非洲。最晚在十四世纪，西非已经采用海贝作为货币；从十六世纪到十九世纪末，欧洲商船将不计其数的海贝从印度洋经欧洲运到西非。在西非，欧洲商人先是用海贝交换黑奴，然后把黑奴运到新大陆，再用海贝交换西非的棕榈油，然后将之运到欧洲，满足工业革命的需要。这个印度（亚洲）—欧洲—非洲—新大陆的网络对于欧洲接触并深入亚洲和非洲社会发挥着关键的作用。同时，这个跨区域的网络也塑造和加强了美洲的殖民制度。需要注意的是，海贝不仅帮助了欧洲殖民者渗透进非洲社会并从中榨取资源，而且也参与构建了达荷美王国（Kingdom of Dahomey）这样依赖奴隶贸易的西非畸形王国。最终，先是来自印度洋，随后是来自东非海岸的大量海贝到达西非，海贝倾销导致了贝币的贬值和崩溃，而贝币制度也在十九世纪末消亡。

第八章"太平洋诸岛和北美：孟加拉体系之外"介绍了太平洋岛屿和北美使用海贝或贝壳作为货币的一些案例。这些土著社会使用的海贝并不来自马尔代夫，它们对贝币的使用与以孟加拉为基础的贝币制度无关。因此，这些个例对于我们采取比较的方法来研究和理解贝币的历史、货币的起源以及货币与权力的关系颇有裨益。大致而言，"因欧洲接触而崩溃"（European contact and collapse）是这些社会中的贝币模式。

第九章"不仅仅是钱"探讨了不同社会中海贝的非货币功能，以及海贝与贝币留下的记忆和遗产。本章先概述了亚非欧大陆上海贝的各种功能，随后着重回顾了二十世纪初期西方学者对于非西方社会中的海贝的解读，这些解读基本都采取了欧洲立场，带着东方主义的视角，当然也有一些努力打破了欧洲中心论下的偏见。到二十世纪中叶，海贝贸易早就一去不返了，贝币也已经消逝，可是，它们却在非洲社会和非裔族群中刻下了很深的文化和宗教痕迹，形成了一种新传统。

第十章"贝币世界"统揽全书，从地方性、区域性和全球性这三个层面以及经济史的角度，对海贝贸易和贝币进行反思。本章重申贝币是第一种全球性货币，从跨边界的角度探讨了海贝贸易和贝币对全球史的意义，并借此对全球史中的一些热门问题和范式，如西方的崛起（Rise of the West）、亚洲互动（Asian interactions）、世界体系理论（world system theories）以及佐米亚（Zomia）进行了分析。最后，本章总结了贝币的盛衰起落，提出并阐述了"贝币世界"这个概念，用之来概括这个跨地区、文化和社会的经济空间。贝币世界或许可以成为全球史的一个新范式，虽然这有待于时间的检验。

如前所述，海贝生活在印度洋和太平洋中的广大水域。亚非欧大陆各地的考古发现表明，早在新石器时代，这种热带 –

亚热带的海洋动物就出现在了北欧和西伯利亚。在这些社会中，海贝被用作饰品，也被当作贵重物和护身符，虽然从形状和大小来看，这些海贝并非都来自马尔代夫群岛。然而，当学者提到海贝的时候，一般都是指源自马尔代夫的海贝。因此，本书先从马尔代夫说起。

## 注　释

1. Constance A. Cook and Paul R. Goldin, *A Source Book of Ancient Chinese Bronze Inscriptions* (Berkeley, CA：The Society for the Study of Early China, 2016), 22. 燕侯旨鼎属于西周早期（公元前 1046 ~ 前 771 年）。释文参见陈佩芬编著，《中国青铜器辞典》（全六册），上海：上海辞书出版社，2013 年，第一册，第 165 页。

2. Thomas Phillips, "A Journal of a Voyage," in *A Collection of Voyages and Travels*, ed. Awnsham Churchill and John Churchill (London：Printed by assignment from Messrs. Churchill, for H. Lintot [etc.] 1732), 227 – 228.

3. https：//www. floridamuseum. ufl. edu/cowries/taxon_ list. htm; C. M. Burgess, *Cowries of the World* (Cape Town：Gordon Verhoef Seacomber Publications, 1985), 5; Felix Lorenz and Alex Hubert, *A Guide to Worldwide Cowries* (Wiesbaden：Hemmen, 1993), 24. 海贝种类很多，确切数量科学家间也存在争论，原因在于其定义和命名的模糊与武断。按科学定义，不同"种"的生物之间无法交配生产有繁殖能力的后代；然后，对于深海中的海贝，我们所知极少。（狮子和老虎虽然能够交配，繁殖出狮虎兽，可是狮虎兽没繁殖能力，所以狮子和老虎属于不同的"种"。——译注）参见 Felix Lorenz and Alex Hubert, 1993, 25。

4. 环纹货贝，日本人称之为子安贝。——译注

5. 相关研究参见 J. Wilfred Jackson, *Shells as Evidence of the Migration of Early Culture* (London and New York：Manchester University Press;

Longmans, Green & Co., 1917）；J. Gunnar Anderson, *Children of the Yellow Earth*（New York：Macmillan Co., 1934）。（J. Gunnar Anderson, 中文名为安特生，1874～1960年，瑞典考古学家、古生物学家、地质学家，中国现代考古学的奠基人，曾经提出中华文明西来说。——译注）

6. 阿拉干，现缅甸西海岸的若开邦。——译注

7. Jackson, 1917, 126.

8. Felix Lorenz and Alex Hubert, 1993, 23.

9. Felix Lorenz and Alex Hubert, 1993, 6 – 14.

10. Felix Lorenz and Alex Hubert, 1993, 21.

11. Burgess, 1985, 5 – 6.

12. Jan Hogendorn and Marion Johnson, *The Shell Money of the Slave Trade*（Cambridge：Cambridge University Press, 1986），7. 遗憾的是，笔者此书未对日本和夏威夷的海贝加以讨论。

13. Hans Ulrich Vogel, "Cowrie Monies Circulation in Yunnan and Southeast Asia," in *Marco Polo Was in China：New Evidence from Currencies, Salts and Revenues*（Leiden and Boson：Brill, 2013），229.

14. Felix Lorenz and Alex Hubert, 1993, 205.

15. Felix Lorenz and Alex Hubert, 1993, 204.

16. 根据生态学上的竞争排除原则，两个物种不能同时，或者不能长时间地在同一个生态龛位生存，因此，马尔代夫的货贝和环纹货贝的数量比为100：1。Hogendorn and Johnson, 1986, 7. （这也就是为什么，当货贝成为第一选择的时候，在适合海贝生长的马尔代夫，环纹货贝的数量非常有限。——译注）

17. Hogendorn and Johnson, 1986, 6.

18. Hogendorn and Johnson, 1986, 6.

19. Hogendorn and Johnson, 1986, 6.

20. Hogendorn and Johnson, 1986, 6 – 7.

21. Hogendorn and Johnson, 1986, 7.

22. Hogendorn and Johnson, 1986, 7；Hans Ulrich Vogel, 2013, 230.

23. Burgess, 1985, 8.

24. Burgess, 1985, 8 – 9.

25. Hogendorn and Johnson, 1986, 9.

26. Hogendorn and Johnson, 1986, 9.

27. Hogendorn and Johnson, 1986, 11.

28. 货币就是人们日常生活中所说的钱。——译注

29. 这里就要看到 money 和 currency 的区别，因为两者都可以翻译为"货币"，都是钱，甚至可以互相替换，但两者间也存在细微却重大的差别。Currency，更准确地说是 fiat currency（法定货币），是一种"冷冰冰而硬邦邦的钱币"，过去它必须由贵金属（如黄金和白银）背书（如今不再需要）；因此，currency 就是一个国家法定的基本交换媒介，包括硬币和纸钞。Money 或者 commodity money（商品货币）理论上可以是从贝壳到盐块的任何商品，它可以用来作为商品交换的媒介，用来支付服务或债务。因此，与由政府铸行的法定货币不同，商品货币（如黄金和白银）有内在价值，而其内在价值主要源于其稀缺性。本书主要采用 money 这个词来分析贝币，因为它是历史上的一种商品货币。

30. 价值尺度亦可称记账单位（unit of account）。——译注

31. Nobuhiro Kiyotaki and Randall Wright, "On Money as a Medium of Exchange," *Journal of Political Economy*, vol. 97, no. 4（Aug. 1989）: 928.

32. Nobuhiro Kiyotaki and Randall Wright, 1989, 927.（简单地说，"某些关键因素"指的是如金、银的物理奇缺性，而"社会习俗的某些方面"指的是如人们对金、银的推崇。——译注）

33. Leslie A. White, *The Evolution of Culture, the Development of Civilization to the Fall of Rome*（New York: McGraw–Hill, 1959），340.（"以浓缩的形式"的意思是，等价物应该是小巧的，而不应该是体积庞大的；"具备可分割性"的意思是，一般等价物可以被物理切割，如金、银，这样方便计数，也便于根据实际的交易价值来支付；"具备可携带性"的意思是，一般等价物应该是轻便的，可以携带、运输，这样商品买卖就可以超越地理空间的限制；"具备持久性"的意思是，一般等价物必须坚固耐磨、不易损坏，这样它便可以长期、反复使用，从而减少交易成本。——译注）

34. Rainer Böhme, Nicolas Christin, Benjamin Edelman and Tyler Moore, "Bitcoin: Economics, Technology, and Governance," *The Journal of Economic Perspectives*, vol. 29, no. 2（Spring 2015）: 215.

35. Richard Von Glahn, *Fountain of Fortune : Money and Monetary Policy in China , 1000 - 1700* ( Berkeley and Los Angeles: University of California Press, 1996 ), 16.

36. Han Ulrich Vogel, 1993, Part II, 320.

37. Martin W. Lewis and Kären Wigen, *The Myth of Continents : A Critique of Metageography* ( Berkeley and Los Angeles: University of California Press, 1997 ). 世界史和全球史都在纠地区史之偏颇，但各有侧重，本书对此不加区别。（在中国，世界史分为相当于外国史的传统的世界史和强调跨地区研究的新世界史，后者大致就是本书中所说的世界史。——译注）

38. Roland Robertson, "Glocalization: Time - Space and Homogeneity - Heterogeneity," in *Global Modernities*, ed. Mike Featherstone, et. al. ( London and Thousand Oaks: Sage Publication, 1995 ), 26; George Ritzer, "Rethinking Globalization: Glocalization/Globalization and Something/Nothing," *Sociological Theory*, vol. 21, no. 3 ( Sept. 2003 ): 207.

39. Anthony Reid, "Intra - Asian Networks: Global and Local in Southeast Asian History," *International Journal of Asian Studies*, vol. 1, no. 1 ( Jan. 2004 ): 6.

40. Victor Lieberman, *Strange Parallels : Southeast Asia in Global Context : Volume 1, Integration on the Mainland* ( Cambridge: Cambridge University Press, 2003 ), 21.

41. Mirani Litster, *Cowry Shell Money and Monsoon Trade : The Maldives in Past Globalizations* ( Ph. D. Thesis, The Australian National University, 2016 ), XV.

42. George Ritzer, 207.

43. Roland Robertson, *Globalization : Social Theory and Global Culture* ( London: Sage, 1992 ), 75. 关于全球化的回顾，参见 Roland Robertson, 2013, "Sitting Glocalization: A Relatively Autobiographic Intervention," in *Global Themes and Local Variations in Organization and Management : Perspectives on Glocalization*, ed. Gili S. Droi, Markus A. Höllerer, and Peter Walgenbach ( New York and London: Routledge, 2013 ), 25 - 36。关于历史上的全球化，参见 Mirani Litster 2016, 18 - 32。

44. Roland Robertson, 1995, 26.

45. 有关细节，参见 Victor Roudometof, "The Glocal and Global Studies," *Globalizations*, vol. 12, no. 5 (Mar. 2015): 774 – 787。

46. Adam McKeown, "Chinese Emigration in Global Context, 1850 – 1940," *Journal of Global History*, vol. 5, no. 1 (Mar. 2010): 97. （亚当·麦基翁是笔者在美国东北大学攻读博士时的指导委员会委员之一，随后到哥伦比亚大学历史系接连担任助理教授、副教授和正教授。他是华人华侨史和全球史研究的最杰出学者之一，可惜于 2017 年不幸离世。"这并不是说其中的一个角度更正确" 这句话的意思是，强调地方角度和强调全球角度各有道理，不能互相取代。亚当有一个中文老师给他取的名字，但他不喜欢，所以笔者亦不采用。——译注）

47. Sugata Bose, *A Hundred Horizons: The Indian Ocean in the Age of Global Empire* (Cambridge, MA and London: Harvard University Press, 2006), 276 – 277. （以笔者的理解，local、translocal、supra-local、sub-regional、regional、inter-regional/transregional 和 global 这些词所指称的概念大致在地理空间上依次扩大，笔者大致将之翻译为 "地方的""跨地方的""超地方的""次区域的""区域的""跨区域的""全球的"。——译注）

48. Takeshi Hamashita, "Introduction to Intra-Asian Networks," *International Journal of Asian Studies*, vol. 1, no. 1 (2004): 3.

49. Jan Nederveen Pieterse, *Globalization and Culture: Global Mélange* (Lanham: Rowman and Littlefield Publishers, 2015), 53 – 54.

50. 二十世纪九十年代初笔者在北京上学的时候，麦当劳和肯德基都一度是城里孩子过生日的最佳场所，而它们当时的价格也不是普通工薪阶层日常消费可以接受的。因此，这些美国的快餐企业在第三世界的消费者和在美国本土的消费者所处阶层是大不一样的。在美国之外的地区，麦当劳和肯德基是精英和成功的象征，是现代化的和代表现代化的西方的投射；在美国，它们不过是工薪阶层日常生活的一部分而已。而在当年的中国，麦当劳和肯德基还是现代生活和城市管理的隐喻，因为有一个广为流传的笑话（或事实）：这两家企业提供了唯一干净卫生的公厕。不过，随着麦当劳在大陆的股份被收购，以笔者的经验看，其食物质量、服务水准包括卫生条件都在

下降，变得和许多中国本土的快餐店差别不大，肯德基也是如此。或许这就是本书中所说的"在地化"的结果？——译注

51. 这项交易完成于 2017 年，公司名称正式从"麦当劳中国管理有限公司"变更为"金拱门中国管理有限公司"。［在此之前，百胜中国（Yum China）于 2016 年成为肯德基的母公司。——译注］

52. Jackson，1917；Anderson，1934.

53. Paul Einzig, *Primitive Money : In Its Ethnological, Historical, and Economic Aspects* (Pergamon Press，1966，2nd edition).

54. Paul Pelliot, *Notes on Marco Polo* (Paris：Imprimerie nationale, librairie Adrien – Maisonneuve, English version, 1959), vol. 1, 531 – 563.

55. Hogendorn and Johnson，1986.

56. Jan Hogendorn and Marion Johnson, "A New Money Supply Series for West Africa in the Era of the Slave Trade：The Import of the Cowrie Shell from Europe," *Slavery & Abolition*, vol. 3, no. 2 (1982)：154.

57. Barbara J. Heath, "Commoditization, Consumption and Interpretive Complexity：The Contingent Role of Cowries in the Modern World," in *Material Worlds : Archaeology, Consumption, and the Road to Modernity*, eds. Barbara J. Heath, Eleanor E. Breen and Lori A. Lee, (Oxon, UK：Routledge, 2017), 56 – 76; "Cowrie Shells, Global Trade, and Local Exchange：Piecing Together the Evidence for Colonial Virginia," *Historical Archaeology*, vol. 50, no. 2 (2016)：17 – 46.

58. Robert S. Wicks, *Money, Markets, and Trade in Early Southeast Asia : The Development of Indigenous Monetary System to AD 1400* (Ithaca and New York：Southeast Asia Program, Cornell University, 1992).

59. Egami Namio, "Migration of the Cowrie-Shell Culture in East Asia," *Acta Asiatica*, vol. 26 (1974)：1 – 52.

60. Hans Ulrich Vogel, "Cowrie Trade and Its Role in the Economy of Yunnan：From the Ninth to the Mid-Seventeenth Century (Part I)," *Journal of the Economic and Social History of the Orient*, vol. 36, no. 3 (1993)：211 – 252；1993，Part II；2013. 国内的云南海贝研究，参见杨寿川编著，《贝币研究》，昆明：云南大学出版社，1997 年；钱江最近进行了视野宏大的诠释，把中国人对海贝的使用纳入印度洋经济体中，参见钱江，《马尔代夫群岛与印度洋的海贝贸易》，《海交

史研究》，2017 年第 1 期，第 26 ~ 46 页。

61. Li Yung – Ti，"On the Function of Cowries in Shang and Western Zhou China," *Journal of East Asian Archaeology*，vol. 5，no. 1（Jan. 2003）：1 – 26.

62. Bin Yang，*Between Winds and Clouds：The Making of Yunnan（Second Century BCE-20th Century CE）*（New York：Columbia University Press，2008，Gutenberg-eBook：www. gutenberg – e. org/yang/index. html）；2009，hardcopy. 为方便，本书引用时参照 2009 年出版的纸质书。

63. Bin Yang，"Horses，Silver，Cowries：Yunnan in a Global Perspective," *Journal of World History*，vol. 15，no. 3（Sept. 2004）：281 – 322；"The Rise and Fall of Cowry Shells：The Asian Story," *Journal of World History*，vol. 22，no. 1（Mar. 2011）：1 – 26，revised as "Cowry Shells in Eastern Eurasia," in *The Silk Road：Long – Distance Trade，Culture，and Society：Interwoven History*（the inaugural issue of Association for Central Asian Civilizations and Silk Road Studies，Cambridge，MA，USA：Cambridge Institutes Press，2014），250 – 283；"The Bay of Bengal Connections to Yunnan," in *Pelagic Passageways：The Northern Bay of Bengal before Colonialism*，ed. Rila Mukherjee（New Delhi：Primus Books，2011），317 – 342，revised as "The Bengal Connections in Yunnan," *China Report*，vol. 48，no. 1 and 2（2012），Special Issue：Studies on India – China Interactions Dedicated to Professor Ji Xianlin（1911 – 2009）：125 – 146.

# 第二章　源自马尔代夫：采集和出口

> 我们终于登上了那些岛屿，它们可真是世界上的一个奇迹。
>
> ——伊本·白图泰[1]

Maldives（马尔代夫）这个词源于梵文 maladvipa，意思是岛屿花环，其中 mala 是花环的意思，而 dvipa 是岛屿的意思。Maladvipa 这个名称生动地展现出了马尔代夫独特的地形地貌——众多岛屿和环礁形成花环状。无独有偶，Maldives 这个词也和海贝有关系，显示了海贝对于这片岛群极其突出的意义。在孟加拉语中，māla 表示车船的负载或者压舱物，也指代货币。[2] 千百年来，正是孟加拉人把海贝作为压舱物，从马尔代夫运回孟加拉地区，此后又将海贝用作货币。难怪马尔代夫是众所周知的海贝之岛。

一直到十九世纪，海贝对马尔代夫的经济都至关紧要；而马尔代夫也出产其他物品，如鱼和椰子树。它们如果不比海贝更重要的话，也至少与海贝地位相等，对马尔代夫而言不可或缺。丰富的鱼类资源和遍布岛屿的椰子树，不仅为马尔代夫提供了必要的食物来源，而且被加工成闻名遐迩的鱼干和椰索，大量出口；这两者连同海贝一起，吸引了来自亚非欧大陆各地形形色色的商人。

本章将先简单回顾马尔代夫的历史，接着介绍马尔代夫的特产鱼干和椰索，然后根据中外文献详细讲述马尔代夫海贝的历史，包括其采集、清理、使用和出口。因此，本章将突出表现马尔代夫独特的海洋产品，以及它在海洋交通中得天独厚的地理位置，讲述海贝在孟加拉地区演变为货币之前的故事，勾画海贝从马尔代夫走向亚非欧大陆各地的背景。

## 马尔代夫简史

马尔代夫群岛被誉为印度洋的珍珠，坐落在斯里兰卡西南 1000 多公里处的海域上，其北面是拉克沙群岛（又译拉克代夫群岛，Lakshadweep 或 Laccadive Islands），其南面是查戈斯群岛（Chagos Islands）。[3] 根据官方统计，马尔代夫群岛包括 1190 个珊瑚礁岛屿，这 1190 个珊瑚礁岛屿组成了 26 个环礁岛群（环礁岛群就是一组珊瑚礁岛屿组成的环状岛群）；这些岛屿从北到南绵延 820 公里，从东到西有 120 公里。[4] 虽然岛屿有 1000 多个，但可供人类居住的却不过 200 个左右，其中 44 个被辟为度假专属岛屿，官方称其为无人岛。总的来说，马尔代夫气候温暖湿润，太阳常年照射，日均温度为晚上 23 摄氏度，白天 31 摄氏度。一年分为两个季风季节：12 月到 4 月为东北季风季，季风从印度大陆而来，气候干爽；5 月到 11 月为西南季风季，季风从印度洋而来，雨量充沛。幸运的是，由于地处赤道附近，很少有风暴前来侵扰马尔代夫。[5] 一年的这两个季风季节也决定了海贝贸易船只的往返时间。

从地理位置上看，马尔代夫处于拉克沙群岛－马尔代夫群岛－查戈斯群岛海底山脊的中央。这一海底山脊以及位于印度洋西南部的留尼汪群岛（La Réunion）的火山，其实都是印度的德干玄武岩的延伸，[6] 而露出海面的岛屿，不过是最近一万年来珊瑚礁生长的结果。[7] 马尔代夫 1000 多个珊瑚礁岛屿的占地面积不过为 4513 平方公里，面积虽小，但其对这块土地上的居民的重要性不言而喻。不幸的是，面对人口增长的压力和全球环境的变化，特别是后者导致的海平面上升，马尔代夫的生存环境相当令人担忧。[8]

马尔代夫的历史可以追溯到两千五百年前，然而，其早期历史扑朔迷离，使人如堕云雾。[9] 考古研究表明，早在公元前1500 年，马尔代夫就有人居住了；到了公元前 500 年前后，从印度次大陆南下的雅利安人才在马尔代夫永久定居。[10] 马尔代夫位于连接起太平洋、印度洋、非洲、地中海世界的海上贸易的中心，当然受到各种文化的熏陶。岛上的居民曾经先后皈依印度教、佛教、伊斯兰教，同时还浸淫于从东南亚到马达加斯加共有的海洋文化。马尔代夫居民所使用的迪维希语（Dhivehi），是由阿拉伯语、英语、印度的印地语（Hindi）和乌尔都语（Urdu）以及斯里兰卡的僧伽罗语（Sinhalese）交织形成的一种混合语言，它与在北印度、东南亚和斯里兰卡通行的许多语言都有相似和相通之处，这充分体现了马尔代夫和这些远亲近邻之间丰富多彩的文化交流。[11]

马尔代夫早期的历史记录主要依赖于外来旅行者零星的记录。在其国王皈依伊斯兰教之前，这个岛国主要是个佛教国家。大约在公元前三世纪，佛教可能就从印度和斯里兰卡传到了这片群岛。与此同时，马尔代夫得益于它天然优越的海上交通位置，经济和文化臻于繁荣。据说在 1153 年，一个穆斯林圣徒从摩洛哥远道而来，成功地说服马尔代夫国王皈依伊斯兰教。此后，马尔代夫就变成了伊斯兰王国，先后共有 93 个苏丹。[12]此后，这个苏丹王国继续发展，其繁华为许多旅行者所亲历亲见，如同样来自摩洛哥的伊本·白图泰。

总体而言，在欧洲殖民亚洲期间，除了被葡萄牙人短暂统治的十五年外，马尔代夫一直保持着独立地位。1507 年，葡萄牙人"发现"了马尔代夫，并强迫苏丹每年为葡萄牙皇家舰队提供一定数量的由椰壳纤维制成的椰索。到了 1558 年，葡萄牙人夺去了马尔代夫的王位，在岛上留下了小型驻军，并试图在印度的果阿远程管理这片群岛；可是不到十五年，马尔代夫人民就起来反抗了，驱逐了葡萄牙人。[13]十五年转瞬即逝，葡萄牙人十六世纪在马尔代夫的统治虽然短暂，可也为之留下了深刻的政治和文化印记。直到今天，起来斗争从而推翻外来统治的那个历史瞬间，依然是马尔代夫国家构建的基础。[14]到了十七世纪中期，荷兰人取代葡萄牙人，占领了斯里兰卡，但他们没有直接控制马尔代夫。1796 年，英国人把荷兰人从斯里兰卡驱逐了出去；1887 年，马尔代夫和英国签订了协议，马尔代夫正式成为英国的一个受保护领地，英国人负责马尔代夫的外交，但内政由马尔代夫自理。[15]这样的状态一直持续到了 1965 年 7 月 26 日，这天，马尔代夫宣布独立。随后，在 1968 年的全民公投中苏丹制度被废除，马尔代夫共和国成立。

马尔代夫的历史中非常令人惊奇的是，虽然马尔代夫具有丰富的资源和突出的战略位置，但这个小小的岛国在其漫长的历史当中几乎没有遭到外敌的入侵，遑论被统治了。葡萄牙人试图这样做，可是很快就失败了。要解释这个问题，首先还是要注意马尔代夫独特的地理位置。它远离印度次大陆，和锡兰岛之间也有相当的距离。在近代之前，受到后勤供应的限制，马尔代夫的海军远征是个极其艰难的挑战。同时，宽阔无垠、喜怒无常的大海对于任何潜在的侵略者都是巨大的障碍，它成为马尔代夫的天然屏障。再者，马尔代夫群岛的结构和地貌构成了有效的障碍，入侵者的船队不熟悉地形很容易触礁，即使接近了岛屿，也很难成功登陆。众多的岛屿和珊瑚礁组成了双圈状的环礁，一圈又一圈的珊瑚在海上生长，形成了长达64公里的潟湖。海面下隐隐约约的珊瑚礁，对于不熟悉航道的外来者而言，如同一个又一个噩梦，无疑是致命的陷阱。这一点，早就为阿拉伯和中国的旅行者所熟知。

伊本·白图泰对这个海上迷宫就有生动的描述。马尔代夫的岛屿数量多达——

> 约2000个。每100个或不到100个便簇拥成戒指形状；这个"戒指"只有一个入口，它就像是城门；船只只有通过这个"城门"才能进入岛屿，别无他路。当外来船只抵达马尔代夫海域时，必须要一个当地人领航才能进入。各个岛屿如此紧密地簇集在一起，当你离开某个岛屿时，另一个岛屿上的椰子树的顶部历历可见。如果船只迷失了航向，它便无法进入马尔代夫，而会被海风吹往科罗曼德海岸（Coromandel coast）或锡兰。[16]

伊本·白图泰在文中用了"gateway"这个词，直译就是"出入口""通道"，它常常让人联想起陆地上的城门或者关口。明代的中国人抵达马尔代夫时，对环礁中的唯一通道和伊本·白图泰有着同样的观感，记之为"石门"，也就是礁石形成的门（通道）。这和中国古代的城门有异曲同工之妙，所以很容易引起中国人的共鸣。郑和船队中的马欢在其《瀛涯胜览》中记载："海天生石门如城阙样。"此句直接把中国人熟悉的陆地上的城门来与之做比较。船队的另一个成员费信在其《星槎胜览》中则记载，马尔代夫（所谓"溜洋国"）的石门有三座："海中天巧，石门有三，远远如城门，中过舶。"此句明确指出石门就是航道。[17]

天然形成的如此充满艰险的航道自然而然地保护了马尔代夫。所以"印度海盗从不袭击或骚扰马尔代夫，因为他们从过去的经验得知，任何企图从马尔代夫掠夺财物的行为都会立刻遭到厄运的回报"[18]，伊本·白图泰这么总结道。这为马尔代夫的地理做了最好不过的注解。

还有一个原因也需要注意。马尔代夫群岛岛屿众多，任何一个外来统治者都会面临控制的难题。这也是为什么虽然历史上有来自孟加拉或者注辇王国（Chola）的偶尔侵扰以及葡萄牙人的短暂统治，但马尔代夫都能自安其身，其海上贸易兴旺发达持续了上千年之久。[19]话说回来，毕竟马尔代夫对周边的国家或地区（如孟加拉和锡兰）均不构成任何威胁；相反，马尔代夫在历史上一直和邻居们保持着友好和重要的商贸伙伴关系。

今天，马尔代夫以其海滩的美丽而为无数旅行者——尤其是年轻人——所熟知，并且成了最受欢迎的蜜月地点。很少有人会意识到，这些小巧美丽的岛屿一度是亚非欧经济和文化的重要枢纽，它们从很早起就为来来往往的水手和商船提供了必需的物资。[20]马尔代夫生产的鱼干和椰索，长期以来就以其庞大的数量、可靠的质量、美味的口感而在海洋世界闻名。本书虽然着重关注马尔代夫的另一个特产,也就是它垄断了成百上千年的出口商品——海贝("另一个"并非意味着海贝的地位比前两者低),但也无妨先谈谈让水手们垂涎欲滴的鱼干和经得住海上风浪浸泡、打磨的椰索。

## 鱼干和椰索

渔业当然对马尔代夫的食物供给和商业至关重要。岛屿附近温暖的浅水孕育了丰富多彩的鱼类,为岛上居民提供了充足的蛋白质,直到近年来珊瑚白化导致鱼类资源锐减。[21] 长期以来,鱼干便是马尔代夫卖给过路商船的最受欢迎的商品。十六世纪的巴罗斯(J. de Barros),虽然只是一个身在葡萄牙首都里斯本的"印度办公室"的工作人员,却因为阅读和整理有关印度洋贸易的报告而熟谙马尔代夫的特产,例如:

> 这些岛屿盛产鱼类,大量鱼干(moxama)被制作出来,出口到世界各地,获利颇丰;鱼油、椰子以及椰糖(jaggery)也是如此。椰糖是从椰子中提取的,像炼蔗糖一样。[22]

千里之外的巴罗斯还提到了马尔代夫的著名景观,那就是茂密的椰树林。由于椰树的重要性,马尔代夫共和国宣布其为国树,国徽上也有椰树的身影。

椰子不仅可以直接食用,而且可以加工成其他食物。"果实可以制成椰奶、椰油以及椰蜜,"伊本·白图泰写道,"椰蜜可以制成椰酥,和椰子干一起吃。所有的食物都从椰子而来，常常和鱼一起食用，这使当地居民具有其他地方的人无法比拟的充沛精力。"[23]

椰树对于基础设施、交通设施、房屋和船舶的建造也是至关重要的。人们从它身上取材来编织席子和绳索，后者是船只和航海的必需品。椰棕是从椰子的粗糙外壳上剥下来的一种强韧、耐腐蚀的纤维，而用椰棕制作椰索则是一个漫长的过程，常常需要几个月之久，极其考验人的技术和耐性。首先，把椰子的外壳埋在潟湖或者沼泽的泥潭里，在海水中充分浸泡；几个月后，再把被海水浸透的椰壳挖出来，将外面的硬壳去掉；然后拿着微露出纤维的一端，将椰子放在坚硬的木板上，用木槌使劲敲打椰壳，这样可以慢慢把纤维从椰瓤和外皮中分离出来；再用海水清洗分离出来的纤维，将之晒干；等到纤维干透后，便可以将它纺织成椰索、椰席或者椰帚。马尔代夫的椰索由于抗拉强度出众、经得住海水的长久浸泡而声名远扬，不仅在本地的船只上被使用，也深受外国水手的欢迎，是外来船只的必购之物。

1602 年 7 月 2 日，法国水手弗朗索瓦·皮拉尔的船只在马尔代夫一个叫作霍斯堡岛（Horsburgh）的环礁触礁失事，因而他被马尔代夫居民俘获，在马尔代夫生活了近五年。[24] 在四十多个俘虏当中，皮拉尔是幸存下来的四人之一，而且他还得到了马尔代夫居民非同一般的招待，部分原因在于他本人愿意学习当地语言。皮拉尔住在当地一个有头有脸的人家里，后者是苏丹的顾问。皮拉尔还可以在岛上自由行动，甚至可以从一个岛去另一个岛游玩。[25] 因此，皮拉尔有了难得的了解马尔代夫社会的机会，留下了对十七世纪马尔代夫日常生活的描述，这些描述不仅展现了栩栩如生的画面，而且相当深刻。他注意到"世界各地的商人""源源不断地来到马尔代夫，带走马尔代夫丰富的特产"；他还注意到椰树的重要性，并说椰子树"在岛上自然生长，并没有人工培育；它们提供了外来客户所需要的各种各样的东西，比如椰索，这是所有船只的必备工具"；他进一步强调"最大宗的贸易就是椰索贸易"。[26]

马尔代夫的鱼也给皮拉尔留下了难忘的印象：

> 马尔代夫的鱼无穷无尽……渔业如此繁盛，人们不仅以鱼满足口腹之欲，而且还大量售卖鱼，包括煮熟的和晒干的，卖给外国人。不仅印度各地的人来买马尔代夫的鱼，更令人瞩目的是，就连苏门答腊的商人也远道而来，载着满仓的鱼归去。[27]

皮拉尔不厌其烦地记录下捕鱼的过程。马尔代夫附近海域的鱼非常多，只要三四个小时，渔船的船舱便可被填满。这里捕捞起来的鱼是黑色的，所以大家叫它们"黑鱼"，当地语言称"Cobolly masse"。然后人们把黑鱼用海水煮熟，再铺在托盘里，放在太阳底下晒干。皮拉尔说："鱼干贸易规模庞大，不仅这个国家有需求，整个印度都有巨大的需求。"[28]弗朗索瓦·皮拉尔记录的马尔代夫的出口贸易和印度洋贸易网络很久之前就形成了，也早就见于此前的旅行者笔下。[29]下面就介绍一下历史文献中所记载的马尔代夫的海贝采集、加工和出口。

## 阿拉伯人眼中的海贝

有关马尔代夫的文字记载在印度洋历史当中出现得比较

晚。六世纪中叶前往锡兰的僧侣科斯马斯（Cosmas）可能是第一个提到马尔代夫的人。他说那里有很多岛屿，一个个地簇集在一起，岛上都有淡水，遍植椰树。[30]在他之后，马尔代夫销声匿迹，直到九世纪阿拉伯人继续了它的故事。

波斯商人苏莱曼（Suleiman）是九世纪的一位旅行家。他声称，有一个国家完全是由岛屿组成，岛屿数量达到1900个，岛上遍植椰树，整个国家由一个妇女统治。苏莱曼说的当然就是马尔代夫，而且他还是第一个注意到马尔代夫的海贝的人，虽然他对海贝的用途有些误解。[31]"他们把海贝当作钱用。女王在她的宝库里存放了大量海贝。"[32]苏莱曼也是第一个记录海贝采集过程的人。"海贝聚集在海水表面，形成了一个活跃的居住群。把一根椰树枝投入水中，海贝就会攀附到椰树枝上，这种海贝叫 Al Kabtadj。"[33]苏莱曼的记录中，除了说马尔代夫使用海贝作货币不准确外，其他的都相当准确。公平地说，苏莱曼对于海贝用途的误解恐怕也有原因。因为在孟加拉地区，海贝当时已经成为当地的货币，而苏莱曼很可能听过，或者到孟加拉亲眼见过海贝被当作一种钱币来使用。因此，他的误解不足为奇。实际上，很多后来者也沿袭了这个错误的观念。

比苏莱曼晚了数十年的马苏第（El Mas'udi）基本照抄了苏莱曼的话。马苏第于公元916年到达锡兰。马苏第估算，马尔代夫的岛屿数量超过两千。他也没有能够纠正苏莱曼的错误，声称马尔代夫的女王除了海贝别无他钱。关于海贝的采集，马苏第提供了更多的细节。他绘声绘色地说，一旦女王——

发现财富减少了，便命令岛民砍下椰树枝，连同椰叶一起扔入海水表层。于是这些小生灵便吸附在椰树枝叶上，不久后，人们便收集起椰树枝，铺在海滩上，任由它们在阳光下腐烂，剩下的空壳便被搬到女王的宝库里。[34]

马苏第对海贝采集过程的描写很详尽，后来者基本难以补充其他细节。

在公元 1030 年前后，另外一个阿拉伯旅行家比鲁尼（Al-Biruni）也分享了他的观察。他根据出口的特产，直接把马尔代夫称作海贝之岛，把拉克代夫称作椰索之岛。[35]此后的旅行家伊德里西（Edrisi，1099～1186 年）也说"贸易用海贝支付"，以及"填满王室宝库的海贝，风平浪静的时候，在海水表面就可以看到。人们把椰树枝扔进海里，这些水里的小动物便爬了上去，当地人把它叫作 El Kendj（也可能是 Kaudha）"。[36]这两个阿拉伯人关于海贝的记录大体是一致的。海贝是马尔代夫重要的特产，虽然他们不曾介绍海贝出口的细节，但他们不约而同地提到海贝主要是用来出口的。至于说海贝是马尔代夫的货币，这当然只是长期以来的误解罢了。

## 伊本·白图泰在马尔代夫

在举世闻名的旅行家伊本·白图泰（1304～1377 年）到来之前，西方除了称马尔代夫为千岛之国外，对它知之甚少。摩洛哥旅行家伊本·白图泰在从 1325 年到 1354 年这约三十年的时间里一直在旅行。他从摩洛哥出发，向东穿过非洲，曾到达阿拉伯半岛、欧洲、印度、东南亚和中国；他还在马尔代夫住过两次，时间合计长达 18 个月之久。[37]伊本·白图泰第一次到访马尔代夫是在 1343 年年初，他一直在那里待到 1344 年年中，约一年半时间；他第二次抵达马尔代夫是在 1346 年年底，目的是去看在他第一次走后出生的儿子。[38] 在马尔代夫，伊本·白图泰娶了四位妻子，因此读者根本无须为他留下了关于马尔代夫各个方面最详尽的记录而大惊小怪。

伊本·白图泰注意到了马尔代夫和孟加拉之间的海贝贸易。他说：

> 岛上居民把海贝当作钱使用，他们从海里收集海贝，一堆堆地放在沙滩上，海贝的肉逐渐腐烂消失，只剩下白色的外壳。在买卖中，大约 40 万枚海贝与 1 金第纳尔（dinar）等价，但经常贬值到 120 万枚海贝换 1 金第纳尔。他们用海贝换回孟加拉人的大米，而孟加拉人则把海贝当作钱用。在也门，海贝也是钱。在航行时，孟加拉人用海贝而不是沙子作压舱物。黑人在他们的土地上也把海贝当作钱，在马里和加奥（Gawgaw），我亲眼看到 1150 枚海贝可换 1 金第纳尔。[39]

伊本·白图泰的观察对于我们理解海贝和贝币是非常关键的。在他的时代，也就是十四世纪四十年代，海贝在西非已经作为货币使用。那么，我们可以推论，到十四世纪时，一个将海贝作为货币的世界已经从印度向西延伸到西非。

伊本·白图泰上述的话值得细细琢磨。首先，他虽然也误认为海贝在马尔代夫是货币，但他是第一个详述了马尔代夫和孟加拉之间的海贝 - 大米贸易的人。海贝是马尔代夫的特产，不可胜数，而作为岛国，马尔代夫缺少种植粮食的土地，因此，当地居民必须进口淀粉类谷物，以满足需要；大米是孟加拉的特产，其产量远远超出本地的需要，但孟加拉商品经济的发展迫切需要一种小额的货币，以满足其日益增长的市场交易的需要，马尔代夫的海贝恰恰回应了孟加拉的这种需求。于是双方互为补充，各取所需，相得益彰。此外，伊本·白图泰还是第一个提到海贝是如何被运到孟加拉的人。他说，孟加拉的船只直接把海贝作为压舱物，从马尔代夫运回孟加拉。这是一个非常重要的细节，因为一直以来，海贝都是以作为压舱物的方式被运到印度、东南亚乃至欧洲和非洲。

什么是压舱物？压舱物有什么作用？压舱物是压在船底使船舶平稳的物体。海上航行常见大风大浪，如果船体过轻，重心过高，船则容易被风浪颠覆，所以需要装载沙石等密度大的廉价物（也可以是液体，如淡水）来压舱；一旦船载过重，廉价的压舱物可以随时舍弃。因此，压舱物是海上航行保障船只安全的必备品。也就是说，压舱物是保障航海贸易安全必须支付的成本，包括压舱物本身的成本和占据船上宝贵空间的成本。在马尔代夫和孟加拉以及此后的海贝贸易中，海贝取代沙石成为压舱物。这样，海贝占据了商船必然要留给压舱物的空间，从而腾出了作为商品的海贝本来需要占据的货舱空间。因此，海贝贸易在某种程度上比其他货物贸易节省了宝贵的货舱空间，这节省出来的空间可以装载其他货物。笔者在研究和撰写本书前后，时常考虑在海洋贸易经济学层面上应该如何阐述这个问题，也向不少人请教，可是依然不得其解，希望读者能够给出解答。

得知海贝在孟加拉是货币之后，伊本·白图泰自己就加入了海贝贸易。当他准备离开马尔代夫时，他卖掉了一些珠宝，买了许多海贝，同时雇了一艘船，前往孟加拉。可是，这些珠宝是马尔代夫的一个教士送给伊本·白图泰的礼物，因为他打算把女儿嫁给伊本·白图泰。现在这位教士听说伊本·白图泰要走了，马上要求后者归还珠宝。伊本·白图泰回答说："珠宝我已经用来买了海贝，要不你就拿着这些海贝吧。"[40]他的准岳父回答说："我们可是给了你黄金，而不是海贝。"无奈之下，伊本·白图泰只好"找到那些商人，请求他们回购海贝"。[41]由于教士的施压，这些商人拒绝了伊本·白图泰的请求，结果伊本·白图泰不得不留在马尔代夫，娶了教士的女儿。至于已经购买的海贝，伊本·白图泰在请教岳父之后，派了自己的一个手下，让他在岳父的一个手下的陪同下，前往孟加拉贩卖海贝。[42]

伊本·白图泰第二次访问马尔代夫是为探望从未见过的儿子。这次他只待了五天就离开了。离开时，人们赠予他"袍服和数十万海贝"[43]。如前所述，伊本·白图泰也以为海贝在马尔代夫就是钱。他产生这个误解可能是因为他所游历之处，如孟加拉、马里等地，都将海贝作钱用，所以他以为马尔代夫也是如此。话说回来，海贝在马尔代夫社会确实行使了部分货币功能，如它是财富的象征。[44]

由于马尔代夫得天独厚的地理位置、丰富的物产以及当地人们的热情，伊本·白图泰在那里看到的是一个商业繁荣的社会，这个社会既得益于海洋贸易，同时也施惠于海洋贸易。谈到出口货物，伊本·白图泰说："这些岛屿出口我们提到的鱼、椰子、棉布、头巾以及黄铜制品，当然，他们还有无数海贝。"[45]马尔代夫的椰索自然也给他留下了深刻的印象。椰索由椰子壳制成，"它的纤维细如发丝，纤维编织成绳索。他们不用钉子而是用这些椰索造船，同时用它作缆绳"[46]。

马尔代夫的椰索出口到印度、中国和也门，其质量远超麻绳。印度和也门的船只就被这些椰索穿缝为一体，因为印度洋充满岩礁，铁钉钉成的船只如果碰上岩石就会破碎，而椰索连制的船只有一定的弹性，即使撞到岩石也不会碎裂。[47]

作为在一个海上航行了很久的旅行家，伊本·白图泰当然有资格评论和赞赏马尔代夫出口到国际市场上的椰索。

当时阿拉伯的船不用钉子，而是用绳索捆绑木板制成。1998年在印度尼西亚勿里洞岛附近海域发现的"黑石"号沉船就是如此。"黑石"号是一艘公元830年前后从中国返回中东的阿拉伯船，是在南海发现的最早沉船。船长约18米，宽约6.4米，船上的木板就是由椰壳纤维编成的细绳连接起来的，这完全印证了伊本·白图泰的话。我们似乎可以大胆推测，"黑石"号所用的椰索也许就是马尔代夫的产物。汪大渊在《岛夷志略》中记甘埋里（位于波斯湾的霍尔木兹海峡附近），云："其地船名为马船，大于商舶，不使钉灰，用椰索板成片。每舶二三层，用板横栈，渗漏不胜，梢人日夜轮戽水不使竭。"[48]这可以与马欢的记载互证。马欢记载，印度西海岸"古里国"（今卡利卡特）[49]，用椰子"外包穰打索造船"；马尔代夫的椰索，"堆积成屋，别处番船亦来收买贩往别国，卖与造船等用。其造番船不用一钉，其锁孔皆以索缚，加以木楔，然后以番沥青涂之"。[50]可见椰索造船曾经在印度洋广阔的海域流行。值得一提的是，"黑石"号不仅出水了将近6万件来自中国南北的各种瓷器，还有体现中东各地文化的其他文物，因而"黑石"号的发现可以被称为有史以来亚洲最重大的一次海底考古发现。

伊本·白图泰注意到了马尔代夫出口到印度、中国和也门的鱼，[51]同时对当地的椰子树和用椰子加工出来的东西赞不绝口。"椰树真是一种非常奇怪的树，它看起来和枣椰树很像。它的果实像人的脑袋，因为有像眼睛和嘴巴的纹路，其内含之物还是绿色的时候，很像人脑。"[52]伊本·白图泰觉得椰子营养之丰富颇为神奇：

> 椰子能使人身体强健，脸颊生红。打开椰子，如果里面是绿色的，其果汁则异常甘甜鲜美。喝完椰子汁，可以用勺子剜出椰壳内面附着的椰肉，它的味道就像煮过但没有熟透的鸡蛋，而且很有营养。[53]

伊本·白图泰对椰子汁的描述和笔者母亲当年的感觉颇为相似。笔者的母亲出生于浙江西南的农村，她大约在二十世纪六十年代首次在电影中看到喝椰子汁的镜头，印象非常深刻。[54]之后每次她对还是小孩子的我谈到这个镜头时，一定会感叹，那椰汁一定非常鲜美解渴。几十年后，她在厦门第一次尝到了新鲜的椰汁，失望之情溢于言表，可见所谓特产确有其独特之处。

椰子的神奇功能似乎远远不止这些：

> 椰子的一个独特之处便是，可以从中提炼椰油、椰奶和椰蜜。椰蜜的制作过程如下：先在果实下两个手指处砍一道口子，口子下面系一个小碗，用来盛放滴下来的汁液。如果早上砍口子的话，那么晚上带着两个碗爬上椰

树，其中一个装着水，先收了早上的碗，用清水清洗口子，然后再削掉一小块，最后再系上新的碗。到第二天早上，重复上述过程，直到收集到足够的汁液，然后把汁液煮开直至浓稠。这样，上等的椰蜜便制成了。印度、也门和中国的商人都前来购买椰蜜，将之带回他们自己的国家，并加工成糖。[55]

关于椰子的妙用，伊本·白图泰的描述与比他晚几十年的马欢所述完全吻合。马欢谈到古里时曾经细致地描述道："富家则种椰子树，或千株、二三十千株为产业。椰子有十般取用：嫩者有浆甚甜，好吃，又好酿酒；老者椰肉打油做糖，或做饭吃；外包穰打索造船；椰壳为碗为酒盅，又好烧火打厢金银细巧生活；树好造屋；叶堪盖屋。"[56]虽然马欢说的是古里，但马尔代夫的椰子树亦如此。对于马尔代夫的椰子树，马欢也有细致的观察："人多以渔为生，种椰子树为业"；"椰子甚多，各处来收买往别国货卖。有等小样椰子壳，彼人镟做酒盅，以花梨木为足，用番漆漆其口足，标致可用。其椰子外包之穰打成粗细绳索，堆积成屋，别处番船亦来收买贩往别国，卖与造船等用。其造番船不用一钉，其锁孔皆以索缚，加以木楔，然后以番沥青涂之"。[57]十六世纪的黄省曾提到古里时也注意到了椰子，说："其利椒、椰。椰子之种也，富家千树，以为恒业。其资用也，浆为酒，肉为糖、饭，穰为索，壳为碗，为酒食器，亦可厢金，木以架屋，叶以盖。"[58]

伊本·白图泰对于当地妇女的衣服"不掩盖双手，连女王也不"的习俗非常不解。[59]马尔代夫多数妇女"仅从腰间向下挽一块围裙拖地，身体其他部位不着寸缕"，伊本·白图泰对此感到很不舒服，虽然他在自己的法庭"试图结束这样的习俗，命令妇女们穿上衣服"。可是，他说："我最终徒劳无功。"[60] 与此同时，他似乎非常满意于当地女佣之便宜，所以他自己家里也有好几个。当他说"因为嫁妆很少而且妇女社会中的快乐很多，所以在这些岛屿上结婚非常容易"时，伊本·白图泰丝毫不隐藏他的喜悦之情。[61] 便捷的婚姻（以及离婚）不仅吸引了伊本·白图泰，而且自然而然地吸引了大量水手和商人。"船舶入港时，水手们娶了太太；船只出港时，水手们和太太离婚。这不过是一种临时婚姻。这些妇女从不离开她们的国家。"[62]

除了迷人的海景（虽然旅行者看久了也会厌倦）和美味的海鲜，人们通常会认为海岛上的生活单调落后，可伊本·白图泰笔下的马尔代夫则完全不是这样。这个社会富裕、活力四射，满足了本地居民和外来者几乎所有的需求，同时也向遥远的异乡出口了丰富的货物。也许这才是历史上的马尔代夫的本质：丰沛而好客。

在谈及马尔代夫时，伊本·白图泰时常提到印度、也门和中国。这些地区的商人源源不断地抵达马尔代夫，这体现出马尔代夫处在广阔的贸易网络之中。向北达印度、向西达也门、向东达中国，这是以马尔代夫为中心的视野；而这三大区域分别代表印度、阿拉伯和中国这三个世界，表明以马尔代夫为中心的贸易跨越了同时也连接了非常广阔的天地。伊本·白图泰提到在这三大区域之外，还有很多商人来自稍小的地方，如科罗曼德、锡兰、孟加拉、波斯等。毫不夸张地说，伊本·白图泰时代的马尔代夫与国际社会联系密切，这一点其他来访者亦可证明。

# 中文文献中的马尔代夫[63]

伊本·白图泰留下了近六百八十年前的关于马尔代夫的翔实记录，实在不容易。不过，在伊本·白图泰到达马尔代夫的十三年前，中国元代商人汪大渊已经到过了马尔代夫，大约在1330年冬，他一直在岛上待到次年春天才离去。

汪大渊何许人也？比起世界历史上赫赫有名的西方旅行家，如马可·波罗、伊本·白图泰，或者中国古代的法显、玄奘、义净，乃至比他晚了七十多年的郑和，汪大渊似乎默默无闻。实际上，汪大渊在中国海洋史上的地位被远远低估了。简单说来，他是第一个到达并深入西洋（也就是印度洋世界）的中国人。此前，四世纪末的法显从北方丝绸之路到印度取经，而后从印度乘船经斯里兰卡和东南亚（也就是海上丝绸之路）回国。法显虽然到了印度，而且是经印度洋和南海回国，可是，他的陆地行程局限于印度次大陆，海上航程局限于印度洋东部，也就是孟加拉湾。在法显之后两百多年，七世纪中期的玄奘往返印度和中国是通过北方的丝绸之路完成的，他虽然也抵达了滨海地区，但其行程也局限于印度次大陆。比玄奘稍晚的义净往返中印的路线跟玄奘不同，他选择了海上丝绸之路，他虽然在东南亚（三佛齐）停留数次，但他在印度的行程和前几位大和尚并没有实质区别，他的航程也局限于印度洋东部。因此，就海洋航行而言，几乎没有中国人在唐宋时期亲自穿越印度洋东部，抵达印度洋西部（阿拉伯海），甚或是到达红海。从游历的地区和国家来看，唐宋以前，也几乎没有中国人主动前往并到达印度以西的波斯和阿拉伯世界。当然，我们知道，唐玄宗天宝十载（公元751年），唐朝军队和阿拉伯黑衣大食之间爆发了怛逻斯之战，唐朝战败，许多唐朝官兵（包括杜环）被俘虏，带到了中亚、西亚及地中海等大食占据的地区。杜环在那里停留了十多年，可能还到了摩洛哥。回来后，杜环撰写《经行记》记录他的所见所闻，可惜，原书现已佚。杜环的族叔杜佑在《通典》及《西戎总序》中对《经行记》加以引述，使我们得以看到其中部分内容。但毕竟杜环是被迫而行，对海洋世界并不熟悉，他存留下来的记录也残缺不全。

唐代的杨良瑶（736～806年）似乎是个例外。杨良瑶家居云阳（现陕西泾阳），"少以节义为志行，长以忠勇为己任，故得入为内养"，也就是他成年后入宫成为伺奉皇帝的宦者，颇有军功，得到皇帝的信赖，于是在公元785年出使黑衣大食。1984年陕西省泾阳县发现的《唐故杨府君神道之碑》记录了他在海上往返的事迹。"以贞元元年四月，赐绯鱼袋，充聘国使于黑衣大食，备判官、内傔，受国信、诏书。奉命遂行，不畏厥远。届乎南海，舍陆登舟，邈尔无惮险之容，凛然有必济之色，义激左右，忠感鬼神。公于是剪发祭波，指日誓众，遂得阳侯敛浪，屏翳调风，挂帆凌汗漫之空，举棹乘颢淼之气，黑夜则神灯表路，白昼乃仙兽前驱，星霜再周，经过万国，播皇风于异俗，被声教于无垠。往返如期，成命不坠，斯又我公杖忠信之明效也。"[64]可惜，神道碑的记录太过简略，我们甚至无法知道他回来时究竟是哪一年。荣新江对碑文和史事做了进一步考证，推测其出使时间是：公元785年6月从长安出发，10月从广州出海，次年5月到达巴格达，公元787年5月回到广州，7月回到长安。[65]从下文的"四年六月，转中大夫"一句可以看出，这段行程往返共三年是非常可能的事。

更可惜的是，神道碑也没有提到从海上航行到印度洋的任何具体情况。不过，和他同时代的唐代宰相贾耽（730～805年）不出意外一定见过杨良瑶，而贾耽曾编撰《海内华夷图》及《古今郡国县道四夷述》四十卷。《新唐书·地理志》记："其后贞元宰相贾耽考方域道里之数最详，从边州入四夷，通译于鸿胪者，莫不毕纪。其入四夷之路与关戍走集最要者七：一曰营州入安东道，二曰登州海行入高丽渤海道，三曰夏州塞外通大同云中道，四曰中受降城入回鹘道，五曰安西入西域道，六曰安南通天竺道，七曰广州通海夷道。其山川聚落，封略远近，皆概举其目。州县有名而前所不录者，或夷狄所自名云。"[66]其中"广州通海夷道"即从广州经南海和印度洋到巴格达的路线，这就是杨良瑶的路线。笔者赞同荣新江的推测，贾耽的海外地理知识一定吸收了杨良瑶的见闻，甚至得到了杨良瑶的直接帮助，贾耽记载的从广州到巴格达的路线应当和杨良瑶的海上通道是相同的。[67]

宋代是中国航海和海上贸易兴旺发达的时代，周去非的《岭外代答》和赵汝适的《诸蕃志》是作者分别在广西和泉州担任官职时采访商人和水手编撰而成，因此，我们大致可以确定，宋代中国人到达了印度洋西部和西亚，可惜没有具体的相关文字材料留存下来。

必须将汪大渊的事迹同郑和下西洋的事迹做比较，方能深刻体会其重要性。明代的郑和，从1405年到1433年，七下西洋，到达现在的东南亚、印度洋、西亚，乃至东非；其舰队之大、人员之多、旅程之广远，影响之深远，可谓至极矣。可是，这都是从数量上加以衡量，然后为之赞叹；如果从航行的质量，也就是原创性上来看，郑和宝船则略显不足。其一，郑和宝船是倾国之力的产物，朝廷上上下下都为此动员、准备、花费的人力、物力、财力不可计数。正是因为要营造四夷宾服、万国来朝的空前气象，郑和宝船下西洋只算政治账，不算经济账。在做此决策的永乐皇帝去世后，此事便因政治上儒臣反对、财政上无法支撑而终结。如果用十分简单的话来概括，那就是，花钱谁不会？其二，除了要倾国之力外，郑和下西洋的另一个关键的局限是，郑和要去的西洋已经是中国人和东亚人熟悉的世界，已经有很多人去过，并留下了相对详细的信息；此外，郑和宝船配备了各语种翻译，一路上雇用了很多常年往返于东南亚和印度洋的土著水手，听取了往返于东南亚和印度洋的各种商人的建议。也就是说，西洋并不是一个陌生的世界，郑和并不是要去寻找或者抵达一个新世界，相反，郑和掌握着关于西洋的非常丰富的书本知识和经验。因此，下西洋虽然是第一次，可是难度并不大。汪大渊的情况则非如此。

汪大渊，字焕章，南昌人，出生于元武宗至大四年（1311年）。1330 年和 1337 年，汪大渊两度由泉州出发，航海到东南亚和西洋各国，最远可能抵达了埃及，也有可能到了摩洛哥。第二次出海回来后，应泉州地方官之请，他开始整理手记，写出《岛夷志略》。《岛夷志略》分为一百条，其中九十九条为其亲历，涉及的国家或地区达二百二十余个，对研究元代中西交通和海道以及诸国的历史、地理有重要参考价值。因此，汪大渊凭一己之力，在比郑和早七十年的时候，深入印度洋世界，其开拓性确实非郑和所能及。实际上，郑和下西洋就直接参考了汪大渊的《岛夷志略》。随郑和下西洋的马欢，在其著作《瀛涯胜览》的自序中就承认自己在航行途中读过《岛夷志略》，并将汪大渊的记载与现实一一对照，发现其真实可靠。他说：

余昔观《岛夷志》，载天时、气候之别，地理、人物之异，慨然叹：普天下何若是之不同耶！永乐十一年癸巳，太宗文皇帝敕命正使太监郑和等统领宝船，往西洋诸番开读赏赐。余以通译番书，忝备使末，随其所至，鲸波浩渺，不知其几千万里。历涉诸邦，其天时、气候、地理、人物，目击而身履之。然后知《岛夷志》所著不诬，而尤有大可奇诡者焉。[68]

汪大渊和伊本·白图泰倒是可以一比。两人是同时代的航行家。伊本·白图泰出生于摩洛哥，一路向东游历了非洲、欧洲、西亚、中亚、印度、东南亚，最后到了中国，游览了泉州，也就是汪大渊出发的港口；而汪大渊从泉州出发，一路向西，游历了东南亚、印度、中东、西亚和非洲。伊本·白图泰的行程异常复杂，时间从 1325 年到 1354 年，巧的是，他在路上的这三十年几乎和汪大渊重合。汪大渊 1320 年第一次出发，大致两三年后就回到了泉州；1337 年再次出发，应该也是两三年后回来的。东西方的这两位伟大的旅行者在同一时间出发，交错而行，可惜没有相遇。

汪大渊在马尔代夫停留了几个月，对这个岛国印象深刻。汪大渊称马尔代夫为"北溜"，指出其"地势居下，千屿万岛"。他还知道航行的路线以及季风的作用，说："舶往西洋，过僧伽剌傍，潮流迅急，更值风逆，辄漂此国。候次年夏东南风，舶仍上溜之北。水中有石槎中牙，利如锋刃，盖已不完舟矣。"[69]也就是说，船舶经过僧伽剌（也就是斯里兰卡）附近，那里洋流迅急，如果碰上逆风的话，船很容易被风吹到马尔代夫附近。如此一来，只能等到第二年夏天西南季风起来的时候，再从马尔代夫向北行驶。汪大渊还提到了马尔代夫的暗礁，它们"利如锋刃"，失事的船很容易被扎得四处破裂。此后的马欢、巩珍和费信都谈到风暴和礁石对外来船只的危害。马欢指出："设遇风水不便，舟师失钉舵船过其溜，落潟水，渐无力而沉没，大概船行谨防此也。"跟着郑和下西洋的巩珍大致抄录了马欢的记录，云："行船者或遇风水不顺，舟师针舵有失，一落其溜，遂不能出。大概行船，谨防此也。"费信则简洁地说："若商船因风落溜，人船不得复矣。"又作诗一首，强调了马尔代夫航路的危险，其中有"盘针能指侣，商船虑狂风"和"虽云瀛海外，难过石门中"两句。[70]

关于马尔代夫的特产，汪大渊说："地产椰子索、贝子、鱼干、大手巾布。"不过，马尔代夫不产棉花或丝绸，所以所谓的大手巾布不过是从印度进口棉布和丝绸再加工而成的马尔代夫著名产品。汪大渊当然提到了海贝，也就是他所说的贝子。他注意到，"海商每将一舶贝子下乌爹、朋加剌，必互易米一船有余。盖彼番以贝子权钱用，亦久远之食法也"。[71] 乌爹就是下缅甸的勃固（Pegu），朋加剌就是孟加拉。也就是说，马尔代夫不但进口孟加拉的大米，也进口勃固的大米，这是伊本·白图泰等西方旅行者没有注意到的细节。此外，一船海贝可以交换一船多的大米，可见海贝在孟加拉和勃固很受欢迎。最后，汪大渊确定地指出，海贝在孟加拉和勃固被当作钱使用。综上所述，汪大渊介绍的情况和伊本·白图泰的记载完全相符。可是，比伊本·白图泰更高明的是，汪大渊明白，海贝在马尔代夫没有被当作钱使用。

在汪大渊和伊本·白图泰抵达马尔代夫将近一个世纪后，郑和宝船也到了印度、锡兰和马尔代夫。马欢是郑和船队的一个翻译，曾经参加郑和的第四次（1413年）、第六次（1421年）和第七次（1430年）远洋。巩珍起初不过是船队的一个士兵，后来被提升为秘书，参加了第七次下西洋。他们俩都提到了马尔代夫出口的特产，包括海贝。费信也是郑和船队的一个军士，他的《星槎胜览》虽然提到了马尔代夫的地形和物产，却没有介绍海贝。马欢称马尔代夫为溜山国，关于其地理位置，马欢说："自苏门答剌开船，过小帽山投西南行，好风行十日到其国。"关于其地名和地貌，他说："番名牒干，无城郭，倚山聚居，四围皆海，如洲渚一般，地方不广。国之西去程途不等，海天生石门如城阙样。"关于其岛屿的组成，他说："有八大处，各有其名：曰沙溜、人不知溜、起来溜、麻里奇溜、加半年溜、加加溜、安都里溜、官屿溜。此处皆有所至而通商船。再有小窄之溜，传云三千有余，所谓弱水三千，正此处也。"关于马尔代夫的社会生活，他说："其间人多巢居穴处，不识米谷，但捕鱼虾而食。不解穿衣，以树叶盖其前后。"他又说马尔代夫"其气候常热如夏，土瘦少米，无麦。蔬菜不广，牛、羊、鸡、鸭皆有，余无所出。国王以银铸钱使用。中国宝船一、二只亦往此处收买龙涎香、椰子等物，乃小邦也"。马欢可能是穆斯林后裔，所以他对宗教比较敏感，说："牒干国王、头目、民庶皆是回回人，风俗淳美，所行悉遵教门规矩。人多以渔为生，种椰子树为业。男女体貌微黑，男子布缠头，下围手巾。妇人上穿短衣，下亦以阔布手巾围之，又用阔大手巾过头遮面。婚丧之礼，悉依教规而行。"[72]

　　关于马尔代夫的特产，马欢详细介绍了椰子、鱼干和手巾，正如汪大渊所述。马欢一一介绍了椰子的各种功能，包括前已述及的椰索用来造船的功能。关于鱼干，他说："其马鲛鱼切成手臂大块晒干，仓屋收贮。各国亦来买贩他处卖之，名曰‘溜鱼’。”关于手巾布，他说：“织一等丝嵌手巾，甚密实，长阔绝胜他处。所织一等织金方帕，男子缠头可用，其价有卖银二两之贵者。”[73]

各种香料是中国人最热爱的南海或西洋特产，因此，马尔代夫虽然不盛产降真香，却有中国人垂涎的龙涎香。关于龙涎香，他说：“渔者常于溜处采得，如水浸沥青之样，嗅之不香，火烧腥气。价高贵，以银对易。”马欢和汪大渊一样，对海贝的介绍相当简洁，但他是第一个提到其采集过程的中国人，他说：“海𧴩彼人积采如山，奄烂内肉，转卖暹罗、榜葛剌国，当钱使用。”谈到马尔代夫的货币时，马欢说：“国王以银铸钱使用。”[74]由此可知马尔代夫使用银钱。总的来说，和汪大渊相比，马欢对马尔代夫的地理熟悉得多，因为他详细列举了马尔代夫的八大环礁。这种一手的翔实信息，非亲历者不能得。因此，我们有理由相信，马欢也在马尔代夫待过；或者，他根据《岛夷志略》的记录——询问了有关人士，补充了关于马尔代夫的许多信息。巩珍关于溜山的记录，几乎完全照抄马欢，故不再录。此前，一些中外旅行家认为马尔代夫将海贝当钱使用，马欢和巩珍都指出，马尔代夫国王铸银钱使用，表明银币是官方的钱，这大致排除了贝币的存在。[75]而黄省曾则进一步明确指出：“其交易以银钱（重官秤二分三厘）。”也就是说，买卖用银钱。这就清楚地表明，海贝在马尔代夫不是货币，虽然海贝给马尔代夫带来了巨大的财富。他也复述了海贝采集的方式，说“凡取海𧴩，山积之而罨之、腐之”，“其来易者为暹罗之商，为榜葛剌之商”。[76]

尤其值得注意的是，马欢提到“中国宝船一二只亦到彼处，收买龙涎香、椰子等物"。因此，根据明代文献记载，马尔代夫曾经四次入贡。《西洋朝贡典录》溜山国条谓："永乐五年，遣其臣来贡。"[77]《明史》卷 326 记载："永乐十年，郑和往使其国。十四年，其王亦速福遣使来贡。自后三贡，并与忽鲁谟斯诸国偕。宣德五年，郑和复使其国，后竟不至。"永乐五年为 1407 年，在郑和第一次下西洋之后，因此此次马尔代夫入贡很可能是因郑和等人邀请、安排而成。因为有了入贡，所以永乐十年（1412 年），郑和亲自前往马尔代夫，以示隆重。此后，马尔代夫又三次入贡，可能是以郑和宝船载之。宣德五年（1430 年），郑和再次到达马尔代夫，这是郑和第七次下西洋，距离第六次已经有八九年之久。随着郑和下西洋的终结，马尔代夫"以去中华绝远"，不复入贡。综上所述，根据明代文献，马尔代夫五次入贡，但实际上是四次。

既然郑和的船到了马尔代夫，马尔代夫也一度入贡，那么，我们或许有理由相信，此前或此后不久，也有其他中国船只抵达马尔代夫。至少，汪大渊这样的中国商人搭乘东南亚或印度洋的船只抵达了马尔代夫。中国宝船到马尔代夫后，购买了当地的龙涎香和椰子，或许也买了海贝；或者东南亚和印度洋的船只在马尔代夫购买了海贝，将之带到中国。否则我们无法理解，为什么在元明时期，江南的藩库居然储藏了堆积如山的海贝！这些江南的海贝很可能就是驶往中国的船只的压舱物，如同驶往孟加拉、下缅甸和暹罗的船只的压舱物。

## 北溜、溜山和溜布

汪大渊、马欢等人关于马尔代夫的中文名称的记录值得细细斟酌一番。汪大渊称马尔代夫为北溜。一些学者认为北溜是马尔代夫首都马累的音译。[78]藤田丰八认为，北溜乃 Mal/Bal 之对音，当时 Maldive/Beldive（马尔代夫）群岛为官场所在之地，是郑和《航海图》所谓的官屿。苏继庼同意他的观点，说："本书北溜一名，似以藤田主张视其为马尔代夫都会马累（Malé）之对音为最合。缘方音 m 音与 p 音可互转，故 ma 可读成北。"苏继庼又说，"溜"字可能"兼示当地海流土名有关者"。[79]此说不确。柔克义（Rockhill）指出，顾名思义，北溜的意思就是北方/北部的岛，笔者以为颇有道理。[80]谢方进一步解释说，"m 与 p 固或可互转，但 ma 译作北，并无此例，无论广东音还是闽南音都无此转法"，"至于'北'，也不是音译，而是南北之北。北溜即北部之溜"，"'溜'应是个表意字，指急流或急流中之小岛。故明代总称其地为溜山国"，溜"不可能作为音译，而是因此地季风和洋流都很猛烈湍急，容易触礁沉船，故我国古代舟师名其地曰'溜'"。谢方还指出，既然北溜是北部之溜，那么相应就有南部之溜，即南溜，而《岛夷志略》记载大八丹土人穿"南溜布"，这就是指南溜一地所产之布。[81]查《岛夷志略》，"大八丹"记载，"男女短发，穿南溜布"，并有"贸易之货，用南丝、铁条、紫粉、木梳、白糖之属"。[82]那么，除了南溜布，或许南丝也是南溜所产？

那么，南溜在哪里呢？大学者沈曾植在《岛夷志略广证》中曾说："南溜与北溜对，但此书有北溜而无南溜，所出大手巾布省称溜布，则南字殆北字之讹。"[83]他猜测南溜是笔误，南溜并不存在。谢方以南溜布的存在反驳沈曾植的推测。谢方指出："南溜应是指马尔代夫群岛的南部，今一度半海峡以南之苏瓦代瓦环礁（Suvadiva Atoll）和阿杜环礁（Addu Atoll）。一度半海峡宽约 100 公里，为马尔代夫群岛最宽的海峡。海峡以北即北溜，明代之'九溜'即其地。"他解释说："由于汪大渊只到北溜，没有到过南溜，而且南溜也非航路之必经，离主岛（马累岛）太远，所以没有把它写入游记中，这是不足为怪的。"[84]因此，确切地说，汪大渊记载的北溜大致是指现在马尔代夫北部的岛屿。谢方的论述也符合马尔代夫群岛的实际地貌，因为其南北环礁确实存在相当明显的差别。[85]R. 米歇尔·费纳博士则指出，在马尔代夫的伊斯兰时期，南部环礁的语言乃至和马累的政治关系都与北部有所不同；当然，南部环礁同样参与各种跨地区交流。[86]马尔代夫最南端的福阿穆拉环礁（Fuamulah Atoll）上遗存了一片面积相当大的佛教建筑遗址，2018 年年初，R. 米歇尔·费纳博士的团队在那里"挖出了一座雕像的基座，基座的下面有珊瑚石制成的匣子，里面装有祭奉的海贝"。[87]可是，普塔克（Roderich Ptak）却认为，中文的"溜"是 diu（也就是岛的意思）的音译，diu 则是从梵文的dvipa（以及其他形式，如 diva、dive、diba 等）而来，因此，他觉得"溜"和水流湍急等毫无关联。[88]

即便如此，"溜"指环礁或岛屿也有其他中文文献的支持。马欢称马尔代夫为溜山，也就是礁山或岛山的意思，这生动地体现了岛屿形成的环礁在海面上突兀成山的地貌。他还翔实地记下了溜山的八大溜，它们各有其名，"皆有所至而通商船"。此外，"再有小窄之溜，传云三千有余，所谓弱水三千，正此处也"。[89]在他之后，明代的官方文献明确提到了马尔代夫的九溜。《武备志》中的《郑和航海图》标明了九溜，比马欢的八溜多了第九溜"巳龙溜"，并且绘出了各溜具体的所在地、去往那里的航路等。[90]《郑和航海图》是根据郑和下西洋时的海图绘制的，已有多位学者论证其地名和位置是根据航海实践绘制的，比较可信。

除了南北溜，《瀛涯胜览》还第一次提到了"小窄之溜"，称马尔代夫除了八溜之外，"再有小窄之溜，传云三千有余"。之后的文献称"小窄之溜"为"小窄溜"或"小溜"。《西洋番国志》云："其余小溜尚有三千余处。"《星槎胜览》云："传闻有三万八千余溜山，即弱水三千之言也。"《西洋朝贡典录》云："又西有小窄溜，是有三千，是皆弱水，即所谓'弱水三千'者焉。一日三万八千余溜，舟风而倾舵也，则坠于溜，水渐无力以没。其小窄溜之民，巢穴而处，鱼而食，草木而衣。"[91]如谢方所指出的，马尔代夫群岛为南北走向的两组平行狭长的珊瑚礁岛群，其中较大的岛屿都在东边一线上，所谓八溜或九溜都分布在东边；西边还有一系列环礁，面积更小，数量更多，这就是小窄溜。[92]所以马尔代夫大的岛屿不过一两千个，人们大致确定其有岛屿二三千，可是加上小溜，其岛屿数量无法细数，只能泛称其为千岛之国，如《星槎胜览》和《西洋朝贡典录》相袭，均称其"有三万八千余溜"。明代耶稣会教士艾儒略在《职方外纪》中称："西有小岛，总名马儿地袜，不下数千，悉为人所居。海中生一椰树，其实甚小，可疗诸病。"[93]

不妨对汪大渊提到的溜布略做讨论。汪大渊记载"下里"时说，"国居小唄喃古里佛之中，又名小港口。山旷而原平，地方数千余里。民所奠居，星罗棋布。家给人足，厥田中下"，"男女削发，系溜布"。[94]苏继庼认为，下里可能是印度半岛西南端的柯枝（Cochin 或 Kochi，现科钦）附近的阿鲁法（Aluva 或 Alwaye，亦称哑哩喏）。[95]关于溜布，柔克义解释说，所谓溜布就是"溜岛（马尔代夫）制作的棉布"，[96]汪大渊知道溜布的产地，故称之为溜布。溜布不仅出口到印度，也到东南亚。汪大渊在谈到罗卫的习俗时说："男女文身为礼，以紫缦缠头，系溜布。"[97]罗卫大致在暹罗湾的叻武里（Ratburi），位于此前的堕罗钵底（Dvaravati）。杜阿尔特·巴尔博扎（Duarte Barbosa）等欧洲人也注意到了溜布。巴尔博扎是葡萄牙的一个士兵，1501年至1517年在印度洋生活，他看到"岛上的人都围着一块精致的手巾，手巾质地紧密，图案精美，我们的匠人可织不出来，织出来也不免有错"。[98]这和将近一百年前马欢的记载吻合。马欢在《瀛涯胜览》中说，马尔代夫"男子布缠头，下围手巾。妇人上穿短衣，下亦以阔布手巾围之，又用阔大手巾过头遮面"。对于溜布的质量，马欢也赞不绝口："又织一等丝嵌手巾，甚密实，长阔绝胜他处。所织一等织金方帕，男子缠头可用，其价有卖银二两之贵者。"可见马尔代夫溜布的确不凡。除了溜布，马欢把马尔代夫生产的、受大众欢迎的马鲛鱼直接称为溜鱼，这和溜布是以产地命名可以互证。[99]

　　古代的中国文献留下了如此丰富的关于中古时期马尔代夫的资料，要是马尔代夫考古能够有所发现，可以与之互证就好了。[100]巧的是，最近马尔代夫的考古确实发现了各种中国瓷器，如龙泉窑瓷器和青花瓷，上溯唐宋，下至元明。[101]在库鲁西纳－塔拉卡杜（Kuruhinna Tharaagadu）[102]考古发现的这组瓷器中，中国的瓷器"占据了所发现瓷器的最大部分"，而且"全是饮食器皿"，时期从十二世纪到十七世纪，长达五百多年。[103]除了瓷器，还发现了一枚北宋初期（十世纪末）的铜钱。[104]这枚铜钱很可能是东南亚的船只遗留下来的，当然，也不能排除它来自中国船或印度船的可能性。

综合中文文献和伊本·白图泰的记载，我们可以发现，马尔代夫是一个繁荣的商业世界的中心，这个世界包括附近的孟加拉、勃固和暹罗，而后三者都将海贝作为货币使用。值得注意的是，最近展开的考古研究已经初步证明，各类文献所描述的那个历史上生机勃勃的海上贸易纽带即为马尔代夫。

## "世界各地的大集市"

以葡萄牙人为首的欧洲人在到达印度洋时，马上就意识到了马尔代夫在亚洲海洋贸易中长期占据的重要地位。1497 年 7 月 8 日，达·伽马率领由四条小船组成的舰队从里斯本出发，于 1498 年 5 月 20 日到达印度西南沿海卡利卡特附近的卡帕杜（Kappadu）。此后，面对一系列困难的葡萄牙人努力奋斗，在印度和印度洋沿岸立足，得以一展宏图。

1503 年，葡萄牙人在海上捕获了四艘从马尔代夫出发的被称作 gundra 的商船，船上满载马尔代夫特产，如海贝、鱼干以及外来货物，如"丝绸（彩色和白色的）、各种各样数量不等的棉布，以及许多耀眼的金箔"。"Gundras 由椰子树通过木销子连接制成，不用螺栓。船帆是晒干的椰叶制成的席子。这些船只满载考黎（caury），考黎就是在这些岛屿上发现的白色的小贝壳，数量巨大，所以船载其出口。大量考黎被卖到孟加拉，在那里被当作货币。"[105]葡萄牙人认识到，马尔代夫是"世界各地商人的大集市，印度的摩尔人（the Moors）频繁去那里，带着他们的盐、陶器这些马尔代夫没有的货物去交换，当然，摩尔人也用大米和白银交换"。[106]一些葡萄牙旅行者声称，数不清的船只"从孟加拉经停这些岛屿，而后去麦加海峡"，马尔代夫就通过这些船只获得了丝绸、黄金以及棉线，他们将棉线加工成溜布出口。[107]1515 年，一个在果阿的葡萄牙人注意到，马尔代夫盛产小巧的海贝，"而坎贝（Cambaia 或 Cambay）和孟加拉急需这些海贝，因为这两个国家将海贝当作零钱使用，和铜钱比，海贝干净又好用"。[108]坎贝又叫肯帕德（Khambhat 或 Kinbáyat），是印度西部古吉拉特邦（Gujerat）的一个重要商贸中心，也是历史悠久的港口。

葡萄牙人巴尔博扎对马尔代夫的造船技术印象深刻。他说：

> 在这些岛屿上，人们将椰子树干拼接起来建造大船，因为岛上没有其他树木。他们就用这些船穿越大海到大陆。这些船只装有龙骨，装载量很大。他们还建造了很小的船，像双桅帆船（brigantine 或 fusta）：这些船建造得很出色，力量大，重量轻，主要用于岛屿间的运输，有时也用来跨海前往马拉巴尔（Malabar）。[109]

在巴尔博扎眼中，马尔代夫是联系东西方海洋贸易的中心：

> 从中国、摩鹿加（Maluco）、勃固、马六甲、苏门答腊、孟加拉和锡兰来的各种船只在去红海的途中，纷纷抵达这些岛屿。在这里，他们补充淡水、生活用品和其他航海的必备品。有时候，船只连续到来，不得不在卸货后被抛弃。[110]

他还注意到了孟加拉的贝币，指出这些海贝是从马尔代夫出口而来的，马尔代夫"和坎贝及孟加拉有着大量的贸易往来，在这些地方，海贝被用作小额货币，比铜钱还好用"。[111]

十六世纪中期，在里斯本工作的巴罗斯虽然不曾到过东方，但凭借来自东方的报告，对马尔代夫的海贝有着生动的描述。他说：

> 那里有一种贝壳，大小如蜗牛，但形状各不同，外壳洁白坚硬、闪闪发光，其中一些因色彩明亮被嵌金制成纽扣，如同珐琅。许许多多的船只以海贝为压舱物，前往孟加拉和暹罗，在那里，海贝作钱使用，如同我们买小玩意的铜币。[112]

他还提到葡萄牙人也参与了海贝贸易，说：

> 海贝也被运到了葡萄牙王国，有些年份有多达两三千公担（quintal）的海贝作为压舱物到达；而后它们被运往几内亚的贝宁王国和刚果王国，在那里，海贝被当作钱使用；内陆的一些僧特尔人（Gentile）以其为宝。[113]

巴罗斯的话是清楚地提到欧洲人从印度洋运送海贝到西非的最早记录之一。

巴罗斯甚至还记录了海贝采集的细节：

> 岛上收集海贝的方法如下：他们把椰子叶捆绑在一起——这样不容易碎裂——然后投入海中；海贝因寻找食物而攀附其上；当椰叶布满海贝时，就把它们拽到岸上，然后采集海贝；随后把海贝埋到沙子里，直到里面的肉全

部腐烂不见。这些海贝（我们称之为 buzio，黑人称之为
igovo）在海水里洗干净后，就几乎呈纯白色。在葡萄牙
王国，根据印度供应的多少，一公担海贝值三个到十个克
鲁扎多（cruzado）。[114]

巴罗斯的最后一句话表明，印度的供应决定了海贝在葡萄牙市
场上的价格。

里斯本的巴罗斯也注意到了元明时期的中文文献提到的手
巾布：

> 这些纺织物由岛上的居民用丝和棉制成，各地生产的
> 以此处的最为精致。岛上最主要的纺织工厂坐落在桑杜
> （Ceudú）和库杜（Cudú）这两个岛上，那里的纺织工人
> 比孟加拉或科罗曼德的要好得多。

可见，巴罗斯知道马尔代夫本地不产棉花或丝绸，而是进
口原料加工而成。他还说："岛上不产这些货物，也没有大
米，这些全靠进口。"[115]

有意思的是，马尔代夫苏丹虽然乐见欧洲参与并扩大海贝
贸易，但他不愿意直接和欧洲建立贸易联系，无论是葡萄牙
人、荷兰人还是英国人。在十七世纪六十年代，苏丹给巴拉索
尔（Balasore 或 Baleshwar）——奥里萨邦 [Odisha，即过去的
Orissa，历史上的羯陵伽国（Kingdom of Kalinga）就位于此
地] 海贝贸易的中心——的酋长写了封信，请求他转告莫卧
儿王朝（Mughal Empire）的皇帝，要禁止荷兰人或英国人登
临马尔代夫。[116]很显然，马尔代夫苏丹喜欢沿袭传统，和孟加

拉、坎贝以及锡兰的老伙伴们一起继续垄断海贝贸易。欧洲人如果直接到马尔代夫来购买海贝，恐怕不利于苏丹的权力和权利，因此，苏丹的担心不是毫无依据。

## 弗朗索瓦·皮拉尔眼中的海贝贸易

1602 年，法国水手弗朗索瓦·皮拉尔因海难而登临马累时发现，葡萄牙人早就加入了海贝贸易，而且葡萄牙人对于后到的法国人明显有敌意：

> 起初，我们的人刚刚抵达，一艘（载重）400 吨的葡萄牙船只停泊在这里，它从柯枝来，满载一船大米，来运波利（boly），也就是海贝，到孟加拉去，那里对海贝的需求巨大。[117]

由此可见，葡萄牙人一发现海贝贸易获利颇丰，就马上参与进了本地的这个传统，同时还对新来的欧洲人戒备森严。

弗朗索瓦·皮拉尔留下了极其丰富的关于马尔代夫海贝贸易的史料，有些地方是前人所未及的。比如，他提到海贝"一个月采集两次，分别在新月前三天到新月后三天以及月圆之际，其他日期即使去捕捞也所获无几"。[118]他还说，采集的工作由妇女完成，她们"在沙滩以及深及腰部的海水里采集"，出口的海贝"不计其数"，"一年之内，我亲眼看见三十至四十艘船满载海贝而去，全部都是海贝，没有其他货物"。[119]他提到孟加拉是海贝的最主要市场，海贝贸易给马尔代夫"从印度各地带来了令人赞叹的利润"。[120]

当然，关于马尔代夫的海贝，弗朗索瓦·皮拉尔的叙述和前人大致相同，除了他首次提到海贝在马尔代夫可以用来交税。国王"向其臣民征的税，根据他们的谋生手段，由椰索、被叫作波利的海贝"和鱼干一起充当。[121] 也就是说，国王允许马尔代夫的百姓以实物充税。这种传统恐怕很早就开始了。

和伊本·白图泰一样，弗朗索瓦·皮拉尔描绘了一个吸引世界各地商人的马尔代夫的海上贸易世界：

> 马尔代夫贸易繁盛，前来购买商品的商人络绎不绝。你在这里可以看到世界各地的商人，如来自巴塞洛尔（Barcelor）、霍纳瓦尔（Onor）、巴科洛尔（Bacalor）、坎努尔（Cananor）、卡利卡特、达努尔（Tananor）、柯枝、奎隆（Coilam）、卡埃尔（Cael）的马拉巴尔人，来自坎贝、苏拉特（Surat）和焦尔（Chaul）的古吉拉特人（Guzerati），以及阿拉伯人、波斯人、孟加拉人、圣托马斯（St. Thomas）人、默苏利珀德姆（Masulipatam）人、锡兰人和苏门答腊人。这些商人带来当地需要的货物，带走了马尔代夫生产的大量货物。[122]

除了出口之外，海贝在马尔代夫还被用在各种宗教文化的礼仪上。伊本·白图泰说，婚房内垂挂着布匹，"海贝就系于布上"。[123] 节日的时候，"每家的主人在门口等待，在维齐尔（Vizier）经过时，便向其脚下扔一块丝绸或棉布，维齐尔的奴隶会捡起这些东西以及撒在路上的海贝"。[124] 可见，海贝以及丝绸和棉布等其他珍贵物品，被用来奉献给维齐尔以示尊敬。弗朗索瓦·皮拉尔则注意到了葬礼中的海贝："从房子到墓地，一路上他们撒了很多波利（即海贝，之后会再谈到它们），穷人们可以捡起来，挣点钱。"[125]看来，海贝在马尔代夫的日常生活中已经扎根很久了。

综上所述，在欧洲人到来的十六世纪之前，由于其天然的地理位置、丰富多彩的特产，如椰索、鱼干和海贝，以及当地加工出口的丝绸和棉布，马尔代夫在海洋贸易中占据了独特的地位。这个千岛之国的传说在亚非欧各地的商人当中口耳相传。欧洲人初来时，尚未安顿好，便忙不迭地加入了海贝贸易，把海贝运到了印度和西非。

## 注　释

1. Ibn Battuta, *Travels in Asia and Africa，1325－1354*，trans. and selected by H. A. R. Gibb, with an Introduction and Notes（Abingdon and New York：Routledge and Kegan Paul LTD, Paperback, 2011），241.

2. Susmita Basu Majumdar and Sharmistha Chatterjee，"Cowries in Eastern India：Understanding Their Role as Ritual Objects and Money," *Journal of Bengal Art*，vol. 19（2014）：44.

3. Paul Kench，"Maldives," in David Hopley（ed.），*Encyclopedia of Modern Coral Reefs*，（Dordrecht, The Netherlands：Springer Science ＋ Business Media B. V.，2011），648.

4. http：//www. themaldives. com/maldives/. Accessed on 17 February 2017.

5. http：//www. mymaldives. com/maldives/weather/. 有关马尔代夫的地理历史，参见 Mirani Litster，2016，58－61。利斯特的论文以马尔代夫的考古发现来审视它在过去全球化历程中的角色。

6. 德干玄武岩由位于印度德干高原西部的西高止山（Western Ghats）于约6625万年前火山爆发而形成。这次火山爆发持续了3万年之久，对地球的地理、气候和生物都产生了巨大影响。留尼汪群岛由火山爆发形成，位于印度洋西南部，距离非洲的第一大岛马达加斯加仅650公里，是法国的海外省，岛上至今仍有活火山。——译注

7. Paul Kench，2011，649.

8. Paul Kench, 2011, 650 – 651.

9. 关于早期马尔代夫比较全面的介绍，参看 Naseema Mohamed，"Notes on the Early History of the Maldives," *Archipel*, vol. 70（2005）：7 – 14。目前，由 Arcadia 资助、R. 米歇尔·费纳博士主持的牛津大学伊斯兰研究中心正在开展的"马尔代夫遗产调查"这一研究项目（http：//maldivesheritage. oxcis. ac. uk/）"计划对马尔代夫濒危的文化遗产进行系统的编目和记录工作"。R. 米歇尔·费纳是笔者之前在新加坡国立大学历史系的同事。

10. Clarence Maloney，"The Maldives：New Stresses in an Old Nation," *Asian Survey*, vol. 16, no. 7（Jul. 1976）：655；http：//www. mymaldives. com/maldives/history/.

11. http：//www. mymaldives. com/maldives/culture/. 关于马尔代夫的语言问题，参见 Sonja Fritz, *The Dhivehi Language：Descriptive and Historical Grammar of Maldivian and Its Dialects*, Beiträge zur Südasienforschung, Südasien-Institut, Universität Heidelberg, Band 191, 2 vols, Würzburg：Ergon-Verlag, 2003；关于马尔代夫的文化交流，参见 Mirani Litster, 2016, 61 – 65。

12. Clarence Maloney, 1976, 655.

13. Clarence Maloney, 1976, 656.

14. 2018 年 6 月 1 日，R. 米歇尔·费纳在阅读英文初稿时提到这一点，特此致谢。

15. Clarence Maloney, 1976, 656.

16. Ibn Battuta, 2011, 241.（科罗曼德海岸是印度半岛东南部的海岸，又称乌木海岸；锡兰是斯里兰卡的古称。——译注）

17. 马欢著，万明校注，《明钞本〈瀛涯胜览〉校注》，北京：海洋出版社，2005 年，第 71 页；费信著，冯承钧校注，《星槎胜览校注》，北京：中华书局，1954 年，"后集"第 22 页；可参见谢方，《中国史籍中之马尔代夫考》，《南亚研究》，1982 年第 2 期，第 6 页。

18. Ibn Battuta, 2011, 242.

19. Chola，中文古籍称之为注辇，是印度南部的一个泰米尔王朝，其势力在十世纪至十三世纪臻于高峰，一度跨海远征东南亚的苏门答腊和爪哇，并控制了三佛齐国，也曾经派使节与宋元时代的中国交往。——译注

20. 有关马尔代夫在印度洋世界的地位，参见 Mirani Litster, 2016,

72 - 77。

21. 珊瑚虽然只占海洋面积的 1%，却为海洋 25% 以上的鱼类提供了生存环境。珊瑚本身是珊瑚虫及其体内海藻的共生体，其多姿多彩其实是由其体内的珊瑚虫呈现。珊瑚白化是珊瑚礁的病理特征，原理大致如下：海水升温使得珊瑚虫体内的海藻开始大量囤积过氧化氢，而过氧化氢具有强氧化性，会伤害珊瑚虫的细胞；为了保护自己，珊瑚虫便排出了体内的海藻，从而失去了海藻呈现的各种色彩，出现了珊瑚白化的现象。如果海水不及时降温，那么珊瑚虫就会慢慢死去。——译注

22. Albert Gray and H. C. P. Bell, eds., *The Voyage of François Pyrard of Laval to the East Indies, the Maldives, the Moluccas and Brazil* (Cambridge：Cambridge University Press, 2010), vol. 3, 485.（据刘琼告知，葡萄牙文和西班牙文中都有 moxama 或 muxama 一词，其来源是阿拉伯语，原意为"干的"，字典中的意思是"切片腌晒而成的鱼干，尤指金枪鱼脊背肉制成的鱼干"。——译注）

23. Gray and Bell, 2010, *The Voyage of François Pyrard*, vol. 3, 439.

24. Gray and Bell, 2010, "Introduction," *The Voyage of François Pyrard*, vol. 1, xxii. [Horsburgh Atoll，又叫戈伊杜环礁（Goidhoo Atoll），在马尔代夫首都马累西北约 95 公里处。——译注]

25. Gray and Bell, 2010, "Introduction," xxv.

26. Gray and Bell, 2010, vol. 1, 236.

27. Gray and Bell, 2010, vol. 1, 240.

28. Gray and Bell, 2010, vol. 1, 190 - 191.

29. 有关早期马尔代夫的文献记录，参见 Gray and Bell, 2010, "Early Notices of the Maldives," *The Voyage of François Pyrard*, vol. 3, Appendix A, 423 - 492。

30. Gray and Bell, 2010, "Early Notices of the Maldives," 427.

31. Gray and Bell, 2010, "Early Notices of the Maldives," 428 - 429.（Sulaiman 或 Soleiman al-Tajir，是九世纪中期波斯的穆斯林商人，他从伊朗出发，游历了印度、东南亚和中国，著有游记。——译注）

32. Gray and Bell, 2010, "Early Notices of the Maldives," 429.

33. Gray and Bell, 2010, "Early Notices of the Maldives," 429.

34. Gray and Bell, 2010, "Early Notices of the Maldives," 430.

35. Gray and Bell, 2010, "Early Notices of the Maldives," 431.

36. Gray and Bell, 2010, "Early Notices of the Maldives," 432.

37. 有关伊本·白图泰的马尔代夫经历，参见 Gray and Bell, 2010, "Early Notices of the Maldives," 434 – 468。

38. Gray and Bell, 2010, "Early Notices of the Maldives," 435.

39. Ibn Battuta, 2011, 242.

40. Ibn Battuta, 2011, 248.

41. Ibn Battuta, 2011, 248.

42. Ibn Battuta, 2011, 248 – 249.

43. Ibn Battuta, 2011, 267.

44. 对于货币（或大众所说的钱）的理解一直以来就不够透彻，甚至存在误解，伊本·白图泰等人亦是如此。必须要明白，中外古人其实和我们一样，对于货币并没有清晰的概念，更谈不上经济学上的严格定义了。——译注

45. Ibn Battuta, 2011, 243.

46. Ibn Battuta, 2011, 114.

47. Ibn Battuta, 2011, 243.

48. 汪大渊著，苏继庼校释，《岛夷志略校释》，北京：中华书局，1981年版，2000年第2次印刷，第364页。

49. 卡利卡特（Calicut、Calecut、Cálicút），即明代文献所记载的古里，郑和第七次下西洋返航时在此去世。现为科泽科德（Kozhikode），印度西南喀拉拉邦的港口。——译注

50. 马欢，2005年，第69、74页。

51. Ibn Battuta, 2011, 242.

52. Ibn Battuta, 2011, 114.

53. Ibn Battuta, 2011, 114 – 115.

54. 她说的镜头就是电影《红色娘子军》中女战士剖开椰子痛饮椰汁的那一刻。浙江不产椰子，所以当时农民看到后觉得非常惊奇，十分羡慕。——译注

55. Ibn Battuta, 2011, 115.

56. 马欢，2005年，第68~69页。其实，宋人对于椰子的多种用处已有比较详细的了解。十二世纪的周去非在广西任职时，通过搜集文献及采访商人、水手，著《岭外代答》一书，称："椰木，身叶悉类

棕榈、桃榔之属。子生叶间，一穗数枚，枚大如五升器。果之大者，
惟此与波罗蜜耳。初采，皮甚青嫩，已而变黄，久则枯干。皮中子
壳可为器，子中穰白如玉，味美如牛乳，穰中酒新者极清芳，久则
浑浊不堪饮。"周去非著，杨武泉校注，《岭外代答校注》，北京：
中华书局，1999 年，第 295 页。比周去非晚了几十年的南宋宗室赵
汝适在泉州市舶司任职时著成了《诸蕃志》，对椰子树一条，全文照
抄周去非，唯最后加了一句"南毗诸国取其树花汁用蜜糖和之为
酒"，南毗即古里。赵汝适著，杨博文校释，《诸蕃志校释》，北京：
中华书局，2000 年，第 188 页。

57. 马欢，2005 年，第 74 页。

58. 黄省曾著，谢方校注，《西洋朝贡典录校注》，北京：中华书局，
2000 年，第 100 页。

59. Ibn Battuta, 2011, 243.

60. Ibn Battuta, 2011, 243 – 244.

61. Ibn Battuta, 2011, 244.

62. Ibn Battuta, 2011, 244.（这样的婚俗在古代东南亚临海地区也常常可
见，古书中经常记载吴哥、暹罗或者其他东南亚港口的原住民妇女
非常愿意嫁给中国的水手，并对此做了一些道德上的评价。我认为
这是当地社会文化和海洋贸易相结合的产物。——译注）

63. 中文文献关于马尔代夫的记录，参见谢方，《中国史籍中之马尔代夫
考》，《南亚研究》，1982 年第 2 期，第 1 ~ 8 页；Roderich Ptak, "The
Maldives and Laccadive Islands（liu-shan 溜山）in Ming Records,"
*Journal of American Oriental Society*, vol. 107, no. 4 (1987)：675 – 694。
（谢方认为，玄奘是中国记录马尔代夫的第一人。玄奘在《大唐西域
记》卷 11 说，僧伽罗"国南浮海数千里，至那罗稽罗洲。洲人卑
小，长余三尺，人身鸟喙。既无谷稼，唯食椰子"。季羡林指出，那
罗稽罗的梵文为 nārikela，意为椰子，按其方向及距离推断，似即马
尔代夫。见玄奘、辩机著，季羡林等校注，《大唐西域记校注》，北
京：中华书局，1985 年，上卷，第 884 ~ 885 页。综合考虑此岛的地
理位置和岛上"既无谷稼，唯食椰子"的情况，那罗稽罗当为马尔代
代夫。不过，玄奘并未到过这里，他的记录只是根据耳闻。参见谢
方，1982 年，第 1 ~ 2 页。——译注）

64. 杨良瑶事迹，见张世民，《杨良瑶：中国最早航海下西洋的外交使

节》，《咸阳师范学院学报》，2005 年第 3 期，第 4～8 页；有关文字句读，根据荣新江的解读，略做修订；荣新江，《唐朝与黑衣大食关系史新证——记贞元初年杨良瑶的聘使大食》，《丝绸之路与东西文化交流》，北京：北京大学出版社，2015 年，第 84 页。

65. 荣新江，《唐朝与黑衣大食关系史新证》，第 91－92 页。

66. 见《新唐书》，北京：中华书局，1975 年，卷 43 下，"地理志七下"，第 1146 页。

67. 荣新江，《唐朝与黑衣大食关系史新证——记贞元初年杨良瑶的聘使大食》，第 94～95 页。

68. 马欢，2005 年，第 1 页。

69. 汪大渊，1981 年，第 264 页。

70. 马欢，2005 年，第 73 页；巩珍著，向达校注，《西洋番国志》，北京：中华书局，2000 年，第 32 页；费信，1954 年，"后集"，第 23 页。

71. 汪大渊，1981 年，264 页。此处需要注意乌爹与大乌爹的区别，乌爹是指下缅甸，而大乌爹是指奥里萨（Orissa）。这两个地名马欢在《瀛涯胜览》中都提到了，而且两地都使用海贝作货币，虽然他在提到"北溜"时只说将海贝运往乌爹。（"贝八"字由"贝"和"八"两个部首合并而成，是个形声字。"贝"表意，"八"表音。这个字大概是宋元时期创造的，因发音听起来介于"八"和"趴"之间。——译注）

72. 马欢，2005 年，第 71～75 页。

73. 马欢，2005 年，第 74 页。

74. 马欢，2005 年，第 74～75 页。

75. 马欢，2005 年，第 75 页；巩珍，2000 年，第 33 页。

76. 黄省曾，2000 年，第 76～77 页。

77. 黄省曾，2000 年，第 79 页。

78. 汪大渊，1981 年，第 265 页，注释 1；Ptak, 1987, 676, footnote 4。

79. 汪大渊，1981 年，第 265 页，注释 1。

80. W. W. Rockhill, "Notes on the Relations and Trade of China with the Eastern Archipelago and the Coast of the Indian Ocean during the Fourteenth Century," Part II, *T´oung Pao*, Second Series, vol. 16, no. 1 (1915): 67; Part III, *T´oung Pao*, Second Series, vol. 16, no. 3

（1915）：388 – 389.

81. 谢方，1982 年，第 3 页。笔者怀疑"溜"字发音或与 dvipa 相近，因此"溜"的选择和命名在音、义上都与马尔代夫相符。

82. 汪大渊，1981 年，第 280 页。

83. 转引自谢方，1982 年，第 3 页。

84. 谢方，1982 年，第 3 页。R. 米歇尔·费纳读了谢方的解释认为，说南溜是被赤道海峡与北部其他环礁分开不无道理，但更可能是以赤道海峡北边的一度半海峡为分割线，后者是穿越印度洋的重要航道。以上为 2018 年 6 月 1 日费纳对本书英文初稿的评论。（费纳只读了英文版中极为简洁的解释，并没有读到中译本中上述谢方关于南溜方位的分析，以及谢方认为一度半海峡是南北溜分界线的部分。由此可见，中西学者之间是可以达到学术共识的。——译注）

85. Michael J. Risk and Robert Sluka, "The Maldives: A Nation of Atolls," *Coral Reefs of the Indian Ocean*, eds. Tim R. McClanahan, Charles R. C. Sheppard and David O. Obura（London: Oxford University Press, 2000）, 328; Mirani Litster, 2016, 59.

86. 2018 年 6 月 1 日 R. 米歇尔·费纳对本书英文初稿的评论。

87. 2018 年 6 月 1 日 R. 米歇尔·费纳对本书英文初稿的评论。

88. Ptak, 1987, 676, footnote 4.（普塔克，又名葡萄鬼，是德国著名汉学家，对中外关系史、海洋史颇有研究。——译注）

89. 马欢，2005 年，第 71 ~ 73 页；巩珍，2000 年，第 32 ~ 33 页。

90. 向达整理，《郑和航海图》，北京：中华书局，2000 年，第 56 ~ 58 页；谢方，1982 年，第 4 页。

91. 巩珍，2000 年，第 32 页；费信，1954 年，"后集"，第 22 ~ 23 页；黄省曾，2000 年，第 78 页。

92. 谢方，1982 年，第 6 页。

93. 艾儒略著，谢方校释，《职方外纪校释》，北京：中华书局，2000 年，第 58 页。

94. 汪大渊，1981 年，第 267 页。[柯枝或科契，面临阿拉伯海，是印度香料贸易的中心，被称为"阿拉伯海的王后"，1503 年被葡萄牙人占领，在 1530 年葡萄牙人选择果阿之前是葡萄牙人的基地，此后又被荷兰人和英国人占领。《瀛涯胜览》记载，"柯枝国"，"自小葛兰国开船，沿山投西北，好风行一昼夜，到其国港口泊船。此国东是大山，西临大海，南北边海，有路可往邻国"；"尔国王亦将方物差头目进献于朝廷"。见马欢，2005 年，第 58、62 页。巩珍基本照录马欢。费信记载柯枝道，"地产胡椒甚广，富家俱置板仓贮之，以售商贩"；"诗曰：嗟彼柯枝国，山连赤卤场。穴居相类兽，市集更通商。米谷少收实，胡椒积满仓。恩宣中使至，随处识蛮乡"。见费信，1954 年，第 33 页。黄省曾记载柯枝道："其朝贡无常。永乐三年，其国王可亦里遣其臣完者答儿来朝贡。十年，复遣使来请封其国之山。诏封为镇国山，御制碑文赐之。"见黄省曾，2000 年，第 97 页。《明史》卷 326 于朝贡关系大书特书："柯枝，或言即古盘盘国。宋、梁、隋、唐皆入贡。自小葛兰西北行，顺风一日夜可至"；"永乐元年，遣中官尹庆赍诏抚谕其国，赐以销金帐幔、织金文绮、彩帛及华盖。六年复命郑和使其国。九年，王可亦里遣使入贡。十年，郑和再使其国，连二岁入贡。其使者请赐印诰，封其国中之山。帝遣郑和赍印赐其王，因撰碑文，命勒石山上"，"自后，间岁入贡"，"宣德五年，复遣郑和抚谕其国。八年，王可亦里遣使偕锡兰山诸国来贡。正统元年，遣其使者附爪哇贡舶还国，并赐敕劳王"。关于郑和下西洋对印度洋诸国——包括柯枝——的影响，可参见 Tansen Sen，"The Impact of Zheng He's Expeditions on Indian Ocean Interactions," *Bulletin of the School of Oriental and African Studies*, vol. 79, no. 3（2016）：609 - 636。——译注］

95. 汪大渊，1981 年，第 268 ~ 269 页，注释 1。

96. Rockhill, 1915, II, 109, footnote 2.

97. 汪大渊，1981 年，第 109 ~ 113 页。柔克义同意溜布产于马尔代夫，但他认为罗卫是在马来半岛北段。Rockhill, 1915, II, 109, footnote 2.

98. Gray and Bell, 2010, "Early Notices of the Maldives," 478. ［杜阿尔特·巴尔博扎，约 1480 ~ 1521 年，于 1519 年参加了麦哲伦的环球航行，1521 年在菲律宾宿雾（Cebu）与当地人发生冲突，和麦哲伦一同遇害。——译注］

99. 马欢，2005 年，第 74 ~ 75 页；Rockhill, 1915, III, 390。

100. R. 米歇尔·费纳博士提到了马尔代夫海洋考古的一些问题。如果沉船事件发生在岛礁之外，则此船会沉到很深的海底；如果沉船事件发生在岛礁之内，那么国王就会下令慢慢清理其中的货物。这是当年的习俗，它很可能带来以下两个难题：要么很难找到沉船，要么找到后几无所获。——2018 年 6 月 1 日 R. 米歇尔·费纳对本书英文初稿的评论

101. Mirani Litster, 2016, 140 – 143, 155. 遗憾的是，此地发现的中国瓷器数量有限。[关于青花瓷，明代文献已经提到，西洋，也就是印度洋诸国，使用青白花瓷器。学者大体上认为，所谓青白花瓷器可能是青瓷、白瓷或者现在所说的青花瓷。以下稍稍介绍之。汪大渊《岛夷志略》记载，朋家拉（孟加拉）"贸易之货，用南北丝、五色绢缎、丁香、豆蔻、青白花器、白缨之属"；天堂（麦加）"贸易之货，用银、五色缎、青白花器、铁鼎之属"；天竺"贸易之货，用银、青白花器、斗锡、酒、色印布之属"；甘埋里（忽鲁谟斯）"去货丁香、豆蔻、青缎、麝香、红色烧珠、苏杭色缎、苏木、青白花器、瓷瓶、铁条，以胡椒载而返"；乌爹（勃固）"贸易之货，用金、银、五色缎、白丝、丁香、豆蔻、茅香、青白花器、鼓瑟之属"。见汪大渊，1981 年，第 330、353、364 和 376 页。马欢《瀛涯胜览》记载，锡兰国"甚喜中国麝香、纻丝，色绢、青磁盘碗、铜钱、樟脑，则将宝石、珍珠换易"；见马欢，2005 年，第 56 页。费信《星槎胜览》记载，榜葛剌国"货用金银、布段、色绢、青白花磁器、铜钱、麝香、银朱、水银、草席、胡椒之属"；古里国"货用金银、色段、青花白磁器、珍珠、麝香、水银、樟脑之属"；柯枝国"货用色段、白丝、青白花磁器、金银之属"；忽鲁谟斯国"货用金银、青白花磁器、五色段绢、木香、金银香、檀香、胡椒之属"；天方国"货用金银、缎匹、色绢、青白花器、铁鼎、铁铫之属"。则可见，元代景德镇生产的青花瓷确实远销印度洋、波斯湾和西亚等地。见费信，1954 年，"前集"第 33、34、36 和 41 页；"后集"第 25 页。至于同时代的东南亚地区，如暹罗、旧港、爪哇、苏门答腊等国，则无须赘言。——译注]

102. 库鲁西纳－塔拉卡杜是马尔代夫卡西德胡岛（Kaashidhoo）上距马累 2 ~ 4 小时路程的考古遗址。——译注

103. Mirani Litster, 2016, 150 – 151.

104. Mirani Litster, 2016, 212.

105. Gray and Bell, 2010, "Early Notices of the Maldives," 473.

106. Gray and Bell, 2010, "Early Notices of the Maldives," 473. （摩尔人指

的是包括印度在内的各地信仰伊斯兰教的穆斯林。——译注)

107. Gray and Bell, 2010, "Early Notices of the Maldives," 473 – 474. (麦加海峡指的是红海。——译注)

108. Fred Pinn, "The Money Cowrie of the Maldives Islands – A Miracle of Reproduction (?)," *The Conchologists' Newsletter*, vol. 8, no. 1 (1995): 526 – 527.

109. Gray and Bell, 2010, "Early Notices of the Maldives," 479. (Fusta 是一种狭窄轻便的小船, 吃水浅, 速度快, 行驶靠桨和帆; 马拉巴尔是印度次大陆西南海岸线上的狭长地带。——译注)

110. Gray and Bell, 2010, "Early Notices of the Maldives," 479.

111. Gray and Bell, 2010, "Early Notices of the Maldives," 478. (Maluco, 即 Maluku 或 Moluccas, 译为摩鹿加群岛或马鲁古群岛, 即著名的香料群岛; 最后 "船只连续而来" 指的可能是马尔代夫接待不及, 有些船只, 特别是需要维修的, 卸下货物后就不要了。——译注)

112. Gray and Bell, 2010, "Early Notices of the Maldives," 484 – 485.

113. Gray and Bell, 2010, "Early Notices of the Maldives," 485. (公担为重量单位, 1 公担约为 100 公斤, 在欧洲各国及其殖民地被使用, 但在各国指代的重量不一。葡萄牙的 1 公担相当于 58.75 公斤。因此, 当时葡萄牙每年运载 200 ~ 300 吨海贝到几内亚。贝宁王国和刚果王国都位于当年的贝币区域, 第七章会详述西非的贝币。Gentile 通常表示 "不是犹太人的人", 如声称拥有以色列血统的团体会用这个词来描述外来者, 此处意义不明。——译注)

114. Gray and Bell, 2010, "Early Notices of the Maldives," 485. [Cruzado 的原意是十字军东征, 葡萄牙国王阿方索五世 (1438 ~ 1481 年在位) 在 1453 年君士坦丁堡被奥斯曼土耳其帝国攻陷后, 决定组织一次东征, 从而铸造发行了一种金币, 称之为克鲁扎多, 约翰二世 (1477 ~ 1495 年在位) 也发行了一种克鲁扎多银币。不知巴罗斯此处具体是指哪一种; 以常情计, 应该是克鲁扎多银币。——译注]

115. Gray and Bell, 2010, "Early Notices of the Maldives," 485.

116. Hogendorn and Johnson, 1986, 42. (巴拉索尔位于印度东部奥里萨邦, 濒临孟加拉湾。——译注)

117. Gray and Bell, 2010, vol. 1, 78.

118. Gray and Bell, 2010, vol. 1, 236.

119. Gray and Bell, 2010, vol. 1, 236 – 238.

120. Gray and Bell, 2010, vol. 1, 438.

121. Gray and Bell, 2010, vol. 1, 228.

122. Gray and Bell, 2010, vol. 1, 236. ［巴塞洛尔，又称 Basrur、Basroor；霍纳瓦尔，又称 Honavar；坎努尔，又称 Canur、Cannanore、Kannur；卡利卡特，又称 Calicut，即现在的科泽科德（Kozhikode），为印度西南喀拉拉邦的港口，即郑和的逝世地古里；达努尔，又称 Tanur；奎隆，又称 Quilon、Kollam、Kawlam，是印度西南喀拉拉邦的港口；卡埃尔，又称 Kayal、Kayalpatnam。以上地点均位于印度西海岸或者南端滨海地区。焦尔为葡萄牙在印度的殖民城市，位于孟买南部60公里处，已成废墟。根据印度基督徒的说法，使徒托马斯在公元72年于印度被婆罗门人谋害；公元345年，叙利亚或亚美尼亚商人托马斯在印度南部建立基督徒团体，信徒们把使徒和商人两个不同的托马斯合二为一；十六世纪，葡萄牙人来到印度后，迫使这批信徒接受天主教会的信仰，因此，圣托马斯人指的是在印度的基督徒。默苏利珀德姆位于印度东部沿海中部的安得拉邦。——译注］

123. Gray and Bell, 2010, vol. 3, 441.

124. Gray and Bell, 2010, vol. 3, 457. （维齐尔指伊斯兰王国的大臣和行政顾问。——译注）

125. Gray and Bell, 2010, vol. 1, 157.

# 第三章　自印度始


放下海贝，带走你想要的。（Phelo kari macho tel.）

——孟加拉俗语[1]


这种考黎，或者说海贝，在孟加拉流传甚广，无人不晓，下层民众用它们来购买廉价物品，所有的商业需求它们都能满足。

——罗伯特·林赛（Robert Lindsay,<br>1754～1836 年）[2]


上面所引的孟加拉俗语，以及在孟加拉地区锡尔赫特（Sylhet）任职的英属东印度公司官员罗伯特·林赛的观察，展现了海贝在印度作为货币的重要性。英文中的 cowrie（考黎）这个词来自印地语或乌尔都语的 kaur，后者源于梵文的 kaparda。最早记载 kaparda 的印度文献是《梨俱吠陀》（*Rigveda*），意思是卷发，用来指代湿婆（Shiva），也就是海贝之神。因此，kaparda 的意思就是用作货币的海贝。[3]

在印度历史中的某个时刻，海贝开始被当作货币使用，这是没有疑问的。不过，需要进一步了解的是，海贝在印度被当钱用，并不是说海贝在印度的所有地区都被当作钱用。[4] 在十九世纪之前，印度使用海贝作货币的地区（简称贝币区域）大致是指孟加拉地区（约相当于现在印度的西孟加拉邦和孟加拉人民共和国）、印度的奥里萨邦、印度东北部的阿萨姆邦以及印度北部的比哈尔邦（Bihar）。这个贝币区域主要位于濒临孟加拉湾的印度东部沿海地区以及印度的中央平原上。有趣的是，印度东部的贝币区域也正是历史上印度几大王朝——如孔雀王朝（Maurya Empire，前 322 ~ 前 185 年）、巽伽王朝（Shunga Empire，前 187 ~ 前 78 年）、笈多王朝（Gupta Empire，约 320 ~ 550 年）、波罗王朝（Pala Empire，约 700 ~ 1200 年）、塞纳王朝（Sena Empire，约 1070 ~ 1230 年）、德里苏丹国（Delhi Sultanate，约 1200 ~ 1530 年）和莫卧儿王朝（约 1526 ~ 1857 年）——的中心。从十八世纪下半叶开始，孟加拉地区也成为英属东印度公司最早和最主要的财政和军事基地，从这里出发，英国向东扩张到亚洲各地。[5]

海贝成为贝币的确切年代当然无法追溯了，不过，大致在公元第一个千年中期，孟加拉地区已经采用贝币，贝币因此和其他各种当地铸造的金属货币形成了双重货币体系。读者需要注意的是，印度的金属货币要比贝币出现得早。可是，大概由于市场化和商业化的迅猛发展，金属货币无法满足地方市场频繁交易的需要，于是海贝便在初级市场承担了小额货币的功能。在最低端的初级市场几乎看不到金属货币，而贝币则在孟加拉地区和奥里萨地区开始广泛及频繁地被使用。此后，一直到十三世纪，这些地区一直面临着金属货币匮乏的难题，因而贝币也逐渐在孟加拉地区扮演了主要货币的角色，承担了所有的货币功能。到了十三世纪，随着银币在孟加拉地区的铸行，贝币与金属货币，但更主要的是贝币与银币和铜币，形成了双重货币体系。贝币也从孟加拉地区进入印度北部的比哈尔。在殖民时期，英国人一开始接受了贝币，包括用贝币交税，但最后决定废除这种土生土长的货币。不过，一直到二十世纪初，贝币还在印度许多地方流通。

本章是海贝在印度的简史，尤其是贝币从早期一直到十九世纪末的历史。首先，根据阿拉伯、中国和欧洲旅行者的记录，本章力图勾勒出贝币在孟加拉地区形成以及此后在印度传播的过程，其中涉及贝币的使用范围、运输、功能和演变等问题。然后，结合对印度相关碑铭的研究，进一步勾勒和讨论贝币在当地货币体系中的作用。最后，通过孟加拉地区被殖民时期的材料，考察英国人对贝币这种土生货币的政策的演变，也就是先接受、操弄，最后废除的过程。

## 海贝的日常功能

考古时期的印度共发掘出了四种海贝，除了货贝和环纹货贝，还有黑色的和紫色的两种海贝。当然，前两种占了绝大多数。[6]史前的印度河谷遗迹，如摩亨佐-达罗，虽然位于印度的西北部，但也出土了海贝。早在公元前3000年，也就是青铜时代，海贝就一路从海洋到达了距离海滨500公里的内陆地区——"被焚之城"（Shahr-i Sokhta）。[7]喀喇昆仑山脉克什米尔山谷（Karakoram Mountains）两处新石器时代晚期（约前2550~前1720年）的遗址——古夫克拉尔（Gufkral）和布鲁扎霍姆（Burzahom）——都出土了海贝。[8]此外，古印度河文明最南端的洛塔（Lothal）也存在使用海贝的证据，时间是在公元前的第二个千年。[9]在那个时期的北方，海贝相当稀少，属于贵重物品，很可能带有宗教和仪式功能。

由于海贝的开口与女性生殖器外形相像，加上海贝本身看起来具有神奇的繁殖力，且数量极多，早期人们不可避免地把它与生殖联系起来，把它看作生育的象征。实际上，货贝的拉丁语名称 Cypraea 源于 Cyprus（塞浦路斯岛）这个词，而希腊神话中的爱神和生育女神阿佛洛狄忒（Aphrodite），也就是罗马神话中维纳斯女神（Venus），就出生在这个岛上。[10] 因此，印度妇女常常佩戴海贝项链，相信这有助于受孕和顺产。[11]

在印度五世纪到八世纪的墓葬里，经常可以看到装着海贝的罐子。[12] 这种丧葬习俗在印度东部非常普遍。在这样的情形下，海贝或许被当作贵重物品。可能正是由于它的贵重，在许多遗存的棺材里，人们可以看到海贝同钱币、金叶以及骨灰放在一起。当佛教在印度盛行时，海贝在佛教仪式上也常常可见，如在传说安葬释迦牟尼舍利的毗舍离（Vaishali）中就发现了海贝。[13]

印度还发现了一些海贝印章或贝形的印章。[14] 一枚黑色的玛瑙拟枣贝（Cypraea Onyx）印章在比哈尔邦萨马斯蒂普尔区（Samasipur）的帕讷尔（Panr）被发现，[15] 它可追溯至公元前一世纪到公元一世纪之间。这些印章或留下的封泥都有印文。[16] 贝印的存在可能体现了海贝在社会精英间和经济生活中的重要象征意义，因为印章和封泥的一个关键功能就是标明财产权或者确认交易。[17]

如同马尔代夫和其他地区，印度的人们也拿海贝作装饰。比如："在坎贝以及印度的其他地区，海贝就像大理石和宝石，人们将之嵌入各种家具，组成各种美丽的图案。"[18]

虽然海贝的这些功能一直持续到近代，但海贝在印度最引人瞩目的当然是它作为货币的用途。正是从印度，贝币流通到了其他地区，如东南亚和西非。

## 最早的贝币

印度洋最主要的海贝进口区是孟加拉，可是，孟加拉究竟是何时开始使用贝币的仍是未解之谜。有学者相信，孟加拉早在孔雀王朝时期就已经使用贝币了，[19]这个看法大概是把货币和价值混为一谈了。在印度北方邦（Uttar Pradesh）加齐普尔区（Ghazipur）的一个叫马萨翁（Masaon）的地方，发现了公元前二世纪前后或者更早的窖藏海贝。不过，也有人认为这些海贝的功能是"交换媒介，因而海贝可能是日常使用的货币"。[20]这个说法，除非还有其他的直接证据，否则也只不过是一个猜测而已。

有关贝币起源的证据主要依赖于游记。学者大多会引用最早去印度取经的中国和尚法显（约342～423年）的记录，认为法显所处的时代是印度使用贝币的初期。法显在公元399年离开中国去印度，此后的十三年中，他一直在印度各地游历，直到公元412年回国，那时，印度正处在笈多王朝国王旃陀罗·笈多二世（Chandragupta II）的统治之下。[21]在《佛国记》中，法显说，在摩头罗（Mathurā）[22]"货易则用贝齿"。[23]法显这句六个字的话，虽然简单，但似乎很清晰地表明了印度北部已经开始将海贝用作货币。如果这是真的的话，那么我们似乎可以推断，孟加拉地区将海贝用作货币应该早于五世纪，也就是法显的时代。此后，法显虽然在孟加拉停留了将近两年时间，但他对孟加拉当地的贸易和货币只字未提，当然也没有论及贝币。[24]作为那个时空范围内的孤证，法显那六个字的重要性不言而喻，笔者希望将来能够有考古发现佐证之。其实，目前考古发现的海贝分布图和法显的记录是吻合的。[25]

玄奘无疑是众多求法僧中最著名的一位了。他在七世纪中期抵达印度，说："然其货用，交迁有无，金钱、银钱、贝珠、小珠。"[26]几十年后，另一个求法僧义净提到了十件"不净事"，其中第十件便是："若有布施，若金，若银，贝齿之类置钵中者，得大利益，富乐无穷。"可见，当时印度以金、银、海贝布施是常事，而海贝至少和金银一样，是财富的象征。[27]义净在翻译《金光明最胜王经》卷六时所作的一条注解中说："此是根本梵音，惟目贝齿，而随方不定。或是贝齿，或是金银铜铁等钱。然摩揭陀现今通用，一迦利沙波拏有一千六百贝齿。总数可以准知，若准物直，随处不定。"他将海贝与"金银铜铁"诸钱并列，可知海贝为货币。又，迦利沙波拏（又译羯利沙钵那）是梵文 kārshāpaṇa 的音译，后者是指古印度的金币、银币或铜币，此处义净指的应该是银币，一个迦利沙波拏等于1600枚海贝，则可知海贝与银币同为货币。[28]义净又说："若诸金银及成未成器，贝齿诸钱，并分为三份，一佛陀，二达摩，三僧伽。"此处他则直接将海贝称作钱，即货币。[29]以上可知，和法显、玄奘不同，义净在多处都明确认定海贝是钱，这是第一份明确指出海贝是货币的文献，印度至少在七世纪时将海贝用作货币是无可辩驳的事实。

此后，大致在九世纪之前，唐代僧人慧琳曾指出，在摩揭陀（Magadha），海贝被视为财产，但慧琳没有说海贝是不是钱。[30]即便如此，根据许多历史文献中的间接证据，我们也有理由认为海贝在当时已经被当作货币使用。编纂于十世纪中叶的《旧唐书》记载道，中天竺"以齿贝为货"，大约一个世纪后的《新唐书》则说"以贝齿为货"。[31]那么，至少在十世纪，印度使用贝币的情况已被唐人知晓。

关于印度贝币的中文记载虽然不够具体，但有相当的连续性。自九世纪始，阿拉伯文献不仅提供了连接马尔代夫、孟加拉和东南亚的海贝贸易的概况，而且也十分明确地指出，孟加拉以及相关地区在贸易中使用了贝币。九世纪的苏莱曼是贝币的第一个阿拉伯见证人，继之以来自巴格达的马苏第（Al Mas'udi）。后者在十世纪初到达斯里兰卡，证实了苏莱曼的记录。[32]

孟加拉最早提到海贝的文献是《戒日王传》（*The Deeds of Harsha*），其中说，七世纪的迦摩缕波国（Kamarupa，位于阿萨姆）国王跋湿迦罗跋摩（Bhaskaravarman）送给戒日王（Harsacarita）"成堆的黑的、白的海贝"。[33]到了九世纪，自马尔代夫来的海贝已经在孟加拉和奥里萨地区成为货币。海贝和贝币体系从孟加拉地区扩张到中南半岛滨海地区，并逐渐渗透至内陆，也就是东南亚的北端，包括现在的清迈和云南地区。

遗憾的是，虽然经常在印度发现成堆的海贝，可是很多时候并没有被报道，更不用说研究了。这或许是因为，在印度历史和生活中，海贝太"微不足道"了，人们对之习以为常，觉得它不值一提，而发现得越多，就越发有何足道哉的感觉。这种偏见自然阻碍了对印度贝币历史全面而深入的研究。

印度的经济和货币制度非常复杂。早期的印度根据所使用的贝币和金属货币的不同，被分为几个地区市场。从后笈多时代（post-Gupta period，280～550年）开始，印度形成了一种"有序的兑换制度，包括代表着不同数量海贝的贝币单位之间的兑换，以及贝币与金属货币之间的兑换"，这个制度一直延续到十九世纪，但在各地和各个时期都有变化。贝币在这个制度中相当重要，其稳定性既得益于市场空间的稳定，又得益于官方特别是孟加拉地区的税收制度，因为它允许将海贝作为支付手段。[34] 如果违反了政府的规定，各种罚款也可用海贝缴纳。[35] 其他各种经济活动、社会礼俗以及宗教仪式，如捐赠、储藏及典礼，都可以用海贝来完成。一个有趣的例子是，在孟加拉的某个部落，用海贝买回来的男童奴隶，直接以其价值为多少枚海贝来命名。[36]

在印度，贝币和金币（但更多是和银币）一起使用。金币用来支付大额交易；银币用来支付中等规模的交易，也在日常生活中使用；而贝币由于其单个的价值微不足道，通常用于日常的小额交易。然而，在波罗王朝和塞纳王朝时期，金属货币的奇缺给贝币留下了一个巨大的空间，促使贝币取代此前金币和银币的角色。

## 波罗王朝和塞纳王朝：从金币、银币到贝币

波罗和塞纳是印度东部（主要是孟加拉地区）八世纪到十二世纪的两个重要王朝，它们在印度及国际政治、经济和宗教中都扮演了突出的角色，特别值得一提的是，它们对孟加拉、东南亚和中国西藏地区之间的佛教交流的提倡。波罗王朝的控制范围实际上从未超出恒河三角洲的北部，因而其注意力主要集中于印度北部（如比哈尔）而非孟加拉地区；塞纳王朝则是第一个几乎控制了整个孟加拉地区（除了其东南部）的王朝。令人诧异的是，这两个强大的王国谁也没有铸币。金属货币的缺失使得贝币在官方和民间的经济活动中占据了主导地位。

印度的货币制度繁复，在中古时期，由于其铸币（也就是金币和银币）的缺乏和成色降低，出现了好几个使用铸币的区域。学者们认为，铸币的衰退促使贝币在各地流行。[37]比较三世纪到八世纪和八世纪后这两个时期的碑刻铭文，我们可以发现贝币的流通和使用在这两个时期的显著差别。早期的铭文"经常提到贸易用铸币"，而后来的铭文则记录多少海贝折合多少某一代表一定价值的铸币单位，如普拉纳（purāṇa）。[38]

波罗 – 塞纳王朝时期的铭文中充斥着关于贝币的信息，显示了贝币在这两个国家的活力。为什么这两个王朝停止铸币，或者说偏爱贝币？人们至今对此一无所知。但停止铸币的结果是，贝币不再限于小额交易，而是被提升为用于贸易、税收、政府俸禄、捐赠以及其他经济用途的通用货币。[39]另一方面，虽然铸币停止了，可是各种金银铸币的名称，如德拉玛（drama）、普拉纳以及卡尔萨帕纳（kārṣāpaṇa），在铭文中依然存在，每一种都是 1 单位折合 1280 枚海贝。[40]此处我们需要明白支付货币（实际交易中支付的货币）和账簿货币（记录交易的货币，但实际上并没有铸造或发行，即没有物理上的存在）的区别。[41]因此，虽然铭文中记录了各种各样的金币和银币的名称，但在实际生活中，这些金币、银币并不存在，它们也不是官方规定的货币。[42]上述铭文中的这些金银币种，同帕纳（pana）、甘达卡（gaṇdaka）和卡卡尼卡（kākanika）一样，不过是账簿货币，实际上都用海贝来折算和支付。[43]在日常生活中，几乎见不到铭文中的金属货币，遑论用它们来支付。再者，一般而言，这些金银币种的价值比较高，所以它们还需要被分割成比较小的单位，这样才可以用海贝来折算和支付。因此，铭文中出现了意思是"切割的、分割的"之类的形容词，如 cūrni、cūrnna 和 cūrikā，[44]它们用来形容大额的金属货币单位被分割成小额的单位，从而可以在折算后用实际的货币——也就是海贝——来支付。贝币广泛而全面的流通，使得社会中出现了一个新的行业，那就是海贝/贝币兑换。随着日常生活中海贝交易越来越频繁，海贝数量日益增长，海贝兑换商（kāpadika）首先在印度东部诞生了，以满足人们经济活动的需要。[45]

波罗王朝碑刻大致勾勒出了海贝在这一时期成为最常见货币的过程。在波罗王朝和塞纳王朝初期的比哈尔地区，买卖可以由德拉玛或卡尔萨帕纳支付，可是到了十二世纪，贝币就取代了这两种金属货币。[46]在帕哈尔普尔（Paharpur）发现的窖藏海贝，加上其他地区的发现，也揭示了波罗王朝时期人们对贝币的重视。[47]十三世纪初的印度史学家敏哈吉－乌斯－西哈吉（Minhaj-us-Siraj）报告说："在这个国家（指孟加拉），考黎代替了银币，他[48]用来赏赐的最小单位的礼物是 1 拉克（lakh）海贝。"[49]1 拉克海贝为 10 万枚。

塞纳王朝关于土地的碑刻同样记录说，贝币成为衡量土地的价值尺度，而且地租要么直接用贝币支付，要么将记录的普拉纳的价值分割开来（cūrni），然后折合成卡帕尔达卡（kapardaka，一种贝币）支付。[50]普哈蒂乌姆纳邦杜时期（Pradyumnabandhu，约 550~650 年），一份刻在铜皮上的契约记载了孟加拉北部一个村落的售价为 1000 库尔尼卡（curṇikā）；这个契约还表明，卡尔萨帕纳和库尔尼卡已经代替了笈多王朝发行的铸币第纳拉（dināra），而且税收也已经由卡尔萨帕纳支付。此时卡尔萨帕纳这种铸币存世已经有七百年之久，恐怕也顶多是账簿货币了，实际上是以海贝、稻田或其他东西支付的。[51]

因此，从八世纪到十二世纪，由于停止了铸币，贝币迅速填补了金币、银币留下的空白，在孟加拉一带的贸易、税收和经济中发挥了主导作用。[52]此前，银币被大量采用。在这一阶段，海贝逐渐取代金属货币，以银币为主导的货币体系逐渐被贝币占突出地位的货币体系取代，尽管后者仍然沿用过去的银币单位来折算。到了塞纳王朝时期，贝币制度，也就是用海贝来支付账簿货币银币这样一种制度，已经形成和稳定下来。[53]到了孟加拉苏丹王国时期，白银被重新进口，银币由此恢复铸造，整个孟加拉地区重新开始使用金属货币；而这时，贝币已经渗入整个社会，依然延续着它在官方赋税系统中的地位。这就是十八世纪末英国人占领孟加拉地区时必须面对的货币地图。他们也很清醒地认识到，贝币在孟加拉地区既非原始，更非微不足道。

## 小村阿拉古姆：从沿海到内陆

如前所述，不仅印度人，而且很多外国人都看到了海贝从马尔代夫作为压舱物被运到孟加拉湾这种贸易。用十七世纪初弗朗索瓦·皮拉尔的话来说：

> 所有的海贝都被运到孟加拉，那里不仅对海贝需求巨大，而且海贝价格不低。孟加拉人将海贝用作日常的货币，虽然他们也有黄金、白银和充足的其他金属；更加奇怪的是，国王和酋领们建了仓库，专门用来存放这些海贝，将之视为他们财富的组成部分。其他印度地区的商人纷纷运来大量海贝，因为孟加拉的需求很旺盛；这些海贝

是被作为零钱使用的，除了马尔代夫，其他地方都不出产。[54]

海贝不仅让这些印度商人大发其财，后来的欧洲人也从中牟取暴利。可是，到目前为止，人们对于海贝从滨海地区到内陆的运输过程知之甚少。

阿拉古姆（Alagum）是奥里萨邦普里区（Puri District）的一个村庄，村里有一座迦尔特斯瓦哈湿婆庙（Garttesvara Siva Temple）。这座湿婆庙里的石碑铭文对于了解海贝贸易和海贝到内地的运输过程有所帮助。[55]奥里萨邦位于印度东部的滨海地带，东临孟加拉湾，这个地区有着丰富的历史和文化，古代的羯陵伽国就发源于此。公元前 261 年，阿育王征服了此地。阿拉古姆村的地理位置非常重要，几个世纪以来一直是重要的宗教中心，同时是进口和运输海贝的商业网络中的重要一环。

有着湿婆庙的阿拉古姆村离孟加拉湾不过 30 公里，距离孟加拉的中心加尔各答（Calcutta）500 公里。乍一看，湿婆庙似乎建于公元十五世纪到十六世纪，但仔细审视可以发现，这个庙在几个世纪内被修复过几次，实际上其发源甚早。在湿婆庙的入口处，两侧各有一块石碑，一块上的铭文是带有本地方言的梵文，另一块上是泰卢固语（Telugu language）。[56]这两块石碑都是由东恒伽王朝（Eastern Ganga Dynasty）的国王阿南泰伐摩·朱达恒伽提婆（Anantavarman Codaganga, 1078 ~ 1150 年）竖立的。东恒伽王朝在公元十一世纪到十五世纪早期统治着整个奥里萨邦以及西孟加拉邦、安得拉邦（Andhra Pradesh）和恰蒂斯加尔邦（Chhattisgarh）的部分地区。在安得拉邦，泰卢固语是官方语言，这就是为什么湿婆庙的一块碑上刻着的是泰卢固语碑文。东恒伽王朝是印度南部另一个大国注辇的邻居和强敌，两者关系密切。阿南泰伐摩·朱达恒伽提婆的母亲就是注辇的公主。

湿婆庙的梵文碑文记载，在公元 1141 年初，有个叫卡曼迪（Kāmāndi）的人来自注辇，是湿婆和毗湿奴的忠实信徒。卡曼迪买了 1 哈拉（hala）的土地，加上自己的钱，一并献给湿婆庙的神迦尔特斯瓦哈，此外还奉上了 3 普拉瓦塔（pravartta）的稻田。为了让迦尔特斯瓦哈神开心，他又奉献了 5 普拉纳，加上 100 单位兑换成零钱的普拉纳，总共 105 普拉纳。在后面的碑文中，我们发现了 kāparyaka 这个词，它的本意是海贝或海贝兑换商，铭文中这个词"应当指海贝兑换商，或者应当被理解为以海贝折算，即 100 普拉纳是以 kāparyaka（也就是海贝）支付，其他的以银币支付"。[57]同时，curnni 这个词也在梵文碑文中出现，它的意思是兑换钱币或换零钱。因此，碑文中 105 普拉纳中的 5 单位是直接以金属碎币支付，其他的 100 单位，也就是大多数，是以海贝支付的。[58]碑文还提到了一个叫作库拉 – 塔哈纳（kula tārana）的仪式，这个仪式可以保佑海上航行以及通往天堂之路的顺利。在这个至今犹存的仪式里，海贝"被用来支付，以保证从这个世界登临另一个世界的最后行程的安全"。[59]

湿婆庙的这份梵文碑文中涉及海贝的内容虽然有些零散甚至隐晦，但可以帮助我们一窥当时印度的海贝使用情况。它讲述了一个从注辇来的水手，可能从马尔代夫购买并运输海贝到了孟加拉湾，并把海贝储存在一个叫阿拉古姆的村庄以及去往孟加拉途中的其他村庄中。有意思的是，七世纪早期的文献记载了在孟加拉西南部奥里萨邦的埃尔加（Erga），有一个村庄叫作卡帕尔蒂帕德里卡（Kaparddipadrika），这个村庄名字的前半部分 kaparddi 想必和 kapardda 或 kaparddaka（海贝）有关。[60]也就是说，这个村庄是因为海贝贸易才得此名，它或许是海贝的仓库或中转站之一。此外，我们不能忘记，湿婆，也就是在阿拉古姆庙里供奉的神，也和海贝密切相关。根据注辇的文献，湿婆被叫作 Kaparddīśvara，即海贝之神。[61]从上述碑刻、神灵、宗教礼仪以及其他信息来看，阿拉古姆村一度是海贝贸易的重要转运站和宗教中心。考虑到其地理位置上的优势，并且使用贝币的区域奥里萨邦是海贝贸易中的重要一环，阿拉古姆村能有此地位就不足为奇了。

## 唐加和海贝

中世纪孟加拉的贝币不但被外国人耳闻目睹，甚至还被他们使用过。[62]伊本·白图泰在孟加拉和马尔代夫之间往返，十分熟悉孟加拉的贝币。

在马尔代夫逗留时，伊本·白图泰就注意到，当地人把海贝"卖给孟加拉人换取那里生产的大米，海贝在孟加拉被当作钱用；也门人也是如此，他们用海贝而不是沙子作压舱物"。[63]到了孟加拉，伊本·白图泰亲眼看到那里物产丰富、资源充足，并且那里因此被冠以"充满一切美好事物的地狱"（A Hell full of good things）[64]这样的名称。他对孟加拉盛产的大米印象深刻，说："这是一个幅员辽阔的国家，盛产稻米，没有一个国家的稻米价格比这里更低。"他还看到：

一个迪拉姆（dirham）可以买八只肥鸡或十五只乳

鸽，而一头肥肥的公羊（ram）也不过两个迪拉姆。我曾经亲眼看到一块质量上乘的棉布，三十腕尺（cubit）长，也不过两个迪拉姆；一个美丽的女奴只值区区一个金第纳尔，而用摩洛哥钱来计算，则相当于两个半金第纳尔。[65]

不过，令人遗憾的是，伊本·白图泰对海贝是如何在孟加拉的本地市场或者贸易往来中被使用的居然只字未提，考虑到他本人曾经参与海贝贸易，这点更加令人诧异。也许他认为贝币太寻常了，不值一提。

元代的汪大渊记录了孟加拉地区与马尔代夫之间的大米-海贝贸易，以及孟加拉等地用海贝作货币的情况。他说："海商每将一舶贝子下乌爹、朋加剌，必互易米一船有余。盖彼番以贝子权钱用，亦久远之食法也。"[66]汪大渊对于孟加拉的丰富物产印象极其深刻，几乎与伊本·白图泰一样。他说，朋加剌"五岭崔嵬，树林拔萃，民聚而居之，岁以耕殖为业，故野无旷土，田畴极美。一岁凡三收谷，百物皆廉，即古忻都州府也。气候常热，风俗最为淳厚"；又说，"兹番所以民安物泰，皆曰平农力有以致之。是故原防菅茅之地，民垦辟，种植不倦，犁无再劳之役，因天之时而分地利，国富俗厚，可以轶旧港而迈阇婆云"。[67]这里，汪大渊把西洋的孟加拉同唐宋以来中国最熟悉的海外大国旧港和阇婆相提并论，可见孟加拉的富庶。汪大渊当然注意到了孟加拉的货币。他说："国铸银钱，名唐加，每个二钱八分重，流通使用。互易贝子一万一千五百二十有余，以权小钱便民，良有益也。"[68]也就是说，在孟加拉，政府铸行一种叫作唐加的银币，每个唐加重二钱八分。与此同时，贝币也在流通，它是一种小额货币，给普通百姓的日常生活带来不少方便。银钱和贝币可以互相兑换，每个唐加可以换海贝 11520 多枚。[69]大乌爹（即奥里萨）的情况和孟加拉类似，汪大渊记录说："仍以金钱、鱼兼贝子使用"，"国以贝子、金钱流通使用，所以便民也"。[70]

此外，汪大渊还提到在孟买（放拜）"货用金、贝子、红白烧珠之属"。[71]这句话区区十一个字，简短模糊，但也很重要，因为很少有人提到印度西海岸地区海贝的使用情况。我们知道，马尔代夫的海贝确实也被大量运输到印度西部的港口，但汪大渊在这里把海贝列为货币，可能犯了错误。他误以为印度西海岸的海贝同东部的奥里萨和孟加拉的海贝的功能一样，都是货币；或者他可能混淆了货币和财富，把物物交换中的海贝这种商品当作了货币这种一般等价物。无论如何，对于后者，很多古代和现代的学者都犯了和汪大渊一样的错误。

大约一个世纪后，郑和宝船上的翻译马欢也到了印度洋，他几次提到了海贝贸易和贝币。在马尔代夫（溜山），"海贝彼人采积如山，奄烂内肉，转卖暹罗、榜葛剌国，当钱使用"。[72]谈到孟加拉（榜葛剌）的货币时，马欢说："国王以银铸钱，名倘伽，每个重官秤三钱，径一寸二分，底面有文。一应买卖皆以此钱论价。街市零用海贝，番名考黎，亦论个数交易。"这里，他指出考黎是海贝的番名，也就是海贝在孟加拉语中的译音；他还说海贝当钱使用是以个数计算，这些都是珍贵的细节。[73]同样跟着郑和下西洋的巩珍和费信，大致重复了上述马欢提供的信息。[74]巩珍说，榜葛剌"街市零使则用海贝。海贝番名考嚓（考黎），论个数交易"。这与马欢所说一致。[75]

在马欢之后约一个世纪，即十七世纪二十年代，黄省曾也记录了马尔代夫特产的鱼干、海贝，以及从孟加拉和暹罗而来的商人。他说，溜山"其利鱼、贝"，"凡取海贝，山积之而罨之、腐之。凡取马鲛鱼，斫之而暴之、贮之。其来易者为暹罗之商，为榜葛剌之商"。[76]榜葛剌"其交易以银钱，名曰倘伽；以海贝，名曰考喋（考黎）"；"银钱重官秤三分，径官寸一寸二分，底面有纹。海贝计斤"。[77]黄省曾的记录似乎与马欢和巩珍记录的海贝以个数交易相矛盾。细思则不然。因为海贝大小匀称，每个重量相当，所以可以用称重的方式来确定个数，这对大额交易尤为必要；否则，无论清点如何熟练，清点成千上万个甚至更多的海贝肯定要花费不少时间。黄省曾似乎还纠正了马欢的错误，在谈到古里的货币时，他说"其交易以金银钱"，而没有提到海贝或贝币。[78]

汪大渊和马欢等人在孟加拉观察到的正是印度史学家约翰·德耶尔所称的双重货币体系，也就是贝币和倘伽（银币）共存时的体系。[79]在研究中古早期印度北部的货币制度时，约翰·德耶尔概括说：

> 海贝占据了货币最底端的空间，往上是铜钱，再往上是从不到一克到几克的各种银钱，最上面就是为最高额交易服务的各种金币，其重量从几分之一克到几克。[80]

约翰·德耶尔还提到了中古时期的克什米尔地区，当地的"货币制度中包括铜钱和海贝，后者为小额交易服务"。[81]

到了十三世纪下半叶，随着德里苏丹建立了从信德（Sind）到孟加拉地区的帝国，这样一种海贝和金属货币共存的制度传播得更广了。[82]恒河上游地区可能也是如此，在那里的克哈饶萨（Khajausa）发现了重达 3.75 公斤海贝的窖藏；

在布洪德里（Bhondri）则发现了 9384 枚海贝。这些窖藏都指向了海贝作为小额货币与金银铸币大钱并立的现象。[83]在此后的孟加拉苏丹王朝时期（1205～1576 年），这种双重货币制度愈发分明了。[84]

在十三世纪的孟加拉地区，跨地区的贸易已经非常活跃了，而海贝和白银这两种支撑孟加拉货币制度的原材料都是从外面进口的。这一时期孟加拉充足的农业人口和土地资源催生了大量廉价的农产品，满足了本地和国际市场的需求。如前述及，无论是穆斯林还是中国的旅行者都对当地活跃的农业经济刮目相看。从十三世纪初开始，孟加拉的苏丹铸造了唐加这种银钱作为规范的货币，同时以海贝为补充。这样，唐加－海贝这种双重货币体系就逐渐取代了波罗－塞纳王朝时期的贝币制度。值得注意的是，这一时期没有铜钱，金币也很少出现。[85]作为银钱的唐加纯度高、分量重，除了在大额贸易中流通外，也大量用于政府的税收以及王室、贵族的消费或者宗教活动。[86]海贝则依然如前，可以满足任何交易的需要，包括政府的税收，但这个功能逐渐被唐加取代，特别是唐加的供应越来越充足。[87]相应地，由于唐加和海贝之间的兑换有利可图，钱币兑换这个行业开始繁荣，更何况在孟加拉苏丹王国之外，贝币依然占据统治地位。[88]

从十五世纪三十年代起，也就是郑和下西洋结束之后，中国人不再如此频繁地出现在孟加拉湾。不过，约八十年后，以葡萄牙人为首的欧洲人来到了印度洋，留下了关于贝币的丰富记录。

## 欧洲人笔下的贝币

欧洲人关于孟加拉地区及其周边的海贝贸易和贝币的记

录，主要出现在十六世纪到十七世纪。原因在于，那是他们第一次看到海贝这种既是商品又是货币的、具有异国情调的东西，因此觉得新鲜有趣。

托梅·皮莱资是葡萄牙派往中国的第一个使节。他于1511年到达印度，亲眼看到了孟加拉以及东南亚一些港口的海贝，说：

> 黄金在孟加拉比在马六甲贵六分之一，白银则便宜五分之一，有时候甚至便宜四分之一。孟加拉的银钱叫唐加（tanqat），它重达半两（tael），大约就是6德拉姆（dram）。1唐加相当于马六甲的20卡兰（calain）或者孟加拉的7卡洪（cahon），每个卡洪等于16砰（pon），每砰等于80枚海贝（buzeo），1唐加就等于8960枚海贝（根据海贝的兑换率），44枚海贝等于一单位马六甲的锡钱（calaim），而这相当于一只肥鸡的价格。根据这些换算，你可以知道你能够买什么。在孟加拉，海贝叫作考黎（cury）。[89]

这段话表明，这个葡萄牙人对印度洋贸易中复杂的货币体系了如指掌。皮莱资到达印度是在十六世纪初，那时奥里萨等地使用贝币的历史已经有一千多年了：

> 在奥里萨、孟加拉王国的所有地区，以及阿拉干（Raqā）和马达班（Martamane），也就是勃固王朝的一个港口城市，海贝就是零钱。孟加拉的海贝体型较大，中间有黄色环纹。这些海贝在整个孟加拉都通行无阻，它们可

以用来购买任何黄金可以购买的货物，在奥里萨也是如此。其他地方海贝不通行，它只在上述两个地方价格昂贵。[90]

让－巴蒂斯特·塔维尼埃（Jean-Baptiste Tavernier）是十七世纪法国的一个珠宝商和旅行家，在 1630 年到 1668 年间，他曾经六度到达波斯和印度。在谈到印度的货币时，他说：

> 印度人使用的另外一种小额货币就是小小的海贝，他们称之为考黎（Cori）。海贝的开口两侧向内收敛。除了马尔代夫会出产这些海贝之外，世界其他地方都没有，它们是这个岛国国王税收最大的组成部分。海贝被运到大莫卧儿国（Great Mogull）的所有地方，进入比贾布尔王朝（Visapour）和果尔贡德王朝（Golconda）以及美洲诸岛屿，被当作钱用。在海边，80 枚海贝可以买你的一个桃子（Pecha），离海越远，你得到的越少；到了阿格拉（Agra），一个桃子他们至多给你 50～55 枚海贝。[91]

在奥里萨，贝币不仅仅被用于小额交易，也在大额交易中被使用，偏远地区的贸易尤以海贝为主。莫卧儿王朝的官方税收虽然以德拉姆估值，但都还是先拿海贝统计，而且在绝大多数情况下，最后以海贝征收。[92]托马斯·鲍里（Thomas Bowrey）是十七世纪下半叶的一位英国商人和航海家，经常往返于东南亚和印度之间，最远到达过台湾岛。有一次，他到了奥里萨东部的一个村庄，发现那里的村民不知道除贝币外还有其他的钱币。他说：

我常去那个村庄，那里有二十多户人家，全村的海贝加起来也换不到 1 卢比。在那里，如同在奥里萨和阿拉干，牛奶、鱼（或者他们手头有的其他东西）都是用贝币来购买的。他们是如此无知，居然连白银和白铜（Tootanagga）都不能区分……海贝（这是这些无知的人所知道的唯一的货币）就是那些从马尔代夫买来的小巧的贝壳，1 卢比可以换一大堆海贝，不少于 3200 枚。[93]

这种货币制度一直持续到马拉塔帝国（Maratha Empire）统治奥里萨时期（1791～1803 年），马拉塔军队的薪俸就是用海贝来支付的。[94] 1803 年，东印度公司占领了奥里萨，当地王公（raja）缴给东印度公司的税就是以海贝定价，东印度公司也用海贝来购买香料。[95]

和在马尔代夫逗留了五年的法国水手弗朗索瓦·皮拉尔相比，以上欧洲人的记录其实并无出奇之处。弗朗索瓦·皮拉尔曾说："一艘（载重）400 吨的葡萄牙船只停泊在这里，它从柯枝来，满载一船大米，来运波利，也就是海贝，到孟加拉去，那里对海贝的需求巨大。"[96] 关于葡萄牙的贸易，他继续说：

当我最初到马累的时候，那里停泊着一艘来自柯枝——葡萄牙人的镇子——的船，载重 400 吨，船长和商人是混血儿（mestif），其他人是印度的基督徒，穿着都如葡萄牙人，他们到马尔代夫就是为了装满海贝运到孟加拉市场上去。他们用 20 小桶（原文是 conquetee）稻米换取一包（parcel）海贝，每包有 12000 枚。他们将之放在椰子叶编织的小篮子里，防止海贝掉出来。这样一包或一篮子的 12000 枚海贝，商人以白银来讨价还价，每包的数量外行会去数，但商人从来不数，双方都认定每包为 12000 个，因为他们对于数海贝如此熟练，只需片刻就能知道数量吻合与否。[97]

1607 年 2 月，弗朗索瓦·皮拉尔看到了一支由十六艘帆船组成的孟加拉舰队前来进攻马尔代夫。[98]"这些人整日整夜都在洗劫王宫，搬走一切有价值的东西。"[99]想必孟加拉人搬走的财物里面肯定有海贝吧，即使海贝不是这次侵袭的主要目标。

弗朗索瓦·皮拉尔对于印度的贝币也非常熟悉。他提及，所有的海贝都来自马尔代夫。"所有的海贝都被运到孟加拉去，因为只有那里对海贝的需求又大，海贝的价格又高。孟加拉的百姓将海贝用作日常的货币，虽然他们有金银和供应充足的其他金属。"国王和贵族们纷纷建仓库来储藏海贝。[100]

在弗朗索瓦·皮拉尔之后，欧洲人关于印度贝币的记录就没有此前那么详细了。十七世纪七十年代的托马斯·鲍里偶尔会谈到贝币。他说，每年大概有六七艘船去马尔代夫交换海贝，获利颇丰。[101]他又说，在孟加拉和奥里萨，不到 3200 枚海贝可以换到 1 卢比。[102]到十八世纪八十年代，有一个光脚的加尔默罗会教士（Carmelite），名字叫弗拉·保利诺·达·圣·巴尔托洛梅奥（Fra Paolino da San Bartolomeo），他已经在印度居住了十三年，他说海贝从马尔代夫来，在孟加拉被当作钱用，当地人称之为考黎，350 枚海贝等于 1 卢比。[103]到十八世纪，欧洲人对于海贝贸易和贝币大概司空见惯，觉得它们不足为奇，所以几乎没有人再愿意为这些海贝花笔墨。

## 阿萨姆

阿萨姆位于印度的东北部，坐落在喜马拉雅山东侧的南部，境内布满布拉马普特拉河（Brahmaputra River）和巴拉克河（Barak River）形成的山谷。玄奘到过此地，当时它是一个叫迦摩缕波的古国。阿萨姆直接受到孟加拉的影响，在中古时期就采用了贝币，同时把贝币从印度传到了阿萨姆的邻居处，如缅甸、暹罗和中国云南。N. G. 罗德斯（N. G. Rhodes）和S. K. 博斯（S. K. Bose）两位学者对阿萨姆的贝币做过专门的研究，为我们提供了既翔实又全面的介绍。[104]

公元600年时，位于阿萨姆的跋摩王朝或许是印度东部最强大的王国。这一年，国王跋湿迦罗跋摩，也就是玄奘所称的童子王，将"成堆的黑的白的海贝"作为礼物，送给统治印度北部伐弹那王朝（Pushyabhuti Dynasty）的戒日王。[105]这是提到印度东部（阿萨姆）和北部海贝的最早记录之一。在公元830年之前，阿萨姆没有铸币。因此，从孟加拉传过来的海贝就逐渐成为阿萨姆本地的货币，被用于商品交易、缴纳罚款和向国王缴纳赋税。和孟加拉一样，国王和富人也常常储藏海贝作为财富，海贝也很可能从阿萨姆流入了云南。[106]

在此后的几十年内，也就是蔑戾车王朝（Mlechchha Dynasty，约655~900年）的末期，海贝在阿萨姆的供应日见不足，因此，国王开始铸造铜币以满足市场的需要。阿萨姆地区缺乏海贝的原因有很多，包括海贝供应链的问题、地方经济的增长，以及海贝向南诏等邻近地区的流出等。在九世纪和十世纪之交，南诏已经开始使用海贝作为货币了。不过，供应链这个因素大致可以排除在外，因为海贝的运输并没有什么波动。本地商贸需求的扩大、海贝的外流，特别是南诏的吸引力，很可能是导致阿萨姆本地海贝供不应求的原因。[107]

大约在公元 900 年后，铜币铸行出现了某些问题，使得阿萨姆重新回到了"完全以海贝为基石的货币体系"，这和孟加拉以及比哈尔的许多地区的情况类似。[108]同样类似的是，当孟加拉在十三世纪重新发行银币后，金属货币也返回了阿萨姆；同理，和在孟加拉地区一样，贝币在阿萨姆一直存续到十九世纪。[109]1991 年以前，在阿萨姆至少发现了 4 处海贝的窖藏，可惜的是，它们的年代无法确认。不过，在阿洪姆王朝（Ahom Kingdom，1228～1826 年）长达六百年的统治时期，贝币和铜钱一直在阿萨姆广为流通。[110]

在英国殖民统治期间，虽然有些身处阿萨姆的殖民官员抱怨流通贝币给行政管理带来的压力，[111]看不起这种被社会下层民众使用的小额货币，但也有一些官员意识到了贝币在买卖、市场和经济当中不可或缺的作用。为了减少麻烦，波特达尔（potdar），也就是货币兑换商，就应时而生了。他们在巴扎（bazaar）或黑特（haat，也就是一周一两次定期开放的露天集市）里提供金币、银币和贝币之间的兑换。[112]公元六世纪下半叶，印度有一个传说涉及波特达尔，说女神尚狄克（Chandike）给了一个穷苦的村民一个金戒指，波特达尔愿意拿 600 枚海贝换这个金戒指。[113]如此说来，贝币兑换商早在六世纪就出现了。海贝的兑换是市场的必需，在印度的一些碑文中时常可见。汉密尔顿（W. Hamilton）在十九世纪早期看到了阿萨姆的海贝兑换。他说：

> 波特达尔，也就是货币兑换商，不计其数，不过，多

数人没有商铺，而是坐在空地上，面前堆着一堆海贝。在更偏远的农村小路上，货币兑换商头顶一包海贝前往集市。如果一个富人赶着一辆载满海贝的牛车，且这头牛健壮的话，这一车海贝或许可以换150卢比。市场开门时，兑换商用海贝换人们的白银；傍晚时分，各种各样的小商贩带回海贝，用来兑换银币，每次都要给波特达尔相应的补贴（batta）。[114]

汉密尔顿的这段描述基本上展现了波特达尔的日常活动。他们早上用海贝兑换银币，因为大家需要海贝这样的零钱去市场购买货物。到了傍晚，波特达尔又用银币兑换人们手中的海贝，因为大家需要带着银币回家。对普通老百姓而言，卢比是大钞，对于白天的日常开销（购买蔬菜等）而言面额太大了。到了晚上，大家则带着卢比这样的大钞回家，简单方便。[115]这样的习俗证实了贝币的活力，为钱币兑换商的存在提供了必要的经济空间。需要提醒的是，如前所述，钱币兑换商绝不仅仅局限在阿萨姆，他们在孟加拉、奥里萨和其他贝币区域同样存在。

## 印度北部

在莫卧儿王朝时期，印度的货币区域可分为三种：北部和西部的多元金属货币区，东部的金币、银币和贝币区，以及南部的金币、铜币二元金属货币区。[116]在东部区，金币和银币很少用来支付小额交易，因此，贝币支撑着日常官方和民间的经济活动，尤其是在孟加拉和奥里萨地区。

在十六世纪初期，贝币或许还只局限于印度东部，但很快它就向西到了比哈尔和北印度。[117]1571 年，在离孟加拉很远的乔恩普尔（Jaunpur）的碧山普尔村（Bishanpur），造桥的工人每挣一个铜币的工资就要给管理人员 4 枚海贝。[118]在十六世纪末期，乔恩普尔有个叫巴那哈西达斯（Banarasidas）的男孩靠售卖海贝赡养他的奶奶。[119]这个例子生动地表明了海贝兑换的广泛和发达。当碰到老旧或分量不足的铜币派萨（paisa）时，海贝还用来补偿折损（每个派萨补偿 3 到 4 枚海贝）。[120]这些例子都说明，那时印度北部已经通行贝币了。

让-巴蒂斯特·塔维尼埃看到贝币不仅在莫卧儿帝国被使用，还进一步向内陆流通，而且越往内陆，价格越贵。在印度北部，贝币和铜币一起作为小面值零钱流通，并行不悖。巴特那（Patna）是比哈尔邦历史悠久的城市，也是那里的国际贸易中心，那里就有一种叫单利（damri）的最低面值的铜币，1单利只相当于 10 枚海贝。[121]

值得一提的是，在印度西部沿海地区，经霍尔木兹海峡从伊朗进口的杏仁核就被当地采用为另外一种非金属货币。海贝和杏仁核这些非金属货币不仅体现了当地市场特色和货币习俗，也揭示了日益扩展的跨地区经贸网络，因为海贝和杏仁核都是外来的。[122]

总而言之，在印度北部，金币和银币是最重要的金属货币，贝币是小面值的货币。贝币在十六世纪从孟加拉地区向比哈尔和恒河盆地扩张，这既是北印度这一时期发展的要求，恐怕更是跨地区乃至国际贸易推动的结果。贝币在印度的活力可以在印度的法律，也就是《简图法典》（*Gentoo Code*，亦称 *A Code of Gentoo Laws* 或 *Ordinations of the Pundits*）中一窥究竟。

## 《简图法典》中的贝币

　　《简图法典》是由婆罗门学者从梵文翻译成波斯文的印度法规集。当英国人在印度初建殖民地时，为了更好地了解印度的法律，华伦·黑斯廷斯（Warren Hastings，1732～1818年）——第一任威廉堡（Fort William）管辖区的总督、孟加拉最高议事会主席，实际上也就是印度第一任总督（任期为1772～1785年）——出钱请人把它从波斯文翻译成英文。完成这项翻译任务的人叫纳撒尼尔·布拉西·哈勒德（Nathaniel Brassey Halhed），他是东印度公司的语法学者。[123]《简图法典》的英文版最早由东印度公司于1776年在伦敦出版，书名为《简图法典》或《博学多识者的法令》。[124]

　　《简图法典》中的许多条文都彰显了贝币在孟加拉社会中的渗透。[125]法典里提到海贝的地方有数十处之多。在词汇表里，哈勒德列举了三种贝币单位：古恩达（gundàe，4枚海贝）、普恩（pun，相当于20古恩达，也就是80枚海贝）和卡乌恩（cahawun，相当于16普恩，也就是1280枚海贝）。[126]

　　《简图法典》有21章，内容大致包括借贷、遗产、"寄存信托"（trust of deposit）、"售卖陌生人的财产"、"礼物"、"仆役"、"薪金"、"出租与雇用"、"买与卖"、"合伙耕地"、"损坏庄稼之罚款"、"诽谤与辱骂"、"袭击"、"盗窃"、"暴力"、"通奸"等。多数章节都与经济纠纷的裁决相关，也有涉及公共秩序的条款。因此，经济补偿和惩罚便成为法典中解决纠纷和处理犯罪的主要方式。虽然罚款主要以卢比、银币和金币来支付，但通过以下的例子可知，用海贝支付依然是最常见的方式。

关于女奴："如果某人在灾难之际，没有征得女奴的同意，就把她卖给另外一个人，法官应判罚卖主 200 普恩的海贝。"[127] 200 普恩等于 16000 枚海贝，根据 1703 年的兑换率（2560 枚海贝等于 1 卢比），则约为 6 卢比。[128]

关于强奸或勾引："如果一个女性由于灾难所迫，投奔某男子，并与他住在一起，而此男子与她未婚即发生性行为，法官应判罚他 250 普恩的海贝。"[129]

关于终止雇用："如果某人无缘无故辞退用人，法官应判罚此人 100 普恩的海贝，并支付用人工资。"[130]

关于乱扔垃圾："如果某人将垃圾扔进花园或者临近泳池的台阶上，法官应判罚此人 100 普恩的海贝，并且要求他亲手将垃圾清理干净。"[131]

关于虚假的指控："如果上等种姓或能力更强的某男子，对比他低等的男子进行虚假的指控，指控后者犯下 Opoo Pàtuk 之类的轻微罪行，法官应判罚此人 25 普恩的海贝。"[132]

关于滥用语言暴力：

> 如果某人缺一只手、一只脚、一只耳朵、一只眼睛、鼻子，或者身体的其他部位，而另一相同种姓或能力的人却对前者以歧视的态度说"你缺一只手或一只脚、一只耳朵、一只眼睛、鼻子或其他部位"，或者是说"你的手脚长成这样可真美"，法官应判罚此人 12 普恩的海贝。[133]

这可是笔者所听到的最人道的法律规定。

关于袭击："如果下等种姓或能力弱的人用武器袭击其他人，法官应判罚他 3000 普恩的海贝。"[134]

关于帮助谋杀者："无论谁谋杀了他人，如果有第三方为谋杀者提供了住处、食物或者谋杀的武器，法官应判罚第三方1000普恩的海贝。"[135]

关于残害动物："如果某人杀死了一只昆虫，法官应判罚此人1普恩的海贝。"[136]

关于盗窃："如果某人偷窃了价值相当大的珠宝，法官应剥夺此人的生命；如果珠宝价值不大，法官应判罚此人1000普恩的海贝，并把珠宝退还给主人。"[137]

关于损害公共设施："如果某人损坏桥梁或扯碎旗帜，法官应判罚此人500普恩的海贝，并要求他修复桥梁或旗帜。"[138]

关于通奸："如果有男子先用轻浮的语言挑逗女子，而后用词越来越轻浮、谈话时间越来越长，法官应判罚此人250普恩的海贝。"[139]

上述各种罚款，少则几千枚海贝，多则数十万枚海贝。最高的罚款是3000普恩，相当于24万枚海贝，可折算为1703年的约96卢比，恐怕这是《简图法典》中最大的一笔罚款了。多数罚款在几卢比到几十卢比之间，但这对普通老百姓而言也是一笔可观的钱财。上述所有行为几乎都是轻罪，因此用海贝来支付他人的损失和罚款便成为最主要的解决方式，还可以警示旁观者。至于重罪，《简图法典》中则有肉刑的裁决，包括砍头，剁去手、脚或鼻子，以及宫刑。

以上列举的不过是和贝币有关的条文，《简图法典》中的这些条文都彰显了贝币是法定的，也就是被孟加拉官方承认的货币，同时也表明，贝币深入了孟加拉社会的各个方面。遗憾的是，《简图法典》侧重国内事务，没有涉及跨地区或国际贸易纠纷，而十六世纪以后，国际贸易将海贝贸易和贝币推上了一层新台阶。这些海贝在印度洋贸易中扮演着非常活跃的角色，把南亚、西亚、欧洲、非洲和新大陆连接起来。随着十七世纪孟加拉地区经济的崛起（如纺织业和经济作物生产的兴起），贝币在印度次大陆广泛流通起来，这部分要归因于铜币铸行的不如意。[140]弗朗克·珀林（Frank Perlin）指出："在十七世纪和十八世纪，有足够的证据表明，这些货币（指贝币和铜币）成为城市和乡村很多人的支付手段，他们的交易已经不再局限于某一地理空间了。"[141]这种情形正是英国东印度公司的先驱者到达印度时看到的景象，也是他们建立孟加拉管辖区时不得不接受的传统。

## 英属印度：从承认到废除

在英属东印度公司成立的第一个百年中，它侧重于贸易。但从十八世纪下半叶开始，东印度公司在印度急剧扩张，特别是在军事方面。1757 年，英方在普拉西战役（Battle of Plassey）中取得胜利，东印度公司开始统治孟加拉地区。[142]1765 年，孟加拉管辖区成立，加尔各答为其首府。孟加拉管辖区以孟加拉地区，也就是贝币区域为中心，因而不得不对海贝贸易和贝币加以相当的关注。

东印度公司许多的档案都证实了英属印度对贝币的承认和接受。早在 1644 年英国人刚在印度东南部海岸的城市马德拉斯（Madras），也就是现在的金奈（Chennai），建立圣乔治堡 [Fort St George，即历史上的白镇（White Town）] 时，圣乔治堡的管理者便把目光投向了海贝贸易。在一封日期为 1660 年 2 月 22 日的信件中，圣乔治堡被要求提供海贝（也许是为孟加拉）。信中说："啵唧（Bowgees）或曰考黎，本地有需求，我们希望你能在'斯密那商人'（Smirna merchant）号上装载一些，数量大约为20吨。"[143]这封信传递了某种紧急的信号，20吨海贝则展现了东印度公司的购买力及其对圣乔治堡的信赖。正是在这个时期，也就是十七世纪中期，葡萄牙人之后的英国人和法国人开始成吨地从孟加拉、锡兰和印度西海岸购买海贝，运往欧洲。在欧洲被拍卖后，这些海贝又被运往西非，先为新大陆上的种植园换取奴隶，再为欧洲的工业革命换取棕榈油。

桑贾伊·加格（Sanjay Garg）在研究英属东印度公司的档案时发现，到了十八世纪，英国政府和东印度公司在海贝贸易和贝币流通中发挥着非常积极的作用。[144]当时，将海贝运往孟加拉的贸易主要由孟加拉商人完成。1700年，东印度公司的董事会要求在胡格利（Hughli）的代理人鼓励孟加拉商人派遣更多船只去马尔代夫，以便获得足够数量的海贝。[145]而后，东印度公司逐渐控制了印度的海贝贸易。[146]

虽然一些英国官员不喜欢海贝，可是殖民当局意识到贝币在地方经济中广泛流通，因此他们在公共财政中继续使用贝币。1753年，当约翰·霍尔维尔（John Holwell）建议用小额银币丝卡（sicca）代替海贝支付地租时，威廉堡的董事会断然拒绝了，因为他们觉得"为了蝇头小利而改变本地长期的习俗"并不合适。[147]同年，东印度公司的会计委员会建议公司——

长期储备价值约6000卢比或7000卢比的海贝，只要每阿尔乔特卢比（Arcot rupee）能够购买48~50磅的海贝，委员会便认为可以大量购进。[148]

"长期储备"以及"大量购进"这样的词表明了海贝对于东印度公司的经济和商业活动的重要性。

为了管理加尔各答储存的海贝，1755年，东印度公司雇用了一个叫卡利·查然·伯代（Kali Charan Podar）的商人（bania）。[149]公司为他提供免费仓库（godown）、一个月薪为8卢比的助手，以及每卢比或50磅海贝便可得到的2普恩（160枚海贝）的补贴。他被要求运送海贝到东印度公司各地的办事处，以满足其日常需求。同时他要为海贝的破碎、被盗和遗失负责，因为海贝一旦破碎或穿孔便一文不值。另一份文件谈到了加尔各答胡格利河的一个渡口的收费情况，说："每个乘客付1古恩达（gundee），一篮蔬菜或鱼付10古恩达，一头母牛、牛犊或一匹马付1普恩。"[150]可见，那时东印度公司日常收费也用海贝。

在东印度公司的时代，无论是官方还是民间，贝币早就深入孟加拉东北部山区和阿萨姆地区。位于当今孟加拉国东北部的锡尔赫特是当地一个经济中心，1765年被纳入东印度公司的管辖领域，是英国势力进入印度东北部地区和上缅甸的重要据点。在最初的时候，锡尔赫特的东印度公司就以海贝征税。

1769年8月26日，在致专门委员会的一封信中，理查德·贝彻（Richard Becher）耐心地解释了为什么锡尔赫特的税要以海贝征收。他在信中写道：

> 本区毗邻（孟加拉）王国，靠近山区，濒临敌国，这里生活着最贫苦的人，他们仅能勉强维持生存，靠耕种来获取生活必需品，用粮食和其他谷物换取海贝，然后用海贝来缴纳田租。这个国家生产的东西不值一钱，没有商

人、富人、财产在这片土地上，也没有什么商业，所以没有金币或银币流通。从有人定居的远古时期到现在，当地人都是用海贝来支付各种交易，所以过去试图取消这种贝币习俗、建立金银铸币制度的各种措施完全没有任何效果。[151]

理查德·贝彻在信中谈到的关于锡尔赫特贝币的信息非常有趣。首先，理查德·贝彻尽其所能地为锡尔赫特以海贝征税的习俗辩护。他强调，那里既没有金币，也没有银币，只有从远古流传到现在的贝币。他还指出（或者相信），过去企图禁止贝币的措施全部失败了。为了支持这个观点，理查德·贝彻向专门委员会描绘了一个以农业为基础的、完全没有商业和商人的贫困的锡尔赫特，这一景象与锡尔赫特作为一个连接山区和平原的商业中心的事实完全不符。理查德·贝彻描述的情景当然免不了带着殖民主义的偏见。他有意或无意地完全忽视了贝币那种完全能够满足地方经济需求的活力——无论是官方的还是民间的，无论是大宗的还是小额的。

在整个十八世纪，英国人目睹了海贝价格的波动。在1727年前后，1卢比可以换2500~3000枚海贝；到1740年，1卢比可以换2400枚海贝；到1756年，1卢比相当于2560枚海贝；十八世纪八十年代，海贝急剧贬值，1丝卡卢比·（sicca rupee）可以换5120枚海贝；而到了十八世纪九十年代，由于缺少银币，海贝价格有所回升，东印度公司也抱怨这给工厂主和农民带来的问题。[152]需要指出的是，必须要将上述的海贝价格波动放到国际贸易的场景中去理解，因为欧洲向西非进行海贝运输（也就是西非市场对海贝的大量需求）是海贝价格长期坚挺的关键原因。

直到十九世纪初，英属东印度公司继续接受以海贝纳税。然而，从殖民地各处搜集、运输海贝到殖民地中心是一项艰巨的任务。东印度公司在巩固了它在孟加拉的统治之后，马上改变了最初对海贝承认、接受和利用的政策，转而开始限制和用其他货币取代海贝。为了取代贝币、废除贝币的使用，英国殖民者出台了一系列计划和规定。从英国人的角度看，首先，海贝和金、银、铜币不一样，它本身没有内在价值。英国人发现控制贝币是非常艰难的工程，因为海贝完全依赖于从孟加拉之外的地区进口。[153] 这两个原因还必须同欧洲废奴运动结合起来理解。奴隶贸易的非法化以及最终的结束导致了海贝贸易在一时间的巨大衰落。理由很简单：奴隶贸易的结束使得从印度购买海贝运往欧洲没有了任何经济意义。最后，海贝的搜集、清点、运输、储藏以及使用给东印度公司增加了相当的行政成本和经济压力，因此英殖民者很早就有了要用铸币来取代贝币的想法。

由此可见，印度海贝的非货币化是同英国人直接相关的。虽然海贝在印度作为"地方税收的一部分"被接受，也被"用来支付工资"，可是对英国人而言，长途贸易和把利润输回欧洲老家才是最重要的。[154] 在 1781~1782 年之前，孟加拉没有铜币，但到了 1781 年，英国人开始引入铜币。[155] 1803 年，在奥里萨，英国人开始禁止海贝流通，[156] 即便这个禁令不可能马上生效。在此后的年月里，英国人似乎依然能够容忍用海贝来纳税，至少是可以部分用海贝支付。到了 1807 年，英国人宣布："缴纳到政府仓库里的税收只能是加尔各答的丝卡卢比。"同时规定卢比和海贝的兑换率为 1 卢比换 4 卡汉

（kahan）海贝（5120 枚）。不久，由于种种原因，包括白银从奥里萨大量外流，兑换率降到了 1 卢比换 7 卡汉。[157]与此同时，从十八世纪末到十九世纪初，奴隶贸易逐渐被废除，这样，西非对海贝的需求骤减，从而导致海贝贸易严重衰落，贝币的贬值进程也加速了。

虽然贝币的真正消逝是在一个世纪以后，但英国人的政策使得海贝在整个十九世纪持续贬值。1833 年，1 卢比可以换6500 枚海贝。[158]此后不久，海贝价格下跌严重，和卢比的兑换率降到了 1 卢比换 9000 ~ 10000 枚海贝。这样的贬值导致孟加拉、奥里萨和印度北部地区出现严重的贫困，这甚至成为1817 年奥里萨反对英属东印度公司的派卡暴动（Paika Rebellion）爆发的关键原因。[159]

逝去的过程总是漫长的，相应地，铜币代替贝币的过程同样漫长。直到十九世纪下半叶，印度的铜币供应依然不足，贝币依然在流通。[160]"不过，此后贝币开始衰退。数以亿计的海贝逐渐让位于机器制造的数以亿计的铜币派萨（pice）。"[161]

同意以海贝纳税对英国人而言是一个巨大的挑战，因为这涉及清点、运输和储藏等一系列技术问题。按照命令，海贝必须被运送到孟加拉管辖区的总部，然后英国人把从印度榨取的巨额利润兑换成其他形式的商品，以实现这些利润，从而推动了不列颠帝国的繁荣和扩张。罗伯特·林赛是英属殖民地的一个年轻人，1778 ~ 1779 年在锡尔赫特担任税收员，这位年轻人留下了他履行职责的过程的详细记录，包括收集和运送海贝。更有意思的是，他还详细记录了他自己是如何通过海贝大发其财的。林赛用海贝挣到了他的第一桶金的故事，似乎就是不列颠帝国繁荣的隐喻。[162]

## 锡尔赫特：征收与清点

在英属东印度公司服务的罗伯特·林赛的经历，可以说是东印度公司及其雇员利用贝币掠夺财富的手段的生动写照。

1772 年春天，来自英国显贵家庭的罗伯特来到了印度，此时他年仅 18 岁。1776 年，时年 22 岁的罗伯特非常高兴地出任布顿·鲁斯爵士（Sir Charles William Broughton Rous）的助手，后者是孟加拉省在达卡（Dacca 或 Dhaka）的首席税务官。[163] 有了这位奥援，罗伯特很快就被派到锡尔赫特去任职。锡尔赫特位于孟加拉的东北地区，英属东印度公司对其非常重视，因为锡尔赫特对于东印度公司向缅甸扩张具有举足轻重的战略地位。因此，东印度公司逐步控制了锡尔赫特，将其置于孟加拉省的管辖之下。正是在锡尔赫特，罗伯特作为税务官获得了征收和运送海贝的有趣体验。他自己详述如下：

现在我就花一些笔墨谈谈我在这一地区主持收税的经历，这与在印度其他任何一个地区都有本质差别。本地没有小额银币，甚至没有铜币，市场上流通的媒介完完全全是考黎，也就是小的贝壳，即非洲贸易中用来作女性饰品的那种贝壳。这种考黎，或者说是海贝，在孟加拉流传甚广，无人不晓，下层民众用它们来购买廉价物品，所有的商业需求它们都能满足。至于它们是如何在这离海 300 英里的地区成为货币的，这个问题不仅是我，其他任何人也都无法回答。[164]

虽然罗伯特承认他不知道海贝为什么在孟加拉成为货币，但他注意到，"无论是马拉巴尔海岸的对岸还是科罗曼德海岸"都没有海贝，他清楚这些海贝是从马尔代夫来的。[165]他甚至还简略地描述了海贝的运输路径。海贝从马尔代夫被"运到孟加拉湾的吉大港（Chittagong），再从吉大港被分开运到全国各地，最终到达锡尔赫特。锡尔赫特相对贫穷，因此海贝取代了铜钱，因为它比铜钱更加适合本地的小额买卖"。[166]

随后，罗伯特讲述了他在锡尔赫特如何用海贝收税，收完之后又如何将之运到达卡。锡尔赫特每年的税收总额为2.5万卢比，但都是折算成海贝征收。很自然，每个人都想知道海贝和卢比的兑换率是如何规定的。于是罗伯特详细解释了海贝－卢比的兑换体系——每5120枚海贝等于1卢比。表3.1中凸显了海贝4－20－1280这样的计数方式，这对于理解为什么贝币能在亚非欧大陆传播和流通至关重要。[167]傅汉斯指出：

> 孟加拉贝币的基本计数方式大致是 $4 \times 5 \times 4 \times 4 \times 4$ 这个模式。但是，在不同的某些情况下，相邻的两个可以先计算乘积，这样就省略了某一步骤。因此，总体而言，我们可以发现以下种种变形：$4 \times 5 \times 4 \times 16$、$4 \times 20 \times 4 \times 4$ 或 $4 \times 20 \times 16$。[168]

比较上述这些计数模式，我们可以看到 20 和 80 这两个数字在这个体系中是基础。我们在暹罗、云南以及西非（在相对较小的程度上）都可以发现这种孟加拉计数模式的踪迹。

表 3.1　印度贝币的计数方式

| 海贝 | 古恩达 | 普恩 | 卡乌恩 | 卢比 | 镑 |
|------|--------|------|--------|------|-----|
| 4 | 1 | | | | |
| 80 | 20 | 1 | | | |
| 1280 | 320 | 16 | 1 | | |
| 5120 | 1280 | 64 | 4 | 1 | |
| 40960 | 10240 | 512 | 32 | 8 | 1 |

这样，罗伯特要在锡尔赫特征收的 2.5 万卢比，折算成海贝，是 12.8 亿枚。这些天文数字的海贝的收集、储藏以及从锡尔赫特到达卡的运输成为繁重无比的工程。"至少需要许多宽敞的地窖或仓库来储存它们，当完成今年的征收后，还要一个大型船队将它们运去达卡。"[169] 整个过程将"花费不少于10%的税收"[170]。

锡尔赫特的征税当然并不容易，即使罗伯特"发现整个地区都有能力支付分配下来的税额"[171]。在锡尔赫特的前九个月，罗伯特全身心地投入征收田赋这项工作。他抱怨和当地的柴明达尔（Zemindar，也就是地主）打交道"困难且复杂"。"很多时候，我被迫使用武力，这差点导致山区的一场叛乱。"[172] 此处，罗伯特在殖民地的立场和心态清晰可见。

清点交来的海贝并不比征收海贝容易。年轻的罗伯特雄心勃勃，决定对清点海贝做一些改革，以简化这一过程。传统的办法是一个个清点海贝来统计税收，罗伯特就指示司库"以称重量来收海贝"。"这黑皮肤的司库"是个"通达事理的聪明人"，最初拒绝了这个指示，告诉"我这不可能"，直到罗伯特拿出"上司的最高口吻"，他的指示才得以执行，"容器才得以被填满（称重）"。罗伯特"对自己的智慧颇为自豪"，可是在他"离开几分钟"后再回来时，马上又迷惑不解了，他发现，"刚刚称完的海贝无缘无故地重了三分之一"。司库告诉罗伯特，海贝里面加了"一点点沙子"，于是罗伯特命令"用指定的容器接收它们（海贝），这样就没有了可能的缺陷"。司库最终认识到了这个问题的严重性，于是"再次深深地低头致意"。结果，他们"制作了标准的容器，据说，此容器不高也不低，这个大人物（司库）就把这个指示变成了规矩，确定了容器的直径"。[173] 罗伯特的改革最终得以施行。海贝"以后一篮子一篮子地接收，每个篮子按照设计都装载固定数量（的海贝）；每一百篮抽出五篮清点，以此作为平均数计算"。[174] 这样就得以在清点时避开花招和伎俩，计数也比以前容易得多。罗伯特自豪地称："此后，这项工作如此轻松愉快地得以完成，实在是个奇迹。"[175]

锡尔赫特征收的海贝每年都要运到达卡去，这是罗伯特遇到的又一个难题。海贝到了达卡，东印度公司进行"公开拍卖"[176]，这样英国人就把海贝变成了他们热爱的硬通货——白银。这个习俗在英国人废除贝币之后就显得多余了。

罗伯特在锡尔赫特的经历显示了英国人对贝币的矛盾态度。千百年来，贝币深深地扎根于孟加拉和奥里萨等地区的社会生活中，因此英国人不得不对它予以承认。所以一开始，东印度公司也采用了贝币，将它用于贸易、支付工资、征收赋税等。庞大数量的海贝对于东印度公司是个挑战。罗伯特在锡尔赫特对清点海贝的改革就表明了殖民者对于当地习俗的不耐烦，因为殖民地的许多（如果不是绝大多数）传统不符合殖民主义官僚系统提倡的理性和效率。更重要的是，海贝作为支付手段和价值尺度不能轻易换成英国人喜爱的硬通货，如黄金和白银，以供殖民者在母国和其他地方使用。毕竟，海贝不能像黄金和白银那样在各处流通无阻。这和元朝政府五百年前在云南面临的问题类似。

## 富贵贝中求

征收海贝、清点海贝、运送海贝，这些工作没有一种不烦人，可是，罗伯特却乐在其中。他在锡尔赫特的职位油水不少，可是仅仅九个月后，另外一个"急需发财"的人被派到锡尔赫特来代替罗伯特。听到这个消息，罗伯特说："我涕泗横流。"他非常伤心，而且忧心忡忡，因为此前他"借了不少钱"才获得锡尔赫特的职位。[177]于是他马上顺着运送海贝的航路直奔加尔各答。

> 我马上命人准备了几条独木舟（canoe），备好人手和装备，声称要去达卡。在两个小时的匆忙准备后，我却直接奔赴加尔各答，顺着河流不分日夜地蜿蜒航行了近300英里。[178]

通过他的苦苦诉求，特别是通过"一位淑女，也就是法官约翰·海德（John Hyde）的太太的有力影响"，罗伯特赢得了决定性的胜利，他再次被任命为"驻锡尔赫特主管和税务官"，"更重要的是，（他）独立于达卡，直接听命于省府"。于是，罗伯特马上开开心心地回到了锡尔赫特，开始关注如何"平衡我的财政状况"。[179]

当时的罗伯特负债累累，而他的工资"每年不过500镑，因此，发财还得靠自己另辟蹊径"。[180]和伊本·白图泰一样，罗伯特马上投入海贝贸易，而且获得了第一桶金。罗伯特注意到了锡尔赫特当地丰富的资源，如稻米、木材、铁矿、铜矿、丝绸和青柠，这些资源都有宝贵的商业机会。可是，正如罗伯特所说，当务之急是"缺一样东西——叮当作响的钱"。天公作美，不久，"善变的女神（the fickle goddess）……以一种最令人愉快的，也是最不可思议的方式，为我提供了实现梦想的方法"。[181]罗伯特的"善变女神"不是其他诸位仙女，而是海贝女神。Kaparda 这个词源于梵文，意思是海贝，在《梨俱吠陀》中指代发髻，暗指印度教三大主神之一的湿婆。有趣的是，正是和海贝密切相关的湿婆，把罗伯特梦寐以求的财富，以海贝的形式赐给了负债累累来印度淘金的他。

海贝的征收和公开拍卖给了罗伯特发财的机会。总会计师克劳夫兹（Croftes）先生派去了一个"黝黑的书记员"，分享了一个绝妙的商业计划，即"只要能和政府达成有力的协议，就可以通过政府管理下的海贝获得可观的利润"。克劳夫兹先生代表他的朋友洛佩兹（Lopez）先生提出了"一个建议：以一定的价格购买在锡尔赫特被冠以税收之名的所有海贝，买方在收到海贝两年后按报价支付"。[182]东印度公司就向罗伯特提出了这个建议，罗伯特马上意识到这个协议可能会带来的巨大财富。在此微妙的局势下，他迅速做出了一个决定，他向董事会报告说：

> 在比较了洛佩兹先生的提议和这五年在达卡实际拍卖的情形之后，我只能说，报价并非不合适；与此同时，我认为我有责任指出，报价提议的支付期限，也就是两年，相当不合情理。

罗伯特接着提出了他自己的条件：同样的报价，但支付期限从两年缩短为六个月。[183]他认为自己的这个建议是对方无法拒绝的，虽然这也给了他的朋友（总会计师）一个机会去修改他的条件——"在某个遥远的日子在加尔各答公开招标"——以阻止罗伯特的计划。[184]洛佩兹先生并没有赢得那场竞标，因为"一个黑色皮肤的男子"，也就是罗伯特的仆人，也在招标现场。在赢得竞标之后，罗伯特给董事会做了第二次报告，董事会欣然同意。罗伯特后来承认说，从"这个标志性的幸运事件后，我就拥有了掌握大量货币带来的赫赫优势，我可以以此来实现自己的商业追求，我不得不说，我为公司谋得财富始于这一刻"。[185]这话千真万确。除了这个渠道，罗伯特还有什么方法积聚财富呢？很显然，罗伯特利用他所掌握的财富，也就是相当于锡尔赫特税收总额的海贝，在六个月的时间内从事了各种商业活动，获得了丰厚的回报。富贵贝中求，正是英属孟加拉的海贝贸易和贝币造就了罗伯特的财富，而罗伯特也绝不是其中的独一无二的受益者。

到了十八世纪中期，在贝币流通的许多区域，铜币或者取代了贝币，或者将贝币变成了虽然存在但越来越少的零钱。唯一重大的例外是印度东部地区，也就是孟加拉、比哈尔内陆的部分地区以及奥里萨，这些地方甚至消化了更多海贝，这种情形一直持续到十九世纪上半叶。[186]迟至 1913 年，当货币学家 D. A. 贝克（D. A. Baker）撰写《货币理论》（*The Theory of Money*）一书时，他还以英属印度的贝币来揭示货币的演化过程。他说，在英属印度，"海贝，虽然不再作为饰品，但依然在巴扎里作为面值非常小的货币被使用，200 枚大概等于一分钱"。[187]

贝克用贝币的这个例子来诠释他的货币理论具有很强的象征意义。印度是海贝演变为货币的最早区域，这种巧妙的发明（当然，铸币同样神奇）迅速从印度传到邻近的东南亚地区，如下缅甸和泰人世界，然后向北到达云南。遗憾的是，虽然有一些零星的材料指出，克什米尔地区以及印度北部和中亚也使用贝币，但文献不足使得笔者无法讨论这些地区的贝币。将海贝作为商品和财富的这种观念和习俗从马尔代夫传到了阿拉伯半岛、地中海世界，乃至西非。我们或许可以推测，西非使用贝币的习俗很可能是对印度做法的仿效，即便孟加拉湾与西非之间的广大地区和社会并没有采用贝币。最先仿效印度将海贝用作货币的是东面的东南亚。那么，接下来让我们来看看东南亚的贝币吧。

## 注　释

1. Anirban Biswas, *Money and Markets from Pre-Colonial to Colonial India* (New Delhi: Aakar Books, 2007), 143.

2. Robert Lindsay, "Anecdotes of an Indian Life," in *Lives of the Lindsays, or, A Memoir of the Houses of Crawford and Balcarres*, ed. Lord Lindsay (London: John Murray, 1849), vol. III, 169.

3. Nicholas G. Rhodes & S. K. Bose, *The Coinage of Assam: Volume 1, Pre-Ahom Period* (Kolkata: Gywahati, 2003), 57. [湿婆和毗湿奴（Vishnu）、梵天（Brahma）被并称为印度教的三大主神；湿婆是宇宙的毁灭者（the Destroyer），是众神之神（Lord of the Devas），毗湿奴是宇宙的维护者（the Preserver），梵天是宇宙的创造者（the Creator）。——译注]

4. 关于印度贝币的概述，参见 Anirban Biswas, *The Cowrie Money and Monetary History of India* (Kolkata: CAMP, 2006)。

5. John E. Wills, Jr., "Maritime Asia, 1500 - 1800: The Interactive Emergence of European Domination," *The American Historical Review*, vol. 98, no. 1 (1993): 86.

6. Susmita Basu Majumdar and Sharmistha Chatterjee, "Cowries in Eastern India: Understanding Their Role as Ritual Objects and Money," *Journal of Bengal Art*, vol. 19 (2014): 39.

7. Monica L. Smith, "The Substance and Symbolism of Long - distance Exchange: Textiles as Desired Trade Goods in the Bronze Age Middle Asian Interaction Sphere," in *Connections and Complexity : New Approaches to the Archaeology of South Asia*, ed. Shinu Anna Abraham, et al. (New York: Taylor and Francis, 2013), 149 – 150. (Shahr-i Sokhta 的意思是被焚毁的城市，位于伊朗东部锡斯坦 - 俾路支斯坦省，靠近阿富汗边界，正好处在往西的埃兰文明和往东的印度河文明之间，是人类最早的城市群，大约始于公元前 3200 年，曾三次被焚毁，最后于公元前 2100 年前后被弃；埃兰，即《圣经》中提到的 Elam，是伊朗最早的文明。此段谈到的地理空间涉及从印度大陆北部延伸至中亚或西亚的地区，以昭示海贝这种海洋动物深入内陆并不局限于现在的区域分界线。——译注)

8. Heidi J. Miller, "Spiraling Interconnectedness: A Fresh Look at Double - spiral - headed Pins in the Indian Subcontinent," in *Connections and Complexity : New Approaches to the Archaeology of South Asia*, 228.

9. Majumdar & Chatterjee, 2014, "Cowries in Eastern India," 39. (洛塔是古印度文明中最重要的城市之一，可以追溯到公元前 2400 年。——译注)

10. Majumdar & Chatterjee, 2014, "Cowries in Eastern India," 40. [古希腊诗人赫西俄德 (Hesiod) 完成于公元前八世纪末的《神谱》(*Theogony*) 记录道，爱神阿佛洛狄忒在大海的泡沫中诞生时，缓缓地从一个贝壳中走出，由于出生在塞浦路斯，故被称为 Cypris，意思是 Lady of Cyprus，即塞浦路斯的女神。由此可见，在古希腊文明中，贝具有性欲和生育的隐喻。——译注]

11. Majumdar & Chatterjee, 2014, "Cowries in Eastern India," 40. (其实，妇女胸前佩戴以贝装饰的项链或挂坠在古代很常见，中文"璎珞"的"璎"就生动地描绘了这种饰品。《说文解字》对"婴"字就作此解；唐代僧人慧琳在《一切经音义》中说，璎饰"妇人显装"。
见《一切经音义》中《大乘显识经》，卷上，第 250 页。——译注）

12. Majumdar & Chatterjee, 2014, "Cowries in Eastern India," 48.

13. Majumdar & Chatterjee, 2014, "Cowries in Eastern India," 47.

14. 海贝形状的印章最早起源于埃及。参见杨斌，《印信抑或护身符：古埃及的贝印——兼论古代中国的"贝"》，西泠印社，2020 年第六届"孤山正印"国际印学峰会论文集。——译注

15. Cypraea onyx 为旧名，现在的学名为 Erronea onyx。——译注

16. Majumdar & Chatterjee, 2014, "Cowries in Eastern India", 47.

17. 根据笔者的最新研究，上述论断可能过于简单。实际上，贝印最早在埃及流行，虽然也刻有文字，但其主要功能可能还是作为护身符。至于印度究竟实情如何，还需要进一步研究。——译注

18. Gray and Bell, 2010, vol. 1, 240.

19. Deena Bandhu Pandey, "Cowries as a Monetary Token in Ancient India," *Journal of the Numismatic Society of India*, vol. XXVIII（1966）：133；James Heimann, "Small Changes and Ballast: Cowries Money in India," *South Asia*, vol. 3, no. 1（1980）：48.

20. Majumdar & Chatterjee, 2014, "Cowries in Eastern India," 48.

21. 法显撰，章巽校注，《法显传校注》，北京：中华书局，2008 年，第 1 ~ 3 页；James Legge, *A Record of Buddhistic Kingdoms：Being an Account by the Chinese Monk Fa-Hien of His Travels in India and Ceylon（A. D. 399 – 414）in Search of the Buddhist Books of Discipline*, translated and annotated with a Corean recession of the Chinese text（Oxford：Clarendon Press, 1886）, 43 and 43, footnote 2；Hans Ulrich Vogel, 1993, Part I, 230。《法显传》在西方被译为《佛国记》。（旃陀罗·笈多二世即中文文献中的"超日王"，是笈多王朝的第三个国王，其统治时期是笈多王朝的全盛期。——译注）

22. 摩头罗今称马图拉。——译注

23. 法显，2008 年，第 46 页。（关于贝齿或齿贝之名的由来，北宋苏颂解释说："贝腹下洁白，有刻如鱼齿，故曰贝齿。"见李时珍著，陈贵廷等点校，《本草纲目》，北京：中医古籍出版社，1994 年，第 1061 页。——译注）

24. 笔者在 2018 年完成本书英文版后对此亦迷惑不解，直到 2019 年某

日才突然想明白为什么法显提到了印度北部使用贝币，而海贝在其
最主要的进口地孟加拉却没有这个作用（至少法显没有提到）。简
单地说，原因就是物以稀为贵。距离海滨越远，海贝越稀罕，所以
反而比在海滨地区更容易成为价值尺度和交换手段。因此，海贝最
先在内陆的印度北部成为货币是合情合理的；而在海贝较多的孟加
拉地区，只有商品经济发展到一定程度，才有内在的驱动力催促某
种小额货币的产生，它也就自然而然地学习、效仿了印度北部的习
俗。再退一步说，贝币对于法显确实很新鲜，假如当时孟加拉已经
普遍开始使用贝币的话，很难相信他会对此视而不见、只字不提。
从这些情况判断，海贝成为货币不会比法显的时代早太多。——
译注

25. Majumdar & Chatterjee, 2014, "Cowries in Eastern India," 43.

26. 玄奘、辩机原著，季羡林等校注，《大唐西域记校注》，北京：中华
书局，1985 年版，1990 年印刷，上卷，第 217 页。

27. 王邦维，《义净与〈南海寄归内法传〉》，见义净著，王邦维校注，
《南海寄归内法传校注》，北京：中华书局，1995 年版，2009 年印
刷，第 46 页。

28. 义净，1995 年，第 167 页，注释 22。［九世纪的慧琳在《大宝积经》
第五十四卷中解释说："羯利沙钵那，金名也，计直可当四百钱，一
颗金也。"这里的羯利沙钵那是银币。《金光明经》第六卷中说：
"迦利沙波拏，梵语也，此云贝齿，或云已齿即是海中小贝子，经中
具有分析所直多少，波拏是钱，若每日送一百多，是金钱也。"此处
则直接把迦利沙波拏解释为贝齿，也就是贝币。《摩诃僧祇比丘尼戒
本》中解释说："羯利，数名也，正言迦利沙钵拏，案，八十枚贝珠
为一钵拏，十六钵拏为一迦利沙钵拏也。"这里直言 1280 枚海贝为
一个迦利沙钵拏，这个数字符合孟加拉的海贝计数方式，但与义净
所说的 1600 枚有出入。慧琳，《一切经音义》，第 190、472 和 1062
页，CBETA 电子版，版本记录：1；完成日期：2001/04/29；发行单
位：中华电子佛典协会（CBETA），cbeta@ccbs.ntu.edu.tw；资料底
本：大正新修大正藏，vol. 54，no. 2128，http：//buddhism.lib.ntu.
edu.tw/BDLM/sutra/chi_pdf/sutra21/T54n2128.pdf。慧琳，736～820
年，疏勒国人，俗姓裴，师事不空三藏，内持密藏，外究儒学，精
通印度之声明及中国之训诂，撰成《一切经音义》一百卷（世称

《慧琳音义》)。慧琳此书之撰写,始自贞元四年(788年),完成于元和五年(810年),前后历时二十余年;此书专释玄奘未释和贞观后翻译的佛经之词,引用中唐以前字书及经史达二百五十多种,共释一千三百部五千零四十八卷佛经的音义,为佛经训诂之集大成者。——译注]

29. 义净,1995年,第219页。

30. 释慧琳,《一切经音义》,谷风编,《辞书集成》,卷2,北京:团结出版社,1993年,第660页。(按,此处有误,原因在于笔者当年未能遍览《一切经音义》。慧琳在《一切经音义》之《经卷第三十五十地品之二》中说,"国城财贝",也就是以海贝为财富;但慧琳还进一步直接指出"今西域用贝为钱故云财贝",所以他说的财贝本意同货币,即以贝为钱;他在《经卷第七十六入法界品之十七》中又说"西域以贝为钱,故列在宝类";关于印度,慧琳以古代中国的情况譬喻道"古者无钱,唯传贝齿","中天五印度见今行用此方",也就是印度现在把海贝当作钱。由此可见,慧琳非常明确地指出了在他的时代,也就是八世纪末和九世纪初,西域地区和印度都使用海贝作货币。参见慧琳,2001年,第335、359和389页。——译注)

31. 《旧唐书》,卷198,第5307页;《新唐书》,卷221上,第6237页。十三世纪初的赵汝适也大致照抄此句,说天竺"岁与大秦、扶南贸易,以齿贝为货"。赵汝适,2000年,第86页。一些僧人称,在西域,海贝被当钱使用;一些佛经也提及海贝常被捐给寺院。有材料指出,贝币在克什米尔地区一直存在到十九世纪初。这些地区贝币的历史还需要进一步研究。

32. Majumdar &Chatterjee,2014,43. (马苏第,即第二章中 El Mas'udi,约896年出生于巴格达,曾游历波斯、叙利亚、埃及、印度和斯里兰卡等地,著有《黄金草原》一书,他被誉为"阿拉伯的希罗多德"。——译注)

33. Wicks,1992,75. [戒日王为印度北方戒日王朝国王,606~647年在位;跋湿迦罗跋摩即中文文献中的童子王(600~650年),为跋摩王朝的最后一个国王;玄奘在《大唐西域记》有提及这两人。按,童子王向戒日王赠送海贝,这是因为两国当时结成了对抗位于今孟加拉与印度西孟加拉邦地区的高达国(Gauda)。高达国建都于羯罗羯苏伐剌那（Karnasuvarṇa），根据玄奘的记载，高达国国王设赏迦王诱杀了当时戒日王朝国王，也即戒日王的哥哥，于是戒日王登位复仇，"遂总率国兵，讲习战士，象军五千，马军二万，步军五万，自西徂东，征伐不臣。象不解鞍，人不释甲，于六年中，臣五印度，既广其地，更增甲兵，象军六万，马军十万。垂三十年，兵戈不起，政教和平"云云。这当然有玄奘的夸大，因为戒日王是虔诚的佛教徒。而玄奘见戒日王，恰恰是童子王（拘摩罗王）先请玄奘到跋摩王朝，而后两人一起去见了戒日王。跋摩王朝位于迦摩缕波，正好在高达国的西部，当然不喜欢旁临一个好战的国家，所以和位于高达国西北部的戒日王朝联盟。之后戒日王在曲女城举行了盛大法会，玄奘亲临其盛，他说"二王导引，四兵严卫，或泛舟，或乘象，击鼓鸣螺，拊弦奏管，经九十日，至曲女城。在殑伽河西大花林中。是时诸国二十余王先奉告命，各与其国髦俊沙门及婆罗门、群官、兵士，来集大会。王先于河西建大伽蓝。伽蓝东起宝台。高百余尺，中有金佛像，量等王身"，"戒日王为帝释之服，执宝盖以左侍。拘摩罗王作梵王之仪，执白拂而右侍"。则两王扮作伺立于佛祖左右的帝释天和梵天，其自视如此。见玄奘，1985 年，上卷，第 429、440～441 页。——译者注〕

34. Heimann, 1980, 56 – 57.

35. Pandey, 1966, 132.

36. Pandey, 1966, 128.

37. Susmista Basu Majumdar, 2014, "Monetary History of Bengal: Issues and Non – Issues," in *The Complex Heritage of Early India , Essays in Memory of R. S. Sharma*, ed. D. N. Jha (New Delhi: Manohar, 2014), 599.

38. Sayantani Pal, "Media of Exchange Under the Pālas and the Senas as Reflected in their Inscriptions," in *From Mountain Fastness to Coastal Kingdoms : Hard Money and "Cashless" Economies in the Medieval Bay of Bengal World*, eds. John Deyell and Rila Mukherjee (New Delhi: Manohar, in press), 4. （意思就是用金币、银币来计算或记录，实际支付的是贝币。——译注）

39. Majumdar & Chatterjee, 2014, 48 – 49.

40. Sayantani Pal, "Media of Exchange Under the Pālas and the Senas," 2.

41. Majumdar & Chatterjee, 2014, 49.

42. Majumdar & Chatterjee, 2014, 49.

43. Majumdar & Chatterjee, 2014, 49 – 50; Sayantani Pal, "Media of Exchange Under the Pālas and the Senas," 2.

44. Majumdar & Chatterjee, 2014, 50.

45. Majumdar & Chatterjee, 2014, 50.

46. Sayantani Pal, "Media of Exchange Under the Pālas and the Senas," 10.

47. Sanjay Garg, "Non-Metallic Currencies on Indian in Indian Ocean Trade and Economies," in *Cross Currencies and Community Networks*, ed. Himanshu Prabha Ray and Edward A. Alpers (New Delhi: Oxford University Press, 2007), 249. ［帕哈尔普尔位于今天的孟加拉国的西北部，其地曾有索玛普利大寺（Somapura Mahavira），它是大乘佛教从七世纪到十二世纪在孟加拉兴盛的见证。——译注］

48. 指哈埃·拉卡玛尼亚（Rae Lakamaniyah）或塞纳国王拉克什马纳·塞纳（Lakshmana Sena）。——译注

49. 转引自 Sanjay Garg, 2007, 249。（敏哈吉 – 乌斯 – 西哈吉是波斯人，移居德里，是研究印度历史的著名学者。拉克什马纳·塞纳是塞纳王朝的国王，1178 ~ 1206 年在位；哈埃·拉卡玛尼亚不知何许人；拉克为印度数量单位，指 10 万。本书后面会提及，400 枚海贝的重量为 1 磅，10 万枚就相当于 110 千克。——译注）

50. Sayantani Pal, "Media of Exchange Under the Pālas and the Senas," 17. （Kapardaka 是印度古代碑铭中出现的词，意思就是用来作为货币的海贝。——译注）

51. Sayantani Pal, "Media of Exchange Under the Pālas and the Senas," 5, 17.

52. Sayantani Pal, "Media of Exchange Under the Pālas and the Senas," 19.

53. Sayantani Pal, "Media of Exchange Under the Pālas and the Senas," 20 – 21.

54. Gray & Bell, 2010, vol. 1, 237 – 239.

55. Susmita Basu Majumdar and Sharmistha Chatterjee, "The Alagum (Odisha) Gartteśvara Śiva Temple and the Two Temple Inscription," *Pratna Samiksha*, New Series, vol. 5 (2014), 97 – 107; "From Unimpressive to Impressive: Understanding the Alagum Temple Complex, District Puri, Orissa," *Research Journal*, vol. XVII (2013 – 2014): 155 – 164.

56. 泰卢固语是印度安得拉邦的官方语言，属于达罗毗荼语系，是印度

六大传统语言之一。

57. Majumdar & Chatterjee, 2014, 101.

58. Majumdar & Chatterjee, 2014, 102；2013 - 2014, 161 - 162. （Curnni 或 churn，是指敲打而成的银币，原文加 s 表示复数。——译注）

59. Majumdar & Chatterjee, 2014, 101.

60. Majumdar & Chatterjee, 2014, 101 - 102；2013 - 2014, 162.

61. Majumdar & Chatterjee, 2013 - 2014, 162.

62. 关于孟加拉世界的海贝贸易和贝币，参见 Bin Yang, 2011, 317 - 342；2012, 125 - 146。

63. Ibn Battuta, 2011, 243.

64. Ibn Battuta, 2011, 267.

65. Ibn Battuta, 2011, 267. （迪拉姆，中世纪以来阿拉伯地区以及伊斯兰世界通用的货币单位；cubit，肘或腕尺，是古老的长度单位，一腕尺为由手肘到中指顶端的距离，世界许多地区都有这个长度单位，但标准不完全一样，大致在 45 到 55 厘米之间；第纳尔，伊斯兰世界从约七世纪以来使用的钱币。——译注）

66. 汪大渊，1981 年，第 264 页。

67. 汪大渊，1981 年，第 330 页。

68. 汪大渊，1981 年，第 330 页。

69. 唐加，也写作倘伽等，英文对应为 taka、tanka、tanga、tangka、tenge、tenga 等，是古代流行于中亚和印度次大陆以及受印度影响区域（如下缅甸）的金属铸币，最早为铜币，而以后来的银币闻名，其中孟加拉地区是唐加银币的重要基地。——译注

70. 汪大渊，1981 年，第 339 页。（前半句中的"鱼"字应为衍文。——译注）

71. 汪大渊，1981 年，第 337 页。

72. 马欢，2005 年，第 74 页。

73. 马欢，2005 年，第 87 页。

74. 巩珍，2000 年，第 38 页；Fei Xin, *Hsing-Ch'a Sheng-Lan* (The Overall Survey of the Star Raft), trans. J. V. G. Mills, rev., annotated and ed. Roderich Ptak (Wiesbaden：Harrassowitz Verlag, 1996), 43。

75. 巩珍，2000 年，第 38 页。

76. 黄省曾，2000 年，第 76 ~ 77 页。

77. 黄省曾，2000 年，第 87 页。（黄省曾在提到马尔代夫时也直接说：
"其交易以银钱（重官秤二分三厘）。"则可以推断出，黄知道海贝
在马尔代夫不是货币。黄省曾，2000 年，第 76 页。——译注）

78. 黄省曾，2000 年，第 97 ~ 103 页。

79. John Deyell, *Living without Silver*, *the Monetary History of Early Medieval North India* ( Oxford：Oxford University Press，1999 )；" Cowries and Coins：The Dual Monetary System of the Bengal Sultanate," *The Indian Economic and Social History Review*, vol. 47, no. 1 ( 2010 )：63 – 106.

80. John Deyell, 1999, 237.

81. John Deyell, 1999, 62.

82. John Deyell, 1999, 221. （Sind，源自梵语 Sindhu，意思是河流，指印度河。Sindhu 可能是汉代张骞记录的译音"身毒"的来源，它大致位于印度河谷地区，目前主要在巴基斯坦境内。——译注）

83. John Deyell, 1999, 33 – 34.

84. John Deyell, 2010, " Cowries and Coins," 63 – 106.

85. John Deyell, 2010, " Cowries and Coins," 71 – 72.

86. John Deyell, 2010, " Cowries and Coins," 7.

87. John Deyell, 2010, " Cowries and Coins," 68.

88. John Deyell, 2010, " Cowries and Coins," 68.

89. Tomé Pires, *The Suma Oriental of Tomé Pires and the Book of Francisco Rodrigues*, ed. Armando Cortesao ( New Delhi & Chennai：Asian Educational Services，2005 )，93 – 94. ［托梅·皮莱资，1465 年？~ 1524 年或 1540 年，澳门将之翻译为道咪卑利士，他是葡萄牙的药剂师。他大约于 1511 年到达印度，而后于 1512 ~ 1515 年游历马六甲和印度尼西亚等地，完成了《东方志：从红海到中国》（*Suma Oriental que trata do Mar Roxo até aos Chins*）这部关于亚洲地理、社会和经贸的巨作。1516 年，葡萄牙国王曼努埃尔向明朝正德皇帝派遣使团，皮莱资随费尔南·佩雷兹·德·安德拉德舰队去广州。1517年，他与马六甲使者、翻译火者亚三前往中国，希望与明王朝建立联系。1518 年，他获准进入广州，而后到达南京，在南京，他贿赂宠臣江彬而得到正在南巡的明武宗的接见，并跟随武宗到了北京。1521 年，武宗驾崩，中葡爆发屯门海战，明世宗下令将皮莱资押解到广州听候处置，他大约于 1524 年 5 月因病死于广州监狱。Tael 即

中国的两，一两约等于 37.5 克；德拉姆既是银币，有时又是重量单位，据刘琼告知，葡文将之写作 dracma，为八分之一盎司或药房里的 60 克——一盎司约为 28.35 克，则一个德拉姆约为 3.53 克，六个德拉姆约为 21.2 克，略超半两白银的重量，但也有称德拉姆为十六分之一盎司的，即约 1.77 克。卡兰是马六甲一带的锡钱。马欢记，"满剌加国"，"花锡有二处山坞锡场，王令头目主之。差人淘煎，铸成斗样小块输官，每块重官秤一斤八两。每一斤四两者，每十块用藤缚为小把，四十块为一大把，通市交易皆以此锡行使"。又记，"苏门答腊国"，"其国使用金钱、锡钱。其金钱番名底那儿，以七成淡金铸造，每个圆径五分，面底有文，官秤三分五厘；锡钱番名加失，凡买卖则以锡钱使用"。马欢，2005 年，第 39、47 页。费信记，"满剌加国"，"内有一山泉流溪下，民以流中淘沙取锡，煎销成块，曰斗块，每块重官秤一斤四两"。费信，1954 年，"前集"，第 20 页。卡洪又称卡汉（kahan），在孟加拉贝币体系里等于 1280 枚海贝。Buzeo 或 buzio 即葡语中的海贝。皮莱资此处枚举了印度洋和东南亚的各种货币——包括白银、海贝和锡钱——的兑换率，使我们可以一窥当时跨地区贸易的繁荣。——译注]

90. Tomé Pires, 2005, 94 – 95.（此处皮莱资谈到的孟加拉海贝明显是环纹货贝；虽然环纹货贝也在这些地区流通，但最主要的流通货币还是货贝；皮莱资的断言可能只是根据他的某次观察，并不准确。——译注）

91. Jean – Baptiste Tavernier, "The Second Part: Describing India and Isles Adjacent," *The Six Voyages of John Baptista Tavernier* (London: Printed for R. L. and M. P., 1678), e – page no. 330 (original page 23), www. biodiversitylibrary. org/item/123215 # page/330/mode/1up.（比贾布尔王朝又称 Vijayapura、Bijapur，存续时间为 1489 ~ 1686 年；果尔贡德王朝，存续时间为 1518 ~ 1687 年。两者都是德干高原上的苏丹王国，前者位于德干高原西部，后者位于德干高原东部，十七世纪末期两者先后被莫卧儿王朝征服。阿格拉是位于印度北方的城市，为莫卧儿王朝的首都，著名的泰姬陵和阿格拉堡就在此处。通过塔维尼埃谈及的桃子的价格可估算出，从海边到印度内陆中心阿格拉，海贝的价格涨了 31% 至 37.5%，这是很可观的利润。——译注）

92. Sanjay Garg, 2007, 251.

93. Thomas Bowrey, *A Geographical Account of Countries Round the Bay of Bengal, 1669 – 1679*, ed. Rechard Carnac Temple (Cambridge: Hakluyt Society, 1905), 199 – 200. [托马斯·鲍里（1659~1713年），曾经编著马来语词典。需要指出，苏尔帝国（Suri Empire）的创始人舍尔沙（Sher Shah Suri, 1486~1545年）在其短暂的七年统治（1538~1545年）中创立了金、银、铜三种金属铸币并行的货币制度，后来被莫卧儿王朝继承；金币为 10. 95 克莫哈或莫哈尔（mohur），银币为 11. 53 克卢比（rupiya），铜币为达姆（dam），15 卢比等于 1 莫哈尔，40 达姆等于 1 卢比。达姆由于币值小，有人相信它是英谚 "I don't give a damn"（我一点也不在乎）中 damn 一词的来源。另外，云南生产和出口的白铜当时已经闻名遐迩。——译注]

94. Sanjay Garg, 2007, 251.（马拉塔帝国始于 1674 年，其强盛时期统治了印度北部，吞并了莫卧儿王朝的许多领土，1818 年为东印度公司所灭。——译注）

95. Sanjay Garg, 2007, 251. [王公，即中文中的罗阇，是东南亚和南亚对本地邦国君主的称呼。——译注]

96. Gray and Bell, 2010, vol. 1, 78.

97. Gray and Bell, 2010, vol. 1, 239 – 240.（此段中的稻米不知是未脱壳的稻谷还是大米。——译注）

98. Gray and Bell, 2010, vol. 1, 309 – 320.

99. Gray and Bell, 2010, vol. 1, 315.

100. Gray and Bell, 2010, vol. 1, 239.

101. Thomas Bowrey, 1905, 179.

102. Thomas Bowrey, 1905, 200.

103. Johann Reinhold Forster, *A Voyage to the East Indies* (London: Printed by J. Davis for Vernor & Hood, & J. Cuthell, 1800), 86, https://archive.org/details/b22037202. 根据其他文献，此处应该是 3500 枚而不是 350 枚海贝换 1 卢比。[加尔默罗会，又称迦密会、圣衣会，是天主教托钵修会之一，十二世纪中叶由意大利人贝尔托德（Bertold）在加尔默罗山（Camel）创建。——译注]

104. Rhodes & Bose, 2003.（N. G. 罗德斯在十几年前访问新加坡时曾经赠给笔者这一著作，等笔者在 2018 年撰写英文书稿与他联系时，他却了无音讯，可能已经魂归道山，不禁令人唏嘘。——译注）

105. Rhodes & Bose, 2003, 10, 58. 跋湿迦罗跋摩约于公元 594～650 年在位。[伐弹那王朝，又称普西亚布蒂王朝，是公元六世纪和七世纪北印度的强国，它最后一任国王就是戒日王曷利沙伐弹那（Harsha 或 Harshavardhana），公元 606～647 年在位，在其治下，王朝达到鼎盛，故伐弹那王朝又被称为戒日王朝或曷利沙王朝，是印度历史上一个短暂却重要的王朝。——译注]

106. Rhodes & Bose, 2003, 63.

107. Rhodes & Bose, 2003, 33. （蔑戾车王朝代替跋摩王朝统治了阿萨姆。——译注）

108. Rhodes & Bose 2003, 64.

109. Rhodes & Bose 2003, 64.

110. Rhodes & Bose, 2003, 59. 阿洪姆王朝（1228～1826 年，又称阿萨姆王朝）是来自孟卯的傣族王子苏卡发（Sukaphaa）建立在阿萨姆布拉马普特拉河流域的王国，统治印度东北部近六百年，其间它成功地抵抗了莫卧儿王朝和缅甸的入侵。从 1817 年到 1826 年，缅甸趁其内乱入侵，将其变为傀儡，1826 年，它被缅甸割让给英国。

111. 所谓压力，指的是海贝的运输、储藏和清点等事务。——译注

112. Anirban Biswas, *Money and Markets from Pre-Colonial to Colonial India* （Delhi: Aakar Books, 2007），130. （巴扎，又称巴刹，指的是有遮蔽的市场。——译注）

113. Anirban Biswas, 2007, 130. [尚狄克，又称 Chandi、Candi、Chandika，印度神话中的女神，是雪山女神（Parvati）的化身，呈愤怒恐怖相，因为她疾恶如仇；她在孟加拉地区尤为流行，常常带来好运。——译注]

114. Water Hamilton, *The East-India Gazetteer*, 2nd ed. （London: Printed for Parbury, Allen and Co., 1828），vol. I, 188, 转引自 Rhodes & Bose, 2003, 62。

115. Rhodes & Bose, 2003, 62.

116. Najaf Haider, "Fractional Pieces and Non-Metallic Monies in Medieval India （1200 - 1750），" in *Money in Asia （1200 - 1900）: Small Currencies in Social and Political Contexts*, ed. Jane Kate Leonard and Ulrich Theobald （Leide and Boston: Brill, 2015），88 - 89.

117. Najaf Haider, 2015, "Fractional Pieces and Non-Metallic Monies," 101.

中国的求法僧提到了此前比哈尔的贝币，但其使用范围和程度不清。（在本书英文版出版后，笔者倾向于认为印度北部而不是孟加拉地区可能是最早使用货币的地区。——译注）

118. Najaf Haider, 2015, "Fractional Pieces and Non-Metallic Monies," 101. （乔恩普尔位于印度北方的北方邦，十四世纪至十五世纪时，此处曾建有苏丹国，即明代文献所称的沼纳朴儿。——译注）

119. Najaf Haider, 2015, "Fractional Pieces and Non - Metallic Monies," 101 - 102.

120. Najaf Haider, 2015, "Fractional Pieces and Non - Metallic Monies," 102. 派萨是一种小额铜币。（100 派萨等于 1 卢比。——译注）

121. John Marshall, *John Marshall in India Notes and Observations in Bengal 1668 - 1672*, ed. Shafaat Ahmad Khan (London: Oxford University Press, 1927), 23 - 24.

122. Najaf Haider, 2015, "Fractional Pieces and Non - Metallic Monies," 103.

123. 纳撒尼尔·布拉西·哈勒德（1751~1830 年），英国东方学者和语言学家。——译注

124. Pundit 一词来源于梵文 pandit，意思是知识的主人（knowledge owner）或博学者（learned man），指的是印度熟悉各方面知识，尤其是宗教礼仪的婆罗门学者，他们往往成为国王的顾问；从十九世纪初开始，英属印度的最高法院设立了一个叫 pundit 的职位，为英国法官提供与印度法律有关的建议。——译注

125. Nathaniel Brassey Halhed, *A Code of Gentoo Laws, or, Ordinations of the Pundits: From a Persian Translation, Made from the Original, Written in the Shanscrit Language* (London: East Indian Company, 1776), https://archive.org/details/codeofgentoolaws00halh.

126. Halhed, 1776, 105, 109 & 114.

127. Halhed, 1776, 335.

128. 英文版为 60 卢比，属计算错误。——译注

129. Halhed, 1776, 336.

130. Halhed, 1776, 339.

131. Halhed, 1776, 339.

132. Halhed, 1776, 381. （Opoo Pàtuk 指小的不敬或小的冲撞。——

译注）

133. Halhed, 1776, 385.

134. Halhed, 1776, 400. （指袭击种姓或地位比他高的人。——译注）

135. Halhed, 1776, 409.

136. Halhed, 1776, 411.

137. Halhed, 1776, 425.

138. Halhed, 1776, 437.

139. Halhed, 1776, 442. （很明显，《简图法典》中对通奸的定义与现代社会大不一样。在男权的场景下，一个女性只要不拒绝其他男人的搭讪和调戏，就可以将之看作默认或同意。——译注）

140. Frank Perlin, "Money – use in Late Pre – colonial Indian and the International Trade in Currency Media," in *The Imperial Monetary System of Mughal India*, ed. John F. Richards（New Delhi: Oxford University Press, 1987）, 241.

141. Frank Perlin, 1987, 237.

142. 普拉西战役发生于 1757 年 6 月 23 日，是英国东印度公司和法国支持下的孟加拉纳瓦布（Nawab，印度莫卧儿帝国时代副王和各省总督的称谓）西拉杰 – 乌德 – 达乌拉（Siraj-ud-Daulah, 1727 ~ 1757 年）之间的战争。西拉杰 – 乌德 – 达乌拉战败被杀，标志着英国在印度的统治开始了。——译注

143. 转引自 Thomas Bowrey, 1905, 200, footnote 1。

144. Sanjay Garg, 2007, 250 – 251.

145. Om Prakash, "On Coinage in Mughal India," *Indian Economic and Social History Review*, vol. 24, no. 4（1988）: 475 – 91; Sanjay Garg, 2007, 250. （胡格利，又称 Hooghly，是西孟加拉邦中一个临胡格利河的城市，在加尔各答北部 35 里处。——译注）

146. Sanjay Garg, 2007, 250.

147. 转引自 Sanjay Garg, 2007, 250。［约翰・霍尔维尔（1711 ~ 1798 年），外科医生，英属东印度公司的雇员，1760 年担任孟加拉邦的临时总督，他也是最早研究印度古董的欧洲人。丝卡是东印度公司发行的一种小额银币，等于 2 先令，也就是 50 分；英文版中误以为它是由莫卧儿王朝铸行的。——译注］

148. 转引自 Sanjay Garg, 2007, 250。Pund（pan 或 pun）是孟加拉的价

值单位，等于 80 枚海贝。（阿尔乔特是印度东南部泰米尔那都邦的城镇，在金奈以西不远，那里铸行的卢比因此地名被称为阿尔乔特卢比。——译注）

149. Sanjay Garg, 2007, 251. Bania，也写作 baniya、banija、vaniya、vani、vania 或 vanya，为印度的商人、银行家或放高利贷者，在孟加拉地区常指商人。

150. 转引自 Sanjay Garg, 2007, 251。（Gundee or Gunda，等于 4 枚海贝。——译注）

151. 转引自 Sanjay Garg, 2007, 252。［理查德·贝彻（1721～1780 年）是东印度公司的高级官员。——译注］

152. Debendra Bijoy Mitra, *Monetary System in the Bengal Presidency , 1757 – 1835* (Calcutta & New Delhi: K. P. Bagchi & Company, 1991), 9 – 10; Sushil Chandra De, "The Cowry Currency in India," *The Orissa Historical Research Journal*, vol. 1, no. 1 (1952): 8.

153. Sanjay Garg, 2007, 251.

154. Amiya Kumar Bagchi, "Transition from Indian to British Indian Systems of Money and Banking 1800 – 1850," *Modern Asian Studies*, vol. 19, no. 3 (1985) Special Issue: Papers Presented at the Conference on Indian Economic and Social History, Cambridge University, 505.

155. Hogendorn & Johnson, 1986, 65.

156. Deena Bandhu Paney, 1966, 129.

157. Amiya Kumar Bagchi, 1985, 504.

158. Sushil Chandra De, 1952, 8.

159. Sushil Chandra De, 1952, 9.（"Paika" 一词源于 "士兵" 一词，这群人生活在奥里萨和比哈尔，以行伍为生。——译注）

160. 有关印度贝币的消亡，可参见 Anirban Biswas, 2006, 56 – 73; 2007, 143 – 159。

161. Holden Furber, *John Company at Work : A Study of European Expansion in India in the Late Eighteenth Century* (Cambridge: Harvard University Press, 1948), 289.

162. 关于林赛的活动，可参见 Debendra Bijoy Mitra, 1991, 89 – 90; Sanjay Garg, 2007, 253 – 54。

163. Robert Lindsay, 1849, "Anecdotes of an Indian Life," 159.（布顿·鲁

斯爵士，1747～1821 年，早年是东印度公司的高级职员，回英国后任下议院议员。达卡现为孟加拉国的首都。——译注）

164. Robert Lindsay, 1849, "Anecdotes of an Indian Life," 169.

165. Robert Lindsay, 1849, "Anecdotes of an Indian Life," 169. （虽然罗伯特所说的 "the opposition coast of Malabar" 直译过来是"马拉巴尔的对岸"，即指阿拉伯半岛的东海岸，但根据上下文，他其实指的是印度半岛东岸的对面，也就是印度半岛的西岸，即马拉巴尔一带。马拉巴尔海岸是印度次大陆西南部的狭长地带，而科罗曼德海岸是印度次大陆东南部的狭长地带。罗伯特这句话的意思是说，海贝不是印度南部沿海的产物，这些地区虽然参与了海贝贸易，但都不出产海贝，也不用海贝作货币。——译注）

166. Robert Lindsay, 1849, "Anecdotes of an Indian Life," 169.

167. Pelliot, 1959, 557 - 563; Heimann, 1980, 57 - 58; Hans Ulrich Vogel, 1993, Part I, 246 - 250.

168. Hans Ulrich Vogel, 1993, Part I, 249. ［此处我们亦可稍稍注意中国僧人注意到的海贝数量。慧琳说："八十枚贝珠为一钵拏，十六钵拏为一迦利沙钵拏也。"很明显，普恩（80 枚海贝）到卡乌恩（1280 枚海贝）的模式是存在的，何况 80 包括 $4 \times 4 \times 5$ 和 $4 \times 5 \times 4$ 这两种基本模式。——译注］

169. Robert Lindsay, 1849, "Anecdotes of an Indian Life," 170.

170. Robert Lindsay, 1849, "Anecdotes of an Indian Life," 170.

171. Robert Lindsay, 1849, "Anecdotes of an Indian Life," 171.

172. Robert Lindsay, 1849, "Anecdotes of an Indian Life," 171.

173. Robert Lindsay, 1849, "Anecdotes of an Indian Life," 170 - 171.

174. Robert Lindsay, 1849, "Anecdotes of an Indian Life," 171.

175. Robert Lindsay, 1849, "Anecdotes of an Indian Life," 171.

176. Robert Lindsay, 1849, "Anecdotes of an Indian Life," 171.

177. Robert Lindsay, 1849, "Anecdotes of an Indian Life," 171 - 172.

178. Robert Lindsay, 1849, "Anecdotes of an Indian Life," 172. （Canoe 原意是独木舟，不过，考虑到上下文，这里应该指备有桨帆的小木船。此处，罗伯特身边有内奸，故意虚张声势，说是要去达卡，实际上是直奔东印度公司孟加拉省的首府加尔各答去疏通关系。——译注）

179. Robert Lindsay, 1849, "Anecdotes of an Indian Life," 172 - 173. ［法

官约翰·海德，1738～1796 年，从 1774 年至其逝世，担任孟加拉省最高法院的法官；其妻子是玛丽·西摩（Mary Seymour），为弗朗西斯·西摩爵士（Lord Francis Seymour）的女儿。——译注］

180. Robert Lindsay, 1849, "Anecdotes of an Indian Life," 174.

181. Robert Lindsay, 1849, "Anecdotes of an Indian Life," 174 – 175.

182. Robert Lindsay, 1849, "Anecdotes of an Indian Life," 175.

183. Robert Lindsay, 1849, "Anecdotes of an Indian Life," 175.

184. Robert Lindsay, 1849, "Anecdotes of an Indian Life," 175 – 176.（此处是指，得知了罗伯特的计划后，总会计师克劳夫兹先生提议东印度公司在加尔各答就如何处理锡尔赫特的海贝公开招标，这样可以利用罗伯特本人身在锡尔赫特这一不利因素，成功中标。——译注）

185. Robert Lindsay, 1849, "Anecdotes of an Indian Life," 176.（罗伯特·林赛在印度积累了大笔财富，回到英国后，他就购买了一个大庄园。——译注）

186. Frank Perlin, 1987, 241.

187. Dalgairns A. Baker, *The Theory of Money*（Cambridge：Cambridge University Press, first published in 1913, first paperback edition, 2011), 13.

# 第四章　东南亚：亚洲内部的互动

> 在庚子年（kot cai），也就是塞伽小历 842 年（s.842，1480~1481 年），清迈繁花似锦。国王提罗卡拉特（Tilokarat）命令姆恩·达姆·弗拉·孔特（Mün Dam Phra Khot）改革平河（Phing River）盆地以及其他领土上的税收制度，以黄金、白银和海贝收税，此举使得王室仓库满满。
>
> ——《清迈编年史》（The Chiang Mai Chronicle）[1]

部分由于内部经济的多样化，部分由于对外与具有不同经济制度或货币制度的地区（如中国和印度）的联系，东南亚的货币及货币史非常复杂。从公元前三世纪到公元十五世纪初，东南亚许多政权，包括王国和港口，都陆续开始使用货币，[2]可是，各地的状况千差万别。黄金、白银、铜币、锡钱、纸钞、海贝、盐块、棉布等，纷纷被不同的地区和社会采用为货币。一方面，近代之前，阿拉干、蒲甘（Pugan）、堕罗钵底、阿瑜陀耶（Ayudhya）、兰纳（Lan Na）、后吴哥时代的柬埔寨、越南、亚奇（Aceh）、苏木都拉－八昔（Samudra－Pase）以及爪哇中部和东部，都有自己的"国家"货币；另一方面，虽然"各国"货币均以金银为基础，但各铸其币。与此同时，在山区社会，以货易货一直持续到二十世纪。因此，虽然东南亚具有悠久的铸币传统，但从公元前三世纪到十五世纪早期，其货币化过程"既非始终如一也非连续"。[3]整个货币化过程虽然持续了一千八百年，却没有一种通用的货币产生，更不必说一个统一的货币体系了。东南亚货币和货币化进程的复杂性，一方面体现了本地区活力四射的经济交流，另一方面也挑战了以回溯性的角度把历史上的东南亚看作一个单一的经济体这样的观点，因此更值得我们注意。

总的来说，早期在中南半岛，贝币和金币、银币（也许还有铜币）鼎足而立，构成了在相当大的区域内运行的货币制度的基础。早在青铜时代，海贝已经进入中南半岛的呵叻高原（Khorat Plateau，也称呵叻盆地）。呵叻高原位于泰国东北部依善地区（Isan），此名得自历史上的重镇那空叻差是玛（Nakhon Ratchasima，即大众所称的 Korat）的缩写形式，后者是控制和进入本地区的必经之地。[4]从公元前2000年至公元前500年，蒙河（Mun River）、锡河（Chi River）和颂堪河（Songkhram River）三条河流孕育下的山谷居民，用山区出产的铜、锡、石材去交换从海边而来的海贝饰品。[5]在老挝高地的班昂（Ban Ang）以及其他地区发现的陪葬物品当中，就有玻璃珠、肉红石髓珠（carnelian beads）、来自海滨的海贝、青铜络、青铜铃和青铜手镯，以及铁刀、铁箭头和铁矛。[6]再往北，到了中国云南，许多遗址中发现了大量公元前1000年前后的海贝（第五章将会讨论这个问题）。

本章介绍东南亚某些社会中贝币的流通和使用情况。首先，根据泰文碑铭、《清迈编年史》和《孟莱王法典》（*The*

*Laws of King Mengrai*)，笔者一一讨论了位于今天泰国境内的暹罗（Siam）和兰纳王国的贝币状况，这也是中南半岛最主要的贝币区域。然后，笔者综合中西方文献，力图勾勒出东南亚贝币的轮廓，虽然很多文献都简略地提到下缅甸的勃固使用了贝币，但遗憾的是，此地既没有文献遗存可以提供详细情况，也没有考古发现可以填补空白。无论如何，中南半岛使用贝币的一千多年的历史，体现了印度洋至深至远的影响，也对研究东南亚历史、印度洋世界乃至亚洲互动不无启发。

## 泰文碑铭中的贝币

根据罗伯特·威克斯的说法，以海贝为交换媒介和价值尺度的主要地区大致是从印度东北部开始，沿着恒河河谷和布拉马普特拉河河谷到泰国的昭披耶河盆地（Chao Phraya basin）。[7]与这一地带毗邻的许多社会也把海贝作为辅助货币。[8]安东尼·瑞德根据相关文献得出结论：在公元 1400～1800 年的暹罗和下缅甸，海贝是"方便的小额面值货币的替代品"。[9]可是，位于中国西南的南诏王国在九世纪或十世纪就使用了贝币，这个事实表明，至少在这个时期之前，上述的东南亚地区应当已经开始使用贝币。

令人遗憾的是，目前没有多少考古发现可以用来重构东南亚的贝币情况，不过幸运的是，很多泰文碑铭记载了贝币在泰国一直被使用到十九世纪末的历程。[10]十三世纪末，今天的泰国北方地区出现了三个政权：拉玛甘亨（Ramkhamhaeng）统治的素可泰王国（Sukhothai）、庵明（Ngan Muang）统治的帕尧王国（Phayao）以及孟莱王（Mangrai 或 Mengrai）统治了将近六十年的兰纳王国。泰人留下的各种碑刻表明，海贝作为货币流行于这个泰人世界。

拉玛甘亨的素可泰王国扩张迅猛，不过，在 1298 年拉玛甘亨去世后，这个王国逐渐分崩离析。虽然只存在了一百零八年（1292～1400 年），但素可泰是泰国历史上极其重要的朝代，而且留下了许多碑刻铭文，其中部分揭示了贝币在泰人的货币体系中的中心作用。拉玛甘亨刻于 1292 年的一篇铭文记载：

> 雨季结束时他们举行了供衣僧节（Kathina ceremonies），人们用成堆的海贝、成堆的槟榔、成堆的鲜花，以及坐垫和枕头来庆祝，这场庆祝持续了一个月。每年供衣僧节他们敬献（僧人）的礼物（达到）200 万。[11]

200 万指的是海贝的数量，也就是说，每年僧人在供衣僧节上获赠的礼物的价值约等于 200 万枚海贝。显然，海贝不仅是奉献给僧人的珍贵物品，而且是价值尺度。

1399 年的另一篇碑文记载了类似的情景。碑文记载，某个女施主捐赠了价值 20 亿枚海贝的土地，同时"购买了价值为 500 万"枚海贝的花园，还捐赠了 20 亿枚海贝。[12] 在此碑文中，海贝不仅是财富的象征，而且是支付手段，被直接用来购买花园。不过，上述关于海贝的三个数字，如果没有记错的话，或许体现了贝币的贬值，[13] 因为 20 亿这个数字实在超出了人们的清点能力，超出了其他交易中的海贝数量。或许，在这次交易中，海贝只是账簿货币，就如十九世纪西非一些地区的情况？

第三块碑刻的时期在 1398 ~ 1419 年，它在素可达耶（Sukhodaya）[14] 的古城墙附近被发现。这篇碑文是为了纪念十四世纪末一个做了许多功德的寡妇：[15]

> 我们和我们的亲戚，满腹虔诚，奉上砖块（以建）佛祖雕像的基座；我们为表示敬意，将（价值）6 万（枚海贝的一块布）覆盖在基座上，然后举行了一个上供仪式，献上了五朵银花和金花；此后我们在家里又举行了一个仪式，还为我们的孩子举行了另一个仪式。随后我们倾听了布道（Mahājāti）。

在她丈夫死后——

> 我奉献了一盏油灯，（花费了）8 万（枚海贝）；我满怀虔诚，买了黄金给讲台镀金……我全力支持我的儿子大长老（Mahāthera），会提供 6 万枚海贝，全力支持他的苦修，从他开始修行到他成为僧人；在摩诃达摩罗阇（Mahādharmarājā，即大法王）进城时，我花了 8412 万（枚海贝）买了一块稻田用作果园，种上了槟榔，并把这块地奉献给佛祖。[16]

这位未亡人不断捐赠，其虔诚十分感人，而类似的行为在泰人社会很常见。1339 年的一块碑刻，也就是"目前所知的素可达耶第二古老的碑刻"，是当地国王因"纪念一批捐献者"为寺庙的方丈而立的。在捐赠的各种礼物当中，有"86 万枚"海贝。[17] 这些向僧伽（Sangha）和寺庙的捐赠进一步证明了海贝是财富的象征，承担着价值尺度和支付的功能。

海贝也被用来支付罚款。同时期素可泰的一块碑文记载："如果某人违规扣留奴隶超过三天，每超过一天（最多五天）他将被罚1.1万（枚海贝），到最后一天时，这些天（八天）的罚款合计为5.5万（枚海贝）。"[18]上述例子都提到日常交易中海贝数量巨大；由此可推断，当时有数量庞大的海贝从印度洋输入泰人世界。除了碑刻以外，贝币的角色也可以从当时的泰文文献，如《清迈编年史》以及兰纳王国（首都为清迈）孟莱王制定的法典中找到。

## 《清迈编年史》中的贝币

《清迈编年史》记载了一个颇为有趣的故事。素可泰的国王汝昂（Ruang，即拉玛甘亨）和庵明的一个妻子有染，孟莱王就劝说拉玛甘亨向庵明道歉，并赔偿海贝99万枚。《清迈编年史》中说："孟莱王让汝昂请求庵明的原谅，并支付庵明9 rung 9 ruang 海贝，也就是泰语中的99万枚海贝。"[19]三个国王见面之后，汝昂的一个随从便"带来了9 lung 9 luang 的海贝，也就是99万枚海贝，给庵明作为赔偿"；这样，这两个国王"情好胜初"。[20]

孟莱王是兰纳王国最伟大的国王，他不遗余力地赞助佛教的传播。他曾为干通寺（Wat Kan Thom）"安排各种事情"，包括划定——

一块土地，其新年稻米田租（kha na）62万枚海贝被当作托钵的花费；一块在湄曾（Mæ Cæm）的土地，其（田租）50万枚海贝被当作食物的花费；一块在蔡昌

（Chæ Chang）的土地，其（田租）50 万枚海贝被当作僧
人槟榔的花费。[21]

孟莱王的安排可谓周详，而海贝作为价值尺度，其价值也一目
了然。

1296 年 10 月，孟莱王准备发动一场袭击，他"下令敲响
集合的鼓声，以召集所有的士兵，而且给士兵发放了海贝和白
银作为奖赏"[22]。有意思的是，这句话把"海贝"放在了"白
银"的前面，这难道是在暗示海贝作为当地的通用货币，甚
至比白银更加普及了吗？看起来，清迈已经建成了至少是海贝
和白银并行的双重货币制度。

1400 年，桑恩·姆昂·玛（Sæn Müang Ma）成为兰纳国
王，他同样进行了许多布施。他"铸造了尸弃佛（Cao Sikkhi
Buddha）之像，将之置于干通寺之中；同时捐献了土地作为
佛像之稻米，（价值）10 万枚海贝；又捐献 10 万枚海贝给佛
像之信徒"。[23]

大约在 1480~1481 年，国王提罗卡拉特"命令姆恩·达
姆·弗拉·孔特改革平河盆地以及其他领土上的税收制度，以
黄金、白银和海贝收税，此举使得王室仓库满满"[24]。

十八世纪中叶，由于缅甸占据了清迈，清迈爆发动乱，起
事者不但要驱逐缅人出清迈，还"派武士去拉康（Lakhòn）
剧团勒索海贝和白银"[25]。由此可见，海贝和白银一样，都是
财富的象征，而且都是流通的货币。

在《清迈编年史》当中，海贝用来买、捐、回赠以及支
付税金和赔偿。海贝总是被与黄金，尤其是白银相提并论，它
作为价值尺度及支付手段起到了货币的作用。这种习俗流行于

各地泰人社会，长达几个世纪，甚至更久。在小额交易中，他们将海贝（泰文为 bia）作为小面额货币，将银条［如子弹钱（Pod Duang Money）］作为大面额货币，后者在十三世纪到十五世纪的素可泰王国颇为流行。[26] Pod Duang 是一种弯曲或折叠的银条，它被敲打成形，并刻上国王的记号。在外人看来，Pod Duang 呈圆形，就像老式的子弹头，所以它被称为"子弹钱"或"子弹币"。《皇朝文献通考》记，"暹罗"云："其交易以海贝代钱，是年不用贝则国必大疫。官民有银不得私用，皆送王所，委官倾泻成珠，用铁印印文其上。"这清楚地阐述了子弹币的铸行。[27] 泰国学者认为，泰人社会的海贝是从马尔代夫和菲律宾运来的，所以这里有八种类别的 bia：Bia Plong、Bia Kaa、Bia Chan、Bia Nang、Bia Moo、Bia Pong Lom、Bia Bua 和 Bia Tum。[28] 它们的大小和形状有所差别，但价值一样。其中的 Bia Chan 就是印度和西非那种货贝。[29] 海贝与子弹钱的兑换率时高时低，由输入和流通的海贝数量决定。海贝作为小额货币，被泰人日常使用，他们对之非常熟悉。因此，泰语中带"bia"的表达一般都和海贝有关。[30]

《清迈编年史》对泰人社会中的贝币有相当清晰的记录。而孟莱王制定的《孟莱王法典》，要比前者早至少两百年，是关于中南半岛贝币历史的宝贵的非汉文材料，值得关注。

## 《孟莱王法典》中的贝币

兰纳王国位于今天的泰国北部地区，由孟莱王创立。孟莱王（1238～1317 年，在位时间为 1292～1311 年）最初是恩央王国（Ngoenyang）的国王，后来征服了孟人（the Mon），建立了位于现在南奔（Lamphun）的骇黎朋猜王国（Hariphunchai），修建了清迈城，以其为首府，开创了兰纳王国。[31] 在位期间，孟莱王颁布了不少法令，目的是重建秩序，而非压制社会。[32] 在这部后来编纂的法典中，海贝时常出现，有关条文如下。

第四条 "性冒犯"："如果他抓住某个女性的乳房，而此女不情愿，他将会被罚款 22000 枚海贝，相当于 21 片白银。如果他从她的衣服里面抓住她的乳房，他将会被罚 11000 枚海贝。"[33]

第五条 "人的价值和侵犯"："伤口无论大小，如果有出血，（罚款）522" 片白银；"如果只有淤青，332" 片白银；"如果只是疼，1000 枚海贝"。

第六条 "辱骂"："如果某人被辱骂，他也回嘴辱骂了，而辱骂毫无理由，（第一个）骂人者罚 33000 枚海贝，11000 枚罚上嘴唇，11000 枚罚下嘴唇，11000 枚罚舌头。这是关于辱骂的（规定）。"

第七条 "偷窃"：若偷窃动物——

一只鸡（赔偿）1100 枚海贝；一只鸭 150 枚海贝；一只鹅 300 枚海贝。如果（被盗）动物价值低于 10000 枚海贝，罚款是其价值的七倍；如果动物价值超过 10000 枚海贝，则罚款是其价值的四倍。

如果没有柄的渔网被偷，罚款是 10000（枚海贝）或者渔网价值的四倍；如果渔网有柄，（罚款是）10000（枚海贝）或者渔网价值的九倍。如果是价值为 330（枚海贝）的鱼篓和网，则罚款为其九倍。

如果价值为 3000（枚海贝）的没有金属配件的犁和耙被偷，则罚款为其三倍。

如果一匹价值为 330（枚海贝）的马（被偷），则罚款为其四倍，也就是 1300 枚海贝。如果母牛或健康的水牛被偷，罚款同上。一只值 110 枚海贝的猫（被偷），罚款为其九倍。一只普通的狗（被偷，罚款）为 2 片白银。偷狗的罚款根据狗的价值可以多至 110 片白银。

第八条"祭祀用品的损坏"：

凡打破给神灵盛酒的容器，罚款 33000 枚海贝；如果容器没有被打破，可是有村民死了，肇事者必须支付葬礼的费用，或者向家属支付赔偿（wergild），他还必须支付把尸体运出村庄的费用。

如果砍击因陀罗神柱（inthakhin pillar），罚款 330 枚海贝。[34]

第九条"盗窃"：

凡盗窃捕鸟网或捕其他动物的陷阱，必须赔偿全部损失，并支付罚款 33000 枚海贝。

凡盗窃牛车的轭，必须赔偿全部损失，并支付罚款 13000 枚海贝；凡盗窃柴火，或带柄的铲和锄头，罚款 13000 枚或九倍于其价值的海贝。

第十条"损坏"："凡砍伐房屋的篱笆或城市（？）的篱笆（罚款）33000 枚海贝。"

第十三条"越界侵犯"：

如果池塘或其他某水域是用来养殖的，却有人去偷鱼，罚款 11000（枚）或者四倍于（盗窃物价值）的海贝；如果蓄养的蜜蜂或者其他产蜜的昆虫被偷，每个蜂巢罚款 1 片白银；凡地面爬行的藤蔓被砍，每根罚款 1000枚海贝。

第十四条"盗窃衣物"："凡盗窃衣、棉布或有价值的白布，必须赔偿损失并罚款 11000 枚海贝。"

第十六条"盗窃"：

凡海贝或槟榔被盗，前者以千为单位计算，后者以头（head）为单位计算，返款为（其价值）的九倍。如果1000 串（每串为 1000 枚海贝）或 100 串（被盗），罚款为其价值的两倍。

如果某人偷别人田里的水到自己的田里，则必须向水的主人送上鸡和猪若干。如果肇事者拒绝，则罚款 33000（枚海贝）。

第十七条"损害"：

如果水牛或黄牛吃了稻田中的新苗，每株水稻罚款11000 枚海贝。如果双方同意无须赔偿，则必须为水稻举办一种仪式，召唤稻米之克万（khwan）。[35]

如果公牛或水牛吃了已经移植的秧苗，（这个动物的）主人必须补栽新的秧苗来代替被损害的秧苗。如果他找不到新的秧苗，每株秧苗他需要赔偿 51 枚海贝。如果吃秧苗的牛有牛倌，每株秧苗牛倌需要赔偿 110 枚海贝。此处指的是刚插不久的水稻。如果生长中的水稻被吃，每株罚款 100 枚海贝；如果有牛倌，每株罚款 200 枚海贝。如果水稻已经成熟，偷吃的牛没有牛倌看管，（每株）罚款 300 枚海贝；如果有牛倌看管，每株罚款为其九倍。

第二十二条"婚姻"：

如果某男和某女恋爱，但女方父母不同意，男方则不能成为未婚夫；如果女方父母同意，女方本人也同意，他可以成为未婚夫；如果女方父母同意，但女方不同意，而且跑到了其他人的家里，女方父母必须返还订婚的礼物——11000 枚海贝；如果女方同意，而且女方父母也把她交给（丈夫），但女方却跑到别人的家里，（女方父母）必须返还两倍的订婚礼物；如果已经订婚，但女方本人不同意，而且逃跑了，订婚礼物可以不归还，如果订婚还给了钱，钱必须归还。

第二十七条"盗窃"：

偷公鸡，赔偿 400 枚海贝；偷母鸡，（赔偿）1000 枚海贝并被处以九倍罚款。

偷刀，每把罚款 3300 枚海贝；偷研钵和杵，罚款 200 枚海贝；如果只偷了研钵，罚款 660 枚海贝。

第三十三条"盗窃"：水牛被偷，"如果肚子里有小牛，（赔偿）11000 枚海贝，并处以九倍罚款"；狗被偷，"普通的狗价值为 3000 枚海贝，罚款为其九倍"。

第三十五条"盗窃"："大象或马被偷，33000 枚海贝（此处当指归还大象或马之后的罚款，而非赔偿）。"

第四十九条"殴妻"：

> 如果一个村民殴打他的妻子，而妻子跑到头人家，如果在头人那里村民追赶她并继续殴打她，则对他处以 22000 枚海贝的罚款。
>
> 如果头人殴打妻子，妻子逃到村民的家里，如果头人追到村民家里继续殴打她，则对头人处以 33000 枚海贝的罚款。

第五十一条"次序与责任"：

> 无论行军、坐下、躺倒还是步行，骑马的官兵必须给骑象的官兵让路；步兵必须给骑兵让路，士兵必须给军官让路。
>
> 普通的送信人要给王公的送信人让路，普通的步兵要给商人、王公的奴仆和背草的人让路。
>
> 如果因步兵不让路而发生冲撞，而且步兵殴打背着东西的人，处以步兵 11000 枚海贝的罚款。后者身负货物，而步兵不过是在行走而已，因此步兵需要对发生冲撞负责，理应受罚。如果步兵抓住背物者的胳膊，打了一次、两次、三次，如果背物者没有出血，但是有淤青，皮肤也

没有破，而且只是不舒服了一天，（对步兵）处以 11000 枚海贝的罚款。[36]

上引法律条文生动地证明了，海贝和白银一样可以用来支付违法犯罪的赔偿和罚款，这和后来印度的《简图法典》几乎一模一样。如生产、狩猎、打鱼的工具，家养和森林里的动物，野生动植物，祭祀用品，人们的财产（如水、钱、衣物和奴仆）等各样东西的价值都可以用海贝来衡量，这再次表明海贝是价值尺度。同时，条文也告诉我们，海贝与白银的兑换率为 110 枚海贝等于 1 片白银。在兰纳王国，110 枚海贝"价值为重 1.2 克的白银"。[37] 参考其他各种各样的证据，毋庸置疑，海贝在兰纳王国是一种货币，一些考古发现也可以佐证之。在素可泰的老城区发现了大量海贝，但没有发现金属钱币，因此可以推断，海贝在泰人的经济和社会中发挥了重要作用。

可以将《孟莱王法典》与提到明代云南贝币的中文文献进行比较和对照。孟莱王的时代比明朝要早一个甲子，时间与元朝的忽必烈时期有重合，比 1254 年忽必烈占领大理国晚了近半个世纪。因此，《孟莱王法典》这一泰文文献比明代的中文文献更早出现，它是对关于中南半岛贝币情况的元代材料的补充，其价值不可忽视。

## 从暹罗到云南

总体而言，关于印度和东南亚的贝币，中文文献和非中文文献的记载几乎全部吻合。而其中相当多的文献都简略提到了暹罗和云南的联系，显示了这两个邻居之间密切的贸易和文化交流。从十三世纪到十六世纪，赵汝适、汪大渊、马欢、巩珍、费信和黄省曾等人都记录了东南亚使用贝币的情况，特别是在他们提到云南地区与东南亚以及印度洋的联系时。此外他们的描述呈现出越来越详细的趋势。十四世纪初，汪大渊在谈到"天堂"（麦加）时说："云南有路可通，一年之上可至其地。西洋亦有路通。"[38]他给出了从云南经过中南半岛和印度洋抵达阿拉伯半岛这条通道的轮廓。十五世纪初的马欢留给了我们更多细节，他详述了暹罗和云南之间的通路：

> 国之西北去二百余里，有一市镇名上水，可通云南后门。此处有番人五、六百家，诸色番货皆有卖者。红马厮肯的石亦有卖者，此石次于红雅姑石，明净如石榴子一般。中国宝船到暹罗，亦用小船去做买卖。[39]

十六世纪的黄省曾几乎原样复述了马欢的记录。他说："国之西北可二百里，有市曰上水，居者五百余户，百货咸集，可通云南之后。"[40]看起来暹罗和云南之间的通道是海贝从东南亚到中国西南边疆的重要线路，因此伯希和指出，云南的海贝可能来自暹罗。[41]

那么，上水究竟在哪里？有很多对上水的确切地理位置的猜测，包括在彭世洛（Phitsanulok）、清迈、室塞察那莱（Sri Satchanalai）和素可泰（早期中文文献称"速孤底"）。[42]华裔泰国学者黎道纲对这个问题颇有研究。他钻研中文和泰文的材料，考察相关地方的地理环境，指出上水应当位于暹罗王国和素可泰王国的领土之外；他认为，上水是位于目前猜纳省（Chai Nat）南部汕武里（Sankhaburi）的一个古城。[43]猜纳位于泰国中部，坐落在昭披耶河流域的平原上。

根据马欢的记载，中国宝船停靠暹罗时，派了小船前去上水贸易。由此可得出两个结论：第一，上水距阿瑜陀耶不远；第二，一定有河流连通上水。考虑到这些情况，黎道纲的结论令人信服，因为猜纳距离阿瑜陀耶不过120公里，而且有水路可达，而前述的其他地点或离阿瑜陀耶太远，或水路不通。

兰纳王国位于暹罗和云南之间，成为两者的桥梁。实际上，兰纳王国和云南南部（如西双版纳的傣族地区）有着极其密切的联系。贸易、族群、政治的交流以及联姻不仅在民间传说中经常被提到，也被各种文献和考古发现证实。以孟莱王为例，他是恩央王国国王老孟和景龙（Chiang Rung，即云南的景洪）公主的儿子，他还抵抗了蒙古军队在1301年和1312年的两次进犯。以这种地区间和跨地区的文化交流为基础，一个囊括了部分东南亚地区的贝币世界就诞生了，这得到了当时中外旅行家的见证。

## 托梅·皮莱资笔下的贝币

在十五世纪以前的东南亚，物物交换依然占据统治地位。白银和黄金这样的珍贵金属"常常作为价值尺度。有时，稻米、布匹或者进口的海贝发挥同样的功能"[44]。东南亚使用贝币是从其邻居，也就是孟加拉和阿萨姆那里传播过来的。当阿拉伯和欧洲的旅行者经过印度抵达东南亚时，他们立刻就发现了这两个地区间的货币联系。

下缅甸应当是从孟加拉和阿萨姆而来的贝币的第一个停靠点。公元851年，从波斯湾来的阿拉伯旅行家苏莱曼注意到了下缅甸的贝币。他说，"人们用海贝交易，后者是他们的货币"；那里有"犀牛，也就是那种前额长着一根角的动物，犀牛角里有人影"。他补充说，虽然犀牛角其他地方也有，但——

> 这里的角更漂亮，通常有着人、孔雀、鱼或其他东西的影子。中国人以犀牛角为配饰做腰带，其价值不菲，根据影子美丽与否，最高要3000～4000第纳尔，甚至更多。这里的犀牛角用海贝购买。[45]

苏莱曼在九世纪下半叶提到了下缅甸的贝币，这并不值得惊奇，因为孟加拉地区可是在四五百年前就使用贝币了。虽然苏莱曼没有提到谁是犀牛角的购买者，但他特意提到了中国人用犀牛角做腰带，因此，中国人应该是主要的购买者或消费者。那么，这些中国人是谁呢？九世纪正是海上丝绸之路繁荣兴旺的时代，他们是否来自中国南方，经海上丝路抵达下缅甸？或者这些中国人是从位于中国西南边疆的南诏南下的商人？我们知道，南诏是中南半岛北部一个强大的政权，一度将骠国（Pyu）置于其下。遗憾的是，由于缺乏考古和文献材料，我们只能留下这些难以证实的猜想。

孟人在下缅甸建立的勃固是一个面对马达班湾（Gulf of Martaban，也就是孟加拉湾的一个小凹口）的城市群。前已提及，不少文献都曾提到海贝被从马尔代夫运到勃固（和暹罗），而后作为货币使用。可惜的是，关于勃固（和下缅甸）的贝币情况，目前几乎没有直接的材料，学者可谓对此几乎一无所知。马可·波罗到云南和缅甸时提到了榜葛剌（Bangala）。[46]"Bangala"一词的发音让我们联想到印度次大陆的孟加拉地区，中文文献就称其为"榜葛剌"或"朋家拉"；而孟加拉是最早使用贝币的地区，那么看来马可·波罗的"Bangala"就是孟加拉地区了。其实不然，亨利·玉尔（Henry Yule）经过仔细分析，谨慎地提醒说，马可·波罗并没有到达孟加拉地区，马可·波罗提到的"Bangala"实际上是勃固。[47]玉尔无疑是正确的。

托梅·皮莱资晚了马可·波罗两个多世纪，于1511年到达印度，他看到了在孟加拉地区和东南亚港口流通的贝币。[48]皮莱资提到在阿拉干和勃固，白色的海贝被用作货币，并提供了许多很有价值的细节。[49]他说：

> 勃固的小钱就是小巧的白色的海贝。在马达班，大约15000枚等于1维卡（vica），也就是10卡兰；便宜的时候需要16000枚，贵的时候只要14000枚，一般而言是15000枚。1卡兰等于1500枚。大约400～500（枚海贝），他们会给一只鸡，或者同样价值的其他东西。在勃固，只有在马达班，海贝和在阿拉干一样有效用，在其他地区海贝没有效用。[50]

他又说："海贝从马尔代夫群岛而来，那里的人们生产大量毛巾，它们（指海贝）也来自巴冈阿（Bagangā）的岛屿和婆罗洲（Burney）。人们先把它们运到马六甲，然后再运到勃固。"[51]值得注意的是，勃固的海贝绝大多数是从印度洋进口，而"大量的白银则从勃固运往孟加拉，因为白银在那里价格更高"。[52]这是因为云南地区和缅甸交界处是传统的产银区，白银从那里流往亚欧大陆各地。

在暹罗，海贝"如同在勃固一样，在全国都是小额货币，金币和银币则是大额的钱币。海贝的价格和我们所说的在勃固的价格一样"[53]。

> 暹罗王国在勃固这一侧有三个港口，在彭亨（Pahang）和占婆（Champa）一侧则有无数港口。它们属于我们所说的王国，而臣属于暹罗国王。暹罗土地辽阔，物产丰富，城市众多，人口繁茂，有很多本地的王公，也有许多外国商人。外国人中最多的是中国人，因为暹罗和中国有大量贸易往来。[54]

皮莱资当然也注意到了暹罗同印度洋的贸易。"暹罗的丹那沙林（Tenaaserim）和八昔（Pase）、佩蒂尔（Pedir）、吉打（Kedah）、佩杜（Pedu）及孟加拉做买卖；古吉拉特人每年都要光临暹罗的港口。暹罗人对内对外的贸易都很便利、发达。"[55]皮莱资也提到，和勃固一样，马六甲也为暹罗供应白色海贝。[56]

皮莱资关于泰人使用贝币的记录可以与《清迈编年史》、《孟莱王法典》以及暹罗的碑铭相互佐证。这些材料都证实了贝币在泰人社会中的多种作用：作为价值尺度、用于宗教供奉、支付罚款，当然还有购买货物或服务。而且，贝币不仅仅被用来购买布匹、油灯等便宜的货物，也被用来支付涉及土地买卖的大额交易。贝币在泰国的流通一直持续到19世纪下半叶。1687～1688年，法国外交家拉·鲁贝尔（La Loubère）在暹罗见证了贝币的使用情况，其兑换率为6400枚海贝换1提克尔（tical）银币［1688年热尔韦斯（Gervaise）证实了这一点］；据说这个兑换率一直持续到1822年。[57]此后的数十年，贝币经历了急剧贬值，有材料记载，1 提克尔银币可以换8000～9600 枚海贝，还有一份材料说可以换到 17700 枚（海贝）。[58] 迟至 1872 年，马滕斯（Martens）注意到暹罗市场上的环纹货贝。[59] 至于暹罗海贝的来源，中文文献一般说它们来自马尔代夫；皮莱资提到了婆罗洲，拉·鲁贝尔和其他一些西方人说菲律宾和摩鹿加群岛也提供了少量海贝。[60] 伯希和则指出，自菲律宾来的海贝其实是环纹货贝。[61]

暹罗以东的货币情形大不一样，因为柬埔寨和交趾支那（Cochin China）都不使用贝币，[62] 中国的铜钱在这些地区占据统治地位。在柬埔寨，"中国来的制钱被用作小额货币，而在贸易中（使用）金和银"[63]。在交趾支那，"他们用来买食物的是从中国来的制钱，商人则用金银"[64]。同样，在东南亚地区的爪哇，当地人"将中国来的制钱"作为小额货币。[65]

至于马来半岛，那里的货币习俗受到缅甸和泰国的影响。在公元初的几个世纪里，白银（可能还有海贝）在七世纪的卡拉赫（Kalāh）被用作货币，正如在大陆所见的趋势。[66] 可是，这种趋势在十一世纪之后，由于室利佛逝王国的兴盛和影响，被海岛模式取代。[67]

虽然历史文献对于中南半岛的缅甸几乎只字未提，但骠国可能进口了海贝，因为在毗湿奴城（Beikthano）曾发现海贝。而老挝这个内陆国家也被发现在十七世纪时使用过贝币。[68] 这并不难理解，因为与老挝相邻的兰纳王国早就使用贝币了。

综上所述，皮莱资的观察为我们呈现了一幅孟加拉湾附近的贝币地图。源于马尔代夫的贝币被运到了孟加拉地区，在那里，海贝成为小面额的货币；由于和孟加拉密切的商业联系，东南亚沿海的阿拉干、勃固和暹罗也加入这个贝币体系。暹罗以东的国家和地区则青睐从中国来的铜钱，而没有使用贝币。至于东南亚海岛，皮莱资提到马六甲转口、输出白色海贝到暹罗，但马六甲或其他地区并不使用贝币。很可惜，我们无法追踪这些白色海贝的踪迹。不过，其中的一部分或许抵达了东南亚海域的其他地方、琉球群岛以及中国。

毫不奇怪，近代西方人观察到的贝币的情况和马可·波罗的记录基本是一致的。这个富有传奇色彩的威尼斯人提到勃固、罗斛（Lochac）和东京（Caugigu，今河内地区）使用海贝作货币。[69]虽然没有其他人提到东京的贝币，但那里或许是将海贝运往中国途中的停靠站。更重要的是，根据伯希和的研究，马可·波罗是第一个记载暹罗贝币的人。[70]实际上，元明时期的中国人就已经大致证实了马可·波罗的话。

## 中文文献的记录

通过中文文献和非中文文献的相互印证，我们大致可以勾勒出从早期到十七世纪东南亚地区的贝币使用情况。在《马可·波罗笺注》（*Notes on Marco Polo*）中，渊博的伯希和以其无人可比的对各种文献（包括中文的）的掌握，分析了海贝在各地的使用情况，而且对之提出了很多深刻见解。[71]傅汉斯在研究九世纪到十七世纪云南的贝币时，挖掘、整理了中文文献，追溯云南的海贝至东南亚和南亚的港口和国家。[72]实际上，唐宋以后，中国前往印度或东南亚的商人、僧人曾经到过使用贝币的地区，亲眼见过贝币，甚至还有可能用过贝币。

自唐代海上丝路逐渐稳定并开始繁荣以后，中国人便开始注意到了东南亚、南亚以及西域的海贝。《旧唐书》和《新唐书》都直接说"中天竺"，"以齿贝为货"。[73]宋代赵汝适的

《诸蕃志》中记载，天竺"岁与大秦、扶南贸易，以齿贝为货"，大秦泛指东罗马帝国的西亚部分，扶南位于中南半岛南部滨海地区。[74]而关于东南亚海贝最全面的记载，莫过于十四世纪汪大渊的《岛夷志略》了。

　　汪大渊记录了他到过的许多东南亚和印度洋一带的国家、地区、港口的贝币使用情况。在罗斛，汪大渊记载："法以趴子代钱，流通行使，每一万准中统钞二十四两，甚便民。"中统钞是元代发行的纸钞，也就是说，10000 枚海贝相当于元代发行的中统钞 24 两。[75]学者们同意罗斛位于现湄南河下游地区的华富里（Lophuri）。[76]马可·波罗曾经提到罗斛来的海贝在其他各处流通。[77]

　　伯希和对汪大渊记载的海贝与中统钞的兑换率进行了细致探讨。他指出，中统钞兑换成白银，实际不过其面值的十分之一，因此 10000 枚海贝可以兑换白银 2.4 两，即大约 4000 枚海贝等于 1 两白银。[78]另一则文献指出，在 1368 年前后，云南海贝与白银的兑换比为 8000∶1。[79]如此说来，汪大渊的记录或许有误，因为海贝在暹罗的价格反而是在云南的两倍。实际上，考虑到运输成本和货币的流向，海贝"在暹罗应该便宜得多"。伯希和对此也做了一些推测，这或许是因为白银在暹罗太过稀缺。[80]

　　从罗斛往西，到了暹罗，那里的"男女衣着与罗斛同。仍以趴子权钱使用"[81]。汪大渊用了"仍"字，表示他知道暹罗在他到来之前相当长的时间内都在使用贝币，正如马可·波罗所见。汪大渊说，在位于马来半岛北部的针路（Mergui，目前属于缅甸），"趴子通暹准钱使用"[82]。在北溜，也就是马尔代夫，"海商每将一舶趴子下乌爹、朋加剌，必互易米一船有

余。盖彼番以趴子权钱用，亦久远之食法也"，则勃固（乌
爹）和孟加拉是将海贝当作钱用。而马尔代夫的一船海贝可
以换米一船有余，实在是天赐宝物。[83]在乌爹，"每个银钱重二
钱八分，准中统钞一十两，易趴子计一万一千五百二十有余，
折钱使用。以二百五十趴子籴一尖箩熟米，折官斗有一斗六
升。每钱收趴子可得四十六箩米，通计七十三斗六升，可供二
人一岁之食有余"，则当地每个银币重二钱八分，等于中统钞
10两，可以换11520枚海贝；而250枚海贝就可以买一尖箩
熟米（折合官斗一斗六升），那么，每个银币可以买46尖，也
就是73.6斗箩熟米，这是足以供给两人一年消费的粮食。[84]汪
大渊关于勃固贝币的记录和其他人对孟加拉和勃固的描述是相
符的，这表明了贝币在这些地区流通的一致性和持续性。

1405～1433年，郑和七次下西洋，途经东南亚、孟加拉
湾，到了阿拉伯海、红海和非洲东海岸，留下了许多珍贵史
料。在郑和宝船上的马欢、费信和巩珍，或当翻译，或为军
士，或为文书，各自书写编纂了一部著作。马欢的《瀛涯胜
览》公认原创性最强、最有价值。他提到在"暹罗国"，"海
趴当钱使用，不使金银铜钱"。[85]当然，马欢知道暹罗和孟加拉
的海贝都来自马尔代夫（溜山国），费信和巩珍的记录也大致
如此。费信记载暹罗道："俗以海趴代钱通行，于市每一万个
准中统钞二十贯。"[86]巩珍说，暹罗国"交易以海肥当钱使"，
这和马欢所说完全一样。[87]

黄省曾的《西洋朝贡典录》记载，在暹罗国，"其交易以
金银、以钱、以海趴"。[88]明末的张燮（1574～1640年）在十
七世纪第一个十年编纂了《东西洋考》，继续传播了贝币知
识。他说，暹罗属国六坤，"风土与暹罗尽相类"，"其俗以海

贝代钱。是年不用贝，则国必大疫，故相沿不改"。[89]根据张燮的记录，在十七世纪初的暹罗，使用贝币不仅是根深蒂固的习俗，而且还进入了信仰体系。如果某年大家不再以海贝作钱使用，则会有瘟疫降临，以示惩罚。不过，在张燮的时代，中国人的兴趣已经逐渐从传统的西洋（印度洋）转移到南海以及东南亚群岛了，所以对传统西洋诸国的记录反而逐渐稀少了。

根据上述的讨论，我们可以对东南亚贝币的来源和路线大致做一总结。东南亚的海贝源于马尔代夫，而后被运到孟加拉和阿萨姆，再经缅甸海滨到达暹罗，随后从暹罗地区往北到达清迈地区（以及云南）。这条路线构成了此后南诏、大理和元、明、清时期云南贝币的主要来源。关于缅甸，我们现在还有很多疑问。缅甸可能是云南海贝的一个重要来源，希望在最近的将来，缅甸能有一些考古和文献发现。[90]

简而言之，贝币从孟加拉和阿萨姆地区传到了下缅甸，然后到达昭披耶平原，再向北抵达清迈，并在九世纪、十世纪前后到了南诏。在东南亚社会中，海贝和金币、银币一起构成双重货币制度，这一直持续到十九世纪中叶（如在泰国的某些地区）。从下缅甸的滨海地区到东南亚的内陆，如兰纳王国，贝币渗入中南半岛北端，也就是中国的西南边疆——云南。

## 注　释

1. David K. Wyatt and Aroonrut Wichienkeeo, trans., *The Chiang Mai Chronicle* (2nd edition, Chiang Mai: Silkworm Books, 1998), 105–106. [Kot cai 即中国干支纪年法中的庚子年；s.842 属于朱拉历纪年法

（Chula Sakarat 或 Chulasakarat），于公元 640 年起源于缅甸的室利差呾罗王国（Sri Ksetra Kingdom），过去在中南半岛被广泛使用，它以公元 638 年为起始年，则其 842 年为公元 1480～1481 年，正好是中国的庚子年；Chula Sakarat 字面意思为塞伽小历（Lesser Saka Era），因为它是通过修改从印度传过来的塞伽历而成；提罗卡拉特，兰纳王国国王，1441～1487 年在位；平河在泰国境内，是湄南河的主要支流。《清迈编年史》大约于十五世纪末开始编纂，现存的是 1828 年版本。——译注］

2. Wicks 1992, 6.

3. Wicks 1992, 1 - 2.

4. 依善地区位于泰国的东北部，往东、往北隔湄公河与老挝接壤，往东南与柬埔寨接壤，往西与泰国其他地区相对分隔；那空叻差是玛位于呵叻高原西部；世界遗产目录中的班清文化（Ban Chiang）就属于依善地区，其青铜文化可追溯至公元前 2000 年。——译注

5. Charles Higham, *The Archaeology of Mainland Southeast Asia*（Cambridge, New York, Port Chester, Melbourne and Sydney: Cambridge University Press, reprint, 1991）, 209.

6. Charles Higham, 1991, 229.

7. 昭披耶河即中文惯称的湄南河。——译注

8. Wicks, 1992, 63 - 64.

9. Anthony Reid "Economic and Social Change, c. 1400 - 1800," *The Cambridge History of Southeast Asia, Volume 2, From c. 1500 to c. 1800*, ed. Nicholas Taring（Cambridge: Cambridge University Press, 1999）, 141.

10. Wicks, 1992, 166 - 173.

11. Alexander B. Griswold and Prasert na Nagara, "The Inscription of King Rāma Gamhen of Sukhodaya（1292 A. D.）Epigraphic and Historical Studies No. 9," *Journal of the Siam Society*, vol. 59, no. 2（1971）: 209; Wicks 1992, 170 - 171.

12. Alexander B. Griswold and Prasert na Nagara, "The Asokārāma Inscription of 1399 A. D. Epigraphic and Historical Studies No. 2," *Journal of the Siam Society*, vol. 57, no. 1（1969）: 45 - 46.

13. Wicks, 1992, 171.

14. 素可达耶是高棉王朝（Khmer Empire）建立的一个军事城堡，是素可泰的前身。

15. Alexander B. Griswold and Prasert na Nagara, "Epigraphic and Historical Studies No. 22: An Inscription from Vat Hin Tan, Sukhodaya," *Journal of the Siam Society*, vol. 67, no. 1 (1979): 68 – 73; Wicks, 1992, 171 – 174.

16. Alexander B. Griswold and Prasert na Nagara, 1979, 72 – 73.

17. Alexander B. Griswold and Prasert na Nagara, "Epigraphic and Historical Studies No. 21: The Second Oldest Known Writing in Siamese," *Journal of Siam Society*, vol. 67, no. 1 (1979): 64, 67.

18. Alexander B. Griswold and Prasert na Nagara, "A Law Promulgated by the King of Ayudhyā in 1397. A. D. Epigraphic and Historical Studies No. 4," *Journal of Siam Society*, vol. 57, no. 1 (1969): 136 – 137.

19. Wyatt and Wichienkeeo, 1998, 27.

20. Wyatt and Wichienkeeo, 1998, 28. 该书第 27 页中的"rung"和第 28 页中的"lung"应是同一个词，这里出现不同写法可能是拼写或翻译的习惯或错误。

21. Wyatt and Wichienkeeo, 1998, 41. （干通寺在清迈，至今犹存；湄曾和蔡昌都是清迈地名。——译注）

22. Wyatt and Wichienkeeo, 1998, 48.

23. Wyatt and Wichienkeeo, 1998, 69. （尸弃佛为所谓二十八佛之第二十三位；"佛像之稻米"一句大概是说土地出产的稻米或田租用来供养僧人。——译注）

24. Wyatt and Wichienkeeo, 1998, 105 – 106.

25. Wyatt and Wichienkeeo, 1998, 148. （拉康是流行于东南亚的一种歌舞表演形式。——译注）

26. Nawarat Lekhakun and Kusik Manotham, *Tamnan nai ngoentra Thai* (Legends in Thai Money) (Bangkok: Nakhonton Bank, 1993), 46 – 48.

27. 《皇朝文献通考》，卷 297，浙江大学图书馆，China-America Digital Academic Library （CADAL），https://archive. org/stream/06051593. cn#page/n6/mode/2up。——译注

28. Nawarat Lekhakun and Kusik Manotham, 46. （并无资料可以说明菲律宾的海贝被运到泰人世界成为货币是何时开始的，其路线也无法得

知。大致可推测出，在从印度洋来的海贝在东南亚成为货币后，便有人从菲律宾运来海贝，将之和马尔代夫的海贝混用。——译注）

29. Nawarat Lekhakun and Kusik Manotham, 46.

30. Nawarat Lekhakun and Kusik Manotham, 48.

31. 恩央王国位于泰北清盛一带；骇黎朋猜王国是孟人在七世纪至十三世纪在泰北建立的城邦王国，中心大概在今天泰国的南奔府，最强盛的时期为十三世纪，1292 年为孟莱王所灭；"兰纳"本意是"百万顷田"，兰纳王国即元代文献所称的八百媳妇国。——译注

32. Aroonrut Wichienkeeo and Gehan Wijeyewardene, tr. and ed. , *The Laws of King Mengrai (Mangrayathammasart )* ( Canberra: The Richard Davis Fund and an Occasional Paper of the Department of Anthropology, Research School of Pacific Studies, The Australian National University, 1986) .

33. 法典原文如此，或有误。——译注

34. "Wergild"特指凶手应该支付给受害者家属或者主人的赔偿；因陀罗神柱，即城市之柱（City Pillar），是立在神坛上的柱子，献给城市之神，来保佑城市的平安，最早由孟莱王于 1296 年建立清迈城时立在英刹钦庙（Wat Inthakhin）中。"Inthakhin"一词源于"Indra's pillar"，即"因陀罗的柱子"，本意是因陀罗（即帝释天）保佑平安的柱子。——译注

35. 克万是泰人的神灵，有丰富的内涵，此处克万会带来繁荣、幸运和健康。——译注

36. Wichienkeeo and Wijeyewardene, 1986. （法典中提到的若干片白银，英文为"pieces of silver"，无法得知银钱的状况，只能推定是小而薄的银片，其重量参见下一个注释。——译注）

37. The Bank of Thailand Museum, Northern Region Office. Chotana Road, Muang District, Chiang Mai Province, http: //www2. bot. or. th/museum/ eng/money/lannadesc. asp? PoID = 81. （以此推算，110 枚海贝等于 1.2 克白银，则可知《孟莱王法典》中的一片白银重 1.2 克。——译注）

38. 汪大渊，1981 年，第 352 页。

39. Ma Huan, *Ying - yai sheng - lan* (The Overall Survey of the Ocean's Shores 1433), trans. and ed. by Feng Cheng - Chun; with introductory notes and appendices by J. V. G. Mills (Cambridge: Published for the

Hakluyt Society at the University Press, 1970），105 – 106.（中文原文引自马欢，2005 年，第 34 页。——译注）

40. 黄省曾，2000 年，第 59 页。

41. Pelliot, 1959, 552 & 554.

42.（泰）黎道纲，《上水考》，《东南亚》，1997 年第 3 期，第 49 ~ 57 页。

43. 黎道纲，1997 年，第 57 页。

44. Wicks, 1992, 7.

45. 转引自 Harvey, G. E., *History of Burma: From the Earliest Times to 10th March, 1824*（London: Frank Cass, 1967），10。（犀牛角里有人影云云，均是指内部呈半透明的犀牛角显现的纹路给人的各种遐想。——译注）

46. Henry Yule, ed. and trans. , *The Book of Ser Marco Polo, The Venetian Concerning the Kingdoms and Marvels of the East*（Cambridge: Cambridge University Press, 2010），vol. 2, 85.（亨利·玉尔，1820 ~ 1889 年，苏格兰东方学者，曾翻译《马可·波罗游记》。——译注）

47. Henry Yule, 2010, 64, 79, 91.

48. Tomé Pires, *The Suma Oriental of Tomé Pires, an Account of the East, From the Red Sea to Japan, Written in Malacca and India in 1512 – 1515, and The Book of Francisco Rodrigues Rutter of a Voyage in the Red Sea, Nautical Rules, Almanack and Maps, Written and Drawn in the East Before 1515*, translated from the Portuguese ms. in the Bibliothèque de la Chambre des Députés, Paris, and ed. Armando Cortesão（New Delhi & Chennai: Asian Educational Services, 2005）.

49. Tomé Pires, 2005, 97 – 100.

50. Tomé Pires, 2005, 97 – 100. ［马达班，又称 Mottama，中文又译为八都马，《新唐书》记之为磨地勃，《岛夷志略》记之为八都马，为下缅甸萨尔温江入海口的重要城市，曾为汉达瓦底王国（Hanthawaddy Kingdom，即勃固王朝）都城。汉达瓦底王国为孟人于 1287 年在下缅甸建立的王朝，都城最早在马达班，后来移到勃固，故又称勃固王朝，十六世纪中期为东吁王朝（Taungoo Dynasty）所灭。——译注］

51. Tomé Pires, 2005, 97 – 100.（巴冈阿，确切位置不知，皮莱资此书原

注称，它可能是婆罗洲北部的一个小岛——Banguey Island 或 Balambangan Island，或婆罗洲北部港口 Jabongon。皮莱资认为，马达班的海贝除来自马尔代夫外，还有部分来自婆罗洲附近，也就是说，当时有太平洋的海贝经马六甲被运往下缅甸。但不知皮莱资此处依据何在。如果当时流行以海贝为压舱物，则此说很有可能。参见 Tomé Pires, 2005, 100, note 5。但也不能排除东南亚的商人得知勃固使用海贝作货币后，便将海贝从婆罗洲经马六甲运到下缅甸。如此，这是南海区域的一条海贝贸易路线，这或许和暹罗的海贝一部分来自菲律宾的原因类似。——译注）

52. Tomé Pires, 2005, 97 – 100.

53. Tomé Pires, 2005, 104.

54. Tomé Pires, 2005, 103.

55. Tomé Pires, 2005, 109.（丹那沙林位于马来半岛克拉地峡以北的狭长地带，西临安达曼海，东临泰国，现为缅甸的一个省，历史上曾经被泰国的素可泰王国和阿瑜陀耶王国占据，因此在皮莱资到来的时候，丹那沙林属于暹罗。八昔，宋代的《岭外代答》称其为"波斯"，即 Samudera Pasai，苏木都剌国；Pasai 即元代的八昔，Samudera 即苏门答腊，原意为大海，元代称苏木都剌，《岛夷志略》中作"须文答腊"和"须文答剌"，《瀛涯胜览》中作"苏门答剌"。佩蒂尔是苏门答腊岛北部面向马六甲海峡的一个港口，以出产胡椒闻名。吉打位于马拉半岛西北部，面向印度洋，自古就是海上贸易和文化交流的重地。佩杜目前属于马来西亚吉打州。——译注）

56. Tomé Pires, 2005, 108.

57. Pelliot, 1959, 555 – 556.［提克尔，泰国货币，后来改称铢（baht）。铢原本是重量单位，相当于 15 克，而 1 提克尔相当于 15 克白银，所以后来干脆以铢为名称。——译注］

58. Pelliot, 1959, 556.

59. Pelliot, 1959, 557.

60. Pelliot, 1959, 556 – 557.

61. Pelliot, 1959, 557.

62. 交趾支那一般是指越南南部地区。——译注

63. Tomé Pires, 2005, 114.

64. Tomé Pires, 2005, 115.

65. Tomé Pires, 2005, 170, 181. ［马欢《瀛涯胜览》记载，"爪哇"，"中国历代铜钱通行使用"，"番人殷富者甚多，买卖交易行使中国历代铜钱"；"旧港（三佛齐）""市中交易亦使中国铜钱布帛之类"；位于苏门答腊的"南浡里国"（Lamburi）"使用铜钱"。马欢，2005年第18、25、31、49页。——译注］

66. Wicks, 1992, 241. 威克斯认为，卡拉赫或许在下缅甸海滨，或者就是马来半岛西北部的吉打。Wicks, 1992, 223.（关于卡拉赫的具体位置，几个世纪以来争论很多，笔者以为它大致在马来半岛西部。所谓"大陆"，当指中南半岛。——译注）

67. Wicks, 1992, 241.

68. Hans Ulrich Vogel, 1993, Part I, 230.

69. Pelliot, 1959, 552. 伯希和猜测海贝在东京的西北边界处曾被使用，这个说法合情合理，因为此地和泰人的贝币区域相邻。不过，伯希和认为，马可·波罗提到的 Bangala 就是孟加拉地区。实际上马可·波罗没有到过孟加拉地区，他谈到孟加拉的贝币时，可能是"根据传言之谈"。我认为亨利·玉尔的解释——马可·波罗的 Bangala 为勃固——更有说服力。Pelliot, 1959, 552.

70. Pelliot, 1959, 552.

71. Pelliot, 1959, 531 – 563.

72. Pelliot, 1959; Hans Ulrich Vogel, 1993, Part I, 211 – 252; "Cowrie Trade and Its Role in the Economy of Yunnan: From the Ninth to the Mid-Seventh Century (Part II)," *Journal of the Economic and Social History of the Orient*, vol. 36, no. 4 (1993): 309 – 353.

73. 《旧唐书》，卷198，第5307页；《新唐书》，卷221，6237页。

74. 赵汝适，2000年，第86页。

75. 汪大渊，1981年，第114页。

76. 汪大渊，1981年，第115页。（华富里是一座历史悠久的城市，在曼谷东北方150公里处。——译注）

77. Arthur C. Moule and Paul Pelliot, trans. and annot., *The Description of the World* (London: G. Routledge, 1938), vol. 1, 369 – 370.

78. Pelliot, 1959, 553.

79. Hans Ulrich Vogel, 1993, Part II, 338 – 341; 参见第五章。

80. Pelliot, 1959, 553.

81. 汪大渊，1981 年，第 155 页。

82. 汪大渊，1981 年，第 126 页。

83. 汪大渊，1981 年，第 264 页。在中文文献中，乌爹指下缅甸的勃固；大乌爹指印度的奥里萨。这两个地名表明，中国人先到了勃固，称其为乌爹，然后到了奥里萨，发现这两个地方的地理、地形和文化都颇为相似：它们都处于海滨，属于热带，海洋贸易发达，文化相似。而以地域计，奥里萨比勃固远为宽广。因此，"大乌爹"的原意就是"大的乌爹（勃固）"。

84. 汪大渊，1981 年，第 376 页。（根据此处汪大渊的记录，勃固的粮食极为便宜。按伯希和的估算，中统钞折合成白银为其面额的十分之一。在勃固，十两中统钞只能换一个二钱八分的银币，则中统钞之贬值或可一窥。当然，这是孤证。——译注）

85. 马欢，2005 年，第 36 页。（"不使金银铜钱"此句，各个版本说法不一。按，暹罗使用金银无疑，故此句不确。——译注）

86. 费信，1954 年，"前集"，第 11 页。

87. 巩珍，2000 年，第 14 页。

88. 黄省曾，2000 年，第 59 页。

89. 张燮著，谢方点校，《东西洋考》，北京：中华书局，2000 年，第 39～40 页。（"是年不用赆，则国必大疫"，《明史》，卷 324，"暹罗"照抄。通过以上对史料的大致梳理可知，中国对印度洋的了解从宋元渐入佳境，郑和下西洋时达到高峰。此后，随着官方不再支持，中国人对印度洋的兴趣和了解反而不及之前。当然，这不是说中国人对海洋没有需求或者不感兴趣。实际上，在十六世纪之后，即便不成体系，中国对南洋或东洋，也就是太平洋西部的兴趣越来越大，相关游记和著述越来越多，记录的知识越来越丰富。——译注）

90. 当然，菲律宾的海贝也到了暹罗，可是，其来源的具体位置和其传播路线均不清楚。此外，除了下缅甸的勃固，缅甸中部（如骠国和蒲甘王朝）的情况也非常值得关注。——译注

# 第五章 云南：印度洋的痕迹

交易用贝子，俗呼作贝人。以一为庄，四庄为手，四手为苗，五苗为索。

——李京[1]

其贝非出本土者，同伪钞论。

——元武宗，1305 年[2]

本章介绍从春秋战国时期到明清鼎革时期云南的海贝和贝币。云南的贝币似乎可以看作印度洋经东南亚在中国西南边疆留下的痕迹。云南的例子引起了很多学者的兴趣，[3]因为在汉人大量移民云南的明清时期之前，云南受到了很多东南亚乃至南亚文化的影响。而到了明初的十五世纪，云南已经有了将近100 万汉人居住，华夏文化已经在这个边疆地区扎根。[4]从地理上说，云南地区是西藏高原向东南延伸的部分，也可以将之看作中南半岛的最北端。这样的地理空间长期以来使得云南地区天然成为各种族群和文化的交流地带。

本章先大致回顾云南的历史，突出其作为区域文化交流中心的重要性，然后概述云南各个时期的海贝与贝币，再介绍贝币的各种功能以及中央和地方政府如何管控贝币的流通，特别是云南贝币制度长达七八百年的历史，以及它在明清交替时期的突然消逝。无论是云南贝币的出现、长期存在，还是突然消逝，都应被置于全球－地方这样的场域中去理解才比较恰当。

## 云南在哪里？

今天的云南是中国西南边疆多族群居住的省份。历史上的云南地区还包括今天的贵州省全部和四川省的一小部分。[5]"云南"也就是大家熟知的"彩云之南"的简称，这片土地从汉代就被置于中央王朝的行政管辖之下。由于毗邻东南亚，离印度洋很近，并且受到印度洋季风的影响，云南与东南亚以及印度洋世界保持着各种密切联系。[6]据说云南这个名称是汉武帝（公元前141～前87年在位）的发明，它在某种程度上暗含了中原对于边疆、汉人对于非汉人的想象和书写。汉武帝曾经派兵征服位于云南的滇国，虽然保留了滇王——"赐滇王王印，复长其民"——但也同时设立了益州郡，并在益州郡下建立云南县。汉武帝之后，中央王朝对于西南边疆的控制随其盛衰而有所张弛。地方上的夷帅和大姓或因税负、劳役，或因内斗，或因苛政，时常叛乱。三国时期诸葛亮的南征在民间以"七擒孟获"而为人熟知，就是在这个背景下发生的。

到了公元七世纪初，大理地区出现了六诏，其中位于最南面的是蒙舍诏，因为在其他五诏之南，故称南诏（七世纪～902年）。所谓"诏"，是"王"或"王国"的音译，广泛流传于北方经川康地区到中南半岛的非汉人社会。因此，南诏就是南方王国之意。南诏陆续击败了其他五诏，统一了云南地区，并向东和南扩张。[7]到八世纪下半叶，南诏成为东亚和东南亚舞台上的一个主角。那时，位于西藏的吐蕃王国和中原的唐王朝相互争斗，双方都想获得南诏这个盟友。南诏帮助吐蕃时，吐蕃占了上风，唐朝几乎处处失利；等到唐朝和南诏结盟，形势便反转了过来。与此同时，南诏乘势向中南半岛扩张，据说一度到达海边。当时位于缅甸的骠国曾被南诏夺占。南诏王曾使用"骠信"的称号。"信"就是"诏"的转音；"骠信"就是"骠王"的意思，则骠国或一度成为南诏的属国。[8]可是，由于过度扩张和常年的战争，加上南诏立佛教为国教，大兴土木，建寺筑塔，国力和财力耗费殆尽。到了902年，南诏就被三个短命的王朝先后代替。直到937年大理王国（937～1254年）建立，云南才又处在一个延续了三百多年的地方政权的统治下。

关于大理王朝，中文文献的记录之匮乏实属罕见。大概是因为中原的北宋（960～1126年）把北方的辽、金和西夏作为首要目标，而对于南方的大理则尽量回避。大理王国曾几度向北宋要求臣属，建立宗藩关系，但北宋的心腹大患在北方，为了避免腹背受敌，北宋关闭了西南边疆的门户。可是，北宋最终丧失了黄河故地，赵氏南迁，建立了南宋政权（1127～1279年）。为了对抗北方金朝骑兵的南下，南宋不得不打开大门和大理交往，主要是为了买马，因为当时西北的马道已经断绝。长江以南属于亚热带地区，并不产马。可是，云南由于地势高，加上有草场，反而产马。马可·波罗曾经赞叹云南的马质量最佳。

南宋在长江一线的防御颇为成功，蒙古军队几次攻打未见成效，于是采取了包抄的战略。1253年，忽必烈带领大军从西北出发，经川康地区袭击大理王国。1254 年，蒙古占领大理，大理国的段氏投降，被封为大理总管。这样，蒙古完成了对南宋的三面包围。1274 年，云南行省建立；1279 年，蒙古灭南宋；1381 年，朱元璋命令明军进攻云南；1384 年，明朝占领云南；1413 年，云南东部的贵州独立建省。正是在明初的十五世纪内，由于实行军屯政策，大量汉人士兵及其家属驻扎在云南，加强了云南与内地的联系。到了清初，又有一拨新移民进入四川和云南，整个云南的人口构成、经济和文化都大大改变，奠定了近代云南变迁的基础。

在元、明、清时期，中央政权对于云南的军事控制和行政管辖是一个逐步深入的过程，有时候也采取急进的措施，如雍正年间的改土归流。这些措施加强了云南和北京的联系，保证了云南作为中国西南边疆的历史地位。另一方面，由于毗邻东南亚地区，云南经济融入整体的进程相当复杂。云南从九世纪到十七世纪的贝币制度，就体现了中国西南边疆同东南亚及孟加拉湾（印度洋）在经济上的密切联系。

## 滇国的海贝：性质与来源

早在公元前第二个千年晚期，海贝就进入了云南。考古发现，从商代到东周再到西汉时期（公元前 206 ~ 公元 8 年），云南都有海贝。1955 ~ 1972 年，滇池附近的滇国墓中挖掘出了大量海贝，数量超 26 万枚，重量超 700 公斤。[9]

公元前二世纪末，汉武帝征服西南夷后，滇文化依然在当地延续，从其墓葬中的海贝可见其一斑。[10] 石寨山的 17 座墓，大约可追溯至公元前第一个千年晚期（也就是春秋战国和秦汉时期），那里共出土了约 15 万枚海贝，平均每座墓 8700 枚。

石寨山墓葬出土这么多海贝，看起来令人惊讶，实际上，若是考虑到这些墓葬都是滇国的统治者包括滇王的最后归宿，那么，这些海贝的庞大数量也就不足为奇了。此外，滇国也仿制海贝，虽然数量不多。在李家山的墓葬中就发现了仿海贝的鎏金铜贝，[11]以及各种贝形饰品。[12]在石寨山，还发现了一个高达42厘米的青铜牌饰，上有凤凰、俘虏、动物和海贝的图案。[13]另外一个非常有趣甚至有些令人费解的现象是，滇国墓葬中的海贝多数都放在铜鼓之类的容器（学者们称之为贮贝器）当中。可是，我们不知道这些铜鼓在被埋葬前是不是容器，如果是的话，其首要功能又是不是储藏海贝。很明显，无论是海贝还是铜鼓，对于滇国的统治者而言，都是贵重物，象征着社会地位、权力乃至财富，而且在墓葬中，这两种都被置于死者身旁。

那么，这些海贝进入云南的时候就是货币吗？还是只是一种贵重商品？[14]这是个非常敏锐的问题，学者对此见仁见智。[15]毕梅雪（Michèle Pirazzoli-t'Serstevens）说："已经证实滇墓中发现的绝大多数海贝是环纹货贝，它们是一种价值昂贵的货币形式、社会地位的标志以及某种贵重物和财富的储备，在不同社会间的交易中被使用。"[16]威克斯认为，滇人在和汉人交易时，或许使用了海贝和铜钱，而在滇人内部，交易使用铜钱或海贝是很少见的。[17]两人的观点十分接近。在石寨山发现的一个贮贝器中，除了大量的海贝外，还有一些半两钱和五铢钱。可是，在普通的滇墓中，我们既看不到海贝，也看不到铜钱，因此，我们似乎可以推断，海贝是滇国贵族精英们的财富。[18]滇国或许已经有了市场经济，但物物交换大量存在，占据主导地位。

认为滇国海贝不过是贵重物的观点，同云南研究的先驱方国瑜先生的看法在大方向上是一致的。方国瑜说："晋宁出土的古贝，那是装饰品，并不是用作货币。"又说："纪录或考古资料不能证明在秦以前云南使用过贝子作货币的事实，认为云南用贝作货币是'中国古代遗制'之说不能成立。"他最后总结道："总之，云南有贝的时代很早，但在南诏以前所见纪录或实物，只能说明是装饰用的。是否流通作为货币，还要继续搜罗史料进行研究。"[19]方国瑜在"中国古代遗制"这句中触及了古代中原王朝和云南的特殊关系，这点伯希和也早就提醒了我们。伯希和感叹说："我们太易于把云南文化的各个因素都归结于中原（的影响）。"同时他敏锐地指出，云南也曾受到"印度文化的长期影响"。[20]最近，蒋志龙分析说："滇国大墓中发现的海贝，既不是货币，也不是装饰品，而是财富的象征。"[21]在某种程度上，方国瑜认为海贝只是装饰品的说法是不能成立的。[22]

其实，认为滇国的海贝不是货币的中国学者只是少数人，如几十年前的方国瑜和最近的蒋志龙。其他一些学者，有的认为云南的海贝早在滇国时期就承担了货币功能。萧清说"云南地区，从古滇国时已经以天然贝为币而大量流通了"，而且在汉代之后继续到南诏乃至明代以后。[23]杨寿川指出："云南自春秋晚期开始使用贝币。"[24]王大道认为："从江川李家山21号墓出土贝币算起，云南用贝作货币至迟在春秋晚期已经开始。"[25]李家瑞和方慧认为云南的海贝在西汉之前或西汉（公元前202～公元8年）时就已用作货币了。李家瑞说："云南用贝作货币，已早在西汉以前了。"方慧认为："说至晚在西汉时期云南已使用海贝作为货币，应该是比较恰当的。"[26]江应樑没有估计一个确切的时期，但他相信，"云南之以海肥作货币，其起始必甚早，中间一贯相沿"，一直到明末清初。[27]不过，上述认为滇国的海贝就是货币的观点都犯了同样的错误，也就是把货币与财富或价值混为一谈。这是许多学者在谈到海贝时都可能犯的错误。

不过，学者们也有共识，他们都认为将海贝作为货币并非云南本地的发明，而是从滨海地区传播过来的。清代学者檀萃（1724～1801年）说："滇南旧用贝，谓之海肥。肥者……本出金沙，后则市于南海。"这样，檀萃认为云南的海贝最初来自金沙江，而后来自南海。[28]南海姑且不论，称海贝出自金沙江之淡水者，自然是谬误之言，近代学者早已明晰。[29]多数学者指出，海贝是从东南亚和印度来的。[30]彭信威明确指出，云南用贝作货币是受印度的影响。彭信威推测说："古代云南也许同孟加拉湾沿岸的印度和缅甸属于同一个货币体系，因而云南用贝也可能不是来自中国的古制，而是受到印度等地的影响。"[31]江应樑则排除了缅甸和越南的可能性，认为暹罗是云南海贝的主要来源。[32]李家瑞则推测道："云南所用的贝也是产于印度洋及印度支那的南海中。"[33]杨寿川则指出："云南古代使用的海贝，经中国科学院海洋研究所鉴定，其产地也是印度西太平洋暖水区，包括菲律宾以及我国台湾岛、海南岛、西沙群岛等南海诸岛。"因此，这些海贝"来源于印度洋及南海沿岸地区，均系外来交换品"。[34]万志英（Von Glahn）则说，云南的贝币制度"看起来和孟加拉以及暹罗的关系比和中原的关系更紧密"。[35]傅汉斯在对中文文献进行了详尽的研究后相信，云南与缅甸、暹罗间的商道是海贝进入云南的通路。[36]张彬村则简短有力地指出："马尔代夫的海贝事实上也是滇贝的终极供应者。"[37]当然，虽然云南的海贝主要来自马尔代夫，但也有少数可能来自世界的其他地区。明代的大理有一些海贝长达24毫米，因此傅汉斯认为："我们不能也不应该排除元代以及其他时期有其他地区的海贝进入云南的可能性。"[38]总而言之，早期云南的海贝体现了一个跨地区贸易网络的存在。

值得一提的是，在四川成都平原的三星堆也发现了大量海贝，时间相当于三千多年前的晚商时期（公元前十三世纪到公元前十一世纪）。关于滇国和三星堆的海贝，学者曾经就其种类、来源和功能进行比较研究。[39]三星堆海贝的时代在晚商甚至更早，因此远远比云南的滇国时期早得多，这就为我们探索这两个相邻的不同文化采用海贝的原因、它们之间关系以及它们同中原海贝的关系制造了难题。本书将在第六章中对此做进一步讨论。

令学者们颇为吃惊的是，在东汉王朝（公元25～220年）占领了滇国之后，海贝在云南就消失了，[40]似乎在滇文化中，海贝的历史到此结束了。而此后从九世纪起南诏使用海贝作货币和滇国似乎没有多大关系。[41]一种非常可能的猜测是，东汉的军事控制导致了海贝贸易的突然中断，或者在东南亚乃至南亚发生了某种变端，进而导致云南海贝在来源上出现了问题。[42]威克斯认为，在九世纪前的云南，"如同此前的几个世纪……海贝依然在当地交易中盛行"。他的这个说法并没有什么材料佐证，并不成立。[43]他又说："海贝也许在整个南方都相当流行。"这个说法也经不起细究。[44]不过，这情有可原，因为威克斯是沿袭薛爱华（Edward H. Schafer）的说法而已。[45]薛爱华注意到了海贝在东亚的广泛存在，以及云南用贝子作货币的历史，但他主要依赖于唐代苏恭、陆龟蒙和李珣的模糊说法。

　　先看李珣（约 855～约 930 年）。李珣字德润，晚唐词人。其祖先为波斯人，隋时来华，安史之乱入蜀。李珣为蜀中土生波斯，事蜀主王衍，有诗名，有《琼瑶集》，多发感慨之音，人称李四郎。喜游历，好摄生，尤以炼制丹药为趣，倾家之产不计，以鬻香药为业，著有《海药本草》六卷，原书至南宋已佚，其内容散见于《政类本草》和《本草纲目》等著作中。李时珍的《本草纲目》卷四十六"贝子"一条引用李珣，说："云南极多，用为钱货交易。"[46]薛爱华以李珣谈及云南之贝币，而推之于他的"南越"地区，也就是整个岭南和安南地区，姑且不论时代，已是大谬。[47]薛爱华又转引《本草纲目》，引苏恭之语："紫贝出东、南海中，形似贝子，而大二三寸，背有紫斑而骨白。南夷采以为货市。"[48]苏恭即苏敬（599～674年），唐代药学家，曾上疏请修《唐本草》。薛爱华未能仔细辨析苏恭的话。首先，苏恭说的紫贝和李珣的贝子虽然形状相似，却是两种不同的海洋动物，前者色彩鲜明，体积也是后者的两三倍之大；后者颜色淡白，体积小巧，这是它成为货币的决定性物理因素之一。宋代的《岭外代答》就明确区分了紫贝和贝子，在卷七"大贝"中记："海南有大贝，圆背而紫斑，平面深缝，缝之两旁，有横细缕，陷生缝中，《本草》谓之紫贝。亦有小者，大如指面，其背微青，大理国以为甲胄之饰。"[49]其次，苏恭说"紫贝出东、南海中"，指紫贝出自东海或南海，而非印度洋；再者，苏恭指出"南夷采以为货市"，此处"货市"的意思，根据语境，应该是拿到市场上去卖，而不是在市场上作为货币使用。[50]因此，大致可知紫贝不是货币。薛爱华再引陆龟蒙的诗句"賨税尽应输紫贝"，认为南越地方官员要求用紫贝来缴纳税收，此说亦不可靠。[51]陆龟蒙

（？～约881年）在《和送李明府之任南海》中有上述诗句，但他一生或在中原或在江南，从未到过岭南，"賨税尽应输紫贝"不过是诗人送友人去岭南任职时的一种想象而已，并无历史依据。[52]

陆龟蒙所说的紫贝，根据唐代的文献，虽然形状与海贝相似，但约有二、三寸长，也就是说，紫贝比海贝要大得多。陆龟蒙说紫贝在南越国作钱使用，恐怕只是他的想象而已。首先，我们并没有发现有任何材料表明，云南或其他地区用紫贝作货币。紫贝或许由于其亮丽的色彩成为南方国家和族群向中原进贡的礼物（第六章会讨论这个问题），因此被陆龟蒙和其他人误认为是用来交付税款的实物或者货币。的确，南越王赵佗曾向汉文帝献"白璧一双，翠鸟千，犀角十，紫贝五百，桂蠹一器，生翠四十双，孔雀二双"。[53]这或许是陆龟蒙紫贝一说的最早来源。笔者在参观南越王赵眜（约公元前137～公元前122年在位）的墓葬时发现了各种各样的贝壳，但没有货贝或环纹货贝，这可证明南海并不是海贝的来源。[54]

由此可知，在岭南地区，无论是紫贝还是海贝，都不曾是货币。回到云南，正是在中原王朝失去了对西南边疆的控制时，海贝重新在云南出现，数量极多，乃至成为南诏的货币。这样，一个以海贝为基石的货币制度就在南诏形成了。不过，海贝究竟在何时进入南诏，又在何时成为货币，我们无从得知。

十六世纪初的张志淳（1457～1538年）在其《南园漫录》中就认为云南使用贝币是中原古制。他说：

> 云南用𧵪不用钱。𧵪即古之贝也。今士夫以为夷俗，

殊不知自是前古之制，至周始用钱，故货贝每见于古书。《穀梁传》："贝玉曰含。"《货殖传》载之不一。东方朔曰"齿如编贝"，《文中子》曰"苏威好钟、鼎、珪、钱、贝"，皆谓此也。又制字者如"财、货、宝、赂、贿、贾、贡、贵、贤、赀、觊、贵、宾、赋、质、贪、赏、赠、贻、赞、赟、赡、赈、赘、赙、买、卖"之类，不可尽举，冈不用此，则贝为宝货，固上古礼含用贝玉，其重尤可见，而顾以用𧵣不用钱为讥诮，不亦异乎？[55]

张志淳对以云南贝币为奇的人大大讥笑了一番。明末清初的顾炎武和张志淳持同说，认为云南用贝是中原古制在西南一隅的遗存。他认为铜币或铁币有优劣真假，所以买卖双方要拣选甄别，而海贝则没有这个问题，因此小孩都可以去市场交易，不会被骗，所谓"盖用钱则有拣选，用贝则枚数而已，五尺童子适市而人不欺者，其以此耶。故曰'简易则资也'"。正因如此，顾亭林沿袭古说，相信中原自古以来就用海贝作货币。然后，秦国一统天下，货币也得到统一，中原的贝币因此终止。然而，战国末期楚国的庄𫏋征服了滇国，自立滇王，偏偏把贝币这个习俗带到了西南，因而中原贝币的古制唯独在西南得以遗留下来，即所谓"秦灭六国，惟楚公子庄𫏋王滇，故楚独存，秦虽使常𫏋于滇中略五尺道，然未尝属秦，故货贝之在南中独不变者，岂秦法未尝入滇耶"。他指出，嘉靖年间，滇人也挖出大黄刀布，"考之泉志，盖王莽时铸也。然则汉世之泉，固尝行于滇矣"。而后他慨叹泉（也就是金属铸币）不如贝，说："然泉不若贝之简易不欺，故泉不永，而贝至今以为货。"[56]所以，和近现代经济学家或者货币学家认为海贝是原始货币，因此金属铸币取代贝币是一个经济发展的必然过程不同，顾亭林等人反而看到了海贝较之于金属货币的优点。不过，顾亭林并非自创其说，上引大段大约是从万历《云南通志》中抄来的。[57]话说回来，张志淳和顾亭林的观点当然是不对的，因为从东汉到南诏初期，云南基本就没有发现海贝。云南用贝币根本不是受到中原的影响。

　　一般认为，最早明确记录云南使用贝币的是十一世纪编纂的《新唐书》，它记载南诏"以缯帛及贝市易。贝者大若指，十六枚为一觅"，同时贵族女子"耳缀珠贝、瑟瑟、虎魄"。[58]在《新唐书》之前有唐人樊绰的《蛮书》，其编纂于公元864年前后，但他收录了一些早期的材料。可是，樊绰只提到海贝被作为妇女的装饰品，而没有提到海贝可作钱使用。正因如此，博学如伯希和也只能断言，很难得知十世纪之前云南海贝的情况。[59]在仔细收集和研读了中文文献后，方国瑜估计，在九世纪前后，也就是南诏王国兴旺之际，海贝重新进入云南并成为货币，这所根据的也是李珣的记录。[60]

　　正是在南诏和大理衔接的时候，身在四川的李珣注意到了云南使用海贝作货币的现象。这是切切实实指向云南贝币的最早的一条中文文献记录，故不妨再引之如下，贝子"云南极多，用为钱货交易"。1976年在对大理崇圣寺进行加固维修、清理塔顶和塔基文物时，"塔顶基座内共清理出土达十公斤以上"的"当时通行的'海肥'"，[61]总数超过38000枚。崇圣寺建于南诏后期的836年，而塔顶文物多属于大理国的十一世纪到十二世纪初这一时期。因此，我们似乎可以大胆地推测，崇圣寺的这批海贝至少是在大理国时期被放入塔顶的，这也可以作为大理国使用贝币的一个旁证。

在大理王国时期，海贝继续从印度经缅甸和暹罗抵达云南，因而云南的贝币也相应地扩张。[62]遗憾的是，宋代关于大理的文献屈指可数，而且其中也没有一条涉及云南的贝币。

当蒙古骑兵征服大理王国并建立了元朝统治时，无论中央还是地方政府，都不得不承认并接受云南的贝币，并将其融入货币和财政体系。

## 元代云南的贝币

关于元代云南的贝币的现存文献不少。此前，学者们对南诏和大理时期贝币的了解主要依靠零星的、间接的材料，但到了元代，就有了很多直接的文献材料，证实了云南的贝币制度。原因很简单：元朝1274年在云南设立了行中书省，留下了很多官方的文献。[63]因此，有相当多的中文材料直接提到了使用海贝作为货币的情况。[64]此外，忽必烈曾派马可·波罗经云南到缅甸，因此马可·波罗也留下了宝贵的关于云南贝币的非汉文记录。[65]

在《马可·波罗到过中国：货币、食盐、税收方面的新证据》(*Marco Polo Was in China: New Evidence from Currencies, Salts and Revenues*) 一书中，德国汉学家傅汉斯不仅详述了元代云南贝币的全貌，也对贝币与其他货币的兑换率这个难题进行了出色的研究。[66]对于海贝，马可·波罗用过许多词，如 porcelaine、procelane、procellane、prociellane、porzelane 等。[67]傅汉斯注意到，无论是玉尔还是伯希和，都早就指出，上述几个称呼海贝的词都指 porcelain，也就是小猪崽，原因在于海贝"身体和背部很像小猪崽，因此 porcelain 可以追溯到拉丁文的 porcus，也就是 pig（shell）［猪（贝）］的意思"[68]。因此，中世纪的小猪崽（little pig）用来指代海贝贸易的说法得以流传下来。[69]

马可·波罗提到云南贝币不下五次。[70]他说，在合剌章（Carajan），也就是乌蛮地区，"他们的钱如我下面所说。他们用在海里发现的某种白色的小猪崽海贝（white porcelain shells），有时也把海贝编成狗的项圈；80 枚这样的小猪崽海贝可换一个特定分量的银币——等于两个威尼斯格罗特银币（groat），也就是 24 个 piccoli……小额交易时，他们就用我上面提到的小猪贝，它们不产于本地，而是从印度来的"。对于云南西南部"金齿"居住的扎尔丹丹（Zardandan），马可·波罗说："他们的钱是黄金，小额交易他们用猪贝（pig-shells）。"对于科罗曼（Coloman），也就是现今云南东部和贵州西部及四川南部的交界处，马可·波罗指出："此处产大量黄金，小额买卖使用猪贝（porcelain shells），如我所述。"最后，马可·波罗总结道："我曾经谈到的这些地方，从榜葛剌到东京以及阿宁（Anin），都使用猪贝和黄金。"[71]如上章所述，此处榜葛剌指的是勃固。

除了谈到使用贝币的地区外，这位威尼斯游客还提供了海贝与黄金和白银的兑换率。根据马可·波罗的记录，大约726枚海贝兑换 1 两白银；而在大约同一个时代，昆明圆通寺的捐赠表明，960 枚海贝换 1 两白银。[72]这两个兑换率的差别是合理的，有些记录是基于官方的税收，海贝对白银的兑换率自然比较低。傅汉斯统计出了在 1282 年，云南不同地区以 2000 枚、2667 枚及 3200 枚海贝分别兑换 1 两白银的例子，[73]这三个例子中 1 两白银对应的海贝数量是前面两个例子的两倍或三倍。读者应该注意，对于征税，元朝政府青睐白银，而不喜欢海贝，所以官方的兑换率往往低于市场很多，正如上述马可·波罗以及圆通寺的记录。这个现象一直延续到明代。表 5.1 便是傅汉斯通过搜集、审读各种不同材料，而得出的云南海贝在元、明、清时期与其他各种货币的兑换率。[74]

表 5.1　云南海贝与白银的兑换率

| 年份 | 兑换 1 两白银所需的海贝（枚） | 兑换地点 |
| --- | --- | --- |
| 约 1280 年 | 600 | 无 |
| 1282 年 | 2000 | 昆明（云南省城） |
| 1282 年 | 2667 | 大理（云南西部） |
| 1282 年 | 3200 | 永昌（云南东南部，官方征收的标准兑换率） |
| 约 1368 年 | 8000 | 无（市场兑换率） |
| 1524 年 | 7200 | 杨林驿（昆明附近，市场兑换率） |
| 1540 年 | 4405 | 腾冲（云南东南部，征税标准） |
| 1548 年 | 7200 | 通海（云南南部，市场兑换率） |
| 1591 年 | 7547 | 宜良（佛寺捐赠转化得出） |
| 1610 年 | 10400 | 无 |
| 1615 年 | 13600 | 广西府（云南东部，市场兑换率） |
| 1623 年 | 8000 | 无 |
| 约 1625 年 | 13339 | 无（市场兑换率） |
| 1626 年后 | 28000 | 1626 年云南第三次铸行铜钱后的无（市场兑换率） |
| 1644 年前 | 24000 ~ 40000 | 无（市场兑换率） |
| 1647 年 | 56000 | 无（市场兑换率） |

虽然时间和空间的波动对于上述材料的准确分析有所阻碍，但我们大致可以得出结论，那就是，随着时间的流逝，海贝一路贬值。话说回来，有元一代，尤其是和明清海贝贬值的趋势相比，海贝的相对价值还是非常高的。[75]

非常值得注意的是，云南海贝计数的方式体现了孟加拉湾的影响。[76]在中文文献当中，$4 \times 4 \times 5 = 80$ 的模式（表5.2）是显而易见的。[77]这个模式有两种变化，一个是 $4 \times 20 = 80$，另一个是 $4 \times 4 \times 5 = 80$，这两种方式在计数中占统治地位。

早在唐代，人们已经注意到了南诏海贝不同的计数方式。《新唐书》南诏传中记载，海贝"贝之大若指，十六枚为一觅"。元代《混一方舆胜览》记云南行省说："交易用贝，贝俗呼作贼，以一为庄，四庄为手，四手为苗，五苗为索，虽租赋亦用之。"[78]中文文献中的"庄（或作状）""手（或作首）""苗（或作缗）""索（或作卉）""觅"都是数量词，是根据方言音译而成，和中文本义无关。根据《混一方舆胜览》，我们可以得出 $1 \times 4 \times 4 \times 5 (=80)$ 这个贝币计数的模式。这个模式到了明代继续使用，而且随着贝币的流通，由于单次交易中使用的海贝数量逐渐增加，海贝的计数单位也变大。明代洪武年间的僧人无极在其《朝天集》的《贝生赋》中写道："其为用也，独贝为庄，手乃二对，八十成索，二十索为袋。五金任其低昂，百物由其向背。"[79]则在上述 $1 \times 4 \times 4 \times 5 (=80)$ 之后又 $\times 20$ 得到一袋（$=1600$）。需要注意的是，以4的倍数来计算数量是在云南流行的民间习俗，而不仅限于海贝的清点和计算。

云南海贝的这种计数方式和孟加拉以及暹罗的一致，属于一个系统。[80]伯希和分析暹罗银币的计数系统时指出，"其基础是 $4 \times 20$（$4 \times 5$ 或 $5 \times 4$）$\times 10$，以及4或者8（$4 \times 2$）的倍数"；在印度，贝币的计数"是4和80（$4 \times 20$）"。[81]这种相同或相似的模式当然不是巧合，它恰恰体现了这些地区之间紧密的经济联系。伯希和总结说："以4、16（$4 \times 4$）和80（$16 \times$

5）为基础的中世纪云南海贝价值单位，把贝币与印度洋，更确切地说是印度，连接在了一起，而不是与中国常用的十进位制相关联。"[82]这种计数方式也是使用海贝作为货币的地区同属于一个货币体系的有力证据，证实了彭信威的猜测，即云南的贝币是受印度洋的影响，或者说云南的贝币属于以孟加拉地区为基础的同一货币体系。这是笔者提出贝币世界这个概念的坚实基础。

表 5.2　云南海贝的计数方式

| 海贝 | 计数单位[83] | 计数单位 | 计数单位 | 计数单位 | 计数单位 |
|---|---|---|---|---|---|
| 1 | 1 庄 | | | | |
| 4 | 4 庄 | 1 手/首 | | | |
| 16 | 16 庄 | 4 手 | 1 苗/缗 | | |
| 80 | 80 庄 | 20 手 | 5 苗 | 1 索/卉 | |
| 1600 | 1600 庄 | 400 手 | 100 苗 | 20 索 | 1 袋 |

## 江南来的海贝

元代云南海贝绝大多数是从缅甸和暹罗而来，也有数量不明的一部分从交州（东京）和江南而来。[84]元明两代的文献都提到了江南的海贝。葡萄鬼（普塔克）分析指出，马尔代夫于 1416 年、1421 年和 1423 年曾经三次向明王朝进贡，可惜的是，《明实录》记载的进贡礼物中只写了马和"方物"。[85]海贝当然属于马尔代夫的"方物"，也许海贝就是作为压舱物来到了中国，这样就可以解释为什么在江南的仓库里有天文数字的海贝存在了。明末以郑和下西洋为主题的小说《三保太监西洋记》就记录说，"溜山国国王八儿"向明朝元帅献上"银钱一万个，海贝二十石”，并对海贝加以说明——"其国堆积如山，候肉烂时，淘洗洁净，转卖于他国。"故此段辗转抄于马欢、巩珍可知。[86]此外，马尔代夫国王的礼物当中还有各种宝石、降真香、龙涎香、椰子杯、丝嵌手巾、织金手帕、鲛鱼干，这些或是马尔代夫的特产，或是马尔代夫从斯里兰卡和印度（两地均以各种宝石著称）交换而来，由此可见此段叙述之可靠。因此，这些关于海贝的信息应当有着真实的历史基础。

1276年，中书省就江南海贝的事上奏，内中详细透露了江南海贝和云南的关系以及中央政府的政策。[87]《通制条格》卷十八"私贝"详载此事，不妨全文引用如下：

> 至元十三年四月十三日，中书省奏：云南省里行的怯来小名的回回人，去年提奏来，"江南田地里做买卖的人每，将着贝子去云南，是甚么换要有。做买卖的人每，私下将的去的，教禁断了。江南田地里，市舶司里见在有的贝子多有。譬如空放着，将去云南，或换金子或换马呵，得济的勾当有"。奏呵，"那般者"。圣旨有呵，去年的贝子教将的云南去来。那其间，那里的省官人每说将来，"云南行使贝子的田地窄有，与钞法一般有。贝子广呵，是甚么贵（子）[了]，百姓生受有。腹里将贝子这里来的，合教禁（子）[了]有"，说将来呵，两个的言语不同有。"那里众官人每，与怯来一处说了话呵，说将来者。"么道，与将文书去来。如今众人商量了说将来，"将入来呵，不中，是甚么贵（子）[了]，百姓每也生受有。百姓每将入来的，官司将入来的，禁断了，都不合教

将入来"。么道，说将来有。"俺商量得，不教将入去呵，怎生？"奏呵，"休教将入去者"，圣旨了也。钦此。[88]

　　以上引用的是元代白话，不大好懂。大致意思是，至元十二年（1275 年），云南行省有个叫怯来的"回回人"上书中书省说，江南的商人经常把江南的海贝运到云南。这事情是被禁止的，可是，他们仍然私下偷运。现在江南市舶司里有很多海贝，目前都空放着，不如运到云南去换金子和马，这可是很好的生意。怯来的意见被批准了，于是朝廷就把江南的海贝运到了云南。可是，云南行省的官员上奏说，云南省内使用海贝作货币的地方有限，海贝一多，物价就上涨了，东西就贵了，老百姓承担不起。因此中书省让云南行省的官员和怯来商议此事，大家同意禁止商人私运江南的海贝去云南，同样要禁止官府把江南市舶司的海贝运到云南。忽必烈同意了这个建议。

　　《通制条格》关于"私贝"的记录很有意思，值得细细推敲。第一，我们知道，在元初之际，江南已经是云南海贝的来源之一。伯希和曾指出，在明代，云南的海贝"由正常的海洋贸易进口而来"[89]，这难道是说，江南市舶司从海洋贸易中得到了大量海贝？江南当然不产海贝，江南市舶司或者江南民间的海贝只能从东南亚或者孟加拉湾而来，而且，很可能就是作为压舱物而来，因为海贝在江南既不是畅销的商品，更不是货币。第二，江南的商人知道，在帝国遥远的西南边疆云南，人们使用海贝作货币，因此，他们从江南运送海贝到云南，很可能是去交换金银或者马等特产。由于元朝政府是禁止他们这样做的，所以他们运去的海贝叫作"私贝"，如《通制条格》所记。[90]金和银在云南都相对便宜，而马在江南很贵，因此，江南-云南的海贝贸易在理论上利润可观。[91] 云南省的官员看到江南商人偷运海贝的暴利有两种反应：第一种是看到了海贝从江南涌入云南带来的巨大灾难，也就是物价飞涨、民生艰难；第二种是认为官府把空放着的海贝从江南运到云南，购买当地的金银和马，可以获得丰厚的回报。最后云南行省商议达成共识，一致认为应该禁止从江南输入海贝，并报请中央批准。1276 年的这场讨论引出了关于云南贝币的一个很有意思的重要概念，那就是所谓的"私贶"，下文会对此加以讨论。[92]

不过，政府的禁令恐怕并不能完全阻止江南的海贝进入云南，因为到了明代，海贝仍然大量涌入江南地区。正统二年（1437 年），"行在户部奏，云南系极边之地，官员俸除折钞外，宜给与海𧵅、布、绢、缎、匹等物。今南京库有海𧵅数多，若本司缺支，宜令具奏，差人关支。从之"。[93] 这说明，连南京官仓里也有大量海贝。而在明代，江南海贝最主要的供应者应当是琉球王国。

琉球王国在明清时代是向中国朝贡的海上国家。从地理上看，琉球群岛处在亚热带的海洋水域，那里可以生长海贝。木下尚子曾经讨论了古代中国（包括商、西周和春秋）的宝贝及其迁移路线，虽然缺乏证据，但她依然认为，"琉球列岛很有可能与东亚的古代宝贝流通路线有着某些联系"。[94] 当然，木下尚子并没有谈及在本章所讨论的时代海贝从琉球输入中国的可能性。琉球输入明王朝的海贝最可能来自马尔代夫。首先，历史上并没有证据表明琉球群岛有采集、使用或者向邻近地区出口海贝的习俗。其次，在从 1373 年到 1570 年的两个世纪里，琉球王国同东亚及东南亚建立了广泛而紧密的贸易联系，有数百艘船只前往东南亚国家和地区，包括安南、暹罗、北大年（Patani）、马六甲、苏门答腊、吕宋、爪哇，以及东亚的中国、日本和朝鲜。[95]此外，明王朝 1433 年颁布的禁海令结束了郑和下西洋的航程，给琉球发展海洋贸易带来了黄金机遇。这样，位于东亚边缘的琉球迅速成为连接东北亚和东南亚的枢纽。在 1430 年到 1442 年的十二年间，至少有 31 艘琉球船舶前往阿瑜陀耶、旧港和爪哇。[96]这些船只一般满载中国的货物，如瓷器，前往交换东南亚生产或转口的货物。返航后，琉球便将这些东南亚的货物转口到东亚各国，特别是中国。因此，1434 年琉球朝贡带到中国 500 多万枚海贝并非偶然。此前，郑和下西洋的宝船曾经到达马尔代夫。元代汪大渊和明代马欢的相关记载，以及江南市舶司中的海贝记录都指向一个推论，那就是，元明时期，马尔代夫的海贝也已通过东南亚到达了江南。

由于琉球在此期间和东南亚的紧密联系，海贝自然而然地就被琉球的船只作为压舱物带回琉球。琉球本身不使用海贝，但琉球很可能知道云南使用海贝，也知道江南储有海贝，因此特意将海贝作为琉球的"方物"，也就是特产，贡献给明朝。此外，琉球的使臣也私下携带海贝，利用朝贡的机会为自己牟利。明代规定，琉球朝贡的路线，主要是行海船到福州，然后经陆路到北京，由于风向，也有海船到浙江宁波，然后经陆路到北京。综上所述，琉球虽然本身不产海贝，但它从东南亚转口海贝到了中国的东南地区（福建）和江南（浙江）地区。

我们不妨看下明代的中文文献。先看《明实录》。凡琉球朝贡，《明实录》泛称"奉表贡马及方物"，偶尔提到具体贡物，前期除了马之外还有硫黄，后期增加了胡椒、苏木、香；而琉球《中山世谱》则记载贡方物有马、硫黄、胡椒、苏木，两国文献相符。[97]我们知道，其实马、硫黄、苏木和各种香并非琉球特产，马可能从朝鲜、日本或者安南而来，硫黄等物大致得于东南亚；那么，所谓方物，也就是特产，又是什么呢？

笔者遍查《明实录》，发现虽然绝大多数关于琉球进贡的史料没有提到具体的方物，但是，也有个别史料直接提到了海贝（海巴）。这些海贝主要是由琉球国的使臣自己携带到中国，用来交易获利的。理论上，朝贡使团除了朝贡礼品外，不可以携带其他物品，尤其是私自携带商品到中国来买卖。因此，琉球使臣私带海贝遭到了接待方，也就是福建和浙江两省官员的干涉。

《明英宗实录》卷十五记载，正统元年（1436年），"琉球国使臣漫泰来结制等言，初到福建时，止具国王进贡方物以闻，有各人附赍海螺壳九十、海巴五万八千，一时失于自陈，有司以为漏报之数，悉送入官，因乏赍装，恳乞给价。上命行在礼部悉如例给之"。[98]大致意思就是，琉球国使臣自己带了大的海螺壳90枚，海贝58000枚，因为这些是自己私人的货物，所以没有在琉球国贡品的单子上。福建接待的官员发现了这些海螺壳和海贝（因为需要空间存放），认为琉球使臣漏报了贡品，因而把海螺壳和海贝没收了。琉球国使臣就向英宗皇帝坦陈，这些海贝是用来补助自己的行程的，希望官府能够按价补偿。英宗皇帝明白，各国使臣借公营私是朝贡的潜规则，所以命令礼部按照惯例补偿琉球国的使臣。

第二年，浙江又有官员就类似的事件发表了意见。《明英宗实录》卷二十七记载，正统二年（1437年），"浙江市舶提举司提举王聪奏，琉球国中山王遣使朝贡，其所载海巴、螺壳亦宜具数入官。上谓，礼部臣曰，海巴、螺壳，夷人资以货殖，取之奚用？其悉还之，仍著为令"。[99] 浙江市舶提举司王聪认为，琉球国使臣用船只载来的海贝和海螺壳，应该全部没收入官仓。这里虽然没有直接说海贝和海螺壳是使臣私自携带的，但参考背景，大致如此。英宗皇帝还是持宽容的立场，他引用礼部官员的话说，海贝和海螺壳是夷人用来牟利的，我们拿来有什么用呢？因此下令浙江市舶司把没收的海贝和海螺壳还给琉球国使臣。以上两事，均涉及琉球使臣私带海贝违禁的事，《明史》可以为证。《明史》记琉球国云：

> 正统元年，其使者言："初入闽时，止具贡物报闻。下人所赍海肥、螺壳，失于开报，悉为官司所没入，致来往乏资，乞赐垂悯。"命给直如例。明年，贡使至浙江，典市舶者复请籍其所赍，帝曰："番人以贸易为利，此二物取之何用，其悉还之，著为令。"[100]

则可与《明实录》互证，而琉球国使臣私带海巴明矣。

上述第一则史料提到的海贝数量似乎不多。我们知道，海贝作为压舱物，数量庞大，上岸需要房屋或仓库来堆放。《明宣宗实录》卷八十九谈到了为宁波琉球馆驿建造"收贮之所"，似乎可以从中窥见海贝之事。宣德七年（1432年）——

> 浙江温州府知府何文渊奏，瑞安县耆民言，洪武永乐间琉球入贡，舟泊宁波，故宁波有市舶提举司安远驿，以贮方物馆谷，使者比来，番使泊船瑞安，苟图便利，因无馆驿，舍于民家，所贡方物无收贮之所；及运赴京道经冯公等岭崎岖艰险，乞自今番船来者令仍泊宁波，为便行

在。礼部言，永乐间琉球船至，或泊福建，或宁波，或瑞安。今其国贡使之舟凡三，二泊福建，一泊瑞安，询之，盖因风势使然，非有意也。所言瑞安无馆驿，宜令工部移文浙江布政司于瑞安置公馆及库，以贮贡物。上曰，此非急务。宜俟农隙为之。[101]

也就是说，由于风向，琉球使臣的海船有时会在浙江的宁波或瑞安登陆。而瑞安没有馆驿可以提供住宿，也没有库房可以作为贡物的"收贮之所"。因此，他们请求同意修建馆驿和库房。我们或许可以猜测，修建"收贮之所"也是为了存放海贝。

以上是《明实录》中关于琉球海贝到江南的直接和间接的三份材料，依然太过简略、模糊，不过对我们理解海贝贸易也不无裨益。我们不妨看一下琉球自己的中文史料《历代宝案》，并对两者略加比较。由此可知，海贝确实是方物之一，虽然实际上海贝也是从马尔代夫经东南亚转口而来。

《历代宝案》是琉球国保存的从1424年到1867年的官方档案，系汉文文献，由琉球国本地学者编纂而成，涉及自洪武年间到清末，琉球国同中国、日本、朝鲜以及东南亚各国的政治和经贸往来，文献价值非常高。"宣德九年（1434年）五月初一日"，琉球国中山王尚巴志向明朝进贡，除了各种刀、扇子、屏风、上漆果盒外，还有"硫黄四万斤、鱼皮四千张、各种磨刀石六千三百三十斤、螺壳八千五百个、海巴五百五十万个"。[102]明朝接到琉球使臣后，对贡品进行了清点，发现海巴实际上有5888465枚，"计官贯官报五千五百贯，等余三百八十八贯四百六十五个"。[103]588万多枚海贝，相当于1.3万多斤，这不是个小数目。可惜的是，在此后琉球国向明王朝的进贡礼单中，再也没有见到海巴。可是，根据《明实录》，琉球确实继续携带海巴入贡。康熙五年（1665年），当清王朝和琉球国就进贡方物商讨时，永乐年间的成例被翻了出来。"永乐以来，谕令二年一贡，进贡方物数目，马、刀、金银酒海、金银粉匣、玛瑙、象牙、螺壳、海巴、擢子扇、泥金扇、生红铜、锡、生热夏布、牛皮、降香、木香、速香、丁香、黄熟香、苏木、乌木、胡椒、硫黄、磨刀石。"[104] 则由海巴是永乐以来的贡品可知，其之所以只在礼单上出现一次，恐怕是因为海巴还是被当作压舱物，上不了台面。何况，在上述的将近30种贡品中，一般在进贡礼单上出现的也不过几种而已。此外，以上所谓琉球国方物，除了磨刀石和螺壳外，其他基本上不是从日本来，便是从东南亚来。·

## 私贝

元朝政府对云南的贝币进行了持续的规范和控制，这点可以从所谓"私贝"和"真贝"的问题上看得很清楚。

元代一项重大的经济政策便是实行钞法。然后，有元一代，纸钞贬值一直是中央政府无法解决的重要难题。在云南，这个问题与内地不但有差别，而且也更复杂。当地官员发现钞法很难在云南实行，因为本地社会流行贝币，人们不认可纸钞。因此，云南行省请求中央同意本地使用海贝作为货币，并在官方的赋税、科差、俸禄、资本、赏赐等用途中，均直接使用这种独特的地方货币。至元十一年（1274年），赛典赤·赡思丁（Sayyid'Ajall Shams Al-Din）"拜平章政事，行省云南"，他到云南就任后发现本地人拒行钞法，于是奏请忽必烈允许云南保留贝币。《元史》卷一百二十五记载："云南民以贝代钱，是时初行钞法，民不便之，赛典赤为闻于朝，许仍其俗。"[105]至元十九年（1282 年），"定云南税赋用金为则，以贝子折纳，每金一钱直贝子二十索"。[106]一索海贝即 80 枚，二十索为 1600枚。泰定三年（1326 年），"诏云南行省自愿征八百媳妇者二千人，人给贝子六十索"，[107]也就是说，元朝政府用海贝来支付云南的士兵，作为远征八百媳妇国的津贴。大德三年（1299 年），元朝于各路设置惠民药局，"其所给钞本，亦验民户多寡以为等差"，其所给钞本，各个行省以"锭"计，唯云南以海贝支付，为"真贝一万一千五百索"。[108]天历元年（1328 年），元朝全国的科差（即徭役折成货币或实物）如下："包银差发钞九百八十九锭，贝一百一十三万三千一百一十九索，丝一百九万八千八百四十三斤，绢三十五万五百三十匹，绵七万二千一十五斤，布二十一万一千二百二十三匹。"[109]可见，除了中统钞、丝、绢、绵、布外，还有海贝，而海贝必然是云南缴纳的，"一百一十三万三千一百一十九索"相当于 9000 万枚海贝。又"酒课"，各省均以白银计，唯"云南行省，贝二十万一千一百一十七索"。[110]"二十万一千一百一十七索"海贝相当于 1600 万枚海贝。大德元年（1297 年）前后，刘正出任"云南行中书省左丞"，"始至官，储贝二百七十万索、白银百锭，比四年，得贝一千七十万索、金百锭、银三千锭"。[111]"二百七十万索"相当于 21600 万枚，"一千七十万索"相当于 85600 万枚（如果一个人一秒钟数一枚海贝，不吃不喝不休息，需要数二十七年以上）。也就是说，勤政的刘正在短短的四年内把云南省藩库里的海贝翻了两番。由此可见云南的贝币是如何深入生活的，以至于元朝政府不得不承认它、接受它、适应它。至于禁止或废除海贝，那也是短期内不可能采取的措施。

从《元典章》记载的大德五年（1301 年）关于私贝的禁令可见当时各地输入云南海贝的实际情况：

> 大德五年八月，中书省咨，云南省咨，照得见钦奉旨整治云南事内一款，云南行使巴货，例同中原钞法，务依元数流转，平准物价，官民两便。近来为权势作弊，诸处偷贩私巴，已常禁治，其军民官府，关防不严，或受赂脱放入界，以致私巴数广，官民受弊。仰顺元、大理、临安、曲靖、乌撒、罗罗斯诸处官司，并各各关津渡口，把隘军民人员，常切盘辑，禁治私巴，如有捉获，将犯人随即申解拘该上司，依条断罪，私巴没官，告捉人依例给赏。如所在官吏依前不为关防，通同作弊者，并行究治，钦此。[112]

也就是说，在刘正整治云南财政的那个时代，云南"权势作弊，诸处偷贩私巴"，而"其军民官府，关防不严，或受赂脱放入界，以致私巴数广，官民受弊"。因此，官方再次强调云南各处关口要严厉稽查，"常切盘辑，禁治私巴"。走私海贝的人如果被发现，将"依条断罪，私巴没官"，也就是，人要被拘捕、吃官司，海贝全部没收；如果有人检举且属实，检举人"依例给赏"；如果当地官员不作为，则被视为"通同作弊者"，和走私者一起查办。如此禁令，不可谓不严。不过，效果未必如期盼的那样。值得注意的是，《元典章》提到的几处关口可以帮助我们了解海贝输入云南的路线。顺元、临安、乌撒和罗罗斯分别指现在的贵阳（贵州）、建水（云南）、威宁（云南）和西昌（四川），大理和曲靖分别在云南西部和东部，扼云南交通要道。所有这些大致都在云南的水路和陆路的必经之地。在大理和临安设置关口是为了防止从东南亚输入海贝，而其他关口的设置是为了稽查江南来的海贝。[113]

以上提到的从云南之外（无论是东南亚还是江南）输入的海贝，都被元朝政府视为私贝。而根据元代刑法，"诸云南行使贝法，官司商贾辄以他贝入境者，禁之"，[114]可见私贝是不允许进入云南、在云南使用的，所以又有元成宗在大德九年（1305 年）的旨意。这一年，元成宗铁穆耳（1294～1307 年在位）"以钞万锭给云南行省，命与贝参用，其贝非出本土者同伪钞论"。[115]如前所述，云南本不生产海贝，那么，"其贝非出本土者"是什么意思呢？这当然就是指从境外走私进入云南的海贝。这些"非本土"的海贝，如果被发现，就被视同为"伪钞"，其持有者论罪处分。可是，"伪钞"或许可以从工艺制作上判别真假，而海贝面目一致，一旦进入云南，在市场上流通，根本无法判断哪些是所谓的私贝，哪些又是真贝。因此，真贝和私贝的区别只能存在于纸面上，现实中根本无法区分两者。无论如何，我们大致可以体会到，有元一代，即使海贝受到元朝中央和地方政府的法律和政策的管控，它依然持续进入云南，云南的贝币依然生机勃勃。[116]

不过，有了官方的明文禁令，民间也不得不有些回应。因此，一些民众也不时（被迫）表明他们的海贝是真贝，不是私贝。在元代的一些地方文献，如寺庙的捐赠记录中，信众称海贝为真贝。[117]这与其说是向政府，不如说是向佛祖表明，其钱财来源正当。将外地输入的海贝非法化，表明元朝政府已经开始对贝币制定规矩、加以调控，其最终目的就是将之废除。这样的货币政策表明：一方面中央王朝不得不正视和承认地方权力、习俗和传统；另一方面，中央王朝总在伺机规训和深入地方社会。货币，毕竟是权力，特别是政权合法性的象征。而铸币（就贝币而言，就是海贝的供应）不仅仅是高度集权的中央政府（渴望）的专权（无论是在元朝还是明朝，都不例外），也是一些岛屿上的小型社会——如第八章将要讲述的巴布亚新几内亚土著社会——中的精英的梦想。

## 从孟加拉到东南亚和云南

关于私贩的讨论，必然会走向海贝究竟是如何从印度经东南亚到达云南的。虽然贝币从南诏开始，在云南持续了八个多世纪，可是并非云南所有地区和社会都使用贝币。云南的贝币区域主要在其西部（永胜、鹤庆、安宁、保山、大理、腾冲、邓川、剑川、楚雄、凤仪、陆丰）和南部（晋宁、宜良、泸西、玉溪、通海、石屏、广南、建水），云南东部（也就是后来的贵州）不使用贝币。[118]云南的西部（迤西）和南部（迤南）恰恰连接缅甸、泰国、老挝和越南。傅汉斯也因此指出，连接暹罗和缅甸的陆路是云南海贝到来的主要通道，[119]而这个通道就是所谓南方丝绸之路的干线。南方丝绸之路把中国的西南（包括西藏地区）与其邻近地区（东南亚）和印度联系起来。[120]

七世纪中叶的玄奘和七世纪下半叶的义净，都提到了连接四川和印度的蜀身毒道。他们对这条道路全程的长度和走过它需要的时间的估算都相当接近，这或许能说明，当时人们对此路相当熟悉。唐朝安南（今越南河内）经略使蔡袭的幕僚樊绰，曾经为了调查南诏的情况而搜集材料，在 863 年前后编成了《蛮书》，记录了东南亚沿海许多国家的情况："骠国在蛮永昌城南七十五日程"，"与波斯及婆罗门邻接。西去舍利城二十日程"；"弥诺国、弥臣国，皆边海国也"，"在蛮永昌城西南六十日程"；"女王国，去蛮界镇南节度三十余日程。其国去欢州一十日程"；"水真腊国、陆真腊国。与蛮镇南相接"；"昆仑国，正北去蛮界西洱河八十一日程"；"大秦婆罗门国，界永昌北，与弥诺国江西正东安西城楼接界，东去蛮阳苴哶城四十日程"；"小婆罗门，与骠国及弥臣国接界，在永昌北七十四日程。俗不食牛肉，预知身后事。出贝齿"。[121]此处"蛮"即指南诏，当时南诏与中南半岛诸国乃至印度东北的往来之路程为人所熟知。

唐代的宰相贾耽记载，在通四夷道中有安南通天竺道。《新唐书》详细记录了安南通天竺道，也就是从当时安南都护府穿越中南半岛抵达印度的路线：从安南出发，大致沿红河水路逆流而上进入云南境内，然后经陆路抵达晋宁、柘东城（昆明），西进大理，而后向西南途经永昌，西渡怒江，到诸葛亮城。从诸葛亮城出发到印度，分南、西两路。南路"至乐城二百里。又入骠国境，经万公等八部落，至悉利城七百里。又经突旻城至骠国千里。又自骠国西度黑山，至东天竺迦摩波国千六百里。又西北渡迦罗都河至奔那伐檀那国六百里。又西南至中天竺国东境恒河南岸羯朱嗢罗国四百里。又西至摩羯陀国六百里"；西路"自诸葛亮城西去腾充城二百里。又西至弥城百里。又西过山，二百里至丽水城。乃西渡丽水、龙泉水，二百里至安西城。乃西渡弥诺江水，千里至大秦婆罗门国。又西渡大岭，三百里至东天竺北界个没卢国。又西南千二百里，至中天竺国东北境之奔那伐檀那国，与骠国往婆罗门路合"。[122]

熙宁六年（公元 1073 年），"陕西诸蕃……不欲与中国贸易，自是番马绝迹而不来"。次年，北宋政府下诏成都府，要求在西南买马，而北宋初年对大理国采取封关政策，双边不曾往来，遂"募诸色人入诏，招诱西南夷和买"，于是峨眉进士杨佐，倾其家产，招募了十数人，前往南诏。跋山涉水后，他们终于到了"大云南驿"，站前有"里堠"，其上题有详细的去四方的路线及里程，云："东至戎州，西至身毒国，东南至交趾，东北至成都，北至大雪山，南至海上。"可谓"悉著其道理之详"。不仅如此，驿站里的人，"多有完葺者"，也就是还有完成了这些路线的人。[123]南诏到东南亚、印度等地的交通由此可见一斑。

十二世纪的周去非（1135～1189 年）在其《岭外代答》中也提供了大理到蒲甘乃至印度王舍城（Rājagrha）的大致日程："自大理国五程至蒲甘国，去西天竺不远，限以淤泥河不通，亦或可通，但绝险耳。"又说："余闻自大理国至王舍城，亦不过四十程。"[124]周去非的估算和马可·波罗的估算大致吻合，马可·波罗称，从云南南部到榜葛剌（即勃固）不过三十天的行程，而勃固"和印度极近"。

以上这些中文的路线记载都采取中国向南看的视角，汪大渊和马欢曾经由海路到印度洋，其所记与之相符。汪大渊明确地说，"云南有路可通，一年之上可至"天堂（麦加）其地。他还指出，"西洋亦有路通"天堂，这里的"西洋"大致指印度洋东部，也就是孟加拉湾一带。郑和宝船上的马欢指出，宝船到暹罗后，可以乘小船到上水，上水可通云南后门（第四章已经述及）。

云南与暹罗之间的交通路线对于海贝的运输至为关键。伯希和认为，云南的海贝可能就来自暹罗。[125] 而孟加拉、阿拉干和勃固之间的贸易网络则引起了托梅·皮莱资的注意，他认为海贝在这个网络里充当货币。皮莱资尤其注意到暹罗和云南以及缅甸和云南之间的商道。他说："（这是）合情合理的，他们携带胡椒和檀木经陆路从勃固和暹罗抵达中国——中国的内陆，因为与缅甸做生意的勃固、暹罗人坐桨帆船（lanchara）和小帆船（parao）逆流而上，到达那个地方。去那里的商人一个月内就可以返回，都很高兴。"[126] 因此，孟加拉与东南亚的联系带来了最初的云南海贝，后来才有海贝从江南输入云南。[127]

所有这些文献，无论是中文的还是非中文的，都指向联系南亚、东南亚和东亚的经济贸易网络。在这个经济网络中，使用贝币是一个根本特征，因为这种货币在这些地区长期流通。这个经济网络的中心最可能是孟加拉世界。云南，虽然既不是沿海地区，也不与孟加拉接壤，却是孟加拉这个货币和经济世界所能触及的最遥远的地方。

## 贝币的功能

元代和明代的大量文献为我们生动描述了云南贝币的各种功能。古代中国的货币习俗是异常复杂的，各色各样的货币形式混杂并立，如纸钞、黄金、白银、铜钱以及一些地方性的货币。当李京在十四世纪初到达云南的时候，他说："交易用贝子，俗呼作�。"[128] 1503 年，工科左给事中张文在反对开铸铜钱的奏折中说："臣以为土货之产殊，则贸易之情异，云南专用海�，四川、贵州用茴香、花银及盐、布，江西、湖广用米、谷、银、布，山西、陕西间用皮毛。自来钱法不通，骤欲变之，难矣。"[129] 可见，在当时的内陆或偏远地区，商品货币依然广泛存在，如山西和陕西的皮毛、云南的海贝。[130] 清代的倪蜕一方面强调云南用贝的传统，一方面居然认为明代的滨海地区都以海贝为货币，他说："细考明三百年中，凡海滨地方，悉以用𧵫。至近京师如辽东亦然，不独滇省也。行筹数马，世轻世重，遵制合宜，便民而止，不必泥也。"[131] 他的观点当然不对，不过他可能知道江南等地藏有海贝，所以模糊地认为滨海地区，乃至京师、辽东都用贝币。

明朝政府和元朝政府一样，一方面承认贝币，并在官方的财政中使用贝币，包括收取各种税赋科差、支付俸禄以及馈赠礼物等。[132] 另一方面，明代也承袭元代，采取各种措施来限制贝币的使用。1287 年，"云南行省赛典赤，以改定云南诸路名号来上。又言云南贸易与中州不同，钞法实所未谙，莫若以交会、𧵫子公私通行，庶为民便。并从之"[133]。按照赛典赤的建议，纸钞和海贝属于官方规定的在云南的钱法。而在具体的征税上，或许是考虑到边疆的特殊和稳定，忽必烈汗同意云南的税赋以黄金计算，但以海贝缴纳，黄金一钱等于海贝 20 索（1600 枚）。这样，在云南税赋的征收中，就出现了黄金和贝币并立的货币制度。至正（1341～1370 年）初年，王升任云南诸路儒学提举，"征大理积年逋欠𧵫六十二万（索），粮食一万九千余石"。[134] 可见，到了元朝末期，在对税赋的实际征收中，大理还完全以海贝缴纳。不过，我们也不能忘记，在日常生活中，白银也是主要的货币。一旦政府将贝币纳入税收体系，大量海贝便流入各级官仓当中。[135] 此前已述，1304 年云南省的酒课为 201117 索海贝。[136] 天历元年（1328 年），全国的科差，除了钞丝、棉布外，还包括 1133119 索海贝，想必这都是云南的贡献。[137]1297 年，云南省库存 270 万索海贝；到了 1301 年，海贝增加到 1070 万索。[138]1 索即 80 枚海贝，以此计算，光是云南省官仓内就有超过 10 亿枚海贝。

到了明代，以海贝纳税的方式也逐渐被控制。朱元璋刚刚征服云南时，允许"云南以金、银、贝、布、漆、丹砂、水银代秋租"。[139]这表明，明朝政府了解到云南的实际情形后，不但允许缴纳实物，也允许以云南特有的货币来支付秋租。此外，地方的科差、土司土官的贡纳、差发也允许以海贝支付。《明史》记载，西南的"土官十余部，岁当贡马输差发银及海肥，八府民岁当输食盐米钞。至景泰初，皆积逋不能偿"[140]。正统六年（1441 年），明英宗大赦天下，"云南所辖拖欠岁办差发金、银、米、钞、海肥、马、牛、细布，俱自正统五年十二月以前尽行蠲免"。[141]云南和贵州有些地方并不使用贝币，但由于一刀切的政策，它们被迫从其他地方购买海贝来上交。永乐九年（1409 年），溪处甸长官司副长官自恩到北京朝贡，"贡马及金银器，赐赉如例"。自恩上奏曰："本司岁纳海肥七万九千八百索，非土所产，乞准钞银为便。"而户部"以洪武中定额，难准折输"。永乐皇帝则说："取有于无，适以厉民，况彼远夷，尤当宽恤，其除之。"[142]

元代云南的租税是可以全部用海贝缴纳的，明代则逐步改变了政策，可见贝币的法定空间逐渐缩小，例如后来的英国东印度公司在孟加拉地区所为。成化十七年（1481 年），"定云南户口商税等课钞法时，所司奏云南乏钞，请折收海肥"。于是户部拟定，"十分为率，三分仍征本色。其七分以海肥"，并规定了海贝和纸钞的汇率变动："海肥一索折钞一贯至三贯，有差从之。"[143]

正因为云南使用贝币，所以在租税科发之外，明代的皇帝以海贝赏赐驻守云南的诸王，也以海贝折付官员与军士的俸禄。洪武二十八年（1395 年），朱元璋心疼封到云南的儿子岷王，告诉户部尚书："岷王之国云南，粮饷不敷其王国，岁与米六百石，金银则贮之王府，钱钞海贝诸物则送布政司，收之以备用。"[144]也就是说，朱元璋每年不但给在云南的儿子提供米、金、银、钱钞，还提供海贝。永乐皇帝沿袭了父亲的做法，于永乐元年（1403 年）赐给大理的汝南王海贝等物。此年正月，"命汝南王有勋居云南大理，赐钞二万锭，海贝十万索"[145]。

关于折付云南当地官员与驻军的俸禄，可以从大德六年（1302 年）的一条史料中清晰地看出来。这一年，元成宗"诏云南行省自愿征八百媳妇者二千人，人给贝子六十索"[146]。这一习俗当然也就传袭了下去。正统二年，"行在户部奏，云南系极边之地，官员俸除折钞外，宜给与海贝、布、绢、缎、匹等物。今南京库有海贝数多，若本司缺支，宜令具奏，差人关支。从之"[147]。三年之后，正统五年（1440 年），由于云南此年税粮不足，户部再次请求将在南京的海贝运到云南，"折支余俸"。《明实录》记载："行在户部奏，云南夏秋税粮数少，都、布、按、三司等官俸月支米一石，乞将南京库藏海贝运去折支余俸。上命支五十万斤，户部选官管送，不许迟误。仍饬云南布政使司务依时直准折，以称朕养贤之意，俟仓廪有储，即具奏闻，如旧支米。"[148]明英宗还强调两点：第一，海贝的兑换要按照当时的市场价格折换，以免让官员吃亏；第二；一旦云南粮食充足了，就仍旧发米给各级官员。

正统十年（1445 年），又出现了与五年前一样的情形：云南由于征粮不足，被迫再次以海贝充米发给驻军军官。"户部奏，云南岁征税粮数少，都指挥等官俸粮，本色支米外，折色支海贮，今宜减米一石，添折色一石。"不过，根据英宗皇帝当年的旨意，折付海贝不能亏待官员，户部建议每石米折兑的海贝从 70 索增加到 100 索，因为"旧时每石折海贮七十索，今米价腾踊，宜增三十索是也。从之"[149]。正统十年云南"米价腾踊"的原因在于麓川之役。正统年间，明王朝于正统四年（1439 年）、正统六年（1441 年）、正统七年（1442 年）和正统十三年（1448 年）四次出兵云南南部的勐卯（麓川），导致粮食价格飙升。四年之后，麓川之役结束，米价开始下跌，户部认为每石米折成 100 索海贝于政府有亏，于是就改变了政策。正统十四年（1449 年），"重定云南文武官俸粮例。先是因征进麓川，撙节粮储，三司官每月支米一石，各卫指挥以下依品级减支，余皆折钞并海贮。至是以麓川既平，户部定拟三司堂上官每月支米三石五斗，军官指挥月支三石，正副千户、卫镇抚百户二石五斗，试百户所镇抚二石；文职官四品二石，五品至七品一石五斗，八品至杂职一石，旧米一石折海贮一百索，揆以时直有损于官，今宜折六十索。从之"[150]。

由此可见，明代中央政府确实掌握着相当数量的海贝。以正统五年（1440 年）调拨的 50 万斤海贝来看，这就是一个天文数字。以马尔代夫所产的货贝而言，大约 400 枚重 1 磅，则50 万斤海贝至少相当于 2 亿枚海贝。此外，这些海贝不是云南省藩库里的储备，而是主要贮藏在南京。明代中央政府既然能从南京调拨海贝去云南，则如元代一样，江南官库必然贮存有海贝。查《明实录》可知，在太祖和太宗两朝，户部每年进行人口财政统计时，确实有对海贝数量的统计（表 5.3）。

表5.3  《明实录》洪武、永乐两朝户部统计海贝数量

| 年份 | 海贝（索） | 年份 | 海贝（索） |
|---|---|---|---|
| 洪武二十六年（1393 年） | 316000 余 | 永乐十年（1412 年） | 341144 |
| 洪武三十五年（1402 年） | 48894 | 永乐十一年（1413 年） | 338689 |
| 永乐二年（1404 年） | 321721 | 永乐十三年（1415 年） | 343328 |
| 永乐四年（1406 年） | 342322 | 永乐十四年（1416 年） | 333389 |
| 永乐五年（1407 年） | 33720 | 永乐十八年（1420 年） | 331006 |
| 永乐六年（1408 年） | 340465 | 永乐二十二年（1424 年） | 332006 |
| 永乐九年（1411 年） | 334883 | | |

资料来源：表中数字从韩国作《明实录》电子版（http：//sillok. history. go. kr/mc/main. do）搜索"海贝"得来。

从表5.3可知，除了个别年份（1402年和1407年），户部统计的每年年底国家贮有的海贝量都在34万索上下，这个数字不能和元代云南省的官库相比，甚至和1440年的50万斤海贝相比也只是个零头。以1424年计，332006索海贝不过等于2656万枚海贝，仅为2.63亿枚海贝（50万斤）的八分之一。这不得不提醒我们思考几个问题。假如永乐年间的统计是正确的（正确的可能性很大），则从永乐到正统年间，不过一二十年，为什么国库突然多了这么多海贝？我们不能不算上郑和宝船后期从印度洋带回的海贝。可是，经查，永乐年间海贝的数量基本都在34万索上下略微浮动，这实在让人怀疑宝船带回海贝的可能性。而最大的可能性就是，郑和宝船吸引了东南亚乃至印度洋的商船，它们带来了许多海贝，而其中最大的供应者，很可能就是琉球和马尔代夫（正统年间三次入贡）。其次，这些海贝藏在何处？笔者以为这30多万索的海贝，主要藏在南京的户部仓库，如前所引正统二年户部的奏折："云南官俸除折钞外，宜给海贝等物，今南京库海贝数多，若本司缺

支，宣令具奏关领。"

以上谈的是政府的财政，下面我们看看民间经济中的贝币。在明代的云南社会，贝币不仅用来支付日常生活中的小额交易，还用来支付一些涉及土地、山林、房产等的大额买卖。嘉靖二十七年（1548 年），云南临安卫军丁钟大用、钟大节（当是兄弟）购买舍丁董一言、董志良父子名下的房产，双方议价以白银计，但支付却用海贝，十分有趣。在 1956 年 9 月的《历史研究》发表了李家瑞的文章《古代云南用贝币的大概情形》之后，云南省博物馆工作人员开始在全省搜集相关资料，从通海征集到上述购买楼房的契纸一件，兹录于下：[151]

> 　　立绝卖房契人系临安卫右右千户所董千户下舍丁董一言同男董志良，为因家下急钱使用，别无得处，情愿将自己原买到楼房一所，前后上下四间并天井平房一间，门扇俱全，东至郑秀房，南至张儒房，西至街，北至祁发信房，四至分明，坐落北门内正街。其房因为歪斜倒塌，不堪住坐，凭中议作时价纹银二十四两重，其银恐有杂色，不及银水，每两估时值海肥九十卉，共该肥二千一百六十卉整。立契绝卖与前所乡百户所军丁钟大用、钟大节名下永远为业，听从修理住坐。当日房银两相交付，明白了当。[152]

此买卖房屋契约，不但说明了贝币可用来支付大额交易，而且揭示了一个关于贝币和白银的有趣现象。虽然明末以来白银在中国社会广泛流通，可是，白银并不是明清的法定货币，政府并不铸造银币，因此，各种在市场上流通的白银成色不一，普通人对白银的成色无法辨识。在这个契约中，就出现了这个现象。虽然楼房是以白银估值，但由于市场上的白银"恐有杂色"，双方同意以海贝支付。1 两白银折合海贝 90 索（7200 枚），则说明海贝的价格相当不错。由此看来，海贝没有伪造问题、成色问题，在价格稳定的情况下，反而比白银可靠！

以上是买卖楼房的情况。马德娴根据搜集的明代契约和碑铭指出："云南民间存有的明代契纸，多系用贝作货币，而尤以各地寺庙的常住田碑及修桥补路的碑记，多以贝作货币。"[153]方慧对元、明、清初的金石文契也做了整理，指出："当时贝币的使用范围非常广阔，举凡民间买卖、布施、借贷、典押，以及上缴赋税等，均有其例。"[154]此外，海贝也可以用来买书、买衣物布匹、买鞋、支付利息以及储值，[155]而以寺庙布施更为常见。从南诏晚期和大理国时期开始，海贝在佛教活动中扮演着极其重要的角色。如清迈王国的泰人一样，云南的信徒常常直接向寺庙捐赠海贝。前已述及，1972 年，在清理大理崇圣寺千寻塔顶时，人们发现了 38000 多枚海贝。[156]这种习俗在明代已经深入云南民间。除了直接捐赠海贝外，信众们还以海贝购买田地献给寺庙，或者以海贝来支付铸钟、印经等做功德。[157]明代大理喜洲的《石碑寨祖庙记》就记录了当地 11 位李姓信众捐献海贝、田地、石碑、树木等钱物的事迹。其中李桂"舍𧵥一千五索"；李连"舍河关涧内地一丘"；李继先"舍本院核桃一树，小柿子一树，𧵥二百索"；李接舍"地一丘"；李全"舍𧵥一百索"；李太"舍𧵥一百索"；李烂舍田一丘；李山舍地二丘；李彦文"舍石碑一座，舍𧵥一百五十索"；李镜"舍𧵥一百五十索"；李德"舍𧵥一百五十索"。[158] 当内地的汉人到云南之后，无论是官员、军士还是农民，都很快用上了贝币。1511 年的状元杨慎（1488～1559年）被流放到云南后，1532 年在大理（叶榆）花了 200 索海肥买了《群公四六》一书。他说："壬辰之春于叶榆书肆，以海贝二百索购得《群公四六》古刻，乃宋人所集，不知名氏，自甲至癸凡十卷。"[159] 这说明汉人精英在云南也习惯以海贝买卖。

在明代，贝币的借贷功能相当突出。有时候，借的是白银，但利息以海贝支付；有的时候，借还均为海贝。如万历五年（1577 年），张瑚借到"松纹银一两五钱，每月共利贝五索"；万历十年（1582 年），孙维忠借到"海贝二百索，每月行利巴八卉，限至次年二月终一并交还"。[160] 由于贝币承担了货币的全部功能，明代的云南见证了海贝的大量流通。因此，到了明末，云南便出现了所谓的"巴行"，也就是海贝兑换纸钞、白银的兑换处。万历十八年（1590 年），"楚雄县东街巴行张继先，今于本县爷爷前与执结，依奉在街两平交易"。[161] 也就是说，张继先是为了在楚雄东街开一个以海贝兑换为生意的巴行，才向楚雄县太爷保证公平买卖，这样才能取得巴行的执业许可。李家瑞指出，楚雄距离省城昆明 200 多公里，云南各大中城市承办海贝兑换业务的巴行想必甚多，而官家则是其中的最大主顾。其实，十六世纪的巴行和几百年前在印度就有的海贝兑换商是同一种性质的行业，都是在多元货币体系下出现的货币兑换服务。

除此之外，海贝作为财富象征的属性也在其储值功能上体现了出来。早在元代，李京就注意到，云南的"翰泥"（哈尼），有人"家有积贝，以一百二十索为一窖，藏之地中，将死则嘱之子曰：'我平日藏若干，汝可取几处，余者勿动，我来生用之。'"[162]。清代云南巡抚张允随（1693~1751年）曾说："云南古不毛之地，贝盈千索，便为富家，以银而论，未及百金。而至今犹称富民，曰'有呗'。"[163]可见在云南，海贝便是财富的别称。

综上所述，海贝在云南承担了所有的货币功能，即流通手段、价值尺度、支付手段和贮藏手段，因而是完全意义上的通用货币。尤其还需要指出的是，作为中国的边疆，云南使用的贝币参与了各种各样的交易，跨越了空间、族群、阶级的界限。[164]

随着贝币逐渐深入社会和日常生活，其价值也逐渐衰减。十七世纪初的谢肇淛（1567~1624年）曾出任云南参政，发现"滇人以贝代钱，每十贝当一钱，贫民诚便。然白银一两，当得贝一万枚，携者不亦难乎？且易破碎，非如钱之可复铸也"。谢肇淛认为以海贝作零钱，给贫苦百姓带来了方便。然而，他又认为，海贝易碎，不如金属钱币，后者破损了还可以回收重铸；此外，一个铜钱换10枚海贝，一两白银换1万枚海贝，这么多的海贝携带实在不便。[165]谢肇淛的观点当然是中国传统士大夫的见解，那就是，铜钱远胜于海贝。殊不知，海贝之所以能够成为货币，就是因为它具有胜过金属铸币之处。当然，谢肇淛指出了大额交易使用海贝的不方便之处，这也是实情。海贝运输和携带带来的挑战，在英属印度和西非同样存在，当地的百姓或商人都发明了许多种方式来克服或规避贝币的这些不便。

前已述及，元代和明代政府都试图规范、控制、缩减并达到最后取消贝币的目的。元代企图区分所谓真呗与私呗，严厉禁止从云南境外输入海贝，从而控制贝币的规模。明代则更进一步，曾经于 1555～1565 年、1576～1580 年和 1626 年三次在云南开铸铜钱，力图以铜钱取代海贝。[166]前两次铸币都失败了，主要原因一是铸币的工本超出了回报，二是当地社会和人群习惯了贝币，对于铜钱并不热衷。[167]第三次开铸铜钱获得了相对的成功，其原因包括：云南的汉人已经占人口的多数、政府执行有力，以及海贝在全球范围内贬值。

明清交替期间，云南一度在大西政权的控制下，而后吴三桂于 1659 年至 1681 年统治云南。大西政权的首领孙可望，"亦铸伪'兴朝钱'，禁民用贝。违令者刖劓之"[168]。我们下面会谈到，正是在明清交替的十七世纪中期这段时间，贝币作为一种货币形式逐渐从云南消逝。

除了货币功能，海贝也常常在十世纪到十七世纪的地方墓葬中被发现。当时云南以火葬为主，在墓中的陶罐中经常可以发现海贝，数量从几个到上千个不等。这或许和海贝是财富象征的观念有关。因为至少在清代的云南，"至今犹称富民曰'有𧵳'"，也就是拥有海贝的人。[169]所以大众都明白海贝的寓意，因为希望死后的人亦有财富相伴。

## 消逝：全球与地方

贝币在云南大约存在了八百年之久，但它突然在十七世纪中期的二三十年内从云南消退，这令人吃惊。[170]当然，在此之前，云南的贝币经历了长期的贬值和流通的衰减。傅汉斯曾经仔细研究了海贝与白银的兑换率，并指出，大约从十七世纪初开始，从孟加拉经暹罗和缅甸运输海贝到云南不再有利可图。[171]万志英则说，海贝的贬值"给从沿海地区进口海贝泼了冷水，于是到十七世纪五十年代，也就是几十年之后，贝币突然再次消失"。[172]

关于贝币体系在云南的崩溃，学者们强调了两个可能的因素：一个是政府，也就是中央政府的渗透和控制；另一个是更广阔的贸易世界及其发生的变化。[173]第一种观点侧重于分析政府如何利用权力控制和废除贝币，以使帝国达到并巩固对边疆的渗透。以此而论，政府的政策和地方的反应诠释了贝币体系在云南的崩溃。第二种观点视野相对开阔，指出必须把贝币的结束置于全球的背景当中去考察，原因无他，就是云南贝币是一个更大的货币和贸易世界的组成部分。

第一种观点关注政府政策导致的云南地方的变化。学者们指出，在十七世纪中期之前，云南由于生产力落后，社会经济长期处于落后状态，所以贝币这种原始货币才会出现并被使用，此后云南贝币的消失则是商品经济繁荣的必然结果。[174]江应樑则指出："元明时中国直接统属了云南，自此而后，云南与暹罗之经济关系乃渐不如与中国之深切。"在这种情况下，中国的货币自然而然就应该成为主体，只须政府铸行足够的钱币即可。[175]江应樑因此指出，云南长期缺乏铜钱是贝币持续几百年的关键因素，他说："元及明末以前，因为钱币数量不敷流通，故海𧵪之使用仍继续盛行，直到明末清初云南大量铸造铜钱以后，铜钱有充分的供给准备，于是海𧵪之使用乃废止。"[176]杨寿川分析了云南的市场发展，认为"政治上的'改土归流'和经济上的移民屯田等，大大促进了云南社会经济的迅速发展"，这样，"长期以来公私通用、细碎微贱的天然海贝"显然无法满足商品交换的需要。与此同时，云南地方的铜矿开采为铸币提供了宝贵的原材料，使得铸币成为可能。明清交替之时，云南的大西政权推行了新的货币政策，禁止使用贝币，建造了 18 座冶炼炉，开铸铜钱。因此，到了明末清初，"在云南流通了两千多年的贝币因不适应商品交换的需要而完全卸去了作为货币的社会功能"。[177] 在他们眼里，贝币被铜钱取代是经济规律的自然结果。政府的政策恰恰反映了这个经济规律。总而言之，贝币的消退，一方面是中央政权渗透的结果；另一方面，它也强化并象征着帝国对边疆和族群的渗透和控制。

万明认为，过去研究云南贝币的消亡只聚焦于铜钱的作用，"迄今未见揭示贝币消亡首先是亡于白银，而非亡于铜钱"。她认为"海贝主币地位的丧失，是为白银所替代的，而非铜钱"，因而强调白银的作用，特别是晚明时期税收的白银货币化对贝币的冲击。[178] 明代开启了白银货币化的进程，云南也不例外。在元代，白银不是云南的主要货币。到了明代，白银货币化进程和国家的赋劳役、财政改革重合在一起，云南也处在这一进程中，从而白银变成了主币，"从折银到征银，无疑都是从根本上冲击了云南独特的货币体系"。[179] 十六世纪下半叶开始的晚明社会经历了一场重要的财政和货币改革，那就是白银的货币化和相应地以白银来缴纳税赋。在云南，这个变迁也非常明显，即贝币衰退和白银逐渐占据了主流。万明分析了明代云南地方税收中海贝的份额，发现在十七世纪初海贝的使用已经明显衰减；与此同时，白银在云南地租和其他科发中的份额则表明，白银货币化取得了巨大的进步。[180] 因此，白银已经深入云南地方的官方空间和民间空间，而贝币的空间逐渐被压缩，贝币逐渐不再被用来支付税赋。万明强调，正是在这样的历史背景下，白银货币化，特别是白银在中国（包括云南）政府征税中的使用，成为云南贝币消亡的主要原因。[181] 因此，万明认为，白银而非铜钱是云南贝币衰退的关键。当然，此后海贝作为小额零钱在云南又持续存在了一个多世纪。万明讨论的白银在云南成为主币的过程，也就是傅汉斯等人注意到的有明一代海贝之于白银逐渐贬值的过程。

第二种观点有着宏大的视野，把视野延伸到了东南亚、南亚、印度洋，甚至是更远的贸易世界，这是一种全球的视野。这种视野为云南贝币的消失提供了一种截然不同的解释。全球视野的开创者是云南研究的集大成者方国瑜先生。第二种观点则把视线投到了广阔的贸易世界。方国瑜指出，云南的贝币是从沿海地区运来的，因此，即使中央王朝禁止使用贝币，贝币还是可以从沿海地区源源不断地流入云南。就这点而言，方国瑜的观点和第一种观点恰恰相反，他暗示政府的政策有可能是违背经济规律的。方国瑜的高明之处在于，他审视了贝币的来源地，也就是中南半岛的沿海区域。方国瑜认为，要理解贝币在云南的长期存在，就必须看到中南半岛和云南的密切联系。同理，要理解贝币在云南的消失，也必须考察中南半岛发生了什么。那个时候，正是欧洲殖民者到达南亚和东南亚的时候。欧洲殖民者的到来破坏了云南和东南亚的联系，也就是破坏了原有的贸易网络，所以，云南和东南亚的联系被削弱了。贝币，作为这种联系的重要组成部分和象征，也就无法维持下去。一句话，方国瑜认为，欧洲殖民主义对南亚和东南亚贸易秩序的破坏，是导致云南贝币制度崩溃的关键因素。

方国瑜是具有洞见的学者，但他得出的欧洲殖民主义摧毁东南亚贸易网络的结论是不可靠的。事实上，刚刚到达南亚和东南亚的西方商人并未摧毁，而是介入和借助了原有的贸易体系。他们依赖印度人、马来人，同中国人进行交易，慢慢地，到十八世纪和十九世纪，随着坚船利炮的殖民主义的扩张，他们才在这种贸易中取得了统治地位。但是，方国瑜认为贝币的消失与其来源必然有关的解释是振聋发聩的。张彬村便扬弃了方国瑜的观点。张彬村的切入点是，为什么贝币在二十年间（1660～1680 年）突然消失了？[182]他认为，政府政策或商品经济的发展以及市场的扩展，不足以解释这个现象。和方国瑜一样的是，张彬村看到了欧洲的扩张与贝币的消失之间的联系。和方国瑜不一样的是，他认为欧洲的资本主义既没有破坏原有的贸易体系，也没有故意阻止贝币的流通。张彬村的研究表明，海贝－黑奴贸易对印度洋海贝有着巨大的需求，从而摧毁了云南的海贝供应。因此，贝币在云南的崩溃是欧洲资本主义扩张的一个出乎意料的结果。[183]他说：

> 我们因此认为十七世纪滇贝的崩溃肇因于供给不足，而供给不足的历史原因是当时的南亚次大陆乃至世界其他地区的经济局势之剧变，导致马尔代夫海贝需求的空前强烈。地处中国西南边陲的云南在十七世纪被卷入当时世界贸易体系的海贝竞争中，很快成为西非、孟加拉等海贝通货区面前的失败者。有趣的是，竞争的失败却驱使云南的货币系统融合于中国本部，也因此成为云南内地化的一个重要里程碑。[184]

一句话，全球变革是导致中国西南边疆内部变革的一个关键因素。

以上两种观点其实都有道理，明代以来云南地方的变化和全球格局的变动都与云南贝币体系的崩溃直接相关。当孟加拉湾的贝币价格直上云霄的时候，云南的贝币相对白银和铜钱而言实际上在贬值，因此海贝输入云南不再有利可图。[185]贝币在云南贬值甚至有可能导致海贝从云南外流。那么，云南的贝币为什么会贬值呢？贬值的原因无他，在于明王朝对云南的控制。在明王朝控制的两百多年间，云南有两三百万汉族移民或者移民后裔。到天启年间（1621～1627年），云南的汉人人口可能达到了300万，成为云南最大的族群。[186]汉人的农耕经济、经济体制、文化习惯，不可避免地对云南原有的社会制度、文化风俗包括货币制度有所影响。与此同时，白银在明代经历了货币化的巨大转变，成为国家赋税的主币，对云南的贝币具有强大的冲击力。与此同时，明政府曾经三次在云南铸钱，以期用铜钱取代贝币，效果虽然不彰，但或多或少削弱了贝币体制。因此，贝币相对白银和铜钱的贬值也是长期社会环境变化的结果。换言之，云南贝币长期存在，是由于受到了印度洋经济网络的影响，而其在云南的突然消逝，很大程度上是扩张进入印度洋、西非和新大陆的欧洲现代体系作用的结果。贝币从中国西南消退，和白银从中国东南流入一样，都是全球化带来的变化。这样看来，全球和地方的场景和因素互相交错，造成了云南贝币的兴衰浮沉。

云南的贝币制度，为以疆域为圭臬的历史研究提出了许多有趣而敏锐的问题。贝币代表了印度洋经济体系对中国内陆地区的长久而深远的影响，凸显了囿于民族国家或帝国疆域的历史研究的尴尬、无力和违和。毕竟，无论是民族国家、帝国，还是其他政权实体，并非太初有之，亦并非一贯如此，而是经历了一个个历史过程而形成的。因此，传统的空间划界以及相应的范式无法为贝币制度等本质上跨疆界的问题提供令人满意的答案。

云南的贝币制度整体上在十七世纪中期便消亡了，不过零星的贝币一直到清代康乾年间依然可见，尤其是在边远地区。康熙年间修的《新兴州志》记载，在位于滇南的新兴州，"明末银一两敌贝三五百索；清顺治四年，每两至七百索"，而在位于滇边远地区的泸西等地，乾隆年间还有人捐赠贝币。[187]至于海贝与贝币在云南留下的文化遗产，民间亦清晰可见。在贝币消亡之际，倪蜕便注意到，顺治十七年（1660年）云南"开局铸钱，以利民用。于是肥贝散为妇女巾领之饰"[188]。江应樑指出，在《云南通志》记录的云南境内"夷民一百三十八种"中，明确"以贝作装饰的"有十二种，他们或用海贝装饰于"发上或头上"，或装饰于"衣领及头上"，或装饰于"裙边或位于腰际"；云南的汉人也采用了贝饰的风俗，尤其见于小孩的帽饰。[189]这种风俗在贵州的花苗中也非常流行。此外，楚雄的"黑罗罗"则用海贝等物作为占卜的工具。[190]大理的白族则用贝来殉葬，有的甚至把整罐海贝埋在火葬墓中，这恐怕是南诏大理时期传袭下来的习俗。相比较而言，海贝在云南的这些功能与在世界其他地区大同小异，不过就是宗教、文化和美学上的体现而已。

简而言之，云南是孟加拉地区的贝币体系向东扩展的极北端，除了云南，贝币并没有进入中国南部。于是，问题来了：贝币向北扩张到中亚和中国北方的情况如何呢？下一章我们便讨论先秦中国的海贝。

## 注　释

1. 李京，《云南志略》，方国瑜编《云南史料丛刊》，昆明：云南大学出

版社，1998 年，卷 3，第 128 页。（李京于大德五年，即公元 1301
年，由枢密宣慰乌蛮等地，寻升乌撒乌蒙道宣慰副使，佩虎符，兼管
军万户府，著有《云南志略》。——译注）

2. 《元史》，北京：中华书局，1975 年，卷 21，第 466 页。

3. 关于云南海贝的中文研究，参见杨寿川编著，《贝币研究》，昆明：云
南大学出版社，1997 年。非中文的研究，参见 Pelliot, 1959；Hans
Ulrich Vogel, 1993, Part I & II；2013；Bin Yang, 2004；2008；2009；
2011a, "The Rise and Fall"；2011b, "The Bay of Bengal"；2012。中国
大陆最近关于云南海贝的研究是万明的文章，可惜她并没有参考相关
英文文献。万明，《明代白银货币化——云南海贝货币消亡的新视
野》，《澳门研究》，2017 年第 3 期，第 115～133 页。

4. 有关云南的历史进程，参见 Bin Yang, 2008 & 2009。

5. 1413 年，明王朝从云南省分出贵州省。

6. Bin Yang, 2009, 197 – 210.

7. 有关南诏之历史，参见 Charles Backus, *Nan – chao Kingdom and T'ang
China's Southwestern Frontier* (Cambridge and New York：Cambridge
University Press, 1981)。

8. 《旧唐书》卷 197 记，元和"四年正月，以太常少卿武少仪充吊祭
使，仍册牟寻之子骠信且蒙阁劝为南诏王，仍命铸'元和册南诏
印'"。则"骠信"之头衔声闻于唐室可知。《旧唐书》，卷 197，第
5284 页。——译注

9. 杨寿川，《贝币研究：中原与云南用海贝作货币的历史》，《贝币研
究》，1997 年，第 1 页。

10. 有关滇文化的考古研究，特别是关于海贝和贮贝器，参见 Michèle
Pirazzoli – t'Serstevens, "The Bronze Drums of Shizhaishan, their Social
and Ritual Significance," in *Early South East Asian*, eds. R. B. Smith
and W. Watson (Oxford：Oxford University Press, 1979), 125 – 136;
"Cowry and Chinese Copper Cash as Prestige Goods in Dian," in *Southeast
Asian Archaeology 1990：Proceedings of the Third Conference of the
European Association of Southeast Asian Archaeologists*, ed. Ian Glover
(Central for South – East Asian Studies, University of Hull, 1992), 45 –
52; Charles Higham, *The Bronze Age of Southeast Asia* (Cambridge：
Cambridge University Press, 1996), 142 – 173。

11. 蒋志龙，《滇国探秘》，昆明：云南教育出版社，2002 年，第 320 ~ 321 页。

12. 张新宁，《云南江川县李家山古墓群第二次发掘》，《考古》，2001 年第 12 期，第 35 页。

13. Charles Higham, 1996, 147.

14. 李埏，《序》，杨寿川编著，《贝币研究》，1997 年，第 3 页。

15. Hans Ulrich Vogel, 1993, Part I, 216 – 18；杨寿川，《贝币研究》，1997 年。

16. Michèle Pirazzoli – t'Serstevens, 1992, 49.

17. Wicks, 1992, 39 – 41.

18. Michèle Pirazzoli – t'Serstevens, 1992.

19. 方国瑜，《云南用贝作货币的时代及贝的来源》，《贝币研究》，1997 年，第 30、36 页。

20. Pelliot, 1959, 552.

21. 蒋志龙，2002 年，第 321 页。

22. 方国瑜，1997 年，第 28 ~ 64 页，特别是第 30 页。

23. 萧清，1984 年，第 207 ~ 208 页。

24. 杨寿川，《贝币研究——中原与云南用海贝作货币的历史考察》，《贝币研究》，1997 年，第 13 页；《云南用海贝作货币的历史考察》，《贝币研究》，第 119 页。

25. 王大道，《云南出土货币概述》，《四川文物》，1988 年第 5 期，第 31 页。

26. 李家瑞，《古代云南用贝币的大概情形》，《贝币研究》，1997 年，第 95 页；方慧，《从金石文契看元明及清初云南使用贝币的情况》，《贝币研究》，1997 年，第 128 页。

27. 江应樑，《云南用贝考》，《贝币研究》，1997 年，第 83 页。（江应樑此文发表于 1948 年。——译注）

28. 檀萃，《滇海虞衡志》，昆明：云南人民出版社，1990 年，第 179 页。

29. 相关论述，参见 Hans Ulrich Vogel, 1993, Part I。

30. Hans Ulrich Vogel, 1993, Part I, 221 – 46；杨寿川，《贝币研究》，第 6 ~ 7 页；方国瑜，1997 年，第 31 ~ 32 页；李家瑞，1997 年，第 97 ~ 101 页。

31. 彭信威，《中国货币史》，上海：上海人民出版社，1965 年，第 28 页。(彭在同书第 21 页注解 20 指出："元明间云南用贝同中国古代用贝可能没有直接关系……我倾向于认为云南在近代的用贝是受印度的影响。"——译注)

32. 江应樑，1997 年，第 92 ~ 93 页。

33. 李家瑞，1997 年，第 98 页。

34. 杨寿川，《云南用贝作货币的起始时代》，《贝币研究》，1997 年，第 71 ~ 72 页。

35. Von Glahn, 1996, 101.

36. Hans Ulrich Vogel, 1993, Part I, 237.

37. 张彬村，《十七世纪云南贝币崩溃的原因》，《贝币研究》，1997 年，第 199 页。

38. Hans Ulrich Vogel, 2013, 257.

39. 有关讨论，参见刘世旭，《"南方丝绸之路"出土海贝与贝币浅论》，《中国钱币》，1995 年第 1 期，第 3 ~ 7 页。(广西贺州、宜州、忻城的岩洞葬中发现 32 枚天然海贝，是岩洞葬的陪葬品之一，时代约为战国晚期，多数长度在 2 厘米左右，其中 5 枚长达 3 ~ 5 厘米。笔者认为这说明了云贵地区海贝文化在广西的传播。见黄启善，《广西贝币研究》，《广西金融研究》，2001 年（增刊），第 20 ~ 23 页。——译注)

40. 指东汉时期云南的墓葬中没有发现海贝。——译注

41. Peng Ke & Zhu Yangshi, "New Research on the Origin of Cowries in Ancient China," *Sino - Platonic Papers. 68*, www. sino - platonic. org/complete/spp068 _ cowries _ china. pdf, Department of East Asian Languages and Civilizations, University of Pennsylvania, Philadelphia, PA 19104 - 6305 USA, 1995, 1 and 12.

42. 虽然很多学者（包括曾经的笔者）都这样认为，可是汉代西南的永昌郡是非常繁华的贸易中心，"永昌出异物"生动揭示了跨境贸易给永昌带来的名声。因此，这些推测很难成立。——译注

43. Wicks, 1992, 42, 45.

44. Wicks, 1992, 45.

45. Edward H. Schafer, *The Vermilion Bird：T'ang Images of the South* (Warren, Conn.：Floating World, 2008), 208. [薛爱华，1913 ~ 1991

年，美国的唐史专家，著有《撒马尔罕的金桃》（*The Golden Peaches of Samarkand*）和《朱雀：唐代的南方意象》（*The Vermilion Bird : T'ang Images of the South*）。——译注]

46. 李时珍，《本草纲目》，第 1061 页。

47. 薛爱华著，程章灿、叶蕾蕾译，《朱雀：唐代的南方意象》，北京：生活·读书·新知三联书店，2014 年，第 420 页。

48. 薛爱华著，2014 年，第 420 页。

49. 周去非，1999 年，第 268 页。

50. 李时珍，第 1061 页。

51. 薛爱华，2014 年，第 420 页。

52. 陆龟蒙著，宋景昌、王立群点校，《甫里先生文集》，开封：河南大学出版社，1996 年，第 120 页。

53. 《汉书》，北京：中华书局，1975 年，卷 95，第 3852 页。

54. 笔者于 2018 年 5 月 25 日参观广州南越王博物馆。关于此博物馆，参见 www. gznywmuseum. org/。

55. 张志淳，《南园漫录》，卷 3，"贝原"，《云南史料丛刊》，卷 5，第 151 页。

56. 顾炎武，《天下郡国利病书》（六），《顾炎武全集》，上海：上海古籍出版社，2012 年，第 17 集，第 3514 页。

57. 李中溪纂修，《云南通志》，卷一"地理"，第 31 ~ 32 页，见《西南稀见方志文献》，第 21 卷（林超民、张学君、王水乔主编，兰州：兰州大学出版社，2003 年）。

58. 《新唐书》，卷 222 上，第 6269、6270 页。

59. Pelliot, 1959, 531 – 63.

60. 方国瑜，1997 年，第 36 ~ 40 页。

61. 云南省文物工作队，《大理崇圣寺三塔主塔的实测和清理》，《考古》，1981 年第 2 期，第 258 页。

62. Pelliot, 1959, 555; Hans Ulrich Vogel, 1993, Part I, 239.

63. Hans Ulrich Vogel, 1993, Part I, 235 – 236.

64. Hans Ulrich Vogel, 1993, Part I, 234.

65. 有关马可·波罗关于云南海贝的记录，参见 Henry Yule, 2010; Pelliot, 1959; Akimoto Naojito, "Chūsei ni okeru Unnan no baika," *Shigaku Kenkyū*（Historical Research), vol. 41（1950）：1 – 46; Hans

Ulrich Vogel, 2013, 226 - 266。

66. Hans Ulrich Vogel, 2013, 229.

67. Hans Ulrich Vogel, 2013, 234.

68. Hans Ulrich Vogel, 2013, 234; Henry Yule, 2010, vol. 2, 805 - 807. （英文词 porcelain 就是瓷器的意思，来源于上述法语的 porcelaine 等词，后者最初是指小猪崽，到了中世纪，因为海贝和小猪崽相似，所以 porcelain 多了海贝的意思。等到欧洲人见到了中国的瓷器，发现瓷器的白润和细密同海贝一样，所以又给 porcelain 增添了瓷器的意思。到了现代，porcelain 的瓷器这一意思广为流传，前两个意思反而湮没无闻。——译注）

69. Hans Ulrich Vogel, 2013, 234.

70. Hans Ulrich Vogel, 2013, 231.（马可·波罗游记版本众多，中译本也有若干，故统计数字有所差别。——译注）

71. Henry Yule, 2010, 39, 45, 52, 85; Hans Ulrich Vogel, 2013, 233；在马可·波罗的时代，贵州和四川南部的一些地区在云南的管辖之下。［格罗特是十三世纪神圣罗马帝国在威尼斯等地铸行的银币，泛指厚或大的银币，马可·波罗此处指的是威尼斯 1193 年开始铸行的威尼斯格罗索银币（Venetian grosso），重 2.18 克；意大利文 piccolo 则是小的意思。东京或指景谷，阿宁或指阿尼、窝泥。——译注］

72. Hans Ulrich Vogel, 2013, 237.

73. Hans Ulrich Vogel, 2013, 237 - 238; Hans Ulrich Vogel, 1993, Part II, 383 - 341.

74. 此表系傅汉斯所作 "Table 2 Exchange rates between cowries and other types of money, Yunnan, 1280 - 1647" 的简化，参见 Hans Ulrich Vogel, 1993, Part II, 338 - 341。

75. Hans Ulrich Vogel, 2013, 238. 有关元代云南贝币的购买力，参见李家瑞，1997 年，第 103 ~ 104 页。

76. Pelliot, 1959, 552; Hans Ulrich Vogel, 1993, Part I, 246 - 250.

77. Pelliot, 1959, 549; 李京，《云南志略》，1998 年，第 3 卷，第 130 页；方国瑜，1997 年，第 46 ~ 47 页；李家瑞，1997 年，第 102 ~ 103 页。

78. 《新唐书》，卷 222 上，第 6270 页；《混一方舆胜览》，转引方国瑜，1997 年，第 46 页。

79. 转引自方国瑜，1997 年，第 46 页。

80. Pelliot, 1959, 557; Hans Ulrich Vogel, 2013, 239.

81. Pelliot, 1959, 557.

82. Pelliot, 1959, 552, 563; Hans Ulrich Vogel, 1993, Part I &II; 2013, 239; Heimann, 1980, 57 – 58.

83. 孟加拉的模式 $4 \times 5 \times 4 = 80$ 与此略有差别。考虑到海贝主要是小额货币，这些模式之间的细微差别并不会导致混乱和麻烦，因为 80 这个单位是这些模式的基石。

84. Hans Ulrich Vogel, 2013, 239 – 240. 傅汉斯注意到了这几枚海贝的来源，但他没有讨论最后一条的情况。Hans Ulrich Vogel, 2013, 250.

85. Ptak, 1987, 681.

86. 罗懋登，《三保太监西洋记》，北京：昆仑出版社，2001 年，第 624 页；Ptak, 1987, 692。

87. 方慧，1997 年，第 149 ~ 151 页；《关于元代云南的"真贝""私贝"问题》，《贝币研究》，第 211 页；Hans Ulrich Vogel, 2013, 250 - 251。（笔者译时参照方龄贵校注的原文，见下注。——译注）

88. 方龄贵校注，《通制条格校注》，北京：中华书局，2001 年，第 552 页。傅汉斯推测怯来可能是云南行省的一个高级官员。（方龄贵认为怯来就是《元史》卷 133 有传的"怯烈"，"西域人，世居太原，从平章政事赛典赤经略"，则傅汉斯之推测无误。见方龄贵，2001 年，第 552 页。引文改动了个别明显的错字，即将"贵子""禁子"的"子"改为"了"。——译注）

89. Pelliot, 1959, 548.

90. Hans Ulrich Vogel, 2013, 252.

91. Hans Ulrich Vogel, 2013, 252.

92. 伯希和和李家瑞最早注意到有关"真贝"和"私贝"的问题。Pelliot, 1959, 546 – 47；李家瑞，1997 年，第 117 ~ 118 页。

93. 《明英宗实录》，卷 35，《云南史料丛刊》，卷 4，第 162 页；亦见《明实录》（三），台北："中研院"历史语言所，1984 年，第 2529 页。

94. 木下尚子，《从古代中国看琉球列岛的宝贝》，《四川文物》，2003 年第 1 期，第 29 ~ 34 页。（可贵的是，木下尚子指出，关于古代中国的宝贝研究存在一个"基本的弱点，即贝类的鉴定不正确。遗憾的是，以前报告书中有关贝类的表示大多没有经过正式的鉴定，仅有关于'海贝'的记载。而原来就没有鉴定能力的我根据报告书的照片和图来规定名称，并据此形成见解，因此其根据不能不说是薄弱的。为了解决这一问题，由专家做出的科学鉴定是不可缺的"。笔者以为，这是导致对海贝来源的讨论含混不清的关键因素。见木下尚子，2003 年，第 30 页。——译注）

95. Shunzō Sakamaki, "Ryukyu and Southeast Asia," *The Journal of Asian Studies*, vol. 23, no. 3（1964）：383 – 389.（北大年位于泰国南部，目前属于泰国，主要人口是信仰伊斯兰教的马来人。——译注）

96. Anthony Reid, "An 'Age of Commerce' in Southeast Asian History," *Modern Asian Studies*, vol. 24, no. 1（1990）：6.

97.《中山世谱》，见高津孝、陈捷主编《琉球王国汉文文献集成》，第 3 ~ 5 册，上海：复旦大学出版社，2013 年。

98.《明英宗实录》，卷 15，见《明实录》（三），第 2427 ~ 2428 页。

99.《明英宗实录》，卷 27，见《明实录》（三），第 2493 页。

100.《明史》，北京：中华书局，1975 年，卷 323，第 8364 页。

101.《明宣宗实录》，卷 89，见《明实录》（三），第 2205 页。

102.《历代宝案》，台北：台湾大学图书馆，1972 年，第 1 集，卷 12，第 401 页。

103.《历代宝案》，第 1 集，卷 16，第 534 ~ 536 页。一贯等于 1000 枚。

104.《历代宝案》，第 1 集，卷 6，第 188 ~ 189 及第 196 页。

105.《元史》，北京：中华书局，1975 年，卷 125，第 3065 页。

106.《元史》，卷 12，第 246 页。

107.《元史》，卷 20，第 435 页。

108.《元史》，卷 96，第 2468 页。

109.《元史》，卷 93，第 2363 页。

110.《元史》，卷 94，第 2396 页。

111.《元史》，卷 176，第 4108 页。

112. Pelliot, 1959, 546；方慧，1997 年，150 ~ 151 页；Hans Ulrich Vogel, 1993, Part I, 252 – 253；有关原文，见沈家本校《大元圣政国朝典章》，台北：文海出版社，1964 年，卷 20，第 1 册，第 314 页。

113. 方慧，1997 年，第 151 页。

114.《元史》，卷 104，第 2650 页。

115. 《元史》，卷21，第466页；Pelliot, 1959, 546；方慧，1997年，第149页；Hans Ulrich Vogel, 2013, 253；1993, Part II, 229 – 230。

116. 方慧，1997年，第152页；Hans Ulrich Vogel, 2013, 253。

117. 李家瑞，1997年，第117～118页；方慧，1997年，第148页。傅汉斯认为，真呢和私呢的区别，只有当两者在物理形状上有差异时才有意义，因此他推测真呢是指货贝，而私呢是指环纹货贝；此外，傅汉斯又推测，也许不同产地的货贝因大小不同，而被区分为真呢和私呢。Hans Ulrich Vogel, 2013, 261 – 262.

118. 李家瑞，1997年，第115～116页；有关云南的贝币区域地图，参见 Hans Ulrich Vogel, 2013, 254。（云南使用贝币的区域，也就是所谓的迤西和迤南两迤地区。——译注）

119. Hans Ulrich Vogel, 1993, Part I, 237.

120. Bin Yang, 2004；2008；2009.

121. 樊绰，《云南志补注》，木芹补注，昆明：云南人民出版社，1995年，第127～134页。

122. 《新唐书》，卷43，《地理七下》，第1152页。

123. 杨佐，《云南买马记》，《云南史料丛刊》，卷2，第246页。

124. 周去非，1999年，第108、122～123页。

125. Pelliot, 1959, 552, 554.

126. Tomé Pires, 2005, 111.

127. Bin Yang, 2011 & 2012.

128. 李京，《云南志略》，第128页。

129. Von Glahn, 1996, 99. ［张文奏折见《明孝宗实录》，卷197，《明实录》（六），第6352页。］

130. Von Glahn, 1996, 100.

131. 倪蜕，1992年，第570页。

132. Hans Ulrich Vogel, 1993, Part II, 322；李家瑞，1997年，第113～114页；方慧，1997年，第135～136页；杨寿川，《论明清之际云南"废贝行钱"的原因》，《贝币研究》，1997年，第161页。

133. 《元史》，卷9，第177页。

134. 邓麟，《元宣慰副使止庵王公墓志铭》，《云南史料丛刊》，卷3，第332页；方慧，1997年，第136页。

135. 傅汉斯亦讨论了元代赋税和财政中的贝币，见 Hans Ulrich Vogel,

2013，262 - 266。

136. 《元史》，卷 94，第 2396 页。

137. 《元史》，卷 93，第 2363 页。

138. 《元史》，卷 176，第 4108 页。

139. 《明史》，卷 78，第 1894 页。［《明太祖实录》记，洪武十七年，"云南左布政使张紞奏，今后秋租请以金、银、海贝、布、漆、朱砂、水银之属折纳，诏许之"。见《明太祖实录》，卷 169，《明实录》（一），第 671 页。］

140. 《明史》，卷 159，第 4337 页。

141. 《明英宗实录》，卷 85，《明实录》（三），第 2780 页。

142. 《明史》，卷 313，第 8069 ~ 8070 页。

143. 《明宪宗实录》，卷 222，《云南史料丛刊》，卷 4，第 163 页；亦见《明实录》（五），第 5140 页。此处均为 1481 年的材料，离明朝征服云南有九十七年，不能上溯到最初的情形；很可能明初租税可以全部以海贝折纳。

144. 《明太祖实录》，卷 241，《云南史料丛刊》，卷 4，第 162 页；亦见《明实录》（一），第 901 页。岷王，即朱元璋第十八子朱楩（1379 ~ 1450 年）。

145. 《明太宗实录》，卷 16，《云南史料丛刊》，卷 4，第 162 页；亦见《明实录》（二），第 1046 页。

146. 《元史》，卷 20，第 435 页。

147. 《明英宗实录》，卷 35，《云南史料丛刊》，卷 4，第 162 页；亦见《明实录》（三），第 2529 页。

148. 《明英宗实录》，卷 68，《云南史料丛刊》，卷 4，第 162 页；亦见《明实录》（三），第 2684 页。

149. 《明英宗实录》，卷 134，《云南史料丛刊》，卷 4，第 163 页；亦见《明实录》（四），第 3036 页。

150. 《明英宗实录》，卷 179，《云南史料丛刊》，卷 4，第 163 页；亦见《明实录》（四），第 3236 页。

151. 马德娴，《明嘉靖时用贝买楼房的契纸》，《文物》，1963 年第 12 期，第 14 ~ 17 页。

152. 马德娴，1963 年，第 16 页。

153. 马德娴，1963 年，第 15 页。

154. 方慧，1997 年，第 128 页。

155. Hans Ulrich Vogel, 1993, Part II, 312 – 19；李家瑞，1997 年，第 103 ~ 112 页；方慧，1997 年，第 128 ~ 135 页。

156. 杨寿川，1997 年，第 120 页。

157. 方慧，1997 年，第 132 页。

158. 《石碑宅祖庙记》，转引自方慧，1997 年，第 132 页。

159. 杨慎，《升庵全集》，上海：商务印书馆，1937 年，第 1 册，卷 2，第 26 页。(《群公四六》是宋代选录的骈文类书，骈文以四六为句，故以此名。——译注）

160. 李家瑞，1997 年，第 110 ~ 111 页。

161. 李家瑞，1997 年，第 112 页。(英文版误为 1600 年。——译注）

162. 转引自方国瑜，1997 年，第 48 页；李家瑞，1997 年，第 117 页。

163. 倪蜕，《滇云历年传》，李埏校点，昆明：云南大学出版社，1992 年，卷 12。

164. Hans Ulrich Vogel, 1993, Part II, 319.

165. 谢肇淛，《五杂俎》，上海：上海书店，2009 年，第 249 页。

166. Hans Ulrich Vogel, 1993, Part II, 333 – 337；Bin Yang, 2004；2009, 197 – 210.

167. Hans Ulrich Vogel, 1993, Part II, 333 – 334.

168. 倪蜕，1992 年，第 571 页。

169. 倪蜕，1992 年，第 588 页。

170. 有关讨论，见 Hans Ulrich Vogel, 1993, Part II, 331 – 340；杨寿川，《贝币研究》，1997；Bin Yang, 2004；2009, 197 – 210。

171. Hans Ulrich Vogel, 1993, Part II, 312；Table 3, 342.

172. Von Glahn, 1996, 194.

173. Bin Yang, 2004.

174. 杨寿川，1997 年，第 124 ~ 125 页；1997 年，第 158 ~ 171 页。

175. 江应樑，1997 年，第 81 ~ 93 页，尤其是第 93 页。

176. 江应樑，1997 年，第 93 页。

177. 杨寿川，1997 年，第 122 ~ 124 页。

178. 万明，2017 年，第 115 ~ 116 页。

179. 万明，2017 年，第 122 页。

180. 万明，2017 年，第 122 ~ 126 页。

181. 万明，2017 年。

182. 张彬村，1997 年，第 172 ~ 208 页。

183. 张彬村，1997 年，第 197 ~ 199 页。

184. 张彬村，1997 年，第 197 页。

185. Hans Ulrich Vogel, 1993, Part II, 312.

186. 陆韧，《交融与变迁——明代云南汉族移民研究》，昆明：云南教育出版社，2001 年，第 136 ~ 137 页；Bin Yang, 2009, 141 – 191。

187. 李家瑞，1997 年，第 96 ~ 96 页。

188. 倪蜕，1992 年，第 571 页。

189. 江应樑，1997 年，第 88 ~ 90 页。

190. 江应樑，1997 年，第 90 页。

# 第六章 并非货币：先秦中国的海贝

> 在中国历史之初的殷代，这种贝壳便是最常见的
> 货币。
>
> ——安特生[1]

> 菁菁者莪，在彼中陵，既见君子，锡我百朋。
>
> ——《诗经·小雅·菁菁者莪》[2]

海贝在中国的历史无疑是一段迷人的故事。首先，在中国西北和北方的新石器时代遗址中，海贝就广泛存在。从公元前十六世纪到公元前第一个千年的下半叶，也就是大家熟知的商周时期，不计其数的墓葬中都发现了海贝，有时一个墓葬中就有数千枚之多。直到公元前三世纪末秦国统一天下后，海贝才从中国的墓葬中消失。考古发现的这些海贝都是从中华文化圈之外来的，因而被视为贵重物，象征着权力、地位和财富。

其次，虽然中国在考古中发现的海贝没有印度多，但是先秦中国保存着关于海贝的最早同时也是最多的文献，记录了早期社会使用海贝的事迹，这是全世界独一无二的现象。许许多多甲骨文和青铜彝器上的铭文（即金文）记录都有着关于海

贝的内容，生动地揭示了在中华文明形成初期，这种海洋动物在政治上、经济上和宗教文化上的重要意义。这种令人瞩目的海贝文化也是全世界最突出的现象，值得我们深思。

最后，海贝在商周社会意义重大，它们曾经承担了货币的某些功能，因而从古至今被中国学者视为中国最早的货币，也被国外一些学者认为在两千多年前就具有了货币的作用。可是，海贝并没有在先秦中国成为货币（这也是本章所要论述的中心议题）。有趣的是，虽然天然海贝在先秦中国没有被采用为货币，但是，春秋战国时期仿制的海贝，也就是铜贝，却成为中国最早的货币（金属铸币）之一。这实在是海贝留给中国的极其丰富有趣的文化遗产。

从晚商时期到东周，黄河流域发现海贝的频率之高、数量之多、意义之重大，使人很自然地开始思考它们的来源和性质。这些海贝产自哪里，经何处而来，何时成为货币（如果是货币），为何成为货币，这些问题，都是二十世纪以来中国学者长期探索的问题，本章将对此一一加以解答。本章先讨论先秦中国海贝的来源，驳斥传统的南来说，即先秦中国的海贝是从东南海域或南海而来的说法。笔者分析指出，这些海贝产自马尔代夫，经过草原之路（Steppe Road，也就是北方丝绸之路的前身）抵达中国北方。接着本章将逐一分析有关海贝的若干问题，分析商周时期海贝在墓葬中的功能，然后转入对贝币问题的探讨。几乎所有的中国学者都认为海贝是中国最早的货币（其观点的不同之处不过在于海贝何时成为货币），笔者赞同少数学者（如李永迪）的观点，认为无论是考古发现还是金文材料，都不足以证明海贝在西周之前的中国社会中是货币。笔者认为，海贝在中原没有成为货币，即便它承担了货币的部分功能。本章接下来便将分析为什么海贝在中国不能发展、演化成为最早的货币。供应是某种货币候选物成功演化为货币（或者因此失败而未能演化为货币）的决定性因素，对海贝而言，距离和运输成本是它成为货币之路上不可克服的障碍。此后，本章转入对铜贝，也就是中国最早的货币之一的探讨。铜贝系仿制海贝而来，这说明了海贝作为先秦时期最有力的货币候选物在中国货币史上意义长远而重大，表明了海贝被视为货币这个观念在中国人的头脑中嵌下了深深的印记。最后，本章略略回顾先秦中国的海贝文化，通过讨论葬礼中的海贝来彰示海贝对于中华文明之形成的影响。

## 从哪里来？

二十世纪在河南安阳发现的殷墟，可以说是中国考古史上最重大的发现，它为诠释中华文明的形成做出了基础性的贡献。殷墟考古中的一项重大发现便是 1975 年发掘的妇好墓。妇好是商王武丁（约公元前十二世纪初）的妻子，极受武丁宠信，不但主持祭祀，而且带兵出征，权力和影响力都很大。因此，在妇好墓中发现了数以千计的贵重陪葬物并不离奇。妇好墓打开后，考古人员清点出了 1928 件陪葬器物，其中青铜器 468 件，玉器 755 件（许多原料来自新疆），宝石 47 件，石器 63 件。[3] 除了这些价值不可估量的贵重物品外，1976 年 6 月 7 日，妇好墓还出土了数量庞大的海贝，总计 6800 多枚；考古报告说，海贝太多，考古人员只能将海贝装入青铜器中，再拿到地面上去。[4] 挖掘现场的郑振香证实了这一点，她回忆道："海贝成堆，则将贝放在铜器内递上来。"[5]

这将近 7000 枚海贝，陪伴着立下赫赫武功的妇好走入其地下世界，意义举足轻重。这些海贝，和其他在中国西北和北方墓葬中发现的海贝一起，引出了许多敏感而重大的问题。中国学者最核心的讨论是关于海贝的功能的，因为他们一般认为海贝的来源问题已经解决。不过，我们还是先讨论海贝的来源问题。

商周时期（也就是中国的青铜时代）发现的海贝绝大多数是货贝，少数是环纹货贝，还有一些拟枣贝（erronea errons）。这三种海贝的外形和体积相似，中国的考古报告一般对它们不做区分，在中国古代也没有对它们区别使用的迹象。[6]前两种海贝在印度洋和太平洋的温暖水域和潟湖大量蓄息，其栖息地西至红海到莫桑比克，东至日本、夏威夷、新西兰和加拉帕戈斯群岛。货贝在苏禄群岛、印度洋和马尔代夫大量存在，尤其马尔代夫是全世界海贝的最主要供应地。[7]然而，青铜时代中国海贝的来源问题实际并没有得到中国学者足够的重视，大家基本上只是沿袭了古代中国就有的说法，认为海贝来自东海或南海。

考虑到暹罗和东南亚其他地区的贝币，威克斯认为，最早到达中国的海贝是从中南半岛北部的陆上通道进入的。[8]这个推论当然不正确，因为在先秦中国发现的海贝比在中南半岛多得多。此外，中南半岛的海贝区域和中国西北和北方的海贝区域相隔甚远，两者之间的地带却没有相应的海贝发现，这足以说明他的说法并不成立。

实际上，几乎没有学者赞同威克斯的推论。在中国那些关于海贝来源的探讨中，统治了数十年的主流观点是南海说，[9]另一观点则指向整个东南沿海。[10]这和明代李时珍在《本草纲目》中收录的古代中国学者的说法并无两样。[11]江上波夫于二十世纪三十年代便开始研究东亚的海贝，他全面审视了中国古代文献，认为海贝是从南方到北方的，他的观点与其他包括郭沫若在内的中国学者普遍接受的观点完全一致。[12]董作宾说，这些海贝"是从东海、南海一带来的"[13]。郭沫若认为，殷周使用的贝为滨海产物，而"殷周民族之疆域均距海颇远。贝朋之入手当出于实物交易与掳掠……彝铭有掠贝俘金之事多见"，可见郭沫若相信海贝系由南方而来，虽然他没有具体分析其产地和运输路线。[14]研究西非海贝与贝币的简·哈根多恩和马里恩·约翰逊指出，苏禄群岛出产货贝，因而可推测出苏禄输出海贝到了中国和印尼，但他们其实并没有证据。[15]最近三十年，一些学者根据考古和金文材料，讨论了海贝北上的两条路线："一是沿中国东南部海岸北上，二是从南中国海越过南岭，通过长江中游流域，然后进入中原。"[16]近藤乔一在研究商代的海贝时花了很大的工夫来探讨南方通道，他坚持认为海贝产于南中国海，而后经沿海一带北上，因为那时通过南岭的道路还没有打通；他甚至推测妇好墓中的海贝是因妇好南征淮河流域而来。此外，他提出了一个假设，认为在晚商时期，商朝王公贵族的海贝是从山东而来，而后者的海贝又是从淮河或者南方沿海而来。[17]不难发现，近藤乔一的观点既没有考古证据，也没有文献支持。实际上，考古材料的缺乏（也就是南方考古并没有发现海贝）是对海贝南来说最致命的打击。[18]

　　古代中国文献从来没有在生物学意义上区分普通的贝壳与海贝，更不要说区分不同种类的海贝（如货贝和环纹货贝）了。以最早的辞书《尔雅》为例，其释贝云："贝，居陆贆，在水者蜬；大者魧，小者鲼；玄贝，贻贝；余貾，黄白文；余泉，白黄文；蚆，博而頯，蜠，大而险；鲼，小而椭。"海贝的分类标准包括：水生或陆生、体积大小、颜色及纹路的不同等，可谓混乱。[19]多数文献资料在谈及海贝或贝壳时模糊不清，倘若多花笔墨，那么某种贝一定是因为体积很大或者颜色艳丽而罕见且珍贵，常常用来作为摆设和装饰。《相贝经》云："朱仲受之于琴高，以遗会稽太守严助曰：径尺之贝，三代之正瑞，灵奇之秘宝。其次则盈尺，状如赤电黑云者，谓之紫贝。素质红章，谓之珠贝。青地绿文，谓之绶贝。黑文黄画，谓之霞贝。紫贝愈疾，珠贝明目，绶贝消气障，霞贝伏蛆虫。"[20]假如这些贝的分类不是文学想象的话，那么，古人甄别挑选贝以大小和颜色为标准明矣。

近人罗振玉虽然亲自到了殷墟，目睹了那里发现的许多贝壳，诧异于殷墟发现的天然海贝"与常贝形颇异"。他说：

> 古者货贝而宝龟，贝与龟为何状，不得目睹也。前人古泉谱录有所谓蚁鼻钱者，予尝定为铜制之贝，然苦无证。往岁又于磁州得铜制之贝，无文字，则确为贝形。已又于磁州得骨制之贝，染以绿色或褐色，状与真贝不异。而有两穿或一穿，以便贯系。最后又得真贝，摩平其背，与骨制贝状毕肖。此所图之贝均出殷虚，一为真贝，与常贝形颇异。[21]

又说：

> 贝壳三，与今贝壳状颇异，其第三品尤异。予尝质之东邦地质学者某君，亦不能言其详，但云实是数千年物，与今不同而已。殷虚藏贝壳至多，而完全者至罕。予访殷

虚时亲见龟甲兽骨发掘处，贝壳几与骨甲相半也。盖古以
制用器，观此录所载可知。此又前籍载记之所不详
者也。[22]

由此可知罗振玉亦不能分辨各种贝类、螺类动物。而他之
所以诧异殷墟的"真贝"与他日常所见的"常贝"形状大不
相同，不仅在于他不能区分各种贝类、螺类以及淡水产贝与海
水产贝，更在于殷墟的海贝并非产于中国沿海，故与中国日常
所见的"常贝"不同。不过，罗振玉知道贝因稀少而宝贵的
道理，说："贝为海介虫，古代开化在西北，距海远，贝甚难
得，故以为宝。然为难得故，或以他物拟其状。"[23]

即使我们接受了江上波夫的观点，认为海贝自南海来，一
连串的问题也会从此处而生：是谁带来了这些海贝？经过哪些
中间人？通过什么路线？这些问题并没有得到令人信服的回
答。特别令人疑惑的是，并没有证据表明在南海地区或滨海地
带存在采集海贝的传统。更何况，在中国南方，无论是珠江三
角洲还是福建省、浙江省，为什么至今没有任何关于海贝的重
大考古发现？1994～1995 年，江苏苏州发现了吴王寿梦（公
元前 585～前 561 年在位）的墓，这或许是发现海贝的最南边
的考古遗址了。寿梦墓中发现了上千枚海贝和一枚绿松石仿
贝，现场的一位考古人员直接把这些海贝和仿贝称作吴国的货
币。[24] 他后来回忆说：

在场的人员发现墓穴东边有一大堆数以千计的天然贝
币，在其中点缀着翠绿色的毛豆大的东西，"这是吴国货
币"、"这是首次发现的吴国货币"。当我捡起一枚绿色的

一看，原来是玉贝，是绿松石质地的，经过加工，类于其他地方出土的铜贝、石贝和玉贝……再看四周散落的漆皮，原来是一漆箱。这些天然贝和玉贝都是装在里面的。[25]

春秋战国时期的吴国位于中原地区的南部边陲，曾经积极参与中原霸权的争夺。难怪西周末期的寿梦仿效北方的霸主，视海贝为宝。可是，寿梦的墓，似乎也是从北方传过来的海贝习俗的最南端，此外，在长江三角洲并无任何重大的海贝考古发现。一言以蔽之，中文材料并没有证据支持海贝自南海来的观点。无论是从文献还是从考古发现来看，都无法得出南海为北方提供海贝的结论，遑论如此数量的海贝。

考察海贝是否自南海来的一个紧要处便是，南海，尤其是包括台湾岛在内的中国东南沿海一带究竟产不产海贝（货贝和环纹货贝）。如果这一地区确实出产这两三种海贝的话，它们是否被输送到了中国北方。我们知道，考古报告中经常提到，某某贝产自中国南海、印度洋一带等。这些简短的结论究竟是引自当时的科学文献，还是对考古发现的海贝加以海洋生物学的研究分析而得出的？目前看来，基本是前者。[26]实际上，并无确凿的证据可以证明中国东南沿海出产我们所说的海贝，因此，我们无法知道在气候相对温暖的青铜时代，是否有所谓产自南海（而不仅仅是中国东南沿海）的海贝抵达中国北方。[27]

彭柯和朱岩石对考古中发现的海贝做了科学的分析，反驳了南来说或南海说。他们指出，海贝作为热带海洋底栖生物，虽然生活在广大印度洋和西太平洋的印马亚海域，但其分布和变化与海洋环境因子（温度、盐度、海流和底质）密切相关。
他们具体地分析说：

> 我国海贝出产海域的温度冬季不低于20度，夏季高
> 达29度；海域表面盐度不低于33%；这一区域的海流
> 夏季主要来自爪哇，经卡里马塔和卡斯帕海峡自南向东
> 北，主流出巴士海峡汇入黑潮，冬季一部分黑潮水流入，
> 加之部分沿岸流形成南海暖流南下；此区域海底底质沉
> 积变化较多，有大量发育的珊瑚礁，在礁体周围有珊瑚
> 砂与粉砂沉积，有裸露的基岩，有灰白色的有孔虫砂以
> 及细砂和细泥沉积。我国沿岸海域与印度－西太平洋印
> 马亚区的海洋环境差异很大，我国沿岸海域冬季水温以
> 广东沿海最高，约为16度；表面盐度以南部沿海最高，
> 约为30%；基本受到沿岸海流控制；其底质基本为大河
> 从大陆冲刷搬运入海的泥沙。从上面的比较我们可以得
> 出这样的结论：中国海洋沿岸水域基本没有本文探讨
> （的）海贝的出产。同理，中国渤海、黄海、东海大部
> 基本没有海贝出产。[28]

这是目前的状况。那么，有人会产生疑问：即便目前如
此，也不能说历史上的青铜时代也是如此啊？彭柯和朱岩石继
续分析说，仰韶时期的海水温度虽然比现在高2~3度，但海
水表层盐度比现在低，同时泥沙沉积与现代一致。因此，彭柯
和朱岩石谨慎地总结说："中国古代东海及其以北沿海无海贝
的出产，广东沿海可能曾有海贝的分布。中国古代海贝的分布
区域为印度洋和中国南海。"[29]同时，针对学界过去提出的海贝

北方沿海来源说、山东半岛沿海来源说和东南沿海来源说，彭柯和朱岩石指出："尽管三种说法各有所依，然而限于过去有关海贝的考古资料过于匮乏，上述诸说均不具有深入论证研究的基础。如今，总结建国40年来积累的大量有关海贝的考古资料，我们发现以上诸说都是得不到考古学实际证明的。"[30]简单地说："中国古代所用大量海贝不是自中国沿海输入的。"[31]

有人会继续追问，虽然中国东南沿海不产海贝，可是彭柯和朱岩石的研究并没有排除南海啊？既然南海出产海贝，那么，为什么海贝没有可能从南海传到中国南方而进入中原地带呢？首先，南海地区并没有采集和输出海贝到中国的任何历史学、人类学或者考古的证据。其次，假如海贝是从南海到中国南方，如岭南，再去黄河流域，必然会在沿途留下蛛丝马迹。而从海贝文化看，恰恰这是北方的文化，在南方几乎不存在。彭柯和朱岩石仔细分析了中国古代使用海贝的五个阶段。他们指出，在海贝使用的第一阶段（新石器时代），"暂可认为新石器时代在中原地区没有使用海贝的现象，而海贝最早被使用于远离中国东南沿海的青海东部、西藏东部和四川西北部地区"，这一阶段"发现的海贝多属于为人们珍贵的装饰品"。在"第二阶段（夏至商前期）"，也就是"海贝使用的发展阶段"，"我国西北地区仍是使用海贝的重点区域"，其发现数量有所增加，但功能依然没有变化，属于珍贵的装饰品。第三阶段从商前期到春秋早期，是"海贝使用的繁荣阶段"，这个时期"使用海贝遗址的空间密度、地域范围及在各遗址内出土数量均进入高峰期，达到空前的繁荣"。"商代中晚期海贝出土地点主要集中分布在商文化发达的晋、冀、豫、鲁地区"，商文化区以外的周边地区，如青海、四川三星堆和云南元谋大墩子等地，仍有关于海贝使用的考古发现，这些大致是前一阶段使用海贝的传统的延续。"西周至春秋早期除了保持原商文化使用海贝的繁荣外，在周文化发达的关中地区又出现另一个繁荣的中心，此时海贝的使用极为普遍，并有一套使用规制。""这一阶段使用海贝的地域空前扩大，西北到达新疆哈密地区，西南到达云南德钦，向南推进至长江地带的江苏丹徒，而在此之前，淮河以南地区未见海贝的出土。"第四阶段为春秋中期到战国，是海贝使用的渐衰阶段，此时"海贝已无密度集中的使用区域"，"遗址分布密度降低。各个遗址中海贝出现的频率均呈衰势，一些墓地甚至出现春秋墓中尚有海贝、战国墓中已无海贝的情况。可能海贝数量的减少导致供不应求，这刺激了仿制海贝的发达，进而出现了大量各类质地的仿制海贝。这一阶段墓葬中使用海贝不再是常见现象"。值得注意的是，"中国西南地区的海贝使用在此期呈发展趋势。这里属于与中原地区不同的文化区系；海贝之来源、用途等应有其特点"。第五个阶段是秦汉时期，海贝在汉文化系统中消亡，在中原地带尚有一些海贝发现，汉代之后鲜有发现。而秦汉时期"新疆、内蒙古、云南、四川等周边地区仍有使用海贝的习俗，且数量较多"。[32]此外，从仿贝来看，其分布和传播与天然海贝大体相似，西北部最早出现，而后向东南推进，直至仿贝最后消失。[33]

综上所述，彭柯和朱岩石总结道："海贝使用五个阶段的大量考古学资料可确证这一事实：海贝最早使用于中国西部腹地的新石器文化中，盛于中国青铜文化发达的商周时期，至秦汉时期已经衰亡。秦汉以前海贝使用地域限于长江以北，长江以南极为罕见，闽、赣、粤、湘、浙等东南五省尚未发现使用海贝的考古学文化。如果说，海贝自中国南海向北传播，那么在跨越东南各地时竟无任何考古学迹象，这是不符合逻辑的。这一事实有力地证明在中国古代海贝不会从东南向西北传播，从这一认识出发才可能解决中国古代使用海贝的来源问题。"[34]

正因如此，彭柯和朱岩石认为，无论是东南沿海还是南海，都不可能是古代中国使用海贝的来源，只有印度洋才是中国古代海贝最符合逻辑的源头。[35]海贝自西传入中国不仅符合海贝文化最早在西北出现，而后逐渐向东部和南部扩张的历史进程，也和青铜文化在中国的推进演化吻合。考古发现，在青铜时代的中国，海贝的出现、繁盛和消亡与青铜文化从西方传入中国而后兴起、发展、衰亡是一致的。[36]几乎哪里有海贝，哪里就有青铜，反之亦然。这两者在空间和时间上的高度重合是海贝西来的又一个有力的佐证。

虽然蒙古草原和欧亚草原关于海贝的考古发现很少，可是，海贝确实在新石器时代就已经到达上述地区乃至西伯利亚，再考虑到新疆的玉已经出现在殷墟妇好墓里，因此，"从印度洋到土库曼地区，再经欧亚草原、蒙古草原到达中国青海东部或长城地带"很可能是中国古代海贝输入的一条路径，当然，土库曼并非北上的唯一选择。[37]同时，由于中国古代所使用的海贝数量巨大，其输入需要一个相对稳定并有一定规模的渠道才能完成，因此，彭柯和朱岩石提出了"海贝之路"这个概念，[38]即笔者所说的丝绸之路出现之前的草原之路。在考虑到上述这些因素后，事实应该相当明晰，那就是，古代中国使用的海贝主要是从印度洋，也就是马尔代夫，经过草原之路到达中国的。当然，这个定论并不排除海贝从其他地区、经其他路线的零星输入。

## 泉州湾宋代海船上发现的海贝

虽然早期考古并没有在东南和南方发现海贝，但是在泉州湾发现了一条南宋末年的海船，并在其舱内和船底附近发掘出了共 2400 多枚货贝和环纹货贝，这为海贝在宋、元、明时期从印度洋到达中国东南提供了直接的证据，值得关注。

1974 年 8 月，泉州后渚港发现了一条宋代海船。考古发掘和分析表明，这是一条宋末时远洋返航的中国海船。船上发现的香料、药物数量巨大，占出土物数量的第一位，这可以说是一条"香料之船"。这艘船完工于咸淳七年（1271 年）之前，曾经几次远洋，但旋即沉没于咸淳七年之后的几年中，[39] 甚至很有可能废弃在 1277 年夏秋之际。[40] 自这艘宋代海船被发现以来，学者们对它的各个方面进行了全面和深入的研究，成果基本被收入福建省泉州海外交通史博物馆编写的《泉州湾宋代海船发掘与研究（修订版）》（以下简称《发掘与研究》）。其中最重要的结论，以笔者的理解，莫过于：这是一条建造于宋代的中国远洋木帆船，[41] 它航行于南海等海域，有可能是从三佛齐返航至泉州，正好碰上宋元交替的战乱而被抛弃，然后损毁沉没。[42]

《发掘与研究》的研究基本完成于二十世纪七十年代末、八十年代初，在当时海洋史研究尚未兴起、国内外学术交流极其有限、海洋考古发现和研究异常稀罕的情况下，首开风气之先，对宋代海船进行了全面的研究，得出了经得起时间考验的结论。关于泉州湾宋代海船的航行路线问题，笔者觉得《发掘与研究》的结论采取了相对保守，同时也谨慎稳妥的立场，它指出这艘海船主要航行于南海领域，有可能自三佛齐返航，这彰显了前辈学者谨慎的学风。不过，这个相对保守的解释虽然立足于充实的证据，经得起考验（也就是说，这艘宋代海船必然曾经航行至东南亚海域，也有极大的可能——甚至可以确信——到过三佛齐），但似乎排除了它到过印度洋，乃至是从印度洋返航的可能性，这在某种程度上低估了这艘宋代海船所承载的历史信息，不能体现宋元时期我国航海技术和海洋贸易的实际情况。笔者结合目前的考古和国内外文献，特别是海贝和香料的相关研究，认为泉州湾宋代海船从印度洋返航的可能性颇高。

首先以香料为例。《发掘与研究》认为："出土的香料药物，均为南海诸国及阿拉伯沿岸的舶来品。其主要产地：降真香出三佛齐（印尼巨港附近）、阇婆（爪哇）；檀香出阇婆；沉香出真腊（柬埔寨）；苏木出交州（越南）、阇婆；胡椒出苏吉丹（爪哇中部）；槟榔出南海诸国；乳香出于大食（阿拉伯半岛南部）；龙涎香出自非洲；玳瑁出于占城；朱砂、水银国内外皆产，但交阯、波斯亦产之。总之海船出土的香料药物多为南洋诸国所产，或为东南亚一带集散的货物。它表明船是航行于以上国家的海域。"[43]以上这段话把香料与其具体产地联系起来，认为"海船出土的香料药物多为南洋诸国所产，或为东南亚一带集散的货物"，这个结论大体不错，但仔细分析，有几处值得斟酌。

结合苏莱曼、马可·波罗、伊本·白图泰、汪大渊、马欢等诸多中世纪旅行者的中西文献材料，笔者发现，降真香、沉香、苏木出自东南亚诸国也符合事实，不过这些在印度也有出产，而且科学分析认为，船上发现的降真香的原产地是印度而不是东南亚；"檀香出阇婆"则不够确切，因为印度是檀香最早的使用地和出口地；"胡椒出苏吉丹（爪哇中部）"需要做重大修订，因为印度作为著名的胡椒产地，相较于东南亚而言，历史更悠久；"乳香出于大食（阿拉伯半岛南部）"完全正确；"龙涎香出自非洲"需要做重大修订，因为龙涎香本身是海洋产品，文献记载，产地在东非的龙涎香实际上出产于印度洋，香料中的乳香和龙涎香不产于东南亚，完全是印度洋的产物。或者说，在宋元时代，东南亚海域并不产龙涎香，三佛齐等地的龙涎香其实是从印度和阿拉伯而来。这样看来，泉州湾宋代海船自印度洋返航的可能性很大。

除了乳香和龙涎香（以及降真香），泉州湾宋代海船出水的遗物还有两样也只产于印度洋，那就是货贝和环纹货贝，它们同样指向并大大增加了这艘中国海船自印度洋返航的可能性。《发掘与研究》指出："船舱出土的贝壳有货贝，水晶凤螺、芋螺、银口凹螺和乳玉螺等，以货贝为多。这些贝壳大都产于南海区域。"[44]其中的贝壳包括"货贝和环纹货贝；共2000多枚，其中第9舱至第13舱出土最多，有1200多枚，第3舱至第5舱次之，有300多枚，其他各舱也有出土，但数量较少。这些货贝可分为大、中、小三种，一般壳长1.8厘米，宽1.4厘米，高0.8厘米，其色泽呈黄色或淡黄褐色，有的背面具一橘黄色环纹，为环纹货贝；有的表皮脱落，皆呈暗灰色"[45]。其出水具体情况如表6.1。

**表 6.1　泉州湾宋代海船出水贝壳情况**

| 舱位 | 数量（枚） | 舱位 | 数量（枚） |
|---|---|---|---|
| 1 | 11 | 6 | 12 |
| 2 | 17 | 9 | 1000 |
| 3 | 50 | 12 | 69 |
| 4 | 48 | 13 | 1079 |
| 总计（枚）:2286 | | | |

此外，船底和船边还发现了 100 多枚。[46]

对于这两种海贝，《发掘与研究》有着具体的介绍和分析。其一，环纹货贝，其数量不详。"贝壳略呈卵圆形，较小而坚固。壳前部狭，后半部两侧稍扩张。背面中央凸起，呈淡灰兰色或灰白色，周围有一个桔黄色环纹。壳口狭长，内、外唇边缘各有 12 个排列稀疏而粗壮的齿。本种生活于潮间带中、低潮区的岩礁间，4 ~ 7 月为产卵期，以 4 月份繁殖最盛"；"地理分布：本种分布于我国广东的龟龄岛、海南岛和西沙群岛、菲律宾、越南、印度尼西亚的苏门答腊岛、澳大利亚及日本南部，为印度洋和西太平洋中部暖海种"；"肉可供食用。贝壳色泽美丽，供观赏或药用。古航船舱出土标本，有些贝壳表面的桔黄色环纹仍很明显"。[47]

其二，货贝。"从船舱内出土的货贝有 2000 多个，其中以第 9 至第 13 舱内最多，共有 1600 多个，第 3 至第 5 舱内有 300 多个，其他各舱也有发现，但数量较少。这些货贝标本，有的壳皮脱落而呈灰白色，有的色泽呈淡黄褐色、鲜黄色或淡灰绿色。贝壳小而坚固，近卵圆形。背面中间凸起，两侧低平，边缘坚厚。在贝壳后方两侧约壳长 1/3 处，突然扩张而形成结节。壳背面具有 2 ~ 3 条暗绿色横带和一圈纤细的桔红色环纹，但这种环纹常不明显，壳口狭长，灰白色，内、外唇缘齿数各有 11 ~ 13 个，壳内面为灰紫色"；"地理分布：本种分布于我国的台湾、海南岛和西沙群岛，日本的本州南部以南，暹罗湾，马德拉斯，马尔代夫岛，波斯湾，阿曼湾，苏伊士，桑给巴尔，阿里阿湾，马尔加什，塞舌耳，查科群岛，苏拉威西，马诺圭里，澳大利亚，新喀里多尼亚，罗亚尔特群岛，夏威夷，社会群岛，图阿莫图等地。为印度西太平洋暖海性种类"；"货贝栖息于潮间带中、低潮区的岩石或珊瑚礁间，我国南海的货贝于 4 月产卵，卵囊淡黄色"；"贝壳表面闪亮美丽光泽，可作装饰品和观赏，这是古代许多国家普遍作为货币使用的一种，肉供食用"。[48]

关于货贝和环纹货贝的产地，过去中文研究大致称其广泛分布于太平洋和印度洋的热带和亚热带海域，包括我国的东南沿海。虽然南海（如菲律宾附近）是海贝的产区，可是从历史记录和考古发现来看，这些地区并没有成为前现代时期海贝的主要出口区域。只有印度洋的马尔代夫群岛，由于其天然的地理位置和气候条件，成为亚欧大陆唯一大量出口海贝的地区。以丰富的中文文献来看，关于古代东南亚各个地区的风俗和物产，记录详尽繁杂，但是，这些中国文献从来没有提到过东南亚有出产和出口海贝。因此，海贝来自东南亚的说法没有任何文献和考古材料可以直接或者间接加以证明，故基本可以排除海贝出自东南亚的说法。相反，中南半岛，如暹罗和清迈，甚至是中国西南的南诏和大理王国，所使用的海贝的来源相当明确，那就是印度（印度洋）。此点马可·波罗早就明确指出。

笔者认为，泉州湾宋代海船上的海贝，来源于印度洋的马尔代夫群岛的可能性极大。首先，马尔代夫以盛产货贝闻名，在历史上的一千多年间是亚洲和非洲贝币的最主要提供者。其次，马尔代夫货贝的一个特殊性在于其体积。关于太平洋和印度洋海域的货贝的尺寸，学者统计表明（见第一章），马尔代夫出产的货贝体积最小（长约 12.5～16 毫米），继之以琉球（15 毫米）和菲律宾（16.4 毫米）。根据《发掘与研究》，泉州湾宋代海船发掘的货贝可分为大、中、小三种，一般贝壳长

1.8 厘米，宽 1.4 厘米，高 0.8 厘米。[49]因此，符合泉州湾海船货贝体积的海域只有马尔代夫、菲律宾、琉球和关岛，后两者又可直接排除。关于菲律宾，虽然欧洲殖民者到达东南亚后注意到了那里出产的海贝，可是传统的亚洲海洋文献并没有提到菲律宾的海贝。菲律宾成为一个重要的贸易参与者也相对较晚，宋代的《岭外代答》和《诸蕃志》都没有提及菲律宾。因此，泉州湾宋代海船的货贝不可能来自菲律宾。

虽然某个产品在许多地方都有出产，但是，一般而言，这个产品不见得就成为商品，这个产地不见得就成为出口地。某个地方的产品成为畅销的商品，不仅和这个地方的这种产品的特点有关（如质量），而且和相关地区（也就是市场）以及交通运输等各个方面有关。海洋产品尤其如此。以海贝为例，虽然理论上它栖息于从太平洋到印度洋的热带和亚热带海域，但实际上盛产并能出口海贝的地区寥寥无几。海贝要成为商品需要满足许多条件，缺一不可。首先是有无市场需求，也就是邻近社会是否有对海贝的需求。如果是将海贝作为货币使用，则是邻近社会是否有庞大的人口和繁荣的经济，同时是否缺乏小额货币。与市场同样重要的是运输——是否有港口，船舶和航运是否发达。以此论之，在海贝的诸多产区中，只有马尔代夫符合这些条件。

对于海上丝路中的海贝，国内学界几十年来很少予以关注。[50]泉州湾宋代海船上发现的 2200 多枚货贝和环纹货贝是迄今为止东亚海洋考古发现的唯一的海贝，而这只不过是历史上海贝贸易的冰山一角。以下，笔者就其产地和功能等问题一一加以分析。

前引元代《通制格条》1275 年的记录表明，江南在宋末元初就存有大量海贝，数量大到引诱商人将之运送至千里之外的云南贩卖获利，而政府官员也一度想仿而效之。因此，早在宋代沉船发现的时代，海贝已经在中国东南沿海大量登陆滞留，泉州湾宋代海船发现的 2000 多枚海贝只是其冰山一角。

《大德南海志》对于元代江南海贝的来源或许有所启迪。其记载的"杂物"就有"贝子"；"诸蕃国"提及"南毗马儿八国"，此国管辖印度洋和东非诸国蕃国，其中包括"条培"，[51] 苏继庼认为"条培"是"条培"的误抄，而后者就是阿拉伯语 Diba 或 Dvia（岛屿）的音译，指的就是盛产海贝的马尔代夫。[52] 如此，则元代文献大致记录了从马尔代夫抵达广州的海贝。

海贝在中国东南沿海几乎没有什么用处，那么，为什么会从马尔代夫来到这里呢？这就必须考虑到海贝这个商品的特殊性。长期以来，马尔代夫的海贝在海洋贸易中是作为压舱物来使用的。伊本·白图泰说："他们用海贝换回孟加拉人的大米，而孟加拉人则把海贝当作钱用。在也门，海贝也是钱。在航行时，孟加拉人用海贝，而不是沙子作为压舱物。"[53] 正是作为压舱物的特殊性，使得在江南并无用处的海贝从马尔代夫跨印度洋、马六甲海峡和南海到达了东南沿海，尤其是宋元时代的泉州。

作为压舱物的海贝到了中国必须卸载，以便把宝贵的空间腾给其他可作压舱物的货物。从中国驶往东南亚和印度洋的海船，常常使用中国的瓷器作为压舱物，这可以从最近发现的唐代"黑石"号沉船和宋代"南海一号"沉船得到证实。从船上卸下的海贝滞留东南，如此江南便有了大量海贝。而在1254 年，蒙古便征服了使用海贝作为货币的大理王国，因此在二十多年后，有官员提出从江南运海贝去云南，这是国家财政调拨的一个动作，也是相当自然的事。不要忘记，从南诏开始，云南作为西南边疆不在中央王朝的直接管辖下已达七八百年之久，是元朝重新把云南和江南置于同一个中央政府的管辖之下。综合上述，笔者认为泉州湾宋代海船上的货贝和环纹货贝应当来自马尔代夫。

关于泉州湾宋代海船上的海贝，还有一个小问题。李复雪在研究泉州湾海船的海贝时，"利用解剖镜检查全部标本，在一些货贝和环纹货壳内发现有残余的肉质部和齿舌。有些贝壳内还有家蝇的蛹，蛹的几丁质外膜仍保持完整。由此可见这些货贝标本系由古船抵达泉州湾以前，路过货贝产地时采集而放在船舱内，后来有些货贝的肉质部腐烂，家蝇飞来吮食和产卵，卵孵化为幼虫，发育成蛹。因此，这些货贝不是由于出售货物而换来的货币。如果这些货贝已当货币使用，必然要将货贝壳内的肉质部取出，洗刷干净。而且这些货贝没有被加工（如钻孔等），除了一部分标本被海中污泥长期掩埋而腐蚀外，有些贝壳表面完整，色泽还很鲜艳，甚至贝壳表面的橘红色圈纹仍清晰可见，并没有发现因被当作货币使用而磨损的痕迹"[54]。

发现家蝇的蛹，表明有些海贝内部存在一些残余的肉质，它们在适当的温度和湿度下，吸引了家蝇。同时，有些海贝表面完整、色彩鲜艳，这表明这些海贝上船时还很新鲜，并没有被使用过，当然也不是货币。李复雪指出，货贝、环纹货贝、篱凤螺和水晶凤螺"很美观，壳表面光泽夺目，非常逗人喜爱，除了作肉食用外，可作装饰品和玩赏，环纹货贝还可供医药用。特别是篱凤螺在我国西沙群岛附近海域很多，渔民常下海采捕食用，或将鲜肉挖出加工为'螺肉干'"[55]。的确，货贝和环纹货贝在印度经常被作为装饰物，如项链、手链以及衣物饰品，同时还用来镶嵌，如装饰家具。至于海贝是否被用来食用，笔者倾向于否。以马尔代夫而论，其海产品非常丰富，中西文献从来没有记载当地居民食用货贝或环纹货贝。而在印度，海贝是在内部软体部分腐烂洗净后才被运到孟加拉等地的，因此也不存在食用的问题。只有在食物极端缺乏的情况下，人们才会去食用这样非常小的贝类。因此可以推断，泉州湾宋代海船上的海贝也不是食物。至于其内部残留的肉质部分，可能是原来的腐烂物质清洗得不够干净而遗留下来的。

那么，这些货贝和环纹货贝是不是作为观赏用的呢？笔者以为可能性不大。作为观赏的物品，一般只需要少数几个，特别是在这种物品没有市场需求的情况下。因此，笔者认为，这些海贝不是观赏物。那么，剩下的可能性只能是作为压舱物了。正是因为海贝被作为压舱物，所以能够发现 2000 多枚货贝和环纹货贝。当然，作为压舱物的海贝的数量实际上应该更多，当以几十万计。可惜，泉州湾沉船上的发现有限，笔者估计，当时的海贝或者被人掠走，或者已经沉入海底无法被发现了。

李复雪认为："古船的航向是走南洋群岛这航线的。在返航途中，从货贝产地（我国海南岛以南海区）采到新鲜的货贝和环纹货贝等标本，供作观赏和食用，而不是当作货币使用的。"[56]这个论述需要修正。这些货贝和环纹货贝产自马尔代夫，是泉州湾宋代海船直接从马尔代夫群岛或者从印度的港口获得的，或者是间接从东南亚港口（如三佛齐）购得的，其作用是作为压舱物，而不是作为观赏物或食物。

# 葬贝

在对早期中国的考古中，海贝基本上都是从墓葬中发掘出来的，尤其是商代（以殷墟为代表）。相反，在生活区的遗址中发现的海贝相对很少。正因为是在墓葬中被发现，海贝与葬礼的关系引起了不少学者的关注。吴旦敏曾经全面搜集、整理和分析了从新石器时代到战国晚期考古发现的海贝资料，得出了一些有趣的结论。[57]

总的来说，考古发现中的海贝，从空间上看，呈现从西北—北方—东北一线向黄河流域发展的轨迹。在新石器时代，海贝分布西至青藏高原（青海柳湾马家窑文化和齐家文化），西北至新疆天山南北，东北至辽宁，其分布不但广泛而且分散。到了商代，海贝出土的相对集中，主要在黄河一线的河南、陕西、山西、河北等地。在这个阶段，除了个别发现是在生活遗址中，绝大多数是从墓葬中挖掘得来。从时间上看，墓葬中出土的海贝数量呈现由少到多的趋势。在新石器时代，单个墓葬中的海贝一般不超过50枚；商代虽有增加，但数量也不多，除了殷墟（可见妇好在武丁时代的重要地位）；到了西周，墓葬中的海贝数量普遍增加，在中晚期达到高峰，并延续到春秋战国时期。在新石器时代，以贝随葬是十分罕见的；从商代开始，这一现象逐渐普遍化；到了西周，以贝随葬相当广泛，有贝的墓葬数占整个墓群总墓葬数的比例达到了50%，西安的张家坡（西周时期）竟然高达81%，为目前比例最高者；春秋战国时期，葬贝这一习俗开始衰落。但春秋战国时期单个墓中的随葬贝数量较多，有的多达数百甚至数千枚，到了战国中晚期，随葬贝的数量才开始减少。[58]

考古发现的，除了天然海贝，还有众多仿贝。仿制的材料，就笔者所知，包括玉、半宝石（如绿松石和玛瑙等）、蚌壳、铅、锡、青铜（有时鎏金）、银、金、陶、骨、木头等，或磨制或铸造，并且早在新石器时代就已出现。[59]在新石器时代，从天然海贝和仿贝的数量中看不出什么规律；到了商代，出土的绝大多数是天然海贝，仿贝极少，而且主要属于商代晚期的墓葬（殷墟出土的少量仿贝以及山西保德县出土的109枚铜贝是例外）。[60]仿贝在西周开始逐渐增多，尤其在西周晚期，仿贝和天然贝的比例上升；到了春秋时期，随葬时往往既有天然海贝也有仿贝，两种混葬时，仿贝往往多于天然贝，有时墓葬中甚至只有仿贝。可以说，进入春秋以后，仿贝随葬的现象和数量都多于天然海贝。

海贝随葬的方式也随着时间而变化，这体现出其在葬礼中的含义和地位越来越明确，从而反映了人们心目中的海贝观念。在新石器时代，海贝主要随葬在死者的身体周围，如头部、颈部、腕部、胸部、腰髋部、腿部等，只有个别置于死者口中，或者置于壁龛中，或者与其他物品放在一起。到了商代，海贝主要置于死者身上或身旁。含贝（贝含于口，也就是把贝置于死者的口腔内）也开始出现，如安阳的大司空村，有贝随葬的墓共83座，其中有含贝的为49座。与此同时，握贝（贝握于手，也就是把贝置于死者的手掌内）出现的频率虽不及含贝，但也相对普遍。其次，在规格较高的墓葬中，大量海贝被置于棺内某处、棺椁间或腰坑处。最后，商代晚期出现了海贝与车、马共葬的现象，在车马坑中常常有海贝出现。[61]

到了西周，葬贝更加复杂。其一，海贝在死者身边（包括足部）仍是重要现象，而以含贝和握贝为主要形式。其二，海贝既处于棺内，也处于棺外，后者较多。当时的葬礼采取棺椁制度，里层是棺，外层是椁，海贝主要处于棺椁之间和棺椁盖上。其三，海贝被用来作为棺饰以及死者身上的装饰品。其四，大量海贝作为车马饰，用皮条或绳子串起来作马的络头、笼嘴，其数量和形式较商代丰富。[62]到了春秋战国时期，海贝主要置于棺椁间（棺内）、随葬器物附近或者容器中，数量相对集中，将海贝置于死者身边的现象极为少见。[63]

不妨看看车马坑中发现的贝饰。陕西长安县张家坡村有着极为丰富的西周时期的居住遗存、墓葬、车马坑等。1955～1957年的挖掘发现了四座西周时期的车马坑，其年代相同，可能属于同一个家族。二号车马坑的第二号车的衡木长210厘米，直径4厘米，两端渐细而向上翘起，衡木的两端各横插一根铜矛，"铜矛下面垂着成串的贝、蚌饰物，并有红色织物的遗痕"，在车辕两侧的"衡木上还有用一个大蚌泡和八个贝组成的花朵状的装饰，并和辔带相连"。[64]最值得注意的是以海贝组成的马饰。车马坑内发现的每匹马的身上都有成套的马具，包括络头、笼嘴和鞍具。络头和笼嘴有铜饰的和贝饰的两种，无论材质，其结构基本相同，都是以皮条编成框架，然后在每根皮条上都钉上两排或三排贝（个别是单排）不等。"马具的皮条保留下的痕迹很少，但却保留了串在或缀在皮条上的铜饰或贝饰"[65]，考古人员据此对马具加以复原。

总而言之，随葬贝的数量虽然随着时间增加，但是葬贝在西周时期最为普遍和显著。到了春秋战国时期，随葬贝的数量变少，虽然区域没有缩小，但葬贝的墓的总体比例下降了。因此，葬贝的墓的比例趋势是：早期很低，晚商时期有所提高，西周时期最高，春秋战国有所降低。至于墓葬中仿贝和天然贝的关系，则是早期就有仿贝出现，到了商代，以天然海贝为主，仿贝很少，春秋战国时期是以仿贝为主，天然海贝为辅，西周则是两者的过渡时期。关于葬贝的方式或位置，最主要的有三种，也就是置于死者周身、置于棺椁间或棺椁盖上，以及作为车马饰，这三者交错存在。但越往后，海贝置于棺外的现象越多，即葬贝有着从棺内向棺外转移的趋势。[66]根据吴旦敏这样周详的分析，不难发现，中国葬贝的习俗和葬贝的方式经历了将近三千年的漫长演变，而且随着时间的流逝，海贝（以及仿贝）的价值以及它在中国统治阶层心目中的地位逐渐降低。

## 海贝是货币吗？

海贝在古代中国是货币吗？如果是的话，从何时起？这两个问题，尤其是第一个，异常复杂，特别是考虑到人们对货币的不同定义和不同理解。[67]很多学者相信，海贝，而不是金属铸币或者其他非金属货币，是中国最早的货币。这种观点在西方学者中也广为流传。[68]对于这些认为海贝是中国最早的货币的学者而言，他们面临的问题（分歧）是，海贝是何时在中国成为货币的。

中国古代的历史学家、学者以及掌管经济的官员都注意到先秦中国使用海贝的事迹，其中一些人，如西汉的史官司马迁，就认为海贝是"币"（交换手段），也就是人们所说的钱。他在《史记·平准书》中说："农工商交易之路通，而龟贝金钱刀布之币兴焉……虞夏之币，金为三品，或黄，或白，或赤；或钱，或布，或刀，或龟贝。及至秦，中一国之币为等，黄金以溢名，为上币；铜钱识曰半两，重如其文，为下币。而珠玉、龟贝、银锡之属为器饰宝藏，不为币。然各随时而轻重无常。"[69]用现在的话说，司马迁认为在新石器时代的虞夏，"币"（货币）包括金、钱、布、刀、龟和贝；到秦始皇一统六国，统一了货币之后，便只使用黄金和铜钱；珠玉、龟贝、银锡这些就"不为币"，即不再是货币，只是贵重物而已。司马迁的这段话，成为两千年来中国货币史书写的范式，深深地扎根于中国人的文化观念之中。

在司马迁去世几十年后的公元前81年，桓宽在《盐铁论》中进一步解释了货币的形成，他说："古者，市朝而无刀币，各以其所有易所无，抱布贸丝而已。后世即有龟贝金钱，交施之也，币数变而民滋伪。"也就是说，起初本没有货币，大家都用自己所有的东西换取自己所没有的东西，后来才有龟贝金钱在市场上作为交换媒介。《盐铁论》中还提出"夏后以玄贝，周人以紫石"[70]，也就是所谓的"贝"或者其他货币是有鲜艳色彩的。这样的观念之后就沿袭衍生，造成了一系列的错误，如唐代陆龟蒙提到南方的紫贝被用来纳税。因此，至少从西汉开始，人们就认为"贝"（贝壳）是上古的货币，虽然他们没有区分贝壳和海贝的异同，司马迁提出的"'贝'是中国最早的'币'"这个概念也随之流传。班固跟着司马迁，在《食货志》中就枚举了"货谓布帛可衣，及金刀龟贝，所以分财布利通有无者也"[71]。到了东汉，许慎《说文解字》释"贝"说："海介虫也。在陆名猋，在水名蜬。象形。古者货贝而宝龟，周而有泉，至秦废贝行钱。"[72]他不但把司马迁所列金、钱、刀、布、龟、贝这六种"货币"简化为贝和龟两种，甚至还排出了先后次序，认为金属铸币要晚于贝和龟。许慎的这个高度概括性的释文，进一步强化了古代的贝就是最早的货币这个观念。"从此，古以贝为币的观念统治了中国经济史近两千年。"[73]唐代僧人慧琳在《一切经音义》的《涅槃经卷》第四卷中非常详细地分析了上古的贝币，对贝币进行了系统阐述，从各个方面论证了贝是货币，形成了贝是货币的论证模式。他首先征引《玉篇》，指出了"贝，螺属也，出海中，色白如雪"，这是海贝的生物和物理属性；然后，他说"所以缨马膺"，也就是海贝被用来给马作装饰，这和现代的商周考古发现是一致的；他还谈到了海贝的功能，继续引用《玉篇》，说"古者货贝而宝龟"，也就是说，海贝和龟壳一样是贵重物；他也照搬前人的方法，用文字构形来说明此点，说"且如资、财、货、赇之字皆从于贝"。这里，他当然沿袭了古代中国的观念，认为海贝是钱，所以说"古者无钱，唯传贝齿"，后来又说"殷周废贝行钱，于今不绝"，这是自古以来的说法。[74]慧琳的论证可能未在古代中国广为流传，他却是中国贝币理论的集大成者，他总结了唐以前学者的认识，约束了唐以后学者的观念，以此为代表的古代中国的贝币观念也深刻地束缚了现当代学者的论证模式。

瑞典考古学家安特生把考古学带进了近代中国，并在中国亲自进行了考古挖掘和研究，因而是中国现代考古学的奠基人之一。安特生或许是第一个系统阐述古代中国贝币概念的现代学者。安特生认为，至少在商代，海贝是"最普遍的货币形式"，此后，天然海贝先被金属仿贝，而后被仿照其他物品的金属货币代替；不过，"在此后，海贝在这个国家的偏远地区保持货币的地位达几个世纪之久"，如在云南地区。[75]在之后的半个多世纪里，安特生这种北方中心视野在中国考古界和早期中华文明的书写中占据着统治地位。安特生的观点虽然是从现代考古学而来，实际上却与中国传统的结论并无二致。

二十世纪初的中国学者，如罗振玉、王国维、李济、董作宾、高去寻等，是研究甲骨文和现代考古的第一代学者，他们都不约而同地认为海贝是中国最早的货币。罗振玉曾经亲自到殷墟查看，自己又藏有一枚真贝、一枚珧贝（即蚌贝），说："古者货贝而宝龟，贝与龟为何状，不得目睹也。"[76]王国维说："殷时，玉与贝，皆货币也。"[77]董作宾说："早在商代，人们已经把'贝'当作珍贵的物品，在后来更发展成交易用的货币。"[78]他们基本上接受上古传说和司马迁以来的观念，而且未能辨析文献中的各种"贝"，失之简略轻率，故罗振玉上文惊诧于"真贝，与常贝形颇异"。同时，他们缺乏现代经济学知识，未能讨论货币这一概念，也未能区分货币与货币功能。相反，他们简单地把财富等同于货币，因而不但未能匡正旧弊，反而强化积谬。而国外的许多学者，或因不能阅读中国古代文献，单纯地接受了安特生的观点，缺乏仔细辨析，也承袭了海贝为中国最早货币之说。[79]万志英谨慎地指出，在商代，虽然许多贵重物品，如玉、珠、海贝、龟壳、动物、臣、裘、丝麻、谷物以及金属，都在日常中作为赠礼或回礼，"只有海贝看起来曾经作为交换媒介被使用过"，他大致接受海贝是货币的观点。[80]康斯坦斯·A. 库克（Constance A. Cook）也大致如此，说海贝在周代可能有巫术功能，同时也是赐礼（gift-giving）过程中的交换媒介。[81]近来一些学者基本重复了类似的说法，认为最早是中国人使用海贝作为货币的，时间最早可能是在公元前十三世纪。[82]

二十世纪五十年代以来，中国的历史学家、考古学者和钱币学者一直坚持并强化上述的观点。[83]而考古中数以万计的海贝和仿贝的发现，以及金文中数以十计的赐贝记录，更加固化了此种观念。大家几乎一致认为，海贝，而不是金属钱币，是中国最早的货币。

不妨先看郭沫若的观点。郭沫若二十世纪三十年代在日本所做的甲骨文字研究触及了海贝与贝币的问题，虽然此后他对当时所提观点的一些具体细节进行了修订，但他的基本立场并没有变化；而且由于他的地位，其观点影响很大。郭沫若指出："贝玉在为货币以前，有一长时期专以用于服御，此乃人文进化上所必有之步骤。"他引用许慎的《说文解字》认为，双贝为賏（婴音）字，颈饰也；婴字，也是颈饰，即賏相连也。也就是说，都是贝相连也。故郭沫若说："贝而连之，非朋而何耶？"[84]虽然一朋有五枚贝之说，有两枚贝之说，但都是连贝而已，区别在于数量的多少。因此，郭沫若认为"朋为颈饰"，而且"于字形之本身亦可得而证明"，盖甲骨文中朋字若两系左右对称之连贝，乃至"更有连其上下作环形"；金文中朋字亦如此，"实即颈饰之象形"。[85]既然珏朋之朔本为颈饰，则构成珏朋之玉、贝之数量可多可少，所以不必拘泥于特定的数量。"至谓珏必十玉，朋必十贝，此于贝、玉已成货币之后理或宜然，然必非珏朋之朔也。"[86]关于贝之来源，郭沫若说："原珏朋之用，必始于滨海民族，以其所用之玛瑙贝本系海产。殷周民族之疆域均距海颇远。贝朋之入手当出于实物交易与掳掠。（彝铭有掠贝俘金之事多见。）"[87]但他没有分析海贝的具体出产地与运输路线。郭沫若还分析了从天然海贝到仿贝的历史进程。由于当时海贝很难获得，"以其为数甚少而不易得，故殷周人皆宝贵之。贝穷则继之以骨，继之以玉，而骨玉均效贝形。继进则铸之以铜"[88]。郭沫若援引了罗振玉在《殷虚古器物图录》中的说法，来证明天然海贝之珍贵与难得，故有仿贝之出现，包括作为铜贝之一的蚁鼻钱。他进一步指出，贝朋为颈饰时，"其来多得自实物交换，则虽有货币之形，尚无货币之实"[89]。那么，海贝是什么时候变成货币的呢？郭沫若说，海贝"其实际用为货币，即用为物与物之介媒者，余以为亦当在殷周之际"。而他的证据就是甲骨文和金文中的赐贝："此事又古器物中赐贝之朋数殊可得其端倪。"[90]此后他枚举了赐贝的记录，总结说："故余谓贝朋之由颈饰化为货币，当在殷周之际。"[91]

经济史学家彭信威的观点也值得一谈。彭信威（1907～1967年）1936年毕业于伦敦大学，是中国货币史和钱币研究的权威。他一方面说"中国最早的货币，的确是贝"[92]，另一方面，关于海贝何时成为货币，他也并没有在其著作中给出一个确切的时间，而是模糊地说："贝币在中国的演进，大概经过两个阶段：先是专用作装饰品，这应当是殷商以前的事；其次是用作货币，这大概是殷代到西周间的事。"[93]这和郭沫若的观点一致，可是，从殷代到西周，约略也有千年之久。受训于西方的彭信威可能比一些中国学者谨慎一些，注意到不能把货币与价值或财富等同起来，将两者混为一谈。[94]在商周的金文当中，常常可以发现许多用来赏赐的物品，若以出现的次数多少排列，包括"贝、金、鬯、马、弓、矢、臣、田、车、裘、圭、衣、鬲、布、牛等，最早的货币似乎应当从这些物品中发展出来"[95]。有时候，上千枚的海贝被用来赏赐。彭信威认为，这些金文记载的赐贝，虽然不能肯定为货币，但确实可以被看作"一种有价物或财富"，它们"既可以作货币，也可以作装饰品"。[96]他又说："在铸币出现之前，贝壳已取得货币或准货币的身份。"[97]彭信威虽然有些犹疑和自相矛盾，但无论如何，他还是几次提到商周时代的海贝是"中国最早的货币"，是"真正的货币"。[98]

与彭信威的犹疑和自相矛盾不同，当代中国学者几乎异口同声地肯定古代中国以海贝为货币。回顾总结殷墟六十年研究的历程，中国社会科学院考古研究所认为，商代使用海贝为货币。[99]著名货币史专家黄锡全研究先秦中国货币专著之第一章标题便是"中国最早的货币——贝币"，专门讨论了从原始社会到夏商周的货币，也就是贝币。[100]他在全面回顾先秦时期的海贝材料后提出，海贝在新石器时代晚期就已经成为"原始货币"（黄锡全指实物货币或自然物货币）；到了夏代（公元前二十一世纪至公元前十七世纪），"其主要货币形式，恐怕实物货币还占据很大的比例，贝也是货币的主要形态之一，辅以称量货币的铜，作为支付大额交易……夏代以海贝作为一种货币应无疑问"；"商代货币形态有称量货币、金属铸币、贝币、珠玉等，以及有关的实物货币……贝已是商代的主要流通货币……贝已经不是简单的装饰品了，它早已完成了历史转化过程，变成了货真价实的货币"；到了西周，"起货币作用的主要还是贝和青铜"，虽然"金属称量货币在西周已逐渐广泛流通，金属布币估计已经产生，但贝币仍然是这一时期主要的货币形式，使用已相当普遍"；西周时期还出现了大量的各种材质的仿贝，黄锡全认为，"这些仿贝制品，除玉贝可能作为实物货币进行交换外，其余的几种我们倾向于不是货币，而只是体现财富的象征，代替真贝，主要用于随葬"；到了东周时期，"这一时期流行的贝，除见于西周的海贝、骨贝、玉石贝、蚌贝、无文铜贝等不同质地的贝以外，还出现有金贝、银

贝、铅贝、包金贝、角贝、陶贝、木贝、泥贝等"，其中"铜
贝、铅贝当属金属铸币……金贝、银贝应属称量货币……包金
铜贝可能带有装饰的性质，但仍是一种价值的体现，暂可归入
金属铸币一类。海贝是一种有价值的货币应无疑问。出土较多
的骨贝、蚌贝、玉石贝等是否为货币，学术界意见不一，还可
以继续讨论"，总之，在东周时期，海贝仍然是列国（中原的
三晋地区、东方的齐鲁地区、北方燕国和中山国、西方的秦国
和南方的楚国）"使用的货币，尤以春秋时期最为明显"，战
国中期以后，随葬海贝与仿贝减少，秦始皇"'废贝行钱'只
是顺应了历史的潮流和货币发展的必然趋势"。[101]对最近发现
的西周时期的亢鼎之释读和研究，更增添了黄锡全对上述观点
的信心。

## 亢鼎中的贝

上海博物馆 1998 年在香港古玩市场购得亢鼎，此鼎三足
立耳，腹底三足有相应的三个圆凸。器表无纹饰，仅口沿下有
一突起的箍。鼎高 28.5 厘米，口径 25.8 厘米，重 1800 克。
器内壁有铭文，原来为锈斑遮蔽，清洗后发现铭文有 8 行 49
字，其中合文 6 字。器主为亢，所以定名为亢鼎。[102]

关于亢鼎所属的时代，马承源指出，亢鼎铭文记载"亢"
为"大保"遣办交易，"大保"始于周康王（成王之子，为西
周的第三代天子）时期，因此亢鼎属于西周早期。正是因为
亢鼎属于这个时期，它对于研究海贝，特别是认定海贝是货币
的学者特别有意义，因为之前提到的关于"交易中有海贝"
的铭文主要出现在西周中期。[103]

那么，铭文究竟是什么意思呢？根据马承源和黄锡全的解

释，亢鼎是一桩交易的记录。其中买方是太保（官名）公
（爵称），也就是召公奭。和周公一样，召公奭是西周初期最
重要的人物，他卒于康王年间，大约活跃于公元前11世纪下
半叶。卖方是"样亚"，中间人是"亢"。这桩交易大致过程
是：买方召公奭委托中间人用50朋海贝从卖方样亚那里购买
珠玉，并送给卖方鬱一瓶、畧一坛、牛一头；样亚则送给中间
人亢红铜二钧以示感谢。[104]马承源指出，亢鼎的铭文是"西周
早期用贝币交易玉器的最早记录"，"用贝币作交易媒介，以
往见于西周中期的铭文，由亢鼎铭文可知，它发生的时期还应
提早"，[105]因而非常珍贵。马承源在这里直接用了"贝币"这
个词，表明他认定亢鼎里提到的"贝"就是货币（交换媒
介）。为什么马承源认为亢鼎的海贝是货币呢？其中的一个关
键原因是"買（买）"字的出现。马承源指出，"买字在金文
中数见，大都为族氏之名或私名"，"买字用为买卖交易之义，
金文中以亢鼎为初见"，[106]既然亢鼎中的"买"字就是现代语
言中的购买，那么，亢鼎中的"贝"自然就是贝币，是一种
货币无疑了。不过，马承源又谨慎地说："当时交易媒介并不
单是一种贝朋，而且还有附加值，或赠送某些礼品。"也就是
送给卖方的鬱一瓶、畧一坛、牛一头。马承源解释说："如果
不送这些礼品，这个交换就不够满意，这是西周特殊的交换方
式，表明它还不是纯粹用单一的交换媒介计值的市场，实物交
换的习惯并未完全消歇。"因此，"亢鼎铭文，反映了西周早
期从实物交易转变到贝朋兼用实物市场的存在"。[107]

　　黄锡全因马承源的这个发现而格外激动，他在不同的文章
中都强调了亢鼎铭文的重要意义，说"这篇铭文是西周早期
用贝作为货币进行交易的最早最直接的文字记录，对于确定贝

是西周货币有重要意义"，而且"买字在文句中的位置，（表意）就是购买，字义非常明确。这是西周金文最早出现直接记录买卖的文字"。[108]他又说："这是一篇西周早期用海贝作为媒介进行交易的最早最直接的文字记录，西周金文中第一次出现'买'字，并明确无误地记述用海贝购'买'珠玉，这一史实，无可争议。这对于确定海贝是西周货币有重要意义，对于研究相关文字及搞清有关问题是难得的佐证材料，其交换价值也是研究西周货币购买力的重要依据，涉及买卖双方及中间人几者之间的关系，对于研究当时的买卖也很有价值。"他总结道："由此可以确定，西周早期海贝的确已经是货真价实的中间媒介——货币。"[109]不仅如此，黄锡全还进一步判定"西周铜器铭文所记周王或大臣、贵族之间作为赏赐的海贝也无疑是货币"，并枚举西周金文的赐贝记录。[110]然而，赐贝早在商代的金文中就出现了，那么，商代的赐贝是不是货币呢？黄锡全的答案是非常明确的。他说，"根据西周早期海贝是货币，可以判定殷商时期作为赏赐的海贝也应是货币"，因为"殷商铜器及甲骨文中有不少海贝作为赏赐的例子，与西周赏赐铭文大同小异，少者一朋、二朋，多者数十朋，甚至上百朋"。[111]他枚举分析了商代金文的赐贝记录，并结合墓葬中发现的海贝，说："根据上列这些材料，结合商代社会经济、文化交流等及西周的海贝已经是货币的实际情况，不难看出，海贝也应是商代的货币。因此，我们可以根据上列证据，将海贝作为货币的历史上推到商代。"[112]他最后说，货币历史应包括金属铸币和实物货币两个阶段，"似可将实物货币（包括海贝）的时间暂且推定在夏代或者夏代以前的新石器时代晚期（这一推测还要根据中国文明史的确认而定）"。[113]

一言以蔽之，黄锡全认为海贝不但在西周是货币，在西周之前的商代也是货币，甚至在传说中的夏代乃至夏代以前的新石器时代晚期也可能是货币。这种由后推前的方式姑且不论是否可以接受，关键的问题还是在于它把价值等同于货币。笔者认为，海贝在商周似乎启动了从作为财富的象征到作为衡量价值的手段以及交易的媒介（货币）这样一个过程。不过，直到西周早期，海贝虽然偶尔在精英阶层中承担了货币的部分功能，但它还不是货币。至于在普通大众层面，可以说，海贝因为价值昂贵，尚未进入寻常百姓家。这样讲，比较合乎实际。

## 海贝不是货币！

李永迪完全不认同海贝在古代中国是货币的论断。他一针见血地指出，海贝在古代中国是货币这种观点把一系列密切相关却有着本质或微妙不同的概念——财富、价值和货币——完全等同起来。他还进行了具体分析，认为持上述观点的学者对于金文中的赐贝有着严重的误读。[114]李永迪仔细审读了许多用来支持海贝是货币的考古和文献中的案例，总结说，在商代和西周时期，海贝更可能是在装饰、随葬以及礼仪中发挥作用。他分析指出，海贝一直到西周中期才承担价值尺度的功能，而价值尺度不过是货币的一种功能而已。李永迪关于西周中期以后海贝承担价值尺度功能的观点，使人联想到半个世纪前杨莲生的观点。杨莲生小心翼翼地指出，在商代和西周，由于物物交换占据统治地位，"很明显，海贝不过是几个贵重物当中偶尔被当作货币使用的"[115]。杨莲生的话里有一个限定词"偶尔"，这使人不得不思考衍生的问题，"偶尔被当作货币使用"的贵重物是货币吗？在笔者看来，这两位学者的观点似乎立场一致，笔者的解读是，在商周时期，毫无疑问，海贝被视为珍宝，在政治生活（王与公侯的关系）和礼仪中有着突出的位置。这一时期，海贝承担了货币的某种或部分功能，但还不是货币。

商周青铜器中关于赐贝的记录频繁被用来作为"海贝是货币"的直接证据。这些金文文献常常记录了商王或周王赐给公侯海贝（往往以"朋"为单位）的事迹。在赐贝若干朋的后面，往往跟着一个最常见的句式，那就是"用作宝尊彝"。有时候句子略有差别，但句式相近，意思一致。中国的学者总是将"用作宝尊彝"理解成"（赏赐的海贝）被用来制作这件尊贵的器物"。按此说法，海贝或者被用来购买铸造青铜器的原料，或者被用来支付人工工资，或者兼而有之。如此，海贝定然是货币。[116]这个三段论看起来天衣无缝，实际上却是因误读"用作宝彝尊"而导致的一个错误推论。江上波夫数十年前就指出，"用作宝彝尊"的意思是"因此，（我）作了这个宝彝尊"，或者"在这样的情况下，（我）作了这个宝彝尊"。[117]

如此，"赐贝"和"作宝彝尊"并没有直接的因果关系，而是在一个场景中的相关情节，也就是：某公（或侯不等）做了某事，获得了商王（周王）的赏识，商王于是赏赐给某公海贝若干朋；某公为了纪念这个荣耀，铸造了某个青铜器，并镌刻铭文（永远流传）。这个大概才是对商周时代赐贝礼仪比较符合实际情况的解读。

不过，由于海贝是贵重物，它们逐渐具有了价值尺度的功能。在记录以货易货的金文中，海贝有时候就作为价值尺度出现。裘卫盉就是一个例子，其铭文记录了以田换裘服和玉器的交易，其中玉器的价值就是以 80 朋海贝来衡量，裘服的价值以 20 朋海贝来衡量。[118]

裘卫盉，1975 年 2 月陕西岐山县董家村 1 号青铜窖藏出土，通高 29 厘米，口径 20.2 厘米，重 7.1 公斤；束颈，口沿外侈，有盖，鼓腹，连裆，足作圆柱形，管状长流，鋬为长舌兽首状，盖与器以链环相接；盖沿及器的颈部均装饰着垂冠回首分尾的夔龙纹，流管装饰三角雷纹。裘卫盉是西周恭王时期铸造的温酒器，与五祀卫鼎、九年卫鼎、裘卫簋合称"裘卫四器"。

铭文原文如下：

唯三年三月既生霸壬寅，王爯旂于丰，矩伯庶人取瑾璋于裘卫。才（财）八十朋，厥贾，其舍田十田。矩或取赤琥两、麂雕两雕鞈一，才（财）廿朋，其舍田三田。裘卫乃彘告于伯邑父、荣伯、定伯、琼伯、单伯、乃令三有司：司土微邑，司马单旗，司工（空）邑人服，逯受田：霝趄，卫小子𬱓，逆者其飨。卫用作朕文考惠孟宝盘，卫其万年永宝用。

裘卫盉铭文共计 132 个字，记载了周恭王三年，一个名叫矩伯的奴隶主为向裘卫换取觐见天子的东西，即玉质礼器（价值 80 朋）和皮裘礼服（价值 20 朋），分两次付给了裘卫1300 亩田地。裘卫把这件事情报告了执政大臣，得到了大臣们的认可，还进行了授田仪式，并因此铸造了这个青铜器。

裘卫盉铭文表明，海贝作为价值尺度已经被用来衡量田地、玉器和裘服的价值了。[119]可是，铭文并没有表明在这次交

海贝的外壳部分

华伦·黑斯廷斯

法官约翰 · 海德肖像

三王纪念像

中间为兰纳国王孟莱王，左边为帕尧国王庵明，右边为素可泰国王拉玛甘亨。雕像位于清迈城。

洪文发、邹坤怡 摄

清迈古城的城墙
洪文发、邹坤怡 摄

滇国的海贝

云南省博物馆

Public domain, Wiki commons

四牛鎏金骑士青铜贮贝器

滇国，西汉时期，高50厘米，直径（盖）25厘米

© TPG

纺织青铜贮贝器

滇国，东汉时期，高（连盖）贮容（盖）24厘米
© TPG

殷墟的海贝（包括货贝和阿文绶贝）

河南安阳，殷墟博物馆
杨柳 摄

海贝的一种（约西周时期，出土于山东）

作者自藏

上图：铜贝（商代晚期，出土于山西）

下图：鎏金铜贝（春秋时期，出土于山东）

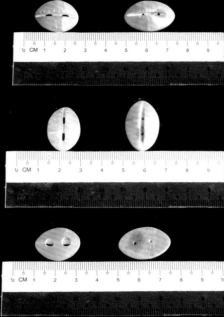

砗磲贝（东周时期，出土于山东）

四枚骨贝（西周时期，出土于山东）

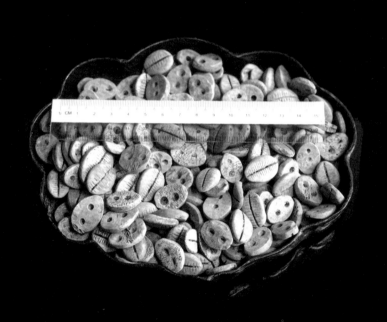

一堆骨贝（春秋时期，出土于山东）

亢鼎铭文

裘卫盉

裘卫盉铭文

蚁鼻钱 / 鬼脸钱（战国时期，楚国）

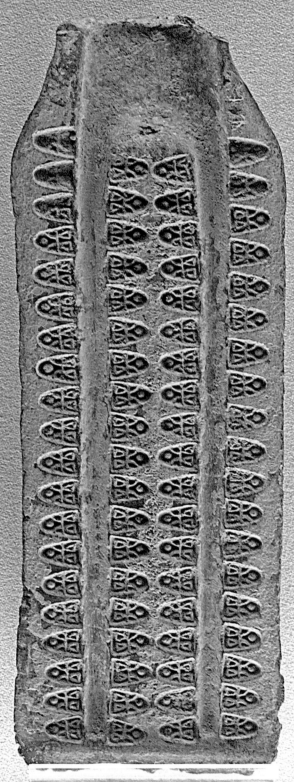

蚁鼻钱 / 鬼脸钱铸模
上海博物馆藏
©TPG

"贝"字空首布（战国）

赵冈 藏

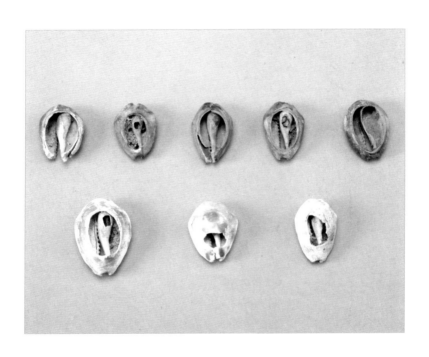

三星堆的海贝

三星堆博物馆
范雪 摄

**上图：三星堆的三联铜贝**

商代晚期，
长 6.28 厘米，宽 3.4 厘米，高 2.45 厘米

© TPG

**下图：三星堆的绿松石贝**

三星堆博物馆

范雪 摄

金沙玛瑙贝

成都金沙遗址博物馆
作者 摄

何尊

何尊铭文

上图：西塔霍里尤内公主（Sithathoryunet）
的海贝腰带

约公元前 1887~前 1813 年，材质包括金、玛瑙、
长石、铜锡合金珠，腰带长 84.3 厘米，海贝长
4.7 厘米，藏于纽约大都会博物馆。
©TPG

下图：橄榄螺（正、背面）

©TPG

**左图：想象中的西非贡山**

1905 年的非洲示意图，由 John Cary 制作。示意图显示，想象中的贡山向东与想象中的月亮山脉（Mountains of the Moon）相连，把非洲分为南北两部分，而后者被认为是尼罗河的源头。

**右图：达荷美国王**

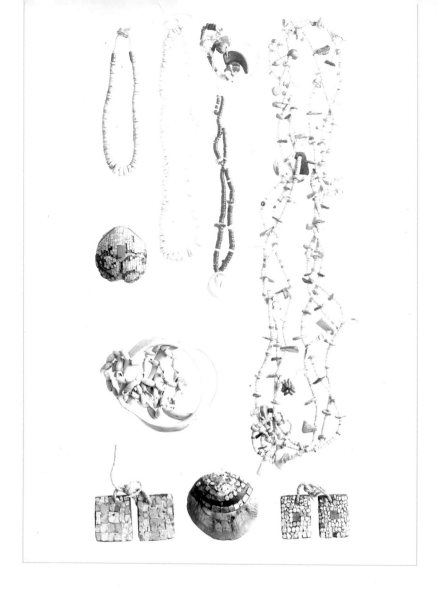

琬朋首饰

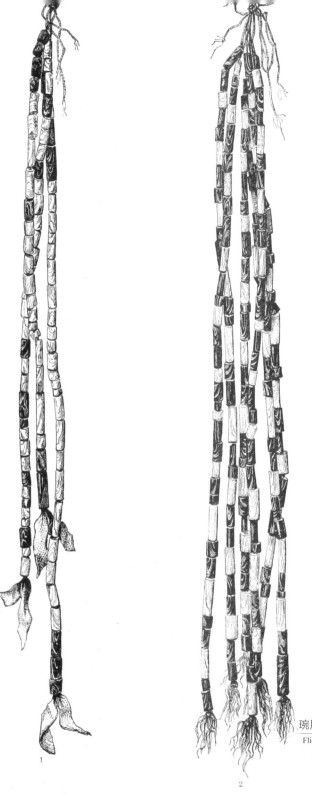

琬朋串，19 世纪 80 年代

1

2

华盛顿·欧文油画像

约翰·卫斯理·贾维斯 (John Wesley Jarvis) 作品，1809 年
Public domain, Wiki commons

威廉・基夫像

胡帕女巫师

注意女巫师脖子上的项链——由管状
贝珠串成。约 1923 年，爱德华·柯
蒂斯 (Edward S. Curtis) 摄，藏于美国国
会图书馆 (Library of Congress)

易中海贝有没有在现场出现，这 100 朋（第一次 80 朋，第二次 20 朋）有没有被从一方交到另一方手里。从铭文和其他相关情景来看，应该是没有。因此，李永迪指出，海贝代表一种"概念上的标准"（notional standard），它们无须成为货币便具有这个功能。[120]虽然价值尺度是货币的一种功能，但裘卫盉并不能证明，海贝在这次或者其他交易中承担了货币的角色。

不仅裘卫盉如此，李永迪对于亢鼎的解读也反驳并推翻了上述学者的论断。他分析说，在亢鼎的铭文中，海贝"看起来是被交换物，而不是支付手段"，因此，"更像是以货易货"。[121]此外，关于对亢鼎铭文中"买"字的解释，李永迪指出，虽然"买"在后来是用钱购买的意思，但"买"字第一次在西周铭文中出现时，我们不应该就假设它是"购买"的意思。[122]

正因如此，李永迪认为，在西周早期和中期的赐贝礼仪中，海贝没有承担货币的角色，绝大多数用来支持海贝是货币的金文，都经不起仔细推敲。[123]我们所看到的现象是，海贝因为具有价值尺度这个功能，而逐步在政治礼仪中展现了这种货币功能，[124]但它们还不是货币。

贝字在甲骨文中也不时出现。甲骨文中的许多关于财富和经济行为的字，都以"贝"字为偏旁部首。[125]这个文字构形方式自古以来就被用来引证海贝就是货币。这种推理同样将财富、价值和货币混为一谈，因为在商周时期，海贝作为贵重物已被视为财富的象征和衡量价值的尺度。此外，甲骨文中出现的"贝"字，如许多学者已经注意到的，写法略有差异，[126]这表明书写尚未统一，或是因为古人所谓的"贝"（海贝和其他贝类、螺类）性质不一、来源不一、形体有别。因此，这个

"贝"不见得就是海贝。

不妨再次谈一谈彭信威对于贝币问题的犹疑和自相矛盾之处。彭信威对于甲骨文中的"贝"和金文中的"赐贝"也有谨慎的解读，他说："卜辞中提到'贝'字的地方虽然相当多，但提到贝朋的地方却非常少。而且文句简短，看不出用意来。因为单说锡贝朋，可以将之看作一种支付手段，也可以将之看作一种礼物。不过贝壳在殷代就成了一种贵重品，卜辞中的'贝'字有时同现代的'财'字差不多。"[127]看起来彭信威似乎倾向于甲骨文中的贝并没有交换媒介的功能，多数情况下是财富的代表。那么，金文中的赐贝呢？彭信威接着说：

> 彝铭中的记载，比较详细。但大半是说锡贝若干朋，用作某人尊彝。如果穿凿一下，这已经可以说是十足的货币，因为这种贝朋，可以说是用来购买青铜等原料以及人工的。但实际上恐怕不能作这种如意的解释，因为彝铭中所记载的赐锡品有二三十种，差不多全同尊彝的制作联系在一起，锡马、锡裘，用作宝彝；锡弓、锡田，也作宝彝。有时同时赐锡金、车、弓、矢，都作宝尊彝以为纪念。如果贝是十足的货币，则马、裘、弓、矢、车、臣等也应当是十足的货币；而且卜辞和殷代彝铭中锡贝的朋数不多，最多只到十朋。这有两种解释：第一是殷器留下来的太少，也许有数目多的记载还没有发现；第二是当时是一种多数物币制。可是贝朋的数目往往同彝器的大小没有关系。有时支付的朋数少，造一大器，有时支付的朋数多，反而造一小器。这种情形在周代还是有。所以殷代的

锡贝，可能还是作为一种实物，一种装饰品，没有货币的意义在内。[128]

彭信威这个半个多世纪前的解释已经非常明确清晰了，他基本上否定了海贝在殷代是货币的说法，理由如下。首先，将"用作宝彝尊"的这类铭文简单地解释为用海贝来购买青铜等原材料或者支付人工费用，这是穿凿附会。其次，在赏赐物品的单子里，海贝虽然最常见，可是还有其他二三十种物品，如马、弓、田、裘等，如果海贝是货币，这些也应该是货币。其三，如果海贝是货币，那么，在赐贝多的情况下，铸造的彝器应该大，赐贝少，相应的彝器应该小，可是在铭文中没有这种对应现象。因此，彭信威认为，商代的海贝还是一种贵重物和装饰物，"没有货币的意义在内"。那么周代呢？周代的现象和商代大致一致，可或许是因为彭信威比较谨慎，不愿意以海贝在周代也不是货币来否认主流观点。事实上，彭信威在1965 年的《中国货币史》中对海贝是不是货币的阐述有一些模棱两可，甚至自相矛盾的地方。比如他说："从货币经济看来，周初是属于同一个发展阶段的。"这似乎是说，海贝在周初也不是货币。下一句他却说："仍是以贝朋为主要的支付工具。"这似乎是说，海贝不但在周初是货币（支付工具），在商代也是货币。他又马上就强化了这个印象，说："甚至可以说是真正的货币。"接着他举了西周的例子，说："因为《遽伯睘彝铭》所记遽伯睘作宝尊彝用贝十三朋的事，俨然是记账的口气。"[129]这实在是自相矛盾。

回到"用作宝彝尊"。如果我们把"赐贝"和"作宝彝尊"这两个行动拆开，我们就会发现，关于赐贝的金文不过

就是"作宝彝尊"来记录王和公侯之间的互动而已。商王
（周王）赐礼物（不一定是海贝，虽然海贝最为常见），公侯
作鼎彝来纪念此事，这是所谓封建制度下王（天子）和公侯
宣告天下，他们之间的特殊纽带依然存在并且仍在加强的通告
而已，这不是一个记录用海贝来购买铜料或者支付工资的账
本。[130]因此，赐贝的金文文献根本没有说海贝是货币，也不能
用来证明海贝是货币。

此外，海贝不过是赏赐礼仪中的一种贵重物，此外还有
马、弓、田、裘、玉等物品，它们和海贝一样，都是商（周）
王用来赏赐的贵重物，是这个礼仪中重要的一环。对于被赏赐
者而言，这是一份来自王的认可，因而是特殊的荣耀。他们并
没有看重或宣扬因此铸造的这个宝彝尊的经济价值，而是彰示
此事给自己和家族带来的光荣。因此，这些赏赐的礼物（包
括海贝）绝不是货币。[131]

关于古代中国是什么时候有的货币，是不是时间越早就越
好，近人罗振玉的观点值得我们深思。他说：

> 古钱谱录，多承《路史》之说，谓太昊葛天诸帝时，
> 已有化币。自洪氏《泉志》，直至近百年前诸家，多沿此
> 误。殊不知上古时书契未兴，乌得币上已有太昊葛天文
> 字？此其谬误，不待究诘而知之。予意不但上古时无币
> 制，即《管子》"汤、禹铸金"之说，亦未可尽信。盖周
> 以前为贸易时代，本无须化币，若夏、商已行化币，何以
> 至周贸易之风仍未革。观《孟子》"以其所有易其所无"
> 之语，知此风直至战国尚尔。予尝谓化币始于有周而盛于
> 列国，且初行时不过补助贸易之缺，惟都市官府用之。因

官府无物可与民间贸易，故制化以剂之。近世所存古化币，山川所出，皆周及列国物也。此说虽为以前古泉家所未发，然以理断之，并证以传世之古化币，当知予言非凿空也。[132]

罗振玉的"贸易时代"就是我们所说的物物交换的时代，他所说的"化币"就是我们所说的货币。他认为货币的产生是因为"官府无物可与民间贸易"，因此官府铸行货币。这固然不对，可是，他分析指出货币的产生需要一定的历史条件，这完全符合经济学的原理，值得称赞。他对古代钱币学家认为中国的货币是自古以来就有的这一观点的批评切中肯綮；他认为中国的货币出现在春秋战国时期的观点符合历史事实。

必须指出，并非所有的当代中国学者都认为海贝在上古中国就是货币。2001 年 7 月，中国钱币学会货币史委员会在峨眉召开货币起源问题座谈会，与会者包括钱币学家、经济史家、历史学者、考古学者和金融学家，其中一些学者对"海贝在商周时代就是货币"提出了疑义。[133] 北京大学教授吴荣曾在发言中说："在谈到货币起源时，一般通行的说法都是一说到贝，就是货币。我是很不同意这种说法的。在中国历史上，海贝确是起过货币作用，但还不能说是真正的货币，只能说是起到了胚胎性的作用。"[134] 刘森持和吴荣曾相似的看法，他说："贝是怎样从海贝演变成货币的？这很值得研究。我从各种资料看下来，真要把它看作货币，最早只能是殷商时期。恐怕主要还是在奴隶主之间使用，主要不是通过交换取得的。它是财富的象征，但并不用去交换，所以我称之为'准货币'。贝的获取不一定都通过交换，还有战争、贡赋等。从出土的墓葬等来看，也很难说它是货币。"[135]江玉祥说："我是基本不大同意那种贝一进入人类社会就是货币的观点的。"他主张要从文化人类学的角度来研究古代社会的贝，也就是解读贝的宗教和文化内涵，比如，三星堆的海贝"就不是货币而是祭祀品"。与江玉祥呼应，三星堆的发掘者陈显丹在发言中就进一步指出了海贝在三星堆是祭品而不是货币。[136]姚朔民审读了甲骨文中有"贝"偏旁的字，指出："其中基本可以释读并含意较清楚的从贝的字不过16个。这16个字中，有的是地名、方国名或人名，有的用于祭祀等活动，少数用于动词，但都看不出这些字的造字是专用于经济目的。因此，从文字角度看，说商代的贝用作货币恐怕还比较困难。"[137]以上这些发言，从各个角度质疑了海贝在商周时代就是货币的观点，和李永迪以及笔者的观点基本是一致的。

综合上述，在商周时期，海贝是外来物，因其新奇稀罕而贵重，在统治精英的政治活动和礼仪中逐步承担了价值尺度的功能。它们象征权力、地位和威望，因此成为赏赐礼仪中不可或缺的组成部分，而且还被这些社会精英随葬入墓，来彰显他们的地位和财富。海贝同玉一样，甚至比玉更早，被置于死者的口中、手中以及膝盖和脚踝附近，[138]因此有着强烈的宗教文化意义。

必须注意的是，商周时代赐贝或者交换，都局限于王侯这些社会上层，是商周精英之间的政治和经济活动，而且赐贝本身的政治含义远远大于经济含义，虽然海贝是贵重物，甚至还是价值尺度，也就是衡量财富的手段，但是赐贝礼节中的海贝并不是货币。那么，如亢鼎铭文中的交换或者买卖行为呢？第一，亢鼎铭文中的买方为召公，属于当时权倾一时的重要人物，因此，即使卖方样亚为普通商人，这个交易仍局限于精英阶层。其事铭之于亢鼎本身就是一个证据。第二，如黄锡全所言，西周初前，海贝价值颇高，一牛不过二十朋，一马不过四十朋，成王时遽伯铸造铜簋用贝不过十四朋，以此论之，海贝之拥有、赏赐、赠送以及偶尔的交换，依然是精英行为，所以它们只在金文中出现，只在墓葬中出现，而几乎没有在普通人的生活中出现（几乎没有在生活遗址的考古中发现）。因此，海贝并没有成为货币。笔者认为，海贝在商周正在经历着从价值尺度向货币转化的初始阶段，只有当海贝频繁地在物物交换中充当价值尺度，并进一步在非直接的物物交换中承担支付手段的功能，海贝才完成了从商品到商品货币的演化，成为货币。但是，直到西周中期，这个过程始终没有完成。为什么？

## 海贝为什么不是货币？

在分析了文献和考古的材料之后，李永迪指出，海贝在商代到西周之间并不是货币。那么，海贝在东周时期（春秋和战国时期）情况如何呢？

考古发现表明，古代中国使用海贝的高峰是西周时期，如相当多的赐贝记录和墓葬中的频繁发现所示。到了东周时期，海贝的使用急剧衰减，不再具有此前的重要性。事实上，海贝在周代确实承担了货币的某些功能，如价值尺度，可能还曾作为贮藏手段。海贝和盐、布以及金属铸币都曾经是这个时期的货币候选物（money candidate），然而，海贝在先秦时期的中国并没有转化为货币。原因要从海贝的供应－需求链中去找。

某些物品会偶尔或经常承担价值尺度的功能，这种物品有可能发展成为货币，笔者称之为货币候选物。这些货币候选物能否演变为（被社会接受为）通用货币，取决于许多因素。除了它们的物理特性或优势（如体积、重量、可携带性、耐磨性以及本身价值）外，供应的平衡最为重要。供应的平衡，是指一种持续的、不断接近充足的供应，即不会出现极度短缺或者过于充足现象的供应，抑或是生产或运输过程导致这种货币候选物具有令人不可承受的价格。随着某个社会市场和商业化的发展，对于交换媒介（也就是货币）的需求也相应增加，买卖双方必然寻求，并从货币候选物中挑选某种形式的货币。而某货币候选物能否在这个挑选过程中战胜其他候选物从而脱颖而出，取决于它是否具有持续的供应来满足市场的需要。假如没有充足的供应，某个社会无法持续获得这种货币候选物，那么这种货币候选物自然无法为这个社会的市场提供数量充足的货币，市场和这个社会便会在第一时间排除这种货币候选物；如果供应太过充足，这种货币候选物会出现贬值现象，导致它在竞争中被淘汰；如果某种货币候选物生产、加工或者运输的成本过高，那么，它的价格会上涨，它不但会遭到小额交易的排斥，市场也将无法承受这种昂贵的交换媒介，它同样会被淘汰。

以上是纯理论的分析，因此也是理想化的状况。在实际的历史进程中，海贝作为货币候选物在西周就遭遇了供应链方面的难题。笔者认为，从金文中可知，海贝在商周时期是最有竞争力的货币候选物，然后，由于供应的短缺（如后来大量的仿贝所示）以及远距离长途运输的巨大成本，海贝只能成为贵重物，并保持着贵重物的地位，无法满足日益增长的交易（或大或小）的需求而成为货币。正是由于海贝价值高昂，它们基本上在贵族阶层间流转，无法深入平民阶层。因此，海贝很少在商周时期的平民生活遗址或者平民的墓中被发现。

为什么海贝在古代印度成为"零钱"，而在古代中国却没有成为钱呢？距离是个关键问题。古代中国作为一个庞大的经济体，需要相当数量的货币供应，无论是金属铸币还是海贝。而海贝的产地马尔代夫离中国实在太远了，从那个印度洋岛屿到中国要经过千山万水，中间还要经过许许多多的国家和社会，玄奘都未曾到过此岛屿。因此，从经济的角度上说，海贝从这么远的地方到达中国，运输成本很高，而从一地到另一地辗转的转口贸易导致很难保持相对稳定的供应。价格高昂且供应不稳定自然就排除了海贝成为货币的可能。假设（这只能是而且永远是虚拟的假设）海贝在古代中国成为货币，那它也一定是所谓"大钱"，因为它背后有着高昂的运输成本。在中国，唯一的例外是云南，一是因为云南与东南亚以及印度洋在空间距离和文化上较为接近；二是因为海贝在云南成为货币时间相对较晚，约在公元九到十世纪，比商代至少要晚了两千五百年以上，比西周末期晚了一千六百年以上。

当然地理因素不是唯一的障碍。人们会问，为什么距离马尔代夫直线距离5000多公里（姑且不计海洋和沙漠的阻挡）的西非的马里王国进口海贝并出现了贝币经济圈？其实和前面云南的例子一样，这里我们需要考虑时间因素。西非的货币经济出现得比中国晚得多，至少晚了千年以上。古代中国早在公元前第一个千年中期以前，就迫切地需要货币的出现，那时的海贝和布等其他物品都已经被列入货币候选物的单子了。

因此，马尔代夫和古代中国的距离排除了海贝发展成为中国最早的货币的可能性，即使海贝在商周时期已经承担了货币的部分职能，即使海贝后来在印度、东南亚和西非成为完美的货币。海贝的稀缺性使得中国和印度的海贝都是财富的象征，但在印度，由于相对充足的供应，海贝转化为小额货币；而在中国，由于没有解决供给问题，海贝显著的稀缺性使得它在古代中国只能是贵重物，只能是财富的象征，而不能成为交换媒介。中原距离印度洋实在太远了，途中又经过多个地区和国家/社会，其运输和供应非常不稳定，因此印度洋无法为中原地区的市场和社会提供一种持续的、可靠的供给。正因如此，所以商周时期的各个王国和地区都不约而同地制造各种仿贝，特别是铜贝，它完美地结合了海贝和金属铜这两种货币候选物的优点，克服了海贝的来源问题，解决了通用货币的问题。

## 铜贝：中国最早的货币之一

海贝一开始进入中国，仿贝就出现了。在这种昂贵的天然海贝周围，考古发现了骨贝、玉贝、石贝、蚌贝以及各种金属贝。各种各样的仿贝以及它们庞大的数量都指向了一个结论：商周社会的统治阶层确实对海贝另眼相看。虽然海贝没有能够成为中国最早的货币，但它仍在中国货币史上留下了深深的烙印。特别值得注意的是古代中国把海贝和青铜完美结合起来所造的青铜仿贝，也就是铜贝。春秋战国时期的楚国铸造了数以十万计的铜贝，因而铜贝在这个南方大国最为流行，这显示了海贝对于古代中国如何创立自己的货币传统有着深远的影响。

到了春秋战国中后期，许多国家开始发明和推广自己的金属铸币，这样，中国出现了三个金属铸币区。北方有两个，一个是在黄河中游区域的布币区，另一个是在黄河下游区域的刀币区；南方有一个，就是长江中下游区域的铜贝区。铜贝早在商代就出现了，[139]但到了周代才被广泛使用。[140]虽然早期的铜贝不过是贵重物，并不是货币，但铜贝却是中国最早的货币之一。[141]在春秋战国之前，无论是天然海贝还是仿制的青铜贝，它们都不是货币。[142]

学者们相信，某种椭圆形的青铜铸币就是天然海贝的仿制品。这种青铜仿贝在楚国最为流行，钱币学家称之为蚁鼻钱、鬼脸钱，或者直接称之为货贝钱。南宋洪遵在《泉志》中就有记载，云："旧谱曰：此钱其形上狭下广，背平，面凸起，长七分，下阔三分，上锐处可阔一分，重十二铢，面有文如刻镂，不类字，世谓之蚁鼻钱。"[143]早在 1888 年，法国东方学者拉克伯里（Terrien De Lacouperie）就指出，蚁鼻钱和鬼脸钱"不过是根据海贝仿制的品质较低的铜贝"。[144]近人罗振玉等就接受了这个观点。关于蚁鼻钱的起源和时代，罗振玉有过辨析，他说："福山王文敏公家藏骨制之物，与传世之蚁鼻钱同，予定为贝，并定铜制之蚁鼻钱为古铜贝，已载之《唐风楼金石跋尾》，并记贝之文字三种。"而后又列举数字，说，合"诸字观之，与周化币文字同，则铜贝亦周物也"[145]。又说：

> 前人古泉谱录有所谓蚁鼻钱者，予尝定为铜制之贝，然苦无证。往岁又于磁州得铜制之贝，无文字，则确为贝形。已又于磁州得骨制之贝，染以绿色或褐色，状与真贝不异。而有两穿或一穿，以便贯系。最后又得真贝，摩平其背，与骨制贝状毕肖。此所图之贝均出殷虚，一为真贝，与常贝形颇异。一为人造之贝，以珧制，状与骨贝同，而穿形略殊。盖骨贝之穿在中间，此在两端也。合欢

先后所得，始知初盖用天生之贝，嗣以真贝难得，故以珧制之，又后则以骨，又后铸以铜。世所谓蚁鼻钱者，又铜贝中之尤晚者也。蚁鼻钱间有文字者，验其书体，乃晚周时物。则传世之骨贝，殆在商周之间矣。[146]

铜贝最主要的铸造者是楚国。楚国原来位于长江中游，是春秋战国时期的大国，全盛时其势力扩张到南方、北方、长江三角洲和淮河流域。在其铸造的铜贝当中，最主要的一种是正面有"巽"字的铜贝。[147]多数学者将"巽"字释为"贝"字，如此，或可说明这类铜贝确实是根据海贝而仿制。楚国的铜贝在现在的湖北、湖南、安徽、江西、江苏和山东都有大量发现，这彰显了它在长江中下游和淮河流域的影响。据不完全统计，中国各地出土楚铜贝100多次，总计15万多枚。[148]各地每次发现的铜贝数量不一，从一枚到几十枚、几百枚甚至上千枚。比如1963年，湖北孝感一次发现4745枚；而最多的一次是1972年在山东曲阜，一坑出土15978枚；有时候一次收获二三十公斤。[149]铜贝的重量也不一，最轻的0.6克，最重的5.65克，平均为2克；多数货贝长不过2厘米，宽不过1厘米，高在0.3~0.6厘米。[150]铜贝钱的这种大小和真实的海贝（尤其是马尔代夫的货贝）是一致的，同时和先秦时期各种仿贝也吻合，这表明货贝钱确实是一种仿（海）贝的铸币。彭信威认为，铜贝乃"贝和铜的结合"，是"最有意义的结合"。[151]这句话是非常值得玩味的。铜贝结合了金属（青铜）和海贝各自的优点，一方面体现了海贝在经济和文化上遗留下来的痕迹，因为它是货币候选物，且曾经承担过货币的某些功能；另一方面，由于南方（特别是楚国）产铜，阻碍海贝成为货币的供应和成本的困难被克服了，铜贝因而成为中国历史上最早的货币之一。

我们也略微介绍一下楚铜贝正面的阴文铭文。早期的铜贝并无铭文，楚国的有文铜贝大致出现于战国早期，[152]铜贝上的文字包括"全"、"行"、"君"、"匋"、"忻（即'釿'）""贝""匕""三""安（?)"、"𡨄"和"夆朱"等。其中"𡨄"的字形看着如鬼脸，又似蚁鼻，所以楚铜贝有鬼脸钱和蚁鼻钱的称呼。"𡨄"字，绝大多数学者认为就是"巽"；吴大澂认为它是古"贝"字的变体，这一观点被多数学者接受，他们将之释为"贝"字。"巽"字铜贝占据了所发现的楚铜贝的绝大多数——99％以上，[153]因此它可能是楚国铜贝在战国中期规范后形成的基本形式，在楚国控制的各地广泛流通使用。另外，一种有文铜贝"🐚"[154]的数量居第二位，它也引起了学者们的广泛讨论。此印文有的释读为一个字，有的释读为两个字，如"五朱"、"夆朱"，有的释读为三个字如"各六朱"等。无论如何，这个铭文是指代铜贝钱的重量应该不错。[155]

楚国铸行文铜贝大约是在春秋末期到战国初期，到了战国中期和晚期，铜贝钱已经非常流行。[156]通过目前在湖北、上海、山东、安徽等地发现的十件楚国蚁鼻钱铸模（其中九件是"巽"字铸模，一件是🐚铸模）可以一窥其铸行规模。其中上海博物馆藏有两件"巽"字铸模，一件残缺，一件完整，完整的这件呈长方形，长30厘米，宽10.5厘米，厚0.8厘米，重2204克，背有两条镂空横杠，正面贝形模腔分为四行，其中支槽左侧19枚，右侧20枚，中间两行各19枚，总计77枚。[157]目前发现的楚国蚁鼻钱数量庞大，分布广泛，时间跨度长达二三百年，再加上这十件铸模的面世，这些文物令人信服地证明了楚国的蚁鼻钱（铜贝钱）就是广泛使用的货币，而不是装饰品或贵重物。

公元前 221 年，秦统一了中国，开始规范货币，秦半两通行天下，楚国的铜贝钱也被剥夺了货币的法定身份。不过，海贝到了王莽建立的新朝（公元 9 ~ 25 年）也曾昙花一现。王莽是个虔诚的复古主义者，一心想回到他认为是完美的周代，所以恢复了许多他认为属于周代的制度。因此，被认为是周代货币的海贝和龟壳在王莽推动的货币改革中也登场了。《汉书》记载："莽即真，以为书'刘'字有金刀，乃罢错刀、契刀及五铢钱，而更作金、银、龟、贝、钱、布之品，名曰'宝货'。"[158]这六种货币根据其大小或重量各分等级，其中"贝货五品"按照大小分为大贝、壮贝、幺贝、小贝，以及"寸二分"的小小贝，规定"大贝四寸八分以上，二枚为一朋，直二百一十六。壮贝三寸六分以上，二枚为一朋，直五十。幺贝二寸四分以上，二枚为一朋，直三十。小贝寸二分以上，二枚为一朋，直十。不盈寸二分，漏度不得为朋，率枚直钱三"。[159]王莽虽然想恢复所谓以海贝为"货币"的周代的货币制度，可是，他对古代中国海贝使用的理解是错误的，其制度与楚国铜贝钱的使用情况也有出入，因为无论是海贝还是铜贝，它们都不以大小计量，而是以枚数计算价值的高低。不过，王莽对海贝的误解可以说是二十世纪许多学者的先声。

在北方的河南、陕西、山西、河北等地流行一种铜铸币——空首布，空首布一般均刻有文字，有的是数字，有的是干支，有的是事物，其中也有"贝"字。[160]虽然带有"贝"字的空首布数量很少，其流通无法与铜贝钱相提并论，但它也反映了海贝是钱这个观念在中国北方创造最早的金属货币这一过程中的痕迹。"贝"字空首布和楚国的铜贝钱，一个在北方，一个在南方，都体现了海贝与金属铸币的完美结合，凸显了海贝在中国货币史上留下的雪泥鸿爪。

2011～2016 年对西汉初年海昏侯刘贺墓的发掘，可以说是几十年来秦汉考古最重大的成果。作为一代废帝的海昏侯是汉武帝的亲孙子，其随葬品与文献之丰富令人咋舌。对常人而言，墓中那闪闪发光的金器便足以夺人心魄，其中包括金饼 385 枚、马蹄金 48 枚、麟趾金 25 枚和金板 20 块。金饼直径约 6.3 厘米，重约 250 克，含金量平均在 99% 以上，最高达 99.9%；马蹄金有大有小，大的重约 260 克，小的也有约 40 克；麟趾金重量在 60 克左右。[161]

刘贺父子为王侯时，将大部分金饼留作酎金之用，因为其形状、大小比较接近，而且铸成后有校重痕迹。[162]金饼呈柿饼状，正面较为光滑，中部内凹并有铸造冷却后形成的龟裂纹，背面凹凸不平，边缘呈水波纹状。更有意思的是，金饼上有各种戳记、刻画和錾刻而成的文字和图案。錾刻的文字较少，刻画的文字有"王"、"郭"、"杨"、"陈"等。引起笔者格外关注的是金饼上的戳记。戳记包括两类，一类是简单的集合图形，如 V 形和三角形；另一类是文字，如"由"（或"甲"）、"市"、"士"、"衣"、"重"、"巨"、"周"、"长"、"其"、"租"、"呈"、"全"、"左"、"内"、"父"、"禾"、"占"、"弓"和"贝"，许多字都与经济生活有关。随葬于西汉废帝墓中的"贝"字戳记金饼、战国时期楚国的"贝"字蚁鼻钱，以及北方的"贝"字空首布，都证明了海贝是上古贵重物，甚至就是货币这一观念在先秦至汉代流传。

随着金属铸币的出现，海贝逐渐从中国人的生活中隐退。不过，在北方的游牧社会里，海贝作为装饰品的传统仍在延续。无论是匈奴，还是吐谷浑人、鲜卑人等，他们仍然把海贝用作珍贵的饰品。[163]辽金时代服饰上做装饰用的鎏金贝饰就是一个例子。

海贝虽然没有成为古代中国的货币，但其影响却为我们反思中国货币史提供了一个机会。许多中国学者都认为中国的货币不但产生得早，而且具有独立的起源，发展成为独立的货币体系。彭信威概述了西方货币从小亚细亚发源后，向东、向西传播的过程，指出世界上"真正独立发展出来而长期保持独立性的货币文化是极其少见的……各国的货币很少有独立发展出来的"，然而，中国的货币发展"脉络很清楚"，其货币文化具有"久远性和独立性"。[164]萧清说："货币在我国很早就产生了，并发展为光辉灿烂、受外来影响较少、长时期保持着东方独立体系特色的货币文化……脉络清楚，源远流长。"[165]诚然，中国的货币制度确实有其独特性，可是，中国货币的起源是否受到外国影响，以及受到多少外国影响，仍然有讨论的余地。彭信威和萧清两位学者在强调中国独立的货币起源和进程时，也不否认轻微的外来影响，比如说，他们都认为海贝在世界上不少地区都被用作货币。按照他们的说法，殷商时代的中国也用贝币，那么，该如何解释这个现象呢？彭信威大而化之地说："因为全世界各民族差不多都用过贝壳，所以不能说谁受谁的影响。"[166]如前所述，海贝在中国确实不是货币，但在中国货币起源和产生的阶段，我们发现了海贝的草蛇灰线，而海贝作为外来物，是从印度洋北上经草原到达中原地区的。因此，我们不得不承认，中国货币的起源受外来因素的影响，而这外来因素恐怕还不止海贝。尼夫·霍雷什（Niv Horesh）把中国货币置于全球场景中，修正了中国货币是"孤立"发展的"这种传统智慧"（conventional wisdom）。[167]彭信威在说明中国货币的独立起源时，枚举了中国最早的金属铸币，"除铜贝外，要算刀、布和环钱"。他认为后三者都是中国产出来的，因为刀是从刀具而来，布是从农具而来，而环钱是从纺轮而来（后期或受到璧环的影响）。[168]尼夫·霍雷什却认为，环钱是中国本土特产的说法证据薄弱，因为在整个欧亚大陆都出现了环形钱币，因此中国的环钱可能受到了西方或西亚货币传统的影响。[169]如果尼夫·霍雷什的推测可以成立的话，那么加上受海贝影响的铜贝钱，中国古代最早的四种铸币当中，至少有两种受到西来因素的影响。这当然不是否认中国货币的独立起源和特色，而是说明了早期中华文明兼收并蓄的胸怀和能力。

## 南方的海贝：三星堆

从 1928 年 10 月到 1937 年 8 月，现代中国的第一代考古学者在殷墟进行了 15 次挖掘。从那时起，考古发现开始和中国悠久历史中丰富多彩的文献紧密结合，特别是用于对文献的证明（证伪）。殷墟的发现和发掘对于近代中国意义极其重大，特别是中国当时处在南北受到日本帝国主义蚕食的危急时刻，因而这一发现大大激发了广大中国人的爱国信念，因为太史公记载的商代和商王已然被殷墟的挖掘所证实。考古学家、历史学家、文字学家以及其他学者都倍感自豪，因为殷墟的青铜器、玉器和甲骨指向了一个三千年前成熟而发达的中华文明，它可以与同时代的任何一种文明相提并论。

然而，殷墟发掘之初，学者们就已经开始忽视海贝。半个世纪前，威廉·C. 怀特（William C. White）在评论中国第一代考古学家李济的著作《中华文明的开端：关于安阳发现的三个讲座》时，失望地说："李博士没有提及被广泛用来作为货币、装饰、酬报或者幸运符的海贝。"[170]这种忽视，或多或少地仍然没有被纠正，因为海贝在中华文明形成中的角色依然没有得到恰当的阐释。

很显然，讨论早期中华文明的伟大，关注商周两代的玉器、甲骨和青铜器似乎足矣。相反，海贝这种微不足道的海洋生物似乎对于进一步阐发中华文明的伟大并无多大用处。青铜器、玉器和甲骨以及它们指向的那种复杂精密的文化，经过学者们慎密的研究，已经代表了中华文明独有的"中华性"（Chineseness）。而从材质的珍贵、工艺的精密或者文化的发达来看，海贝与前三者似乎根本无法相提并论。

妇好墓的发现进一步证明了以北方为中心的二十世纪以来中华文明书写的传统：黄河是母亲河，中原是摇篮。如果没有其他地区那些同样重大的考古发现，这个二十世纪初开始的叙事就会持续下去。在西北、长江上游、长江中游以及赣江流域，考古都发现了相当于商代时期的青铜文化，使得原来单线条的叙事复杂化。以海贝而言，位于长江上游成都平原的三星堆遗址的发现，足以和殷墟妇好墓的发现相媲美。1986 年，在三星堆一号祭祀坑发掘出了 460 多件器物（青铜器 178 件，金器 4 件，玉器 129 件，海贝 124 枚）；在二号祭祀坑发掘出了 1300 多件器物（青铜器 735 件，金器 61 件，玉器 486 件）以及 4600 多枚天然海贝。[171]更有意思的是，二号坑里还出土了带铜链的一串青铜贝（三联铜贝）：三枚成套，上端有三个环钮并列，三个环钮套有链环，铜贝借尾端的圆钮套在链环上。[172]直接参加了三星堆发掘的陈显丹回忆道：

> 一号坑中，贝发现在坑底，在坑底的角落中有成堆的
> 草木灰，贝就在灰烬中。还有一部分出在青铜的头像里。
> 同时出土的还有金虎、玉琮。青铜在当时属美金，黄金的
> 量很少，贝也很难得，玉琮也是礼器。这些东西都是属于
> 礼用器具。更多的海贝出土于二号坑，在坑底铺了一层。
> 坑里有一个龙虎尊，里面也装有海贝，一块金料，一个金
> 面罩。所有的青铜器都涂了朱砂。三星堆铜器的一个特点
> 是不用鼎，用尊，用罍。在一个罍里全部装满了玉。从这
> 些现象看，这两个坑的性质可以确定为祭祀坑。二号坑的
> 海贝有 6000 多枚，还有两个铜贝，是仿真贝的。海贝的背
> 面都是磨掉的。铜贝上装有吊环，吊环上还装有链环。[173]

在长江下游，考古学家在赣江东侧的江西新干大洋洲也发
现了晚商时期（相当于殷墟中期）的青铜文化，其中也有海
贝。新干大洋洲墓址出土了 1900 多件随葬品，包括青铜器
480 余件，玉器 1072 件，陶器 356 件，还有骨器等，其中某
些青铜兵器、农业和手工工具在全国出土商代青铜器物中
"前所未见"。[174]丰富而精美的青铜器和其他发现表明，在长江
南面赣江流域的此地孕育过一个强有力的政权，"决不能简单
地（将之）看作中原商文化的传播，而是属于具有浓郁地域
特色"的"与中原商周青铜文明并行发展着的土著青铜文
化"，是"与中原殷商王朝并行发展的另一个地域政权"，[175]它
在以北方为脉络的书写框架中也无法找到合适的位置。可惜，
迄今为止，尚未有对新干出土的海贝的研究。[176]由于和殷墟时

代相同、青铜器相似，以及都发现了大量海贝，学者对于三星堆和殷墟的关系关注颇多。[177]与此同时，虽然三星堆（以及新干大洋洲）的青铜文化显示了来自北方的影响和联系，但其本身自有特色，不容忽视。

三星堆的海贝，一部分堆放于祭祀坑底，一部分装在青铜尊、罍等礼器中，这种现象与云南江川李家山和晋宁石寨山滇墓中出土海贝的情况相似。三星堆的海贝多数都背部穿孔，主要有三种——环纹货贝、货贝和虎斑宝贝（Cypraea tigris，学名黑星宝螺，又称虎皮贝），其中环纹货贝最多，货贝较多，虎斑宝贝较少。[178]三星堆出土的三联铜贝体积相对较大，[179]长度约为 3~6 厘米，而殷墟出土的铜贝不过 1.5~1.7 厘米。

三星堆海贝的来源和性质同样引起了学者们的兴趣和争论。由于其品种较多，学者们认为三星堆的各类海贝有着不同的来源和不同的输入路线，如从南海和印度洋经过东南亚到达成都平原，或者从印度洋经中原辗转而来。我们应该记得，从二十世纪五十年代到七十年代，云南发现了 20 多万枚海贝，几乎所有这些海贝都应当来自马尔代夫。云南和位于成都附近的三星堆距离不远，而位于长江上游的三星堆和位于长江中游铸行铜贝钱的楚国距离不远。云南和三星堆空间的毗邻，可能意味着两地某些文化上的交流。然而，与三星堆相比，云南距离印度洋更近；但更令人困惑的是，三星堆的时代比云南海贝的滇国时代至少要早七八百年。离印度洋近的海贝（滇国）时代晚，离印度洋远的海贝（三星堆）反而时代早，这表明三星堆的海贝不应该是从印度洋经云南到达的。至于三星堆海贝的性质，虽然很多学者都认为它是货币，但他们的依据和论证与讨论中原贝币时采用的模式如出一辙。同理，笔者认为三星堆的海贝不是货币，它们和商周时代的海贝一样，象征着财富、权力和社会地位，具有浓厚的宗教和文化功能，因而在祭祀坑中与青铜器、玉器以及象牙一起被发现。[180]

由于某种不可知的原因，在公元前第二个千年结束之际，三星堆的主人们抛弃了他们亲手塑造的三星堆文化，有学者解释，这就是为什么这么多珍贵的祭祀品在他们离开之际被埋葬于祭祀坑内。很有意思的是，在三星堆60公里外的成都，考古学家发现了另一处文化遗址，那就是金沙。金沙文化的全盛期约在公元前1000年，那正好是三星堆被抛弃的时代。考古发现表明，三星堆和金沙之间的文化传承是非常明显的。然而，有关金沙的考古报告或者研究从没有指明金沙是否发现了海贝。2018年7月，笔者到成都参观了金沙博物馆，马上就看到了展览中的三枚仿贝：两枚玛瑙贝（一枚长1.40厘米，宽1.05厘米，高0.31厘米；另一枚长2.14厘米，宽1.79厘米，高0.67厘米）和一枚水晶贝（长3.23厘米，宽2.7厘米，高0.63厘米）。这三枚仿贝背部都有穿孔，因而在展览中被解释为挂饰。金沙遗址发现的这三枚仿贝或许揭示了三星堆对这个如此内陆的地区的文化影响，因为从成都再往西60公里就是著名的都江堰，那里有横断山脉最东部的邛崃山，也就是从成都平原进入川康交界的山区和高原。由于在金沙遗址中没有发现天然海贝，因此或可推定，到了公元前1000年前后，海贝不再进入成都平原。这或许是因为钟情于海贝的三星堆文明消失了，三星堆海贝的提供者便停止了供应。

三星堆的海贝为中华文明史的书写提出了十分有趣的问题。首先，海贝究竟在中国政治、经济和文化制度的形成中起到了什么作用？这个宏大的问题又引出了更大的问题，那就是，外来器物和联系在中华文明的形成中起着何种作用？其次，三星堆的海贝和商周的海贝究竟是什么关系？它们对于早期中华文明意义何在？它们来源相同吗？输入路线一致吗？目前为止，笔者还没有发现令人满意的答案。下面这一节笔者转向葬礼中的含贝和握贝，对海贝在中华文明中的作用做一抛砖引玉的介绍。

## 含贝和握贝

与印度和东南亚不同，海贝虽然在新石器时代就到了后来成为古代中国的区域，但这种海洋动物并没有在古代中国成为货币。早在商代，海贝就是古代中国社会中最有力的货币候选物，但它还是止步于作为财富和身份的象征以及用于宗教。与此同时，银、铜、锡、铅、蚌、骨、玉、石、陶等各种材质的仿贝也随之出现，特别是铜贝，它在楚国广阔的疆域里流通使用，成为中国最早的金属铸币之一。正由于在商代遗址中频繁发现大量海贝，有一位日本学者认为"殷代是贝的文化，周代是玉的文化"[181]，此说也颇有几分道理。

如果说赐贝，也就是赏赐礼仪中使用的海贝，彰显了王和公侯贵族之间的互相认可和特殊联盟，象征了海贝在人世间的意义。那么，葬贝，也就是葬礼中使用的海贝，彰显了生者对于死者的尊重和祝愿，体现了海贝对于死者乃至其死后生活和世界的意义。因此，葬贝和赐贝，一死一生，都揭示了海贝对于商周统治阶层具有其他物品不可代替的某些意义，体现了海贝对于中华文化的深远影响，而以含贝与握贝最为集中和明显。通过对商周墓葬的仔细分析，我们发现，含贝和握贝与含玉和握玉几乎同时出现，可能前者出现得更早一些，因此，或许可以说，葬贝和葬玉一起构成了中华文化三千年的葬礼习俗的重要组成部分，直至帝国在二十世纪的灭亡。有一点必须提醒大家，那就是，古代的葬礼属于精英文化，墓葬中发现的海贝几乎都属于商周社会的统治阶层。当然，这种精英文化逐渐渗透和影响整个中国社会，直至墓葬和葬礼逐渐消失的二十世纪。

1936 年，考古学者高去寻参加了殷墟的发掘工作。这次发掘，在大司空村的 14 座墓葬里共发现了 18 枚海贝。这 14 座墓都是单人墓，每座墓里只有一架骨骸，或仰面，或俯身，因此，墓葬里的便是主人。发现的 18 枚天然海贝背部都穿有小孔，虽然当时判断不出种类，但据形状判断，应该就是日本人所说的"子安贝"，它们在墓葬中被置于三个位置：5 枚在骨骸的口腔内；6 座墓中骨骸的手骨部分发现 1 枚或 2 枚海贝（左右手各一）；在 4 座墓的腰坑里共发现 5 枚海贝。[182] 所谓腰坑，就是在尸体的腰部和膝部之下挖的一个长方形小坑。经过仔细研读判断，高去寻分析说，口腔中发现的海贝"无疑乃当时死者口内所含"；手骨间发现的贝，与其"解释为死者手上的装饰品，不如解释为乃死者手中所握为妥"，因为贝"大都在手骨的下面，很可能是在尸体僵化之后才被放在手下，可使贝的位置不易移动，而象征着死者手中握贝了"；腰坑中的贝，高去寻"以为原本是死者手中所握，后来才陷落进腰坑以内的"。[183] 因此，大司空这 14 座墓葬中发现的 18 枚海贝，根据其位置，就是"含贝"和"握贝"。高去寻总结说："在这十四座墓葬中所埋的死者，有四人口内含贝，九人手内握贝……一人口既含贝手又握贝。"[184] 高去寻还列举了安阳小屯村墓葬中发现的含贝与握贝的例子。[185]

这样看来，含贝和握贝的习俗至少同含玉和握玉一样早——如果不是更早的话。两种习俗在殷墟中都有发现，不过，到了秦汉以后，葬贝的习俗逐渐消失。那么，为什么商代的精英要把贝置于死者的口内和手中？高去寻解释说，这是因为海贝和女性生殖器的相似性使得人们相信"它是生命的或者生殖力的象征；可以在死者的新世界里供给一种生活力；可在生人的日常生活中供给一种保护或辅助的力量"。他又说："贝在殷末既可能是生人或家畜的保护符，又可作供献于神祇的祀品或某种符咒，可使我们推想当时人迷信贝具有通货及装饰品以外的某种灵力，这或许便是丧礼上用贝的原因。殷人迷信贝具有某种灵力，可能由于视贝为生命力或生殖力的象征，或由此观念所演变的孑遗。他们将贝放在尸体的口内或手中的含义，或许如安特生的看法，是给死者以生命力，可保护尸体或灵魂的长生或永远不灭；也可能仅如汉人的说法'盖有益死者形体'。总之，支配我国丧礼三千年的殷代饭含用贝，是出于一种巫术目的之丧礼。"[186]

海贝到了秦汉时期，便逐渐从中国人的生活中消失了，葬贝也是如此。高去寻指出，商代流行的含贝，到了唐宋后就消失了，代贝而含的是铜钱或金银，这从汉代一直流传到现代；而商代开始的含玉，则一直流传到现代；商代流行的握贝，也仅见于商周之际，到汉代则出现了握金银、玉石和铜钱。[187]因此，与葬玉相比，葬贝持续时间短，这或许是它没有得到足够重视的原因。含玉与握玉在两汉时期的葬礼中尤为流行，因此被认为是早期中国葬礼文化的象征。在其成熟期，葬玉或覆盖人体的九孔之上，或置于人体的九孔之内。所谓九孔，指眼窝（二）、耳孔（二）、鼻孔（二）、口部、肛门、阴部（性器官）九处。葛洪《抱朴子内篇·对俗》说"金玉在九窍，则死人为之不朽"，便反映了当时的文化观念，认为用黄金、玉器遮盖或填塞人体的九窍，尸体可以不朽，灵魂可以升入天堂，得到新的生命。汉代中山靖王刘胜夫妇的身体上便发现了完整的九玉。以葬玉类推，则商周时期的葬贝也无疑具有同样或类似的功能。

高去寻一一查询了中国古代典籍中关于葬礼的记录，与殷墟的考古发现核对比较。[188]《仪礼》中《士丧礼》多处提到了贝。其一，"贝三，实于笲。稻米一豆，实于筐"；其二，"管人汲，不说繘，屈之。祝淅米于堂，南面，用盆。管人尽阶，不升堂；受潘，煮于垼，用重鬲。祝盛米于敦，奠于贝北"；其三——

> 商祝袭祭服，襈衣次。主人出，南面，左袒，扱诸面之右；盥于盆上，洗贝，执以入。宰洗柶，建于米，执以从。商祝执巾从入，当牖北面，彻枕，设巾，彻楔，受贝，奠于尸西。主人由足西，床上坐，东面。祝又受米，奠于贝北。宰从立于床西，在右。主人左扱米，实于右，三，实一贝。左、中亦如之。又实米，唯盈。主人袭，反位。[189]

观其大意，则有贝之准备、清洗、祭祀，而后由巫师将贝置于死者身上和身旁。《礼记》中《檀弓下》记丧礼："饭用米贝，弗忍虚也；不以食道，用美焉尔。"《杂记下》记："天子饭九贝，诸侯七，大夫五，士三。"[190] 由此可见，彼时有含贝含米的习俗，而含贝多少也是根据等级来规定的。《荀子》之《礼论》谈到丧礼时说："充耳而设瑱，饭以生稻，唅以槁骨，反生术矣。"[191] 前人解释"槁骨"为贝，则当时人们相信含贝可以不朽或复活。《仪礼》和《礼记》均被列为儒家十三经，《仪礼》是关于先秦的各种礼仪，各篇时间有早有晚；《礼记》则收录孔子的学生及战国时期儒家学者的作品。大致说来，它们关于葬礼的记载既是对古代文献的实践和传承，又是理想化的记录。但无论如何，我们可以看到，海贝在先秦的葬礼中（包括商周时代葬礼实践和春秋战国时期对前者的理想化的叙述）具有相当重要的作用。

高去寻从史籍中发现，不但春秋战国时期的死者含贝含玉，汉代人死后，仍有含贝含玉的习俗。[192]《后汉书》记载梁商死前告诉儿子梁冀，"吾以不德，享受多福。生无以辅益朝廷，死必耗废帑臧，衣衾饭唅玉匣珠贝之属，何益朽骨"[193]。这说明在汉代观念中，含贝与含玉、珠一样，可以使死者不朽，虽然可能当时含贝的习俗已经罕见，而多用珠玉了。含珠玉这种习俗到了明清，就以含铜钱更为流行了。握贝与握玉的历史演化也大致如此。因此，葬礼中含和握这两种习俗可以说是源自海贝（或和玉），之后演化到玉、珠、铜钱等。这样，葬贝的习俗影响了中国三千年。当然，商周丧礼饭米的习俗也许和含贝一样，可惜米易腐烂，考古中无法得到它们的踪迹。

虽然本书谈及的海贝大致在汉代就从中国消失了，可是直到现代，在中国人的日常生活当中，仍然可以发现各种海贝的身影。在浙江绍兴，或许还有其他沿海地带，海贝被用来当作护身符，有"鬼见怕"的称号。[194] 在福建，怀孕的妇女手上戴着海贝，相信它有保佑顺产的魔力，因此海贝又博得了"催生子"的美称。[195] 在云南西部，当地人称赌钱为赌"pia"，即赌耙（海贝）。[196] 在西北，安特生发现孩子的帽饰上有海贝。

所有这些也只能让我们窥探一下这种小巧的海贝长期以来在中国人生活中的残留影响而已。

不妨让我们稍微讨论一下最近受到热烈关注的何尊。西周成王五年，成王在洛邑对同族贵族"何"训诰说：你的先父公氏追随文王，后来文王受天命，武王克商后告祭于天说，"余其宅兹中国"。成王赐贝三十朋给何，何因此作尊来纪念此事。何尊的重要性，不仅在于它明确记录了成王的诰训，也不仅在于成王明确提到了武王克商的事迹，还不仅在于它是西周第一件有明确记年的青铜器，更重要的是，它是第一件最早出现"中国"一词的实物，因而它引起了学者们的高度兴趣。葛兆光甚至以"宅兹中国"为其书名，提出了"何为中国"的重大问题。他说：

> 书名"宅兹中国"用的是 1963 年在陕西宝鸡发现的西周铜器何尊铭文中的一句话。何尊铭文说的是周武王灭商后营建东都之事，"宅兹中国"的"中国"可能指的是常被称为"天之中"的洛阳。我只是借它来作为象征，不仅因为"中国"一词最早在这里出现，而且也因为"宅"字既有"定居"的意味，也让人联想起今天流行语中的"宅"，意思似乎是"墨守"，这新旧两重意思，让我们反省，一个身在"中国"的学人，应当如何既恪守中国的立场，又超越中国局限，在世界或亚洲的背景中重建有关"中国"的历史论述。[197]

宅兹中国又置于世界，坚持中国又超越中国，葛氏的愿景是非常美好的。可惜的是，假如何尊是中国的象征，海贝是世界的隐喻，那么，和"中国"一起出现的"赐贝卅朋"这一中国和世界的互动，并没有得到相应的重视。何尊中的赐贝，就像其他考古和文献中的海贝一样，虽然近在眼前，可是人们并没有看到，即便看到了，也并没有理解。何尊的铸造是和赐贝这个礼仪融为一体的。换言之，假如没有赐贝，也许就没有何尊，当然也就没有何尊中的"中国"二字了。赐贝、何尊以及"中国"二字，难道不是海贝与中华文明和中国的国家形成密不可分的具体表现？

总结本章，关于殷商时期的海贝，古人和现当代学者持有相同或相近的观点，那就是：认为海贝的性质是货币，认为海贝来自南海或者中国的南方。这两个结论，如本章所阐述，都经不起推敲，都是误解。殷商时代北方中国的海贝来自印度洋的马尔代夫，经过草原之路到达黄河流域，这些海贝，被殷商的统治阶层视作贵重物，承担重要的政治、经济（包括货币的部分职能）、文化和宗教的功能，但它们并不是货币。

此前三章分别阐释了印度、东南亚和云南的贝币，本章则着重分析了为什么海贝在古代中国没有成为货币。那么，是否还有其他地区，如毗邻印度的阿拉伯半岛、地中海或东非，使用海贝作为货币呢？下一章我们便俯瞰全球场景中的西非的海贝。

**注　释**

1. Anderson, 1934, 300.
2. 高亨注，《诗经今注》，上海：上海古籍出版社，1980 年版，1982 年印，第 243 页。

3. 中国社会科学院考古研究所编，《殷墟妇好墓》，北京：文物出版社，1980 年。

4. 中国社会科学院考古研究所编，《殷墟妇好墓》，北京：文物出版社，1980 年，第 220 页。

5. 郑振香，《殷代王后的地下珍宝库——河南安阳殷墟妇好墓考古记》，朱启新主编，《考古人手记》，第一辑，北京：生活·读书·新知三联书店，2002 年，第 18 页。关于殷墟妇好墓出土的各种海贝，社科院考古研究所做过详细报告。其中有阿文绶贝（Mauritia Arabica）一件，经加工，壳面满布虚线状褐色花纹，背部琢有一孔，长 6.1 厘米，分布于台湾岛、南海、日本、菲律宾、暹罗湾、安达曼群岛、锡兰、卡拉奇等地。又有货贝共 6880 多枚，其中 70 多枚出于墓口深约 4.3 米处墓室中部偏北的填土中，其余绝大部分出自棺内两侧靠近腰坑处。有大小两种，而以大者居多数。壳面皆呈瓷白色，绝大多数在壳面前端琢有一个圆形孔，只有少数在壳面琢有一个椭长形的较大的孔。大的长约 2.4 厘米，小的长约 1.5 厘米，此种分布于台湾岛、南海（为海南与西沙常见种类），以及阿曼湾、南非的阿果阿湾等地。关于货贝的功能，考古研究所认为，墓中出土的 6800 多枚货贝在当时应是一笔极大的财富。据鉴定，此种贝分布于我国的台湾岛、南海以及更远的地域，可见来之不易。此外，大量玉器经过鉴定，与今天的新疆和阗玉接近，大概是从遥远的西北运来的，这些贝、玉，可能是通过交换或者贡纳等途径获得的。见中国社会科学院考古研究所编，《殷墟妇好墓》，第 220、234 页。——译注

6. 彭柯、朱岩石，《中国古代所用海贝来源新探》，《考古学集刊》，第 12 集，北京：中国大百科全书出版社，1999 年，第 119 页。其他很多学者忽视了拟枣贝。

7. Jackson, 1917; Hogendorn and Johnson 1986.

8. Wick, 1992, 63.

9. 郭沫若，《十批判书》，北京：东方出版社，1996 年，第 18 页；Egami Namio, 1974, 44 - 45；萧清，《中国古代货币史》，北京：人民出版社，1984 年，第 1 页；近藤乔一，1998 年，第 389 ~ 412 页。[郭沫若说："贝即贝子，学名所谓'货贝'（Cypraea moneta），是南海出产的东西，特别以中南半岛附近所产为名贵；东海海岸不产此

物，殷代已有贝，可知必自南方输入。至今南洋土人犹呼贝子为 Bia，音与华语相近，可知贝之为物不仅是三四千年前的舶来品，即贝字读音也是三四千年前的舶来语。贝子的输入是由实物交易而得，毫无疑问。初入中国只是当着装饰品使用的，以若干贝为一朋，一朋即是一条颈链，故䏶字从贝（䏶，贝连也），贲字从贝（贲，饰也），赞字从贝（赞，美也）。贝不易得，后来替之以骨，更替之以石，全仿贝子之形而加以刻画。后来更兼带有货币的作用。但这转化过程是到周代才完成了的。周代彝器有《遽伯还簋》，其铭为‘遽伯还作宝尊彝，用贝十朋又四朋’，大约是西周末年的器皿。这确实是把贝子作为货币在使用了。贝子兼有货币作用之后又有铜制的仿造品出现，骨董家称之为‘蚁鼻钱’。罗振玉说：‘蚁鼻钱间有有文字者，验其书体乃晚周时物。’据我所见到的实物，他这个断定是正确的。”——译注 ]

10. 社会科学院考古研究所编，《殷墟的发现与研究》，北京：科学出版社，1994 年，第 403 页；彭信威，《中国货币史》，上海：上海人民出版社，1965 年第 2 版，1988 年印刷，第 25 页；王献唐，《中国古代货币通考》，青岛：青岛出版社，2005 年，第 87 ~ 88 页。彭书最早出版于 1954 年，以后修订再版于 1958 年、1965 年、1988 年和 2007 年。他关于海贝和贝币的观点也有所变化，此书于 1994 年被译为英文出版：Peng Xinwei, *A Monetary History of China* (*Zhongguo Huobi Shi*) (East Asian Research Aids and Translations, vol. 5), 2 vol., tran. Edward H. Kaplan (Bellingham: Western Washington University, 1994, 1st edition)。

11. 明代的李时珍在《本草纲目》中曾枚举古代学者有关贝来源于东海、南海的各种说法。李时珍，1994 年，第 1061 页。——译注

12. Egami Namio, 1974, 45 and 52；郭沫若，1996 年，第 18 页；Peng Ke and Zhu Yanshi, 1995。（江上波夫 1932 年在日本《人类学杂志》第 47 卷第 9 号发表《子安贝在远东的流传》，1974 年又有上述引用之英文论文。——译注）

13. 董作宾、董敏，《甲骨文的故事》，台北：商周文化事业股份有限公司，2012 年，第 245 页。——译注

14. 郭沫若，《释朋》，《郭沫若全集·考古编》，第一卷，北京：科学出版社，1982 年，第 110 页。

15. Hogendorn and Johnson, 1986, 7.

16. 木下尚子, 2003 年, 第 30 页。

17. 近藤乔一, 1998 年, 第 391、402、408 和 410 页。近藤乔一有些自相矛盾, 比如他又认为青海发现的海贝来自西方而非中原。近藤乔一, 1998 年, 第 409 页。

18. Peng Ke and Zhu Yanshi, 1995, 4.

19. 徐朝华注,《尔雅》, 天津：南开大学出版社, 1987 年, 第 311 ~ 312 页。

20. 转引自李时珍, 1994 年, 第 1061 页。

21. 罗振玉,《殷虚古器物图录》,《附说》,《罗振玉学术论著集》, 罗继祖主编, 王同策副主编, 上海：上海古籍出版社, 2010 年, 第 1 卷, 第 442 ~ 443 页。

22. 罗振玉,《殷虚古器物图录》,《附说》, 第 445 页。

23. 罗振玉,《俑庐日札》,《罗振玉学术论著集》, 第 3 卷, 第 101 页。

24. 钱公麟,《揭开吴王陵之谜》, 朱启新主编,《考古人手记》, 第二辑, 北京：生活·读书·新知三联书店, 2002 年, 第 137 页。

25. 钱公麟, 2002 年, 第 137 页。［好友李星于 2020 年 6 月 8 日下午告知, 他在上海嘉定博物馆中看到数枚商代骨贝, 展览注明是"coins"（钱币）；次日, 他又打电话询问博物馆人员, 被告知其系本地挖掘所得。如此, 这也是比较南边的骨贝了。李星又参观了南京、徐州等地的博物馆, 发现都有海贝或仿贝（如玛瑙贝）的陈列, 一般也都注之为货币。——译注］

26. 彭柯和朱岩石注意到过去学者基本引用了 C. M. Burgess 于 1970 年出版的 The Living Cowries (South Brunswick, 1970)。此书提到的海贝区域包括中国东南沿海；不过, 1985 年修订后的版本在提到货贝和环纹货贝的区域时, 排除了中国东南沿海（包括台湾岛）。见 Peng Ke & Zhu Yangshi, 1995, 3。——译注

27. 钟柏生,《史语所藏殷墟海贝及其相关问题初探》,《史语所集刊》, 1993 年 64 本 3 分, 第 687 ~ 737 页。

28. Peng Ke & Zhu Yangshi, 1995, 2 - 3. （此处中文引自彭柯、朱岩石, 1999 年, 第 119 ~ 120 页。他们讨论的就是中国青铜时代的海贝, 包括货贝、环纹货贝和拟枣贝。英文版误记了彭柯和朱岩石的观点, 认为无论是在现在还是在历史上的青铜时代, 南海不可能出产海贝,

而彭和朱指的是中国南方沿海地区。特此致歉。——译注）

29. Peng Ke & Zhu Yangshi, 1995, 2 - 3. （中文引自彭柯、朱岩石，1999年，第 120 页。——译注）

30. 彭柯、朱岩石，1999 年，第 121 页。

31. 彭柯、朱岩石，1999 年，第 131 页。

32. 彭柯、朱岩石，1999 年，第 123 ~ 126 页。

33. 彭柯、朱岩石，1999 年，第 127 ~ 129 页。

34. 彭柯、朱岩石，1999 年，第 127 页；Peng Ke & Zhu Yangshi, 1995, 13。

35. Peng Ke & Zhu Yangshi, 1995, 13 & 14.

36. 彭柯、朱岩石，1999 年，第 131 页；Peng Ke & Zhu Yangshi, 1995, 18 - 19。

37. 彭柯、朱岩石，1999 年，第 130 页。

38. 彭柯、朱岩石，1999 年，第 131 页；Peng Ke & Zhu Yangshi, 1995, 19。

39. 福建省泉州海外交通史博物馆编，《泉州湾宋代海船发掘与研究（修订版）》，北京：海洋出版社，2017 年，第 66 ~ 67 页。

40. 《发掘与研究》，第 84 ~ 85 页；陈高华、吴泰，《关于泉州湾出土海船的几个问题》，见《发掘与研究》，第 160 页。

41. 《发掘与研究》，第 66 页。

42. 《发掘与研究》，第 79 页。

43. 《发掘与研究》，第 80 ~ 81 页。

44. 《发掘与研究》，第 62 页。

45. 《发掘与研究》，第 62 页。

46. 《发掘与研究》，第 30 页。

47. 李复雪，《泉州湾宋代海船上贝类的研究》，见《发掘与研究》，第 240 页。

48. 李复雪，第 240 ~ 241 页。

49. 《发掘与研究》，第 62 页。

50. 唯一的例外似乎是钱江。见钱江，2017 年。

51. 陈大震，《大德南海志》，第 709 页。

52. 汪大渊，1981 年，第 265 页，注释 1；Roderich Ptak, 1987, 678, footnote 17.

53. Ibn Battuta, 2011, 242.

54. 李复雪，第 245 ~ 246 页。

55. 李复雪，第 246 页。

56. 李复雪，第 246 页。

57. 吴旦敏，《出土贝现象分析研究》，《上海博物馆集刊》，第 9 期，上海：上海书画出版社，2002 年，第 102 ~ 133 页。

58. 吴旦敏，2002 年，第 102 ~ 104 页。殷墟集中发现大量海贝可能是因为这里是商王和贵族生活的区域。

59. 彭信威，1965 年，第 25 ~ 28 页。

60. 吴旦敏，2002 年，第 105 页。

61. 吴旦敏，2002 年，第 106 页。

62. 吴旦敏，2002 年，第 106 ~ 108 页。早期中国实行双棺葬，死者尸体置于内棺，内棺又有外椁。

63. 吴旦敏，2002 年，第 108 页。

64. 中国社会科学院考古研究所，《沣西发掘报告》，北京：文物出版社，1963 年，第 145 页。

65. 中国社会科学院考古研究所，1963 年，第 145 ~ 149 页。

66. 吴旦敏，2002 年，第 109 页。

67. 关于中文"货币"一词，彭信威做过简单的考察。在春秋战国时期，"货"和"币"是两个不同的概念，"货"可能是"化"字的变体。"货"作为名词，在战国时期和在现代的意义差不多，包括一切商品（以及其中的货币商品，即实物货币）。到了汉代，"货"依然指代财或实物，不专门指货币。作为动词，"货"可以表示"以之为宝"或者"交换"。由于古人不知道货币与财富的区别，所以使用时将这两个概念混淆在一起。"币"在战国时代指的是皮、帛，和货币无关。由于皮、帛在那时可以用来以货易货，成为支付手段（带有支付功能），所以"币"逐渐取得了货币的含义。"货币"作为单一词的出现，可能是相当晚近乃至现代的事。在古代，人们多用"钱币"一词。彭信威，1965 年，第 1 章，第 7 ~ 8 页。——译注

68. Li Yung – Ti, 2003, 2.

69. 《史记》，北京：中华书局，1975 年，卷 30，第 1442 页。

70. 桓宽，《盐铁论》，上海：上海古籍出版社，1990 年，第 18 页。

71. 《汉书》，北京：中华书局，1975 年，卷 24 上，"食货志第四"，第

1117 页。

72. 许慎撰，徐铉等校，《说文解字》，上海：上海古籍出版社，2007 年版，2009 年印刷，第 303 页。

73. 见姚朔民的发言，中国钱币学会货币史委员会，《货币起源问题座谈会纪要》，《中国钱币》，2001 年第 4 期，第 31 页。

74. 慧琳，2001 年，第 389 页。

75. Anderson，1934，300.（仿照其他器物的金属铸币指的是刀币、布币、环钱等。——译注）

76. 罗振玉，《殷虚古器物图录》，《附说》，第 442 页。

77. 王国维，《观堂集林》，北京：中华书局，1959 年，卷三"说珏朋"，第 161 页。

78. 董作宾、董敏，2012 年，第 244 页。

79. Li Yung–Ti，2003，2.

80. Von Glahn，1996，24.

81. Constance A Cook，"Wealth and the Western Zhou," *Bulletin of the School of Oriental and African Studies*，vol. 60，no. 2（1997）：260.

82. Sanjay Garg，"Non-Metallic Currencies on Indian in Indian Ocean Trade and Economies," in *Cross Currencies and Community Networks*，eds. Himanshu Prabha Ray and Edward A Alpers（New Delhi：Oxford University Press，2007），249；Bill Bynum and Helen Bynum，"Egyptian Cowrie Necklace," *The Lancet*，vol. 386，no. 1003（2016）：1525.

83. 萧清，1984 年，第 1、29 页；王献唐，2005 年，第 82 页。

84. 郭沫若，1982 年，第 107 页。

85. 郭沫若，1982 年，第 108 页。

86. 郭沫若，1982 年，第 110 页。

87. 郭沫若，1982 年，第 110 页。

88. 郭沫若，1982 年，第 110 页。

89. 郭沫若，1982 年，第 111~112 页。

90. 郭沫若，1982 年，第 112 页。

91. 郭沫若，1982 年，第 114 页。

92. 彭信威，1965 年，"序"，第 2 页。

93. 彭信威，1965 年，第 1 章，第 14 页。

94. 彭信威，1965 年，第 1 章，第 7 页；Li Yung–Ti，2003，6.

95. 彭信威，1965 年，第 1 章，第 12 页。

96. 彭信威，1965 年，第 1 章，第 15 页。

97. 彭信威，1965 年，第 1 章，第 8 页。

98. 彭信威，1965 年，"序言"，第 2 页；第 1 章，第 16 页。

99. 中国社会科学院考古研究所，1994 年，第 402～403 页。

100. 黄锡全，《先秦货币通论》，北京：紫禁城出版社，2001 年，第 1～52 页。

101. 黄锡全，2001 年，第 6、10、12、13、17、18、22、24、30 页。

102. 马承源，《亢鼎铭文——西周早期用贝币交易玉器的记录》，《上海博物馆集刊》，第 8 期，上海：上海书画出版社，2000 年，第 120～123 页。

103. 陈佩芬编著，《中国青铜器辞典》，第一册，第 122 页。

104. 马承源，2000 年，第 121 页；Li Yung‑Ti, 2003, 9；黄锡全，《西周货币史料的重要发现——亢鼎铭文的再研究》，《古文字与古货币文集》，北京：文物出版社，2009 年，第 39～50 页；《中国货币历史的估定》，见黄锡全，2009 年，第 695 页。

105. 马承源，2000 年，第 120、122 页。

106. 马承源，2000 年，第 121 页。

107. 马承源，2000 年，第 122～123 页。

108. 黄锡全，《古文字与古货币文集》，2009 年，第 39、40 页。

109. 黄锡全，《中国货币历史的估定》，见黄锡全，2009 年，第 695～696 页。

110. 黄锡全，《中国货币历史的估定》，见黄锡全，2009 年，第 696 页。

111. 黄锡全，《中国货币历史的估定》，见黄锡全，2009 年，第 696 页。

112. 黄锡全，《中国货币历史的估定》，见黄锡全，2009 年，第 698 页。

113. 黄锡全，《中国货币历史的估定》，见黄锡全，2009 年，第 699 页。

114. Li Yung‑Ti, 2003, 1–26.

115. Yang Lien‑sheng, *Money and Credit in China*, Cambridge (Cambridge, MA: Harvard University Press, 2nd print, 1971), 13.

116. Li Yung‑Ti, 2003, 5.

117. Egami Namio, 1974, 20；Li Yung‑Ti, 2003, 17.

118. Li Yung‑Ti, 2003, 7.

119. Li Yung‑Ti, 2003, 7–8.

120. Li Yung - Ti, 2003, 9.

121. Li Yung - Ti, 2003, 11；马承源, 2000 年。

122. Li Yung - Ti, 2003, 11.

123. Li Yung - Ti, 2003, 11.

124. Li Yung - Ti, 2003, 11.

125. 一些简化字的偏旁部首"贝"消失了，如"宝"字。

126. 彭信威, 1965 年, 第 24 页。

127. 彭信威, 1965 年, 第 1 章, 第 14 页。

128. 彭信威, 1965 年, 第 1 章, 第 15 页。

129. 彭信威, 1965 年, 第 1 章, 第 16 页。

130. Li Yung - Ti, 2003, 13.

131. Li Yung - Ti, 2003, 17.

132. 罗振玉,《俑庐日札》,《罗振玉学术论著集》, 第 3 卷, 第 100 ~ 101 页。

133. 中国钱币学会货币史委员会,《货币起源问题座谈会纪要》,《中国钱币》, 2001 年第 4 期, 第 30 ~ 36 页。

134. 吴荣曾的发言,《货币起源问题座谈会纪要》, 第 34 页。但吴又说："有人说发现海贝多证明当时商业发达, 恰恰是本末倒置了。用贝恰恰说明商业不发达。夏商周的经济还是很不发达。"他的这个观点用于中国的海贝并没有错, 但如果推到印度和西非, 那就不对了。使用海贝作货币并不是因为商业不发达, 贝币并不是所谓的"原始的"或者"低级的"货币, 每个社会对货币的选择都受到当地社会和自然资源的影响。见同页。

135. 刘森的发言,《货币起源问题座谈会纪要》, 第 34 ~ 35 页。

136. 江玉祥和陈显丹的发言,《货币起源问题座谈会纪要》, 第 35 页。

137. 姚朔民的发言,《货币起源问题座谈会纪要》, 第 35 ~ 36 页。

138. 高去寻,《殷礼的含贝握贝》,《"中研院"院刊》, 第 1 辑, 1954 年, 第 373 ~ 401 页；吴旦敏, 2002 年, 第 102 ~ 133 页。

139. 彭信威, 1965 年, 第 17、27 页。

140. Li Yung - Ti, 2003, 17.

141. Li Yung - Ti, 2003, 27.

142. Li Yung - Ti, 2003, 28.

143. 洪遵撰, 胡震亨、毛晋同订,《泉志》, 明崇祯间汲古阁刻本, 哈佛大学燕京图书馆藏，卷 9，第 12 页。

144. Pelliot, 1959, 539.（拉克伯里，1844～1894 年，认为中国文明的很多因素来自美索不达米亚。——译注）

145. 罗振玉，《俑庐日札》，《罗振玉学术论著集》，第 3 卷，第 101 页。

146. 罗振玉，《殷虚古器物图录》，《附说》，第 442～443 页。

147. 也有铭文直接为"贝"字的蚁鼻钱，只是数量很少。见黄锡全，《先秦货币通论》，表 34，第 365 页。——译注

148. 黄锡全，《楚铜贝贝文释义初探》，《先秦货币研究》，北京：中华书局，2001 年，第 224 页；亦可见黄锡全，《先秦货币通论》，第 356～371 页。

149. 黄锡全，《楚铜贝贝文释义初探》，《先秦货币研究》，北京：中华书局，2001 年，第 224 页；亦可见黄锡全，《先秦货币通论》，第 356～371 页；关于铜贝和蚁鼻钱，可参见萧清，1984 年，第 50～51 页以及第 69～72 页。

150. 黄锡群枚举了 2001 年之前铜贝的发现情况。上述有关铜贝的形状大小根据其统计而来。黄锡全，2001 年，第 230～235 页。

151. 彭信威，1965 年，第 1 章，第 17 页。

152. 黄锡全，《先秦货币通论》，第 364 页。

153. 黄锡全，《先秦货币通论》，第 368 页。黄锡全指出，"通过统计楚国铜贝，发现铜贝中的'巽'字贝占整百（应为'个'——译注）铜贝的百分之九十九以上"，其他的数量很少；"通过分析楚铜贝上的铭文，认为如果以绝大多数巽字贝为主体，其字可释为巽、读如钱的话，其余数种贝文的含义，则是对'钱'的补充说明，或名其来源（如贝）"，或名其形体轻便，或名其作用和功能等，"当与地名、重量名等没有直接的关系"。黄锡全，《先秦货币若干问题新探》，见黄锡全，《古文字与古货币文集》，2009 年，第 572 页。

154. 陈治军，《"甾两"与"圣朱"》，《中国钱币》，2013 年第 5 期，第 3 页。

155. 关于蚁鼻钱铭文的研究，可参见萧清，1984 年，第 50～51、69～72 页；朱活，《古币续谈——谈我国先秦货币中的铜贝》，《中国钱币》，1985 年第 2 期，第 5～13 页；黄锡全，《先秦货币研究》，2001 年，以及《古文字与古货币文集》，2009 年；陈治军，《"甾两"与"圣朱"》，2013 年，第 3～6 页；彭信威，1965 年，第 56

~ 57 页。

156. 黄锡全，《先秦货币研究》，2001 年，第 225 页。

157. 黄锡全，《先秦货币通论》，第 366 页。

158. 《汉书》，卷 24 下，"食货志第四"，第 1177 页。

159. 《汉书》，卷 24 下，"食货志第四"，第 1178 页。

160. 萧清，1984 年，第 45 页；彭信威，1965 年，第 32 页。

161. 刘晟宇、张烨亮、黄希，《江西南昌西汉海昏侯刘贺墓出土部分金器的初步研究》，《文物》，2020 年第 6 期，第 41 ~ 62 页；张烨亮、李文欢，《海昏侯墓出土部分金器初步研究》，《南方文物》，2020 年第 6 期，第 189 ~ 207 页。

162. 张烨亮、李文欢，《海昏侯墓出土部分金器初步研究》，第 206 ~ 207 页。亦见唐邦成，《刘东瑞谈海昏侯墓出土的几件文物》，《文物鉴定与鉴赏》，2017 年第 1 期，第 43 页。

163. Egami Namio, 1974, 49 – 50；彭柯、朱岩石，1999 年，第 131 页。

164. 彭信威，1965 年，"序言"，第 3 ~ 5 页。

165. 萧清，1984 年，第 1、3 页。

166. 彭信威，1965 年，"序言"，第 4 页。

167. Niv Horesh, *Chinese Money in Global Context : Historical Junctures Between 600 BCE and 2012* (Stanford, CA: Stanford University Press, 2012), 2.

168. 彭信威，1965 年，"序言"，第 4 页；第一章，第 53 ~ 54 页。

169. Niv Horesh, 2012, 28 – 31.

170. William C. White, Book Review of *The Beginnings of Chinese Civilization : Three Lectures Illustrated with Finds at Anyang*, by Li Chi (Seattle: University of Washington Press, 1957), *Journal of Asian Studies*, vol. 17, no. 3 (1958): 464 – 465. （李济的著作几乎都没有提到海贝，实在令人遗憾。见李济，《中国现代学术经典：李济卷》，刘梦溪主编，李光谟编校，石家庄：河北教育出版社，1996 年。——译注）

171. 陈旭，《夏商考古》，北京：文物出版社，2001 年；谭继和，《"三星堆文明与巴蜀文化"三题》，《殷商文明暨纪念三星堆遗址发现七十周年国际学术研讨会论文集》，宋镇豪、肖先进主编，北京：社科文献出版社，2003 年，第 47 ~ 49 页。

172. 《中国考古文物之美——商代蜀人秘宝》，北京：文物出版社，1994 年，第 143 页。

173. 陈显丹的发言，《货币问题的起源》，2001 年，第 35 页。陈显丹此处说两个青铜贝，显然是误记。——译注

174. 江西省文物考古研究所、江西省新干县博物馆，《江西新干大洋洲商墓发掘简报》，《文物》，1991 年第 10 期，第 1 ~ 32 页。但考古报告中均未提到海贝。江西省博物馆、江西省文物考古研究所、新干县博物馆，《新干商代大墓》，北京：文物出版社，1997 年。——译注

175. 《新干商代大墓》，1997 年，第 203 页。

176. 2003 年春，在纽约的亚洲学会年会上，笔者旁听了一个有关商周青铜器研究的分会，其中一位报告人谈的是新干大洋洲的商墓，谈到那里有海贝的发现，可惜报告时间太短。会后笔者向这位报告人询问了大洋洲商墓的海贝，答曰海贝情况不明。时至今日，笔者尚未见到其他研究提及大洋洲的海贝。另外，当时笔者座旁正是卜学锓和赵如兰伉俪，笔者生性腼腆，未能上前致意，至今想来，颇为后悔。——译注

177. 关于这两种青铜文化间的关系，参见张善熙、陈显丹，《三星堆文化的贝币试探》，《四川文物》，1989 年第 1 期，第 69 ~ 71 页；莫洪贵，《广汉三星堆遗址海贝的研究》，《四川文物》，1993 年第 5 期，第 40 ~ 44 页；刘光曙，《试论三星堆海贝来源及其影响》，《四川文物》，1993 年第 5 期，第 45 ~ 47 页；敖天照，《三星堆海贝来源初探》，《四川文物》，1993 年第 5 期，第 48 ~ 50 页。

178. 张善熙、陈显丹，《三星堆文化的贝币试探》，第 69 ~ 71 页。

179. 陈德安，2000 年，第 86 页。

180. 钱江认为三星堆的海贝是从马尔代夫经西南丝绸之路（云南）到达四川的，而且三星堆的海贝是货币，因此，"古代云南和四川等地一度是印度洋海洋文明圈一个不可分割的组成部分"，这似乎有过度解读之嫌。钱江，2017 年，第 26、27、29、44 页。

181. 高去寻，1954 年，第 374 页。

182. 高去寻，1954 年，第 376 页。

183. 高去寻，1954 年，第 376 页。

184. 高去寻，1954 年，第 377 页。

185. 高去寻，1954 年，第 378 页。近藤乔一也曾讨论商代墓葬中的含贝，见近藤乔一，1998 年，第 389～412 页，尤其见 391、396、409、411 页。

186. 高去寻，1954 年，第 399～400 页。

187. 高去寻，1954 年，第 388～389 页。

188. 高去寻，1954 年，第 381 页。

189. 《周礼·仪礼·礼记》，沈凤笙前言，陈戍国点校，长沙：岳麓书社，1989 年，第 231～232 页。

190. 《周礼·仪礼·礼记》，第 315、448 页。

191. 梁启雄，《荀子简释》，北京：中华书局，1983 年版，2009 年印刷，第 267 页。

192. 高去寻，1954 年，第 382～383 页。

193. 《后汉书》，北京：中华书局，1975 年，卷 34，第 1177 页。

194. 彭信威，1965 年，第 13 页。

195. 高去寻，1954 年，第 399 页。

196. 高去寻，1954 年，第 374 页。

197. 葛兆光，《宅兹中国》，北京：中华书局，2011 年第 1 版，2017 年 8 月第 9 次印刷，"自序"，第 2～3 页。

# 第七章 西非：连接旧大陆和新大陆

> 没有这些海贝，什么也买不到。
>
> ——菲利普斯船长（Captain Philipps），1694 年

> 你的头领数海贝远比打仗强。
>
> ——达荷美国王，1850 年[1]

上引达荷美国王的话，是他 1850 年 6 月 10 日在自己的法庭上，对一位无耻地从战场上逃跑的将军的嘲讽。这位称霸一时的国王把清点海贝和指挥打仗这两项看起来风马牛不相及的技能相提并论，这实际上蕴含着深刻的隐喻，那就是：在欧洲人把印度洋的海贝输入西非之后，海贝代表的商业和战争代表的暴力两者交织，重塑了西非的权力结构。而把商业和暴力紧密结合成一体的便是海贝——在黑奴贸易中，海贝被用来购买达荷美的黑奴；达荷美发动战争，从内陆掳掠黑人成黑奴，这便是达荷美王国的立国之本。

之前数章回顾了以孟加拉为基地的贝币向东扩展的过程，本章转向西非的海贝贸易和对贝币的使用。西非的海贝贸易和

贝币联系起印度洋和大西洋，把马尔代夫、印度、欧洲、西非的旧大陆和新大陆等地区连为一体，这是人类历史上空前的联系。

无数的殖民地官员、商人、传教士以及冒险家都注意到了西非的贝币。他们的描述，虽然或为考古证实，或为人类学的研究证明，但多数仍是充斥着事实、偏见、信念和误传的万花筒。简·哈根多恩和马里恩·约翰逊在其关于西非海贝和黑奴贸易的经典著作里，澄清了许多问题，以宏观的概述，特别是以量性研究的方法，分析了西非海贝贸易与贝币的崛起与衰落。[2]他们的卓越研究不免让笔者感到尴尬，怀疑此章究竟能对这个论题有何贡献。在非洲研究者们奠定的坚实基础上，本章结合最新的，也就是上述两位学者未能吸收的研究成果或材料，强调海贝和贝币的跨地区联系和全球在地化进程，试图把西非的故事融入更广阔的场景中，从而与其他各章一起构成一个贝币的全球景象。

本章先追溯欧洲殖民之前西非贝币出现的时间、输入的路线和将其带来的中间人，以及它们在欧洲殖民时期发生的变化，展示贝币区域随时间发展的变化过程；之后转向本地和外来综合影响下的贝币计数方式，来揭示全球在地化的趋势。接着本章介绍两个西非王国，一个是十七世纪末期的维达王国（Kingdom of Whydah）[3]，另一个是十九世纪中期的达荷美王国，以揭示海贝贸易和贝币是如何渗透并塑造西非当地社会的。在欧洲殖民者到来之前，海贝、黄金、白银同其他当地货币一起，构成了西非丰富多彩、生机勃勃的地区经济，促进了这一地区内部的融合。欧洲殖民者从印度洋带来的大量海贝，在许多方面重新塑造了西非的贝币，加速了西非和大西洋贸易的融合。因此，海贝象征着欧洲创造的一个全球贸易网络。从陆地的角度看，这一网络既包括亚洲、欧洲，也包括非洲和新大陆；从海洋的角度看，这一网络将南海（太平洋）、印度洋和大西洋连为一体。这个过程，对于无数非洲人而言，是漫长而痛苦的。

## 从什么时候开始？

印度洋的海贝最早是在什么时候被运到非洲的呢？这个问题的答案，至今尚未可知。相关的材料不但零散，而且跨越了广阔的空间和漫长的时间，相当模糊。

考古发现，在前王朝时期的古埃及（公元前 3200 年之前），人们已经在使用货贝和环纹货贝这两种海贝。海贝的功能基本就是作为幸运符、护身符和装饰。不过，十九世纪末和二十世纪初也有一些学者误认为它是货币。[4] 除了天然海贝，在属于第十二、十三王朝（约公元前 1990~前 1650 年）的 758 号墓地围墙北面的陵园里，还发现了一枚仿制的金贝，长 1.5 厘米，这表明古埃及远在公元前第二个千年之前就使用和仿制海贝了，而且很可能是王公贵族将之用来作为装饰，它还带有特定的宗教和文化意义。[5] 至于北非滨海地区，有证据表明，在公元元年之前，海贝已经从印度洋输入黎凡特（Levant）的港口安条克（Antioch）、拉塔基亚（Latakia）、的黎波里（Tripoli）、贝鲁特（Beirut）、阿卡（Acre）。[6] 罗马人当年就有海贝，而且其哨所已经深入撒哈拉沙漠，据说在中世纪的开罗城里就有一个海贝市场，可惜的是相关材料没有提供直接证据。[7]

从很早开始，地中海世界就熟知这些产自热带和亚热带的海贝。马可·波罗称这些海贝为"porcellani"，意思是小猪仔。之所以如此称它可能基于以下原因：这些海贝拱起的形状像小猪崽的背部，同时其开口内侧和母猪的生殖器相似，它们具有非凡的繁殖能力以及白里带黄的颜色。可能正是因为中国陶瓷的颜色和海贝的这种颜色如此相似，所以欧洲人以海贝来命名中国的陶瓷，称后者为"porcelain"。从中世纪到近代，用来称呼海贝的"porcellani"以及海贝的昵称"小猪崽"时常在文献中出现，指代当时的海贝贸易。十六世纪的一个葡萄牙人提道："意大利人称海贝为'porcellette'——这些小巧白色的海贝我们称之为'buzios'……在埃塞俄比亚被用作货币。"[8]正是在西非，而不是非洲的其他地方，这些辗转到地中海世界的海贝找到了自己的归宿，并成为当地的货币。

## 从马尔代夫到西非

由于史料的缺乏，海贝从马尔代夫向西的贸易路线比较模糊。不过，伊本·白图泰无疑是印度洋贸易最热心的观察者。只要提到海洋贸易和印度洋出口的货物，他几乎必然列举从马尔代夫出发的三条路线：中间的一条是向北去印度；向东是去中国；向西是去也门。在伊本·白图泰看来，也门代表着整个阿拉伯半岛，这里或许也是印度商船所到达的西部最远处。

伊本·白图泰经常提到抵达马尔代夫的也门商人，也列举了马尔代夫向也门出口的三种特产（以及从椰子中提炼的椰蜜）。[9]椰索"出口到印度、中国和也门，比麻绳质量好"[10]。除了椰索，马尔代夫卖海贝给孟加拉人，"以及也门人，他们用海贝而不是沙子作为船只（的压舱物）"[11]。海贝在也门或阿拉伯半岛的其他地区很常见，人们用它来作装饰和进行占卜，它并不是货币，即便伊本·白图泰等人说它是。海贝又从也门被辗转运到了地中海世界，其中的一部分最终到达了西非。

据伊本·白图泰所说，也门的亚当港简直是"印度人的港口，从坎贝、奎隆、卡利卡特以及马拉巴尔海岸的其他港口来的船只纷纷抵达（亚当港）。有很多印度商人住在这里，还有埃及商人"[12]。伊本·白图泰曾从亚当港坐上一艘开往非洲的船。很多商人从这里进行海上贸易，发了大财，他们"可谓无比富裕，如此富裕乃至有时某个商人一人便拥有整艘船只的货物"[13]。

阿拉伯半岛和印度之间的航行和贸易稳定且便捷。密斯卡尔（Mithqál）——一个来自卡利卡特的印度船主——"拥有巨大的财富和许多船只，这些船只为他的贸易而来往于印度、中国、也门和法尔斯（Fars）"[14]。又有一次，伊本·白图泰从法坦〔Fattan，或许是南印度泰米尔纳德邦的德韦帕塔姆（Devipatam）〕登上了八艘船中的一艘，向也门进发。[15]由以上可见印度南部，尤其是印度西海岸，和也门的频繁往来。而元代商人汪大渊在十四世纪三十年代提到了孟买（放拜）的海贝贸易，虽然他抵达印度洋略早于伊本·白图泰，他们却属于同一时代，因而他可以为这位穆斯林旅行家作证。[16]几十年后，郑和的宝船也到了也门和东非海岸。十六世纪初，葡萄牙人被告知："许多船从勃固、暹罗和孟加拉经过马尔代夫，驶往麦加。"[17]印度洋东西部的海上贸易盛况由此可见一斑。

装满海贝和其他货物的商船能在红海的南部靠岸，是因为红海北部常年有一股强劲的北风。这些船只在阿拉伯半岛的港口——如吉达（Jiddha）——卸下海贝，然后让驼队将之运往开罗或者黎凡特的其他港口。海贝到了非洲之后，再由驼队运到尼罗河的第一个大瀑布阿斯旺，然后乘船逆流而上。[18]这是欧洲人到来之前海贝到非洲和地中海世界的主要路线。

海贝通往地中海世界的另一路线是从印度经海路到波斯湾，登陆后再由驼队送达黎凡特。[19]1442 年，波斯前往印度的使节阿卜德－乌尔－拉扎克（Abd-ur-Razzaq）注意到，霍尔木兹有马尔代夫的商人，而霍尔木兹则是通往地中海世界的陆路上的重要贸易站。[20]汪大渊和马欢都提到了霍尔木兹以及海上贸易为其带来的财富，汪大渊特意提到了霍尔木兹（甘埋里）的马和贩马的马船："其地船名为马船，大于商舶，不使钉灰，用椰索板成片。每舶二三层，用板横栈，渗漏不胜，梢人日夜轮戽水不使竭。下以乳香压重，上载马数百匹，头小尾轻，鹿身吊肚，四蹄削铁，高七尺许，日夜可行千里。"[21]阿拉伯半岛一带以产马闻名，而波斯人擅长养马，因此，波斯湾一带贩马业异常发达。马欢以带有极大敬意的口吻说，忽鲁谟斯，"自古里国开船投西北，好风行二十五日可到。其国边海倚山，各处番船并旱番客商，都到此地赶集买卖，所以国民皆富。其国王国人皆奉回回教门，尊敬诚信，每日五次礼拜，沐浴斋戒，必尽其诚。国中风俗淳厚，无贫苦之家"[22]"各处番船并旱番客商"一句表明，马欢知道此处是海上贸易和陆上贸易的交汇处。

海贝从地中海世界到达西非有许多路线。早在公元十一世纪，犹太商人便积极参与了从印度洋到北非的海贝贸易。[23]他们与印度洋的商业伙伴合作进口海贝，并在突尼斯、摩洛哥，甚至最南面的塔赫特（Tāhert，位于今天的阿尔及利亚）等地建立贸易据点。[24]除了马格里布的犹太人（the Maghribi Jews）之外，地中海北部的热那亚商人也很有可能参与了海贝的进口，因为他们在以埃及的亚历山大港、阿尔及利亚的贝加亚

（Bejaïa）和摩洛哥的休达（Ceuta）为基地的地中海贸易中，发挥着重要作用。[25]

毫无疑问，穆斯林商人和苏丹是海贝贸易的主要推手，特别是在最后动用驼队使海贝穿过沙漠的那段行程中。在十四世纪二十年代，西非马里王国的国王曼萨·穆萨（Mansa Mūsa）前去麦加朝觐，途经开罗时，虽然他那超豪华版的驼队中有数百奴隶和满载黄金的一百头骆驼，但国王对东道主说，马里王国的主要货币形式是海贝，他还进一步介绍说："那些负责进口海贝的商人，大发其财。"[26]这些商人当然也明白海贝贸易的季节性。一个驻扎在突尼斯的马赫迪亚（Al-Madhiyya）的商人注意到"海贝在冬季毫无市场。只有到了夏天，人们才会航海而来交易海贝。此处没人会从陆路携带海贝"[27]。

杰克森曾经提出过海贝在非洲东－西向传播的假说，并一度得到好几位学者的赞同。[28]这个理论根据一些间接的证据，提出海贝是从东非输往西非。然而，只要仔细一看，这个观点便不能成立，原因很多。第一，缺乏直接的证据；第二，从东往西的路对于驼队而言困难重重；第三，这条路上并没有海贝存在的痕迹；最重要的是，海贝在东非出现得相对比较晚。[29]当伊本·白图泰到达东非海岸的蒙巴萨（Mombasa）和基尔瓦（Kilwa）时，他没有提到海贝，甚至后来的葡萄牙人也没有提到。[30]虽然十八世纪时海贝抵达了东非，但直到十九世纪，贝币才在当地社会逐渐重要起来。[31]

因此，马尔代夫的海贝，或者经阿拉伯海到达阿拉伯半岛，然后被运抵东非、埃及以及地中海世界；或者从印度洋被海运至波斯湾，然后由驼队运抵地中海世界。海贝到了埃及，便由驼队装载，穿过撒哈拉沙漠到达西非。海贝到了地中海东部的各个港口，便可被海运至威尼斯、马赛等西部港口，然后再被船运至西非。遗憾的是，关于海贝贸易这些路线的现存信息很少，仅有的材料也零星且模糊。个别文献表明，西班牙东面的巴利阿里群岛（Balearic Islands）似乎是将海贝从地中海运往西非途中的一个中转站。[32]

巴利阿里群岛主要包括四个岛屿，其中最大的岛屿是马约卡岛（Majorca 或 Mallorca），它把北欧、法国南部、西班牙的地中海区域、南面的非洲及北面的意大利连成一片。在这个岛上，热那亚商人、比萨商人、加泰隆（Catalan）商人、归化的意大利商人和犹太商人都建立了相当有影响力的社区，以此为家。这些商人进出口的货物价值匪浅，包括丁香、漆、胡椒、珊瑚以及海贝。海贝从马尔代夫经过层层中间商最终抵达非洲，是一种富有异国情调的商品，在文献中被记为porcellanae。[33]

马约卡岛商人留下的一些文献，对于探索海贝贸易的路线或有管窥之效用。[34]1289 年，两艘盖伦帆船（galleon）满载丁香、漆、葡萄酒、薰衣草（aspic）、胡椒、珊瑚以及海贝，从马赛驶往马约卡岛，[35]"这种猪贝就像胡椒一样被装在管子里"[36]。对于商人而言，这种小海贝给北非带来的是一个黄金商机。还有证据表明，这一年，还有一艘满载香料和猪贝的船从马赛驶往马约卡岛。[37]

# 十四世纪之前的贝币

西非海贝最初的来源宛如迷雾。菲利普·柯丁（Philip Curtin）倾向于西非的本地起源理论，那就是：在印度洋海贝到来之前，西非已经采用本地的大西洋产的海贝作货币。[38]当商人发现了这个商业机会后，他们就从印度洋带回海贝来代替本土的大西洋海贝。[39]这个本土说，既难证实，也难反驳。

黑斯科特（M. Hisket）曾经指出，阿拉伯文献对于在第一个伊斯兰世纪时对海贝（阿拉伯文为 wada' 或 wada'ah）的使用有着清晰的记录，但古埃及使用海贝作货币的说法则相当可疑。[40]黑斯科特说，虽然阿拉伯人"把他们货物中的海贝带进了撒哈拉沙漠"，然而"绝对不是阿拉伯人首倡将海贝作为货币"。[41]至于贝币的起源，黑斯科特提到了本土和外来这两种可能性：

> 他们（指商人）或许得知了黑人（negroes）已经使用海贝作为交换媒介，因而决定就此获利。或者他们和欧洲人输入玻璃珠一样输入作为装饰品的海贝，撒哈拉居民（the Saharans）自己把海贝变为货币使用。无论如何，当他们和黑人交易海贝时，阿拉伯人继续用海贝作为护身符和装饰品。[42]

最早使用贝币的地区大致在尼日尔河的大拐弯处。大约在公元 1067 年，阿拉伯地理学家巴克里（Al-Bakri）说过，海贝被列入后来的桑海帝国（Songhay 或 Songhai）首都加奥（Kougha）的进口货物名单。不过，巴克里没有说海贝是不是货币。[43]大约一个世纪之后，祖赫里（Al-Zuhri）也提到了进口的海贝，但仍然没有提供细节。再过一个世纪，去世于 1274 年的伊本·萨伊德（Ibn Sa'id）谈到了海贝贸易的许多细节，详述了商人是如何从摩洛哥南部经沙漠地区，把海贝、铜块、无花果和盐运到加纳王国的，最近的考古也证实了这条路是一条海贝之路。[44]遗憾的是，我们依然不能确定在十三世纪前海贝是货币。

到了十四世纪初，相关文献明确指出西非已经将海贝作为货币使用。乌玛里（Al-'Umari，1301～1349年）在其著作《马穆鲁克行政全书》（*Masalik al-absar*）中指出，在马里王国"所有内部的交易"都以"商人进口可观的海贝并从中获利"来进行。[45]此后不久，伊本·白图泰非常肯定地指出，西非将海贝作为货币。作为一个摩洛哥学者，他到过许多使用贝币的地区，其权威性是十分确定的。伊本·白图泰——

> 从那里到达加奥。加奥是尼日尔河岸的一个大城市，也是黑人土地上最美好的城市之一。它还是最大的、供应最充沛的黑人城市，有着充足的大米、牛奶和各种鱼类。当地还有一种特别的黄瓜，叫作荫娜妮（inani），其滋味举世无双。当地居民的买和卖都以海贝完成，马里也是如此。[46]

伊本·白图泰说的 Gawgaw 也写作 Gao 或者 Gaogao，这些都是本名 Kugha 的变体。加奥不仅是自西而来的食盐之路与自东北而来穿越撒哈拉沙漠的商路交汇处的商业重镇，也是非洲跨洲商贸的重要组成部分。[47]

此后的几个世纪内出现了许多关于西非各地使用贝币的文献。在有着"航海者亨利"（Henry the Navigator）美称的这位葡萄牙王子的赞助下，威尼斯水手和商人阿尔维塞·卡达莫斯托（Alvise Cadamosto，1432～1488年）开启了前往西非的航程，探索了位于今天塞内加尔（Senegal）、冈比亚（Gambia）

和几内亚比绍（Guinea-Bissau）的西非海岸。1455年，他在毛里塔尼亚（Mauritania）西部沿海的岛屿阿尔金（Arguin）听说了内陆使用贝币的传闻，他说：

> 真的，我知道这些阿桑纳吉人（Azanaghi）以及住在那里的阿拉伯人习惯使用白色的海贝，这些海贝是从黎凡特运到威尼斯（来的）。根据要买的东西（的价格），他们付给一定数量的海贝。[48]

十六世纪初，柏柏尔人利奥·阿非利加努斯（the Berber Leo Africanus，约1494～约1554年）在介绍包括廷巴克图（Timbuktu）在内的西非地区的货币时，提到十五世纪马里王国使用贝币。他说：

> 廷巴克图（Tombuto）的钱币是没有图章或铭记的黄金，可是，在小额交易中，他们使用某种来自波斯王国（kingdome of Persia）的海贝，一个杜卡特（ducate）相当于几百枚海贝，六个他们的金币相当于三分之二盎司。[49]

虽然利奥·阿非利加努斯误认波斯为西非海贝的产地，但波斯湾确实是阿拉伯世界第一个得到海贝的地方。

在西非以及世界其他地区，使用海贝的区域当然多于使用贝币的区域。在西非，人们当然使用海贝作为饰品和护身符，此外，有人将之当作赌博的骰子，有人用它来占卜前程，有人在宗教仪式和典礼上使用它，此处略去不谈。

## 1500 年以前的贝币区域

到了十四世纪中期，西非已经出现了一个贝币区域，且这一区域逐步扩展。在那里，海贝与黄金并立，被当作货币使用。最早的贝币区域发端于西非的北部，即尼日尔河的上游和中游地区，时间最早可能是十一世纪。到了十四世纪，这个贝币区域在马里王国深深地扎下根来，并向东往桑海王国首都加奥扩张，最终于十六世纪到达廷巴克图、杰内（Jenne）以及旧马里王国的西部。在这一扩张的过程中，国家、市场和商人各有其作用，但由于资料的缺乏，无法对之做具体的勾勒。

在西非南部，当葡萄牙人于十五世纪八十年代末到来之际，靠近贝宁的地方有一块贝币的飞地（enclave）[50]。这里使用的贝壳就地取材，多数是西非海岸尤其是罗安达岛（Luanda Island）出产的橄榄螺，这种被当地人称为 zimbo 的海贝在刚果王国（Kingdom of Kongo）是占据统治地位的货币。[51]至于北方贝币区域的海贝是否到达了南方，无从而知。南部的这些零星的证据或许是菲利普·柯丁支持贝币本土起源说的原因吧。

菲利普·柯丁对于印度洋海贝经开普敦到来之前的贝币区域有着简明又准确的概括。他说，海贝"在尼日尔河的大拐弯处及其沿河上下地区被当作货币使用，东南也许最远到达几内亚湾（Gulf of Guinea）的某地"[52]。有趣的是，西非的贝币区域是以尼日尔河（Niger River）为中心的。

尼日尔河全长 4180 公里，就流向而言，它是全世界最奇怪的一条河流。如果从天空俯视，尼日尔河就像一把弯弓，它从距离大西洋仅仅 240 公里的内陆，即几内亚东南部的几内亚高地开始，却别海而去，向东流入撒哈拉沙漠，形成了中游的内陆三角洲，然后大致在廷巴克图，向右（南）拐了一个近乎直角的大弯，直奔东南，向着几内亚湾流去，形成了下游的三角洲，最终注入大西洋。尼日尔河的北部，也就是尼日尔河弯（Niger Bend），为撒哈拉沙漠的南部提供了关键的水源，孕育了马里王国和加奥王国（以及后来的桑海王国）。尼日尔河的下游（南部），即尼日尔河三角洲，人口稠密，由于生产棕榈油，有"油河"（Oil Rivers）的美称。简而言之，贝币最早出现于尼日尔上游，而后逐步扩展到下游。

虽然西非的贝币区域初期地方不大，但它距离海贝故乡之遥远令人惊叹。从西非到地中海东部的陆路和海路共约5000公里，从地中海东部到马尔代夫又是5000公里。因此，所谓万里之遥绝对不是夸张的形容，不过万里并没有准确表达海贝西行的真实里程。从马尔代夫到孟加拉地区又是3000公里，且不论从孟加拉再到缅甸、暹罗和云南。可见海贝贸易和贝币覆盖的区域之大。

## 1500～1900年的贝币区域

欧洲的船只到达西非之后，海贝输入的路线有两条：一条是从北非（主要是摩洛哥）穿越沙漠到达西非；另一条是经海路抵达几内亚湾，也就是阿克拉（Accra）和尼日尔三角洲西部之间的区域。[53]十六世纪之前，第一条路线（陆路）是海贝输入的最主要商路；十六世纪之后，第二条路线（海路）迅速取代了第一条路线的地位，打造了贝币区域。从十六世纪开始，贝币区域"在（北部）尼日尔河弯的滩头和南部，以达荷美为中心稳步地扩张"[54]。此后的两三个世纪内，贝币区域迅猛发展，北方的贝币区域和南方的贝币区域迅速连为一体。

就北部而言——

到了十九世纪，廷巴克图似乎是使用贝币的最北端，那时贝币的价值在打折扣，因为沙漠里的商人不接受贝币……到了十九世纪中期，廷巴克图以西的尼奥罗（Nioro）地区发现了海贝，不过，这些海贝输入可能并不久。[55]

廷巴克图以东——

（人们）在阿加德兹（Agadez）附近的阿泽利克（Azalik）的废墟中发现了海贝。在阿加德兹，黄金贸易发达，海贝早被使用。阿加德兹的一部编年史说，一个十八世纪的首长以一匹马和100万枚海贝作为礼品。[56]

就南部而言，海上而来的海贝迅速成为贝币扩张的主力，从而扭转了过去海贝从北向南的走势。几内亚湾的维达和阿拉达（Ardra或Allada）马上成为为奴隶贸易服务的两个海贝交易中心。到了十七世纪，海贝已经在沃尔特河（Volta）河口西部的莱（Lay）流通使用。随后，海贝向西扩张，于十八世纪早期抵达了阿克拉和克里斯蒂安堡（Christiansborg），于十八世纪下半叶抵达了荷兰人的据点柏丽库（Bereku）和阿帕姆（Apam），于十九世纪初抵达了英国人的据点温尼巴（Winnebu），并于1850年抵达了安娜麻波（Anomabu）。[57]再往西去，海贝似乎没有进入黄金海岸的中部，如海岸角（Cape Coast）或者埃尔米纳（Elmina），往东也没有到达尼日尔河三角洲的东部地区。[58]综上所述，海贝从几内亚湾海滨登陆，但贝币区域往西不过海岸角，往东不过尼日尔河三角洲的东部，也就是说，贝币区域位于海岸角和尼日尔河东部之间的地区。

人们采取了各种方式将海贝从海滨运入内陆。[59]在海滨卸船后，海贝由独木舟等沿沃尔特河逆流而运上，直到无法水运为止，然后由骆驼、驴子或者人力完成之后的路程。沃尔特河全长1600公里，是加纳最主要的河流，它发源于布基纳法索（旧称上沃尔特，Upper Volta）西南的博博迪乌拉索（Bobo-Dioulasso）高地，向南流经加纳，其间三条支流——即黑沃尔特河（Black Volta）、白沃尔特河（White Volta）和红沃尔特河（Red Volta）——汇聚，随后又有从东部多哥而来的奥蒂河（Oti River）汇入，最后流入几内亚湾。可想而知，沃尔特河及其支流成为海贝贸易的主要通道，而且此流域也成为南部贝币区域扩张的核心地区。

在北方，人们利用北非的传统驼队，使海贝穿过沙漠到达西非北部。根据骆驼的大小、强弱，以及运输距离，一头骆驼可负载10万到24万枚海贝，重量约为250磅到600磅。驴子主要被用于北方的海贝运输，因为南方太潮湿，驴子容易病亡。一头驴可以负载3.2万到5万枚海贝，重量约为80磅到120磅。人力驮运也很常见，因为它比用骆驼和驴子运输方便，受道路条件等地理环境的影响较小，更有弹性，这也就是为什么在计算当地海贝时采用了如"席"（mat）、"包"（bag）、"袋"（sack）等计量单位，一单位都指2万枚海贝，也就是大约50磅海贝，这是一个人的负载量。由于运输困难，运输成本增加，这是海贝价格上涨的一个重要原因。

　　海贝通过传统的贸易路线向北扩张，并逐渐深入内陆。到了十八世纪上半叶，北部的贝币区域和南部的贝币区域已经连成一体。在西部的多哥山区（Togo Hills），海贝从沃尔特三角洲向北，于十九世纪后期抵达了加纳的恩科尼亚（Nkonya），并在阿散蒂王国（Ashanti Empire）的边缘市场作为货币被广泛使用，其中以萨拉加（Salaga）最为重要。[60]贝币区域在十九世纪初达到了鼎盛。十九世纪二十年代，约翰·亚当（John Adam）注意到，从维达、阿拉达以及拉各斯（Lagos）而来的海贝"也被运到了达荷美、黑奥（Hio）、豪萨（Hausa）、杰布（Jaboo）以及北非的心脏地带，在这些地区作为货币流通使用"[61]。在贝币往北向内陆流动的同时，先是黑奴，后来是棕榈油，从内陆流向海滨。海贝渗透进内陆，刺激了这些地区的经济和商品化，特别是对穷人而言。[62]在很长的一段时间内，贝币同金砂以及各种银币共存，有时候某些地区的贝币又取代后两者，独霸天下。

　　海贝向北流动自然受到价值规律的支配，这点我们从各地以海贝兑换黄金或食盐的比率可以清楚看到。如表 7.1 所示，总体而言，离海滨越远，同样数量的海贝可以兑换到的黄金越多。

表 7.1　黄金（一盎司）与海贝的兑换率[①]

单位：枚

| 时间 | 尼日尔河弯 | 海滨 |
|---|---|---|
| 1300～1399 年 | 1∶8000 | — |
| 约 1520 年 | 1∶(2667) | 1∶? 8000 |
| 约 1700～1750 年 | 1∶20000（? 16000） | 1∶15360～16000 |
| 约 1780 年 | 1∶20000 | 1∶32000 |

续表

| 时间 | 尼日尔河弯（海贝枚数） | 海滨（海贝枚数） |
|------|------|------|
| 约 1810～1816 年 | 20000 | 25600 |
| 约 1820 年 | 20000 | 32000 |
| 约 1850 年 | 25000 | 38400 |

①Hogendorn and Johnson, 1986, 132.

表 7.1 所显示的海贝与黄金的比价大致表明，内陆地区海贝的价格高于海滨地区，但是，西非地区海贝的价格异常复杂，不仅不同地区间存在差别，由殖民者引入的欧洲各种币种也使得兑换更加复杂多变。此外，人们还以本地特产和欧洲进口商品来表达海贝的价格，这使得外人更加头疼。总的来说，在十九世纪四十年代中期之前，也就是在欧洲人从东非海岸输入海贝之前，西非海贝的价格相当稳定（当然有些地区间和时间上的波动）。十九世纪五十年代之后，西非出现了海贝的"大通胀"（Great Inflation）。[63]罗宾·劳（Robin Law）对十七世纪以来黑奴海岸海贝价格的波动有过翔实的研究。[64]十七世纪在黑奴海岸占统治地位的是阿拉达王国，十七世纪末维达王国取而代之，后者又在十八世纪二十年代被从内陆而来的达荷美王国征服。黑奴海岸作为奴隶的主要输出地，当年在那里的欧洲人的账本，留下了极其丰富的各种商品（包括海贝）的价格信息。[65]

黑奴海岸海贝的清点遵照一个通用的模式：一串海贝为40 枚［欧洲人称之为托基（tocky、toggy、toccy 或 tocque)］，5 托基为 1 加利纳（galina），也就是 200 枚海贝；20 加利纳为1 头［head，也称卡贝斯（cabess）或大卡贝斯（grand cabess）〕，也就是 4000 枚海贝。到了十八世纪下半叶，大概由于交易中的海贝数量越来越大，出现了盎司，1 盎司等于 4 卡贝斯，也就是 16000 枚海贝。到了十九世纪七十年代，每串海贝由 40 枚增加到 50 枚，这样，1 头等于 5000 枚海贝。其他单位以此类推。[66]

表 7.2　1870 年以前黑奴海岸海贝的计数单位

| 海贝数量（枚） | 单位 | | | |
|---|---|---|---|---|
| 40 | 1 托基 | | | |
| 200 | 5 | 1 加利纳 | | |
| 4000 | 100 | 20 | 1 头 | |
| 16000 | 400 | 80 | 4 | 1 盎司 |

罗宾·劳还仔细研究了海贝与英国先令和便士的比价。在 1721 年的欧洲，1 先令（12 便士）可以买到 1 磅重的海贝（400 枚）。而在维达王国，1 磅海贝（400 枚）卖 30 便士，价格是欧洲的 2.5 倍。从 1752 年起，1 磅海贝在维达的成本为 15 便士，但其销售价格为 24 便士，[67]利润率为 60%。在整个十八世纪，海贝在欧洲的价格逐渐从每磅 12 便士增加到每磅 15 便士，在黑奴海岸的价格则从每磅 30 便士下降到每磅 24 便士，最低的价格比为 1∶1.6。到了十九世纪上半叶，海贝价格降为每磅 12 便士。[68]因此，从 1720 年起，相对于先令和便士，海贝处于贬值的趋势之中。随后的大通胀导致了海贝的大幅度贬值。到了 1864 年，500 枚海贝等于 6 便士，折合每磅海贝不过 4.8 便士；到了 1871 年，1000 枚海贝等于 6 便士，这时每磅海贝不过 2.4 便士，价格仅是七年前的一半。[69]当然，虽

然这一海贝与先令和便士的比价揭示了海贝贬值的趋势，但我们仍要注意不同地区不同时空的复杂情况和变数，尽量避免过度简化和概括。

虽然海贝在西非成为主要的货币，可是并不是西非所有的地区都使用贝币。在现代的塞内加尔、冈比亚、几内亚比绍、塞拉利昂（Sierra Leone）和利比里亚（Liberia）地区，也就是从摩洛哥南部沿海一线到象牙海岸的诸多滨海国家，并不使用贝币。[70]但最重要和最有意思的是，西非主要的奴隶输入国和地区都位于贝币区域之内。[71]

贝币在西非向北部挺进，是从葡萄牙人发现把印度洋和大西洋连接起来的海贝新航路开始的。

## 葡萄牙人来了

是葡萄牙人首先把海贝与黑奴贸易连接在一起的。葡萄牙人虽然注意到了印度使用贝币的情况，但他们并没有马上参与海贝贸易，也没有即刻向马尔代夫进发。其实不是海贝，而是马尔代夫的另一特产椰索和马尔代夫的战略位置，吸引了葡萄牙人前去。这时他们才惊叹于海贝贸易的体量，于是毫不迟疑地投入其中。他们不仅参与把海贝运销到孟加拉地区的行动，而且首次从海路把海贝经南非输入西非。十六世纪初的葡萄牙士兵巴尔博扎注意到，"坎贝和孟加拉有大量交易用的小贝壳被当作货币使用，人们觉得它们比铜钱好用"[72]。

一旦认识到马尔代夫盛产海贝、西非把海贝作为货币，以及发现并实践了从欧洲绕过南非到达印度的新航路，葡萄牙人便迅速把这三者结合，并将之转化为一个巨大的商机。他们沿袭孟加拉人几个世纪以来的做法，让帆船以海贝为压舱物，满载亚洲的各类货物，从印度洋绕过好望角驶回里斯本，在里斯本卸货后，海贝又同欧洲的产品一起被装上驶往西非的船只，完成从马尔代夫经印度、欧洲到达西非的海贝路线。皮拉尔总结说，在印度，"当葡萄牙人被热情招待时，他们就招募本地居民加入他们的航程，几乎所有的水手和领航员都是印度人，不是僭特尔人就是穆斯林"[73]。

大约在 1517～1519 年，第一艘装载海贝的船只完成了处女航，抵达了几内亚湾的圣多美岛（São Tomé）。[74]随后，海贝的输入便成为常态。1540 年，在里斯本"印度办公室"的巴罗斯不但知道孟加拉和暹罗使用贝币，而且记录了葡萄牙人新近发明的海贝贸易，他说："即使是葡萄牙王国，最近几年也有两到三千公担（的海贝）作为压舱物被运回，而后它们被出口到几内亚、贝宁王国和刚果王国，在那里，它们被用来当作货币，那里内陆的僭特尔人也以此为宝。"[75]

葡萄牙人的海贝贸易成为西非贝币历史上的转折点，它不但改变了海贝的主要供应链，也重构了整个贝币区域。海运输入的海贝数量如此庞大，让过去驼队蹒跚运来的海贝相形见绌，即便史料的缺乏使得我们无法估算一百五十年间葡萄牙人究竟运来了多少吨海贝。菲利普·柯丁估算，每年的海贝可能高达 150 吨，而简·哈根多恩和马里恩·约翰逊相信，实际的数量远远低于这个估算。[76]

用海贝作压舱物，对于葡萄牙人和其他欧洲人来说是一石二鸟。作为压舱物，海贝不会占用宝贵的船的舱位。在印度洋到欧洲的航程中，舱位可以留给各式各样欧洲人垂涎的亚洲特产；在欧洲到西非的航程中，舱位可以留给西非垂涎的欧洲工业品。此外，无论是什么船只在海上航行，用来保障安全的压舱物是必备的，砂石也好，废铜烂铁也好。因此，压舱物及其占据的空间是任何航船都需要的成本。可是，海贝和一般的压舱物不同，一旦抵达西非，它立刻华丽转身，从普通的毫无价值的压舱物，变为最热门的商品和立刻可以用来支付的现钞，它甚至比多数欧洲工业品还要受当地人欢迎，实现的利润也比一般的货物高。而作为压舱物的海贝，本身是没有成本的。这种极其特殊的压舱物不仅可以产生可观的利润，而且可以直接购买货物，特别是奴隶。还有比这更好的压舱物吗？

如第二章所述，为了垄断海贝贸易，葡萄牙人也企图殖民马尔代夫，但不久就失败了，其间一个叫马默尔（Mamalle）的穆斯林商人与葡萄牙人间的逸事颇有趣味。1509 年，葡萄牙人得知来自马拉巴尔海岸坎努尔城的马默尔"和马尔代夫的国王签订协议，因此与马尔代夫贸易往来"，他因垄断了马尔代夫的进出口贸易而博得了"马尔代夫之主"（Lord of the Maldives）的美称。[77] 葡萄牙人便威胁马默尔，不但要求他贡献"给坎努尔的葡萄牙人每年 1000 根上好的椰索和 1000 根粗椰索"，而且强迫他转让与马尔代夫贸易的特权。[78] 不久，葡萄牙人便撕毁盟约，于 1525 年处决了马默尔。[79]

1550 年，马尔代夫的苏丹由圣方济各·沙勿略（St Francis Xavier）受洗，皈依天主教。葡萄牙人认为这是个好机会，便登临马尔代夫。[80] 一场混战之后，成为天主教徒的国王被流放到了科钦，来到葡萄牙人的保护之下。马尔代夫则拥立了新的苏丹，并和葡萄牙人签订了条约，每年向葡萄牙人进献海贝、椰索和其他特产，其中一部分用来供给被流放的那个老国王。葡萄牙人在十七世纪又有两次征服马尔代夫的尝试，但都失败了。十七世纪五十年代的第二次出兵也以交纳海贝和其他特产而告终。在此期间，海贝贸易持续进行。不过，荷兰人和英国人已经来到了印度洋，向葡萄牙人在亚洲和海贝贸易中的霸权发起了挑战。

## 荷兰人和英国人接踵而至

葡萄牙人发明海贝贸易的时候，1602 年成立的荷兰东印度公司（Dutch East India Company，简写为 V. O. C.）和 1600 年成立的英国东印度公司（English East India Company，简写为 E. I. C.）迅速跟进，并在几十年内结束了葡萄牙人在这场游戏中的霸权地位。在此后的几个世纪里，这两个国家在结合海贝贸易和黑奴贸易于一体的过程中发挥了主导作用。

荷兰东印度公司于十七世纪四十年代初参与了海贝贸易。起初，他们在果阿和科钦从葡萄牙人手中购买海贝。不久，他们就发现了孟加拉和锡兰这两个供应地。孟加拉地区早就是海贝贸易的中心，但锡兰成为海贝贸易的中心是在荷兰人的作用下。过去马尔代夫出口鱼干和椰子到科伦坡（Colombo）或迦勒（Galle），以换取锡兰的大米。但从此刻起，海贝也被运到锡兰，以满足荷兰人的需求，荷兰人当时已经垄断了锡兰的市场。[81]

荷兰人还憧憬着垄断亚洲市场，可是他们遇到了英国人的有力竞争。早在十七世纪三十年代，几内亚湾的英国人和印度的英国人便考虑从印度运海贝去西非；到了十七世纪下半叶，英国东印度公司下令购买海贝，有时候一次多达上百吨。[82] 印度，尤其是孟加拉，便成为东印度公司的主要供应者。

长期以来，位于奥里萨邦北部，和孟加拉地区南部接壤的港口城市巴拉索尔是海贝－大米贸易的一个主要入口。巴拉索尔临孟加拉湾，距离胡格利河河口不过 60 英里（不到 100 公里），因而是海运和内河航运的完美结合处。[83]由于巴拉索尔优越的港口位置，这里是葡萄牙人、英国人、荷兰人和法国人在孟加拉湾建立据点的最佳选择之一。事实上，巴拉索尔成了英国人的贸易中心，并延续了长达一百五十多年，直到海贝贸易终结。运到巴拉索尔的海贝，或被卖到孟加拉的印度市场，或被卖给奥里萨的欧洲人，后者是为了西非市场而买进。与此同时，地方特产，如大米、棉布、油、黄油、鸦片以及进口的货物，被装上开往马尔代夫的船只，这些船只的负载量在 300 吨到 600 吨之间。[84]由于英国的强势出现，巴拉索尔迅速成为东印度公司的一个重要基地，并统治了孟加拉湾的海贝贸易，直到十七世纪末英国人在加尔各答建立东印度公司的总部。

到十七世纪下半叶，印度洋－大西洋海贝贸易的两条路线出现了。第一条是荷兰人的发明：从锡兰出发到荷兰，然后转向几内亚海岸。第二条是英国人的发明：从巴拉索尔和印度的其他港口出发，到达欧洲（主要是伦敦），然后转往西非。不久，欧洲的港口城市，如伦敦和阿姆斯特丹，就成为海贝贸易的中心，时常举行海贝的拍卖会。海贝一旦抵达伦敦、阿姆斯特丹或者其他港口，它们就被从原来的包装中取出，然后"以 100 枚为一组"放在袋子里或者那些为海运货物特别设计的木箱子里。[85]在阿姆斯特丹，海贝会在清洗后根据大小加以清点，小的海贝在西非市场上更受欢迎。[86]在伦敦、阿姆斯特丹和其他港口，海贝会被拍卖，中标者再将海贝经其他欧洲港口运往西非。报纸甚至咖啡馆会刊登或张贴关于海贝拍卖的广告，如果英国商人在一年内，或者外国人在九个月内，完成海贝的销售和运输，这批海贝则被称为"执照期内货"（in certificate），可以免除一部分海关税。超过一年还没有完成这些流程的海贝则被称为"过期货"（out of time），因而成本相对较高。[87]

1876 年，W. H. 普拉特（W. H. Pratt）注意到，"大不列颠进口了很多吨海贝，然后出口到西非和土著部落，以货易货……它们被叫作'几内亚钱'（指它们在这个非洲海岸被使用），现在或一直都在奴隶贸易中被使用"[88]。海贝在这个跨洋旅程中创造了巨大的利润，因为孟加拉的海贝价格是马尔代夫的三到四倍，而海贝一旦被运抵西非，它在那里的价格便高达在亚洲的五倍。[89]这种暴利在某种程度上是海贝贸易和黑奴贸易合流的一个结果。读者或许记得，正是在十七世纪，贝币在云南骤然衰退，一个关键原因就在于孟加拉地区及其以西海贝价格的暴涨。

## 十八世纪：海贝换黑奴

早在十七世纪第一个十年，葡萄牙人甫到印度，便开始从印度洋运送海贝到西非的福卡多斯地区（Forcados）购买奴隶。福卡多斯位于尼日利亚的海滨，福卡多斯河在此注入贝宁湾，早在 1475 年，葡萄牙人就在这里修建了黑奴地牢，其他欧洲人迅速跟上，十八世纪便成为海贝－黑奴贸易的黄金时代。这一时期，贝币通过欧洲连接了南亚和西非，但它在东南亚衰退，在云南地区消失殆尽。在印度（孟加拉和奥里萨），经济的发展，特别是纺织业的兴盛，造成了十八世纪五十年代之前人们对海贝无厌的渴求；与此同时，欧洲对海贝的需求也正旺盛。新大陆的甘蔗种植园等对奴隶的需求的增加，促使葡萄牙人、英国人、荷兰人和法国人抓住这个机会，沿几内亚湾运送海贝至沃尔特河口的东部（随后被称为黑奴海岸），去购买奴隶。[90]结果是海贝价格暴涨，一直到十八世纪末都居于高位。这当然是暹罗贝币衰退和云南贝币消失的大背景和原因之一，因为后两者无法承受海贝在印度洋和国际市场上飙升的价格。

十八世纪见证了其他欧洲国家、地区和企业对海贝－黑奴贸易的参与，包括丹麦、奥属尼德兰的奥斯坦德公司（Ostend Company）、汉堡的阿通纳地区（Altona of Hamburg）以及法国——法国人是主要的参与者。关于法国人在亚洲购买海贝的信息比较少，但通过他们参与西非贸易的积极性可知，其涉足匪浅。和其他欧洲人一样，法国人驾驶船只前往孟加拉，特别是到金德讷格尔（Chandernagore）和巴拉索尔，购买海贝和其他亚洲商品，然后再用海贝购买西非的奴隶。十八世纪中期，法国船只偶尔也直接在马累靠岸。[91]不过，法国的主要海贝来源还是欧洲市场，它们是在阿姆斯特丹、伦敦和阿通纳从荷兰人和英国人手中拍卖而来，然后再被出口到西非。

除了个别例子，欧洲商人用海贝交换了奴隶后便不再收进海贝。因此，几乎所有欧洲人带去的海贝都留在了非洲。不断的输进和近乎零的输出，自然导致奴隶价格的上涨。在十八世纪，西非奴隶的价格从十八世纪头十年的每人4万到5万枚海贝上涨到十八世纪七十年代的每人16万到17.6万枚海贝，六十年间涨了将近四倍。关于英国人和荷兰人出口到西非的海贝的统计可以帮助了解海贝－黑奴贸易的数量（表7.3）。需要注意的是，该表统计的主要是十八世纪西非的进口海贝的数量，其他地区通过欧洲人进口的海贝不在其内。

表 7.3　十八世纪西非海贝进口统计（磅/每十年）①

| 年份 | 英国销往西非的海贝（英国的出口减去北欧的进口） | 荷兰销往西非的海贝 [东印度公司在阿姆斯特丹、霍恩（Hoorn）、恩克赫伊曾（Enkhuizen）、代尔夫特（Delft）、鹿特丹和泽兰（Zeeland）的销售量] | 总计（英国和荷兰） |
|---|---|---|---|
| 1700～1710 年 | 791637 | 1501149 | 2292786 |
| 1711～1720 年 | 765882 | 2134845 | 2900727 |
| 1721～1730 年 | 3146257 | 2004260 | 5150517 |
| 1731～1740 年 | 1089493 | 2013543 | 3103036 |
| 1741～1750 年 | 1116249 | 2300960 | 3417209 |
| 1751～1760 年 | 352369 | 1101605 | 1453974 |
| 1761～1770 年 | 120237 | 1240788 | 1361025 |
| 1771～1780 年 | 1350244 | 1050312 | 2400556 |
| 1781～1790 年 | 1630292 | 1501270 | 3131562 |
| 1790～1799 年 | 680064 | 40204 | 720268 |
| 总计 | 11042724 | 14888936 | 25931660 |

①表 7.3 即哈根多恩和约翰逊书中的表 5.2，相关材料和细节可见他们在表 5.2 下的讨论。每年的海贝进口情况，参见 Hogendorn and Johnson, 1986, 58 - 61。

　　根据表 7.3 的统计，整个十八世纪西非从英国和荷兰进口的海贝总数达到 25931660 磅，约合 11436 吨，合计超过 100 亿枚。[92] 平均而言，每年有超过 259316 磅（114 吨）海贝进入西非。以 1693 年 4 万枚海贝换一个奴隶的价格计算，每年可购买 2500 个奴隶。以十八世纪七十年代末 17 万枚海贝换一个奴隶来计算，每年可以购买 600 个奴隶。很显然，十八世纪仅英国和荷兰的海贝就足以从西非购买几万个奴隶去新大陆。

表 7.4　黑奴价格（人/磅海贝）[1]

| 年份 | 价格（磅海贝） | 约合的海贝数量（枚） |
|---|---|---|
| 1667 年 | 100 | 40000 |
| 1668 年（之前） | 100 | 40000 |
| 1680 年 | 25 | 10000 |
| 1681 年 | 72 | 28800 |
| 1681 年 | 78 | 31200 |
| 1682 年 | 50 ~ 60 ~ 70 | 20000 ~ 24000 ~ 28000 |
| 1693 年 | 100 | 40000 |
| 1694 年 | 100 | 40000 |
| 1704 年 | 200 | 80000 |
| 1716 年 | 130 ~ 136 | 52000 ~ 54400 |
| 1724 年 | 300 | 120000 |
| 1726 年（？） | 180 | 72000 |
| 1744 年 | 320 | 128000 |
| 1767 年 | 200 | 80000 |
| 1772 年 | 400 ~ 440 | 160000 ~ 176000 |

[1]Hogendorn and Johnson, 1986, 112. 1 磅海贝为 400 枚；同一年份有不同价格是因为地方的差异；海贝数量的换算由笔者完成。

海贝 - 黑奴贸易是当时西非经济的核心部分。海贝，同其他商品（如棉布、枪支等）一样，可用来购买奴隶，欧洲的商船经常以下列方式记录：有多少磅海贝、每个奴隶花了多少磅，以及奴隶的总数量。[93]西非当地人如此喜爱海贝，以至于欧洲人即使非常努力，也感觉到无法满足当地的需要。有时候，欧洲人从西非购买的货物高达一半由海贝支付，不过，多数情况下是约三分之一，或者更少一些。在贝宁湾，派屈克·曼宁估算，出口总价值的 20% ~ 35% 是由海贝支付的。[94]由于海贝抢手，欧洲商人在交易时故意玩弄、操纵支付时的百分比，由 1694 年菲利普斯船长的指示（参见以下"吃人的'汉尼拔'号"一节）可见一斑。当海贝的价格在欧洲上涨时，欧洲商人便向西非增加其他货物的出口，这样，海贝的占比就会相应下降。[95]

1678 年和 1682 年，法国人约翰·巴博（John Barbot）曾经两次航达西非，他亲眼看到了贝币在当地的统治地位，认识到了亚洲、欧洲和西非这三者间的海贝贸易，注意到了海贝和黑奴的紧密关系。[96]"这些伯吉（Boejie）或考黎，法国人称之为伯基（Bouge），是一种小巧的奶白色的贝壳"，它们"产于马尔代夫的沙洲和岩石，并被收集起来……随后作为压舱物被运到果阿、科钦以及东印度的其他港口"，再从这些地方——

被运到荷兰人和英国人在印度的各个仓库，然后运抵欧洲，其中荷兰人从中获利最丰。欧洲好几个商业国家都参与了这个贸易，将其运到几内亚海岸和安哥拉，用来购买非洲的奴隶和其他商品，（海贝）只被用在这个贸易之中。全世界没有其他人和几内亚湾人——尤其是菲达（Fida）人和阿拉达人——一样，赋予海贝如此价值，他们长期视海贝为宝，现在依然如此。[97]

十七世纪末，菲利普斯船长驾驶"汉尼拔"号前往几内亚湾，他的记录生动地展现了海贝－黑奴贸易的细节。我们不妨一观。

## 吃人的"汉尼拔"号

海贝－黑奴贸易的罪恶，从 1693～1694 年奴隶船"汉尼

拔"号的航程中得以一见。托马斯·菲利普斯是一位英国船
长，掌管"汉尼拔"号。本次航行则由伦敦的英国皇家非洲
公司（Royal African Company of London）出资，这家公司垄断
了英国在非洲的奴隶贸易。"汉尼拔"号抵达位于现在贝宁的
维达港后，购买了694个奴隶，其中约三分之一是女奴。当它
到达新大陆时，只有372个奴隶存活。[98]因而，"汉尼拔"号常
被用来揭示买卖奴隶和跨大西洋航行带来的罪恶和痛苦，成为
残酷的黑奴贸易的象征。

　　"汉尼拔"号的航行记录生动地展现了海贝贸易的情况。
这艘船载重450吨，配有36门火炮——这些火炮是由杰弗
瑞·杰弗瑞（Jeffrey Jeffrey）爵士新近购买的，他和他的兄
弟、一些著名商人（其中包括皇家非洲公司的副总督）以及
被任命为船长的托马斯·菲利普斯共同拥有"汉尼拔"号。
"汉尼拔"号满载西非"需要的货物"（应该包括大量海贝），
去几内亚购买"象牙、黄金和黑奴"。1693年9月12日凌晨3
点，"汉尼拔"号和其他几艘船启程前往非洲。它们从距离伦
敦二十英里的泰晤士河南岸的重要港口格雷夫森德出发，[99]航
行了82天后，于12月2日登陆西非，然后菲利普斯船长就投
入用海贝交换当地特产的活动中去了。

　　12月23日，菲利普斯船长记录说，一位"内陆国王……
给了我一张豹皮，我给了他三四瓶朗姆酒、许多把海贝，然后
我们友好地道别"[100]。1694年1月13日，有人告诉菲利普斯
船长，沿着当地一条小河而上，"只要给几枚海贝，然后把桶
递给她们，黑人妇女就会给你装来淡水，把船舱灌满"，在逆
流而上约八英里处，黄铜水壶、锡盆、刀、伯基（booge）和
海贝都很受欢迎。[101]他注意到一加利纳（即200枚）海贝可以

买三到四只鸡，或者一把刀换一只鸡。[102]他还注意到黑人运输工在搬运海贝时用一种"像楔子的工具"[103]偷海贝。在维达，"国王有两个侏儒，他们经常来乞讨海贝，我们从不敢拒绝他们"[104]。在当地市场的小吃店，海贝被用来买吃的：

> 当一个人进来吃饭，他会蹲在桌子边，在桌上排出八九枚海贝，于是厨师熟练地将顾客挑中的价值相符的食物切碎，并给他康稀（cancy）和一点盐；如果他没吃饱，他会再排出几枚海贝，根据其价值，得到相应的肉。我曾看到一个厨师一次服务八九个顾客，而且对每个人都很周到，他收钱是如此熟练，没有丝毫的犹疑。当然，对厨师而言，不需要找钱确实减少了不少麻烦。[105]

在维达，菲利普斯和内陆的一个国王进行了交易：

> 国王的六个奴隶被换成价值相当的海贝，或者我们能够说服他换成其他的货物，可是，海贝最受推崇、最被垂涎。清点海贝时国王会在场，而且有时会因这些宝物的堆放问题与我们争论不休。[106]

等到菲利普斯一行离开时，当地人为他们提供的服务都需要以海贝来支付。"相当于半个奴隶的海贝，或者可以装满他的钟的海贝，需要支付给敲钟人。"至于运送货物到船上的搬运工，他"要走了我们大量海贝，我们只能用海贝支付这笔最后的花费"。[107]

虽然欧洲的工业品在当地社会很受欢迎，但菲利普斯船长几次重申海贝是奴隶贸易中最受欢迎的货物：

> 但有这些货物的船只没办法在这里买奴隶。我买奴隶的价格是约每人三镑十五先令，但是约半船的货物必须是海贝或伯基、铜盆，以弥补一些便宜的货物，如珊瑚、rangoes 以及铁。[108]

不过——

> 购买奴隶最好的货物无疑是海贝，而且体积越小越受欢迎。他们支付海贝的时候，相信本地的传说，最小的和最大的价值一样高。但他们从我们这里要海贝的时候，要么清点，要么按重量，大约 100 磅换一个健康的奴隶。[109]

其他受欢迎的货物是欧洲的工业品，如铜盆、蓝色麻布、细薄布、小印花棉布、大印花棉布、珊瑚、铁块、火药和白兰地。[110]

需要指出的是，在这些交易中，海贝和欧洲的产品一样，是以货易货中的商品。只有当西非人得到了海贝并在当地市场上使用时，它才摇身一变，从商品变成交换媒介，也就是钱。菲利普斯船长对此非常明白，当他描述当地海贝的清点和使用情况时，称这些贝壳为"贝币"（shell-money）。在维达——

> 黑人一旦拿到海贝，便在其背上打孔，用草将之系成一串，每串 40 枚，称之为佛基（foggy）。五个佛基系在一起被称为加利纳，也就是 200 枚海贝。这就是他们计算

贝币的方法。当他们去市场上买东西讨价还价时，就说多少多少个佛基的海贝，多少多少个加利纳的海贝，没有这些海贝，什么也买不到。[111]

还有一次，菲利普斯船长强调说："他们唯一的钱就是我们带给他们的海贝或贝壳，海贝是从东印度而来，那里我们一分钱买4磅，这里我们100磅换一个奴隶。"[112]刨除海贝运输的费用不计，也就是说，西非那时的一个奴隶不过25分钱。

菲利普斯船长还描述了海贝在欧洲殖民者购买奴隶时的关键地位：

> 如果一个卡帕舍尔（cappasheir）卖五个奴隶，他会要求其中两个以海贝支付，一个以黄铜支付，这些是最珍贵的奴隶。以海贝支付的奴隶每个花费我们英格兰的4镑以上，而以珊瑚、rangoes或者铁块支付的奴隶，不过折合50先令而已。可是，假如没有海贝和黄铜制品，他们是不会接受其他货物的，对于后者，他们也认为越少越好。特别是一旦他们发现有的船上储藏着大量海贝和黄铜制品，那么，除非他们得到了你所有（的海贝和黄铜制品），他们不会要其他的货物。此后（指得到了海贝和黄铜制品之后），他们就对剩下的物品漠然了，而且会迫使你同意他们的条件，否则，你购买的奴隶会在船上躺很久，这样，一方面你船上的奴隶会在等待中死去，另一方面，你要忙着去岸上购买其他奴隶。[113]

根据这些经验，菲利普斯船长总结道：

因此，每个来这里的人，在第一次向国王报告他带来了哪些货物、数量如何时，必须极其谨慎，必须说他的货物主要是铁块、珊瑚、rangoes 和印花棉布……这样他才有可能先把这些货物清空，他的海贝和黄铜才能以他期待的速度带回奴隶。[114]

这个策略就是"最好的留在最后"！

1694 年 7 月，"汉尼拔"号满载着奴隶起锚，向新大陆进发：

我满意地带着约 700 个奴隶，包括约 480 个男人和约 200 个女人，完成了我在维达的所有交易，告别了国王和他的卡帕舍尔。双方都互相表示感谢和祝福，我也被迫向国王发誓，明年我会从英格兰带着他渴望的东西回来。[115]

看起来国王和船长对于这场交易都非常满意，菲利普斯船长愉快地开启了去往巴巴多斯（Barbados）的航程。[116] 然而——

这些黑人意志如此坚定，不愿离开他们的国家，所以经常从独木舟、小艇和大船上跳入海中，藏身水底，避免被我们追踪的船捞上来、救上船，直到淹死为止。他们对巴巴多斯的恐惧远胜于我们对地狱的恐惧，虽然实际上他们在那里的生活远胜于在自己国家的生活。

菲利普斯船长似乎带着一丝同情，转而说："家毕竟是家。"[117]
"我们有 12 个黑人有意地淹死了自己，还有其他的绝食而死。因为这是他们的信仰：他们死后就可以回到他们的国家，和朋友相聚。"[118]

厄运追随着"汉尼拔"号，或者说是"吃人"号。[119]在跨越大西洋的航程中——

> 我的可怜的人们（水手）和黑人奴隶不断病倒、死亡，第一次我们海葬了 14 个，到最后，有 320 个，这是我们这段航程的最大损失。根据和巴巴多斯的皇家非洲公司代理人关于运送奴隶登岸的协定，每死一个奴隶，皇家非洲公司损失 10 镑，而船主们会损失本来可以得到的 10 镑 10 先令。

菲利普斯船长痛苦地计算道："所有的损失共将近 6560 镑。"[120]非洲居民生命的价值在这里是以英国的镑来计算，而在登上奴隶船后，则是以马尔代夫的海贝来表示的。

## 十九世纪：海贝换棕榈油

十九世纪初，欧洲各国在法律上禁止了黑奴贸易，这导致了西非海贝贸易的突然衰退。于是，马尔代夫的海贝主要流向了孟加拉地区。从 1808 年到 1817 年的这十年，英国人总共不过向西非输出了 85000 磅海贝，而 1807 年当年的出口量为 136976 磅，可见其相差之巨。[121]马尔代夫想必也感觉到了这种经济衰退，因此，当西非恢复进口后，马尔代夫看到了海贝贸易的回涨，非常高兴。从 1818 年到 1850 年，超过 1000 万磅的海贝被运到了西非（表 7.5），这和前一个世纪的海贝贸易没有多大差别。唯一不同的是，此次在海贝贸易中发挥作用的不是皇家特许的东印度公司，而是各个私营公司。贸易的规模可从十九世纪四十年代中的五年出口额看出，这五年每年的平均海贝贸易量接近或超过 500 吨，这是一个空前的数字。[122]

表 7.5　1818～1850 年不列颠出口至西非的海贝[①]

| 年代 | 1818～1820 年 | 1821～1830 年 | 1831～1840 年 | 1841～1850 年 | 总计 |
|---|---|---|---|---|---|
| 海贝（磅） | 200704 | 696258 | 2911110 | 8730064 | 12538136 |

①相关计算根据 "Table 6.1 British cowrie exports to West Africa, 1800-1850"，见 Hogendorn and Johnson, 1986, 67。

西非在这段时间拼命进口海贝，原因在于当地棕榈油大量出口。当时欧洲极度渴求棕榈油，因为它可以做润滑油、燃料、肥皂，以及被用于其他工业生产。这一产品大受欢迎。西非棕榈油的出口量快速增长，可以从现存的对十九世纪的六个年份的统计中一窥其气象。（表 7.6）

表 7.6　西非的棕榈油出口（十九世纪的六个年份）[①]

| 年份 | 1810 年 | 1820 年 | 1830 年 | 1840 年 | 1850 年 | 1860 年 |
|---|---|---|---|---|---|---|
| 数量（吨） | 1000 | 5000 | 10,000 | 20,000 | 30000 | 45000 |

①Patrick Manning, "Slaves, Palm Oil, and Political Power on the West African Coast," *African Historical Studies*, vol. 2, no. 2 (1969): 280. 帕特里克的数字是从由国会出版的大不列颠联合王国每年的贸易报告中得来的。

在 1851～1870 年的二十年内，大约有 24509856 磅海贝从印度抵达不列颠，折合 11118 吨，平均每年将近 556 吨。这些海贝主要购自英属印度和锡兰，还有一小部分购自新加坡、菲律宾、欧洲、东非、南非以及其他地方。[123]这些不属于南亚的海贝的来源值得我们审视一番。位于菲律宾南的苏禄海也产货贝，因此，菲律宾此刻被卷入全球海贝贸易不足为奇。至于刚刚成为英国殖民地不久的新加坡，可能有来自苏禄海的海贝，也可能是从印度到东南亚或中国的船只带来了作为压舱物的海贝，或者是印度洋高昂的价格吸引了暹罗海贝的回流，具体怎样无从得知。此外，欧洲人在东非发现了环纹货贝，因此南非，尤其是东非的港口，开始出口环纹货贝。可见，各国商人不但寻找世界各个角落的货贝，也混之以环纹货贝，以满足西非因棕榈油贸易而产生的对海贝的无厌需求。

东非海岸出产的环纹货贝带着黄色环纹，除体积略大外，它和马尔代夫的货贝很相似。这些环纹货贝在输入西非之前曾经被运到孟加拉。环纹货贝为什么一时间如洪水般地涌入西非，尚不清楚。简·哈根多恩和马里恩·约翰逊指出，用传统贸易的发展以及商人对高额利润的追求来解释这一现象，难以令人信服、满意，他们认为，这还得和棕榈油贸易带来的西非对货币的极大需求联系起来考虑。[124]某些先驱者一把环纹货贝运到西非，且这种替代货币被西非市场接受，后继的商人就如潮水般涌来。有钱能使鬼推磨，这是真的，因为东非海贝的买入价格不到西非卖出价格的十分之一。[125]

似乎是德国人首开记录，将环纹货贝从东非运到了西非。1845 年，受到西非高涨的经济的推动，一艘德国船在马累靠岸，打算绕过加尔各答和锡兰，直接从源头马尔代夫购买海贝。[126]几经努力，他们只获得了很少数量的海贝。在归途中，这艘船在坦桑尼亚的岛屿桑给巴尔停留，并从那里购买了环纹货贝。首次购买的数量虽然不多，但它开启了海贝贸易的新阶段，并在二十年后给马尔代夫的海贝贸易以致命打击。

从 1845 年开始，德国的汉堡公司几乎垄断了环纹货贝的贸易。德国人企图掩盖货源，保守秘密。环纹货贝在他们的船只清单上被列为"咖啡"（kaffee），亲自登临桑给巴尔的法国人也被告知，这些贝壳是要运到德累斯顿（Dresden）作为制作瓷器的原材料的［读者应该还记得海贝也被叫作 porcelain（瓷器）］。[127]不过，谎言终究难以掩盖，到了十九世纪五十年代初，法国人迅速地参与了这场竞赛。从 1851 年到 1869 年的这十九年，德国和法国共出手了 35000 多吨环纹货贝，平均每年 1800 多吨，"几乎相当于荷兰人和英国人在整个十八世纪，以及英国人在 1800 年到 1850 年间运输的马尔代夫货贝总额"[128]，可谓后来者居上。从 1865 年到 1880 年，又有 38279 吨环纹货贝被运到了拉各斯，平均每年约 2392 吨，这些数字大大超出了海贝－黑奴贸易时代的数字。十九世纪八十年代便出现了海贝贸易的断崖式衰落，从 1881 年到 1891 年这十年，总共只有 3573 吨海贝抵达拉各斯。[129]马尔代夫货贝的价值就此在全世界减损。

　　和马尔代夫相比，东非的环纹货贝贸易有其优势。从东非到西非，其运输路程大大缩短，路线更加直接，成本自然降低了。而马尔代夫的海贝需要先去印度或锡兰，然后转道欧洲，先卸货储藏，拍卖后再入舱，从欧洲运往西非，行程复杂，数次过手，数次装卸，运输和管理成本不菲。可见，环纹货贝的行程短、成本低、运输频率快，于是在不到二十年内，逐利而来的商人将东非环纹货贝的贸易额度推向了前所未见的高度。不过，虽然总体而言货贝和环纹货币在西非贝币区被掺杂着使用，但阿拉克、沃尔特河口西部的黄金海岸以及尼日尔河东部的伊博地区（Igbo）还是不接受环纹货贝。[130]

　　十九世纪下半叶环纹货贝的空前输入导致了西非海贝市场的灾难。1895 年，海贝的价格仅为 1850 年的十分之一。[131]商人们惊恐地发现，海贝搬运工搬运的一包海贝刚刚能够支付他们的工钱。1896 年，拉各斯见证了海贝进口的回光返照，这一年共有 1025 吨海贝输入西非，不过，这不过是环纹货贝最后的清货而已。此后的西非，仍然有小数额的海贝到来，特别是在禁止进口海贝，以及殖民政府命令税收必须由铸币支付之后。过去被视为财富的海贝，如今几乎一文不名，贝币区域也随之迅速萎缩。

## 本地的角色

必须指出，虽然在西非的贝币区域，大家都将海贝作为货币使用，可是，不同的商人、地方居民、王国或部落有着不同的金融习惯和实践；而运输成本的高低、海贝清点方式的变化、价格的波动以及购买力的升降，都会在贝币区域创造出各种各样的商机和细致微妙的差别。海贝和黄金，以及后来各个殖民地发行的五花八门的白银等各种金属铸币，一起扮演着货币的角色。而关于贝币最难回答的一个问题便是，这些外来的贝壳为什么以及如何能够在这个区域被认可、被接受为通用货币？对此，我们目前只有含糊不清的理解。我们需要对西非本地的载体，特别是各种政权（如王国）加以审视，研究它们为什么能够成为贝币的接受者、塑造者以及贝币区域的创造者。由于材料有限，以下略举数例。

桑海王国的阿斯基亚人（the Askiya）得知，开罗的海贝比摩洛哥的便宜，于是就禁止了从摩洛哥来的海贝。[132] 到了1591 年，桑海国王阿斯基亚·易莎科（Askiya Ishaq）在被统治摩洛哥萨阿德王国的艾哈迈德·曼苏尔（1578～1603 年在位）打败之后提出，继续接受摩洛哥的海贝，作为向对方求和、朝贡的条件之一。[133] 当然，这为时已晚。不过，我们似乎可以看到市场和国家之间的紧张和缠斗。

在十九世纪的第一个十年，索科托哈里发国（Sokoto Caliphate）迅速向周边扩张，同时加强了中央集权，逐步吞并了约鲁巴西部的平原。哈里发下令用海贝来支付数种税，因而促进了贝币（以及货币经济）的流通和扩张。这一税收措施比欧洲殖民者的措施要早几十年。[134] 政府推行用海贝支付税款，表明政府承认并推行海贝的法定货币地位，这也就修正了以往认为贝币是原始货币的刻板印象。

十九世纪中期的博尔努王国也采取了类似的政策。[135] 博尔努的统治者奥马尔谢赫（Sheikh Omar）曾经试图在欧洲建立铸币厂，可是没有成功。贝希尔（Beschir）——奥马尔谢赫的一个高级官员——在 1845 年前往麦加的朝觐之路（haj）上受到沿途货币制度的启发，建议采用贝币。奥马尔谢赫接受了这个建议，下令以玛丽娅·特蕾莎 - 塔勒银币（Maria Theresa thaler，塔勒是神圣罗马帝国和哈布斯堡王国发行的银币，以 1740~1780 年统治奥地利、匈牙利和波黑的哈布斯堡女皇玛丽娅·特蕾莎之名命名）为大额法币，以海贝为小额法币，这是一种和孟加拉以及云南非常相似的白银 - 海贝双重货币制度。1848~1849 年，博尔努海贝的法定货币地位立刻吸引了豪萨地区的海贝，甚至自南方艾格巴（Egba）来的棕榈油商人也要求以海贝而不是工业品来付款。[136] 此处我们再次看到政府在推动贝币的使用和流通这一过程中起到了重要的作用。

西非当地某些事件对贝币也有影响。十八世纪下半叶，西非海岸有一种代用海贝，即马吉内拉贝（Cypraea Marginella），流入廷巴克图。这种被当地人称为克罗尼（koroni）的海贝数量充沛，其输入可能是当地的一个偶然事件或者是远在天边的欧洲政治事件引起的。据说在 1787 年，大约有 100 万枚海贝曾被秘密地运到了杰内。在杰内，这批海贝可能被当地接受了，也可能被没收了，消失不见。与此同时，法国大革命可能中断了可取代这批海贝的供给。[137]这批海贝的遗失导致了市场上货币的稀缺，于是促进了当地输入马吉内拉贝来代替它。过去，3000 枚海贝便可以换到一个金密斯卡尔（mithqal），而一个金密斯卡尔可以换到 10 万枚马吉内拉贝。[138]这种代用海贝的廉价带来了很多问题。到了 1795 年，当地的统治者下令禁止马吉内拉贝流通。

某一国家受到威胁时，或许会遏制贝币的跨疆界流动。就阿散蒂王国而论，虽然它总体上使用贝币，[139]但从 1817 年起，它却采取了禁止贝币的政策。这个巨大的转变实际上是后来十九世纪二三十年代排斥穆斯林商人的政策的前导，当时阿散蒂王国因失去了对萨拉加以及东北地区（可能还有西北地区）的控制而深感不安，所以有此闭关自封的举动。[140]

或许达荷美王国最能体现西非贝币演化中的本地因素，因为这个王国就是通过出口奴隶和棕榈油、获得海贝来积累巨大的财富，并建立称霸一时的中央集权政体的。

## 制造达荷美：海贝、奴隶和棕榈油

达荷美王国（约 1600 ~ 1894 年）是位于今天贝宁一带的一个强大的非洲政权。[141]在贝宁海岸，由于肥沃的土地、通达的水路以及大西洋世界和内陆的互动，跨大西洋贸易在这里持续了几个世纪。在整个十八世纪和十九世纪，达荷美一面持续扩张，一面加强中央集权，成为西非最强大的王国。1727 年，达荷美征服了曾经繁荣强大的维达王国，后者在 1694 年曾经卖给菲利普斯船长将近 700 个奴隶。建立在征服和掠夺奴隶、大西洋贸易以及贝币基础上的达荷美，其一时之盛况曾为弗雷德里克·福布斯（Frederick Forbes）亲眼见证。弗雷德里克是一名英国海军军官，于 1849 年和 1850 年访问了达荷美王国，因此，他的记录不仅让我们得以窥见达荷美先通过奴隶贸易，后来通过棕榈油贸易吞噬的海贝的天文数字，也让我们目睹了贝币对于达荷美政权之延续的关键作用。[142] 弗雷德里克·福布斯与许多他的同代人认识到了奴隶贸易违反人道，因此自愿去奴隶贸易中心的达荷美王国拜见达荷美国王，希望说服国王终止这种罪恶的买卖。很遗憾，弗雷德里克未能如愿。

到了西非的弗雷德里克认识到达荷美王国疆域广阔：

> 这个强大的军事王国位于几内亚湾的内陆，从尼日尔河岸延伸至沃尔特河岸，统治着——如果不是占有的话——从被这些河口切割的海岸到贡山（Kong Mountains）之间的广大土地。[143]

因此，南部贝币区的一大部分以及奴隶出口区处在了达荷美王国的控制之下。

相较于其地域之广大，达荷美王国的军事化程度和征服能力更令人吃惊：

> 当国王发动战争时，他率领着大约 24000 名男兵，以及同样数量的后勤人员。然后他指挥着这近 50000

名男女行军，这大约是整个王国人口的四分之一。必须指出，达荷美处于军事统治和管理之下，是一个史无前例的军事政权。因此，达荷美的一年分为两季：战争季和庆祝季。

在战争季，王国掳掠奴隶以换取海贝；在庆祝季，国王炫示财富，举办各种节日活动，陈列海贝并将之分给臣民。促使军事化和不断扩张的便是通过海贝－黑奴贸易和海贝－棕榈油贸易来积累财富的欲望，若不如此，国家军事机器便无法运行。

弗雷德里克对于当地的贝币及其计数方式颇感兴趣。他说：

> 达荷美王国的货币就是海贝，2000 枚海贝为一头，等于一个银元（the silver dollar）。不过，这个汇率是金属货币稀缺导致的，实际上，一个银元很容易换到 2400～2600 枚海贝。[144]

1849 年 10 月 11 日，这个不列颠人"购买了 50 头海贝，相当于 50 个银元，为其行程做好准备。每头相当于 2000 枚，每位妇女可以负载 10 头海贝，因而，为了这 50 个银元，我们不得不雇了 5 位妇女"[145]！

根据当地的习俗，各种服务以及仆人都没有报酬，而是以礼物来代替报酬。对于驮运行李者，"要给他们所谓的生活费，即每天两串海贝（80 枚），等到完成时再奉送礼物"[146]。弗雷德里克还指出，"黄金和白银也通行使用，可是很少"[147]。

后来，达荷美指派了100多个本地人（包括他们的家庭）来服侍弗雷德里克和他的使团，他们反而成了弗雷德里克的一个累赘："每周仅仅我们这些人的生活开支就高达10头海贝和14加仑朗姆酒，这些物资（暂且不计费用）需要四个人从维达运过来。"[148]

弗雷德里克记录了海贝和贝币在当地社会的各种用途，如："如果一个男子引诱了一个姑娘，法律要求他们成婚，男子需要向其家长或者主人支付80头海贝，这是他身为奴隶必须支付的补偿。"[149]在达荷美，税收也以海贝征收："对所有人而言，税负都很重，由收税者承包。负责税收的官员派收税者驻扎到各个市场，收税者根据销售货物的价值征收相应的若干枚海贝。"[150]除了货物税，还有过路税："通往市场的道路上守着收税人，每个载着货物的人需要交5到10枚海贝。"[151]大臣每年需要向国王进贡，有一个例子是，有人"每年"进献"2000头海贝给国王"！[152]这些习俗，绝大多数——如果不是全部——都可以在印度、暹罗和云南看到。

维达当地的市场给弗雷德里克·福布斯留下了深刻印象：

> 这个市场是我在非洲见过的最好的一个，这里有各种奢侈品以及许多有用的货物。由于当地没有商店，所有的买卖都在这里进行。整个市场按照不同货物被分成相应的区域，肉、鱼、玉米、面粉、蔬菜、水果以及外来商品各有其单独的小市场。

因此弗雷德里克记录了很多物品的海贝价格（表7.7）。[153]此外，他也记录了仆人的薪资和为他提供各种服务的花费。[154]

表 7.7　1850 年 3 月维达的货物价格（以海贝计）

| 货物 | 价格（枚） | 货物 | 价格（枚） | 货物 | 价格（枚） |
|---|---|---|---|---|---|
| 火鸡 | 4000 | 绵羊 | 5000 | 芋头 | 80 |
| 几内亚鸡 | 1000 | 山羊 | 2500 | 螃蟹 | 10 |
| 鸡 | 280 | 牛肉（磅） | 120 | 鱼（磅） | 200 |
| 鸽子 | 200 | 猪肉（磅） | 80 | 绿叶蔬菜（磅） | 2 |
| 小鸡 | 200 | 羊肉（磅） | 100 | 朗姆酒（瓶） | 240 |
| 鸭 | 600 | 鸡蛋 | 10 | 啤托（Pitto，加仑） | 40 |
| 小公牛 | 25000 | 橙子 | 3 | 棕榈酒（加仑） | 40 |

　　弗雷德里克还观察到了棕榈园以及棕榈油贸易的兴起，提到很多商人和代理人先从奴隶贸易，而后从棕榈油贸易中大发横财。有一个叫唐·若泽·多斯·桑托斯（Don Jose Dos Santos）的商人，"虽然是奴隶贸易的中间人，但更是棕榈油购买商。他来此地时身无分文，而现在拥有巨大的庄园，虽然我相信他目前资金很少"[155]，因为奴隶和棕榈油给他带来的财富中的相当一部分已经被这个沉溺赌博的人挥霍殆尽。不过，幸运的是——

　　　　唐·若泽还有一处加工棕榈油的种植园。他的院子里挤满了来卖油的人，有的只有一加仑的油，有的则让很多奴隶带来一葫芦一葫芦的油。他自己的奴隶则忙于清点海贝，来支付这些棕榈油。[156]

　　另一位多明戈·若泽·马丁斯（Domingo Jose Martins）则是"全非洲最大的奴隶商"，同样在棕榈油贸易中大发横财。[157]1850 年 6 月 10 日，马丁斯"声称去年一年仅棕榈油他就挣了 8 万元，他说奴隶贸易和棕榈油贸易是互惠互利的，他本人也不知道哪一行更挣钱"[158]。

考虑到奴隶贸易的繁荣和棕榈油贸易的渐入佳境，就不难理解为什么达荷美的国王有能力在各种庆祝活动和仪式上散发很多头海贝了。弗雷德里克生动、细致、不厌其烦地记录了达荷美国王在各种场合，尤其是在达荷美传统的仪式上，向他的臣民分配、赠送和散发海贝的举动，国王的这些在外人看来奢靡、夸张的行为，不但显示了他的财富、慷慨和权力，也加强了他的合法性。

1849 年 10 月 18 日，在向国王和大臣进献礼物之后，弗雷德里克得到了国王的接见。他先给国王朗读了海军司令官（commander-in-chief）给国王的信，"陛下仔细倾听……然后给海军司令官回了一封信，信里表示他在庆祝季一定会给我一个答复"[159]。听说弗雷德里克要去市场看看，国王慷慨地"下令送我们 10 头海贝，以备购物之需"[160]。第二天，弗雷德里克一行"便收到了陛下的礼物，每人一份，包括一头小公牛、一些布匹、十头海贝、一桶朗姆酒、一罐棕榈油、一葫芦面粉、一葫芦土肥皂、一葫芦胡椒"，翻译和随从也有礼物，为一到两头海贝不等。[161]

1850 年 5 月 28 日，弗雷德里克收到一封信，要求他前去拜见国王，国王"发誓会认真考虑‘在他的领土内关于终止奴隶贸易的事宜’"[162]。此后的六周里，弗雷德里克被领着参观了各种庆祝仪式，其间国王则各种炫权炫富。

达荷美有一种风俗叫作 Ee-que-ah-eh-bek，也就是"向丘比铎（the Troubadours）献礼"。丘比铎不仅是皇家乐队，也是达荷美王国的档案管理者（keeper of records），"这是一个世袭职位"，他们"轮番唱歌赞美达荷美的君主"。[163] 皇家乐队"包括两名队长和所有成员，总计约三十人"，5月29日，每人"获赠二十八头海贝、二十八匹布、四块手绢、两加仑朗姆酒"。[164] 根据弗雷德里克的统计，这些礼物共计1698元，对于国王"予以赞美其祖先的丰功伟绩的乐队这么高的报酬"，弗雷德里克颇为惊讶。[165] 他没想到，这仅仅是国王那天分发的礼物的一小部分：

> 那天早上，国王向其臣民扔出了400头海贝和40匹布，那天晚上准备再挥霍800头海贝。王室一整天的花费高达26000元！[166]

对弗雷德里克而言，"这种无以复加的奢靡令人难以置信，这是因为国王的财富已经积累得太多，我相信每年有30万元"[167]！

5月30日又是另外一个节庆日，叫作 Ek-bah-tong-ek-beh，或者说是"国王财富展示"。大约有6000~7000人的队伍行进着，其中"1590人扛着海贝"，而"光是海贝（达荷美的货币）的价值就等于5000元"；这一天，"大量朗姆酒被分给了庆祝人群，大约800元的海贝也散发完毕"。[168]

5月31日的节庆活动叫作 Ek-que-noo-ah-toh-meh，或者说是"投掷礼物"。"平台上堆放着三堆海贝"，包括"3000头海贝、几堆布匹、罐装的朗姆酒和一卷一卷的烟草"，而且"国王亲自动手，忙得不亦乐乎，把海贝、布匹、烟草等扔下台去。哪位幸运儿抓到海贝，海贝就归他所有"。[169] 与此同时，国王也给大臣和随从们准备了礼物，包括给弗雷德里克的"一篮子十头海贝和两匹布"[170]。这天中午，来了"一艘装着轮子的船，（人们）卸下了船上装载的朗姆酒、烟草和海贝，加到了平台上的礼物堆上去"[171]。"到了下午两点，有 1000 头海贝的海贝堆已经扔完，剩下的另一堆则分给了上等阶层。"[172]弗雷德里克逐渐习惯了这里的奢靡，因此诧异地发现"国王当天的花费居然没有超过 2000 元，因为我们走的时候，平台上还有一堆堆的海贝和其他礼物"[173]。

6 月 3 日晚，弗雷德里克记载说："国王给我们送来了 4 头海贝的礼物，然后我们告别，十点钟才到家。国王这次赠送的礼物约合 300 元海贝。"6 月 4 日，"院子里陈放着 800 头海贝，一大桶（pipe）朗姆酒。我们被告知，这些东西是用来支付昨天雇用的人的报酬的。等我们离开的时候，大约已经分发了 200 头海贝"[174]。此后的日子里，几乎在每个场合，国王都分发不同头数的海贝。

六月中旬的节日叫作 See-que-ah-hee，或者说是"给祖宗的坟墓浇水"。同理，这个节日庆祝活动中重要的一环就是分发海贝。"地中央堆放着 400 头海贝，周边有一些小堆海贝以及朗姆酒"；"我们到后不久，当天的活动便以向所有的大臣、头领和商人分发海贝开始，数量从一头到十头不等"[175]。

7 月 4 日，弗雷德里克和他的外交使团拜见了国王，这个不列颠人希望国王能够禁止——

他领土内的奴隶贸易。为此，我们给他介绍了邻国采取的措施，这给他留下了深刻的印象。邻国通过鼓励棕榈树的种植，来满足市场的需求，这种贸易的优势和利润远比葡萄牙人和巴西人给达荷美带来的好处多得多。[176]

弗雷德里克提到葡萄牙人和巴西人，一般是指代他们从事的奴隶贸易。国王回复说，他秉持着"英国人是排名第一的白人这个信仰"，时代不同了，"但达荷美人绝不会放弃奴隶买卖，他的人民是战士，他的税收源自奴隶贸易（或者说是销售战俘）"。[177]达荷美国王非常清楚"奴隶＝海贝＝财富＝权力"这个公式，他不会放弃自己的权力，当然也不会终止奴隶贸易。

## 怎么数海贝：地方性和全球性的结合？

弗雷德里克提到了达荷美王国有多少头海贝，我们不妨借此介绍一下西非海贝的计数方式。在西非，各地清点海贝的方式各不相同，情况相当复杂。似乎几个不同的计数系统并行，是本地传统和外来因素结合的结果。

此前数章介绍了孟加拉、暹罗和云南海贝共同的基本计数模式，也就是4×4×5和4×5×4这两个公式。这种共同的模式可以说是印度－东南亚－云南存在着同一种贝币体系的最根本证据。伯希和在其对贝币的论述中曾经讨论过这种共同的计数模式，遗憾的是，他没有注意到西非的情况。那么，西非究竟如何清点海贝呢？

西非海贝的计数模式远比印度或者亚洲其他地区的计数模式复杂。在北部地区，海贝五枚一组，然后几组堆在一起，或60枚，或80枚，或100枚；每一堆海贝，无论实际上是60枚、80枚还是100枚，当地都称之为100枚。[178]其中一个著名的计数方式就是所谓的班巴拉体系（Bambara System），这个体系以5～80为基础（表7.8）。[179]1796年，芒戈·帕克斯

（Mungo Parks）在马里的班巴拉地区发现，"很奇怪，在数海贝时，他们把八十称为一百，而在数其他东西时，一百就是我们所知道的一百，而六十则被称为曼丁一百"[180]。他补充说，以英国的货币换算，20 枚海贝"大约等于一分钱，230 枚海贝等于一先令，4800 枚等于一镑"[181]。在十九世纪六十年代，法国官员马奇（Mage）认为那里采用十进制，可是他后来的描述完全推翻了自己的判断：

> 人们数海贝，五枚五枚数……他们先数出十六组五枚，这一堆（80 枚）他们认为是 100。数出这样的五堆，他们放在一起，再数出五堆，和前面的五堆放一起，这就是 1000。商人和妇女们为了避免差错，往往以五枚海贝为一堆，数出八十堆，放在一起，那就是他们的 500。[182]

按照班巴拉系统，10 万枚海贝实际上就是我们十进制的 6.4 万枚。

表 7.8　班巴拉计数体系

| 班巴拉体系的数字 | 十进制的数字 |
| --- | --- |
| $5 \times 16 = "100"$ | 80 |
| $"100"(80) \times 10 = "1000"$ | 800 |
| $"1000"(800) \times 10 = "10000"$ | 8000 |
| $"10000"(8000) \times 8 = "100000"$ | 64000 |

由以上可见，和十进制大不一样，这个当地的计数方式是以 5 和 80 为基础，因此，有理由认为班巴拉体系属于旧大陆存在的通行的海贝计数模式，在这个模式下，80（以 $4 \times 4 \times 5$

或 5×4×4 表示）这个基本单位很普遍。即便如此，班巴拉
体系中的 80 = "100" 这个问题仍然没有解决，学者们对此有
几种假说。[183]

第一种假说大致支持笔者的观点。在西非有许多种不同的
地方计数方式，如"曼丁戈的一百"等于十进制的 60，"班巴
拉的一百"等于十进制的 80，而"穆斯林的一百"就是十进
制的 100。慢慢地，班巴拉系统开始扩张并占据了统治地位。

第二种理论则简单地解释说，班巴拉系统将 80 当作 100
不过是为了在小额交易中给对方折扣而已。按照这个折扣理
论，中间商只须支付 80 枚海贝就可以拿到价值 100 枚海贝的
货物，然后以 100 枚海贝的价格卖掉；因此，他只需要支付
6.4 万枚海贝就可以获得价值 10 万枚海贝的货物。这听起来
很有道理，但这个折扣理论无法解释为什么这种计数方式只在
清点海贝时使用。因此，简·哈根多恩和马里恩·约翰逊总结
说："除了海贝之外，其他一切都以普通的一百计数……这表
明班巴拉体系只属于贝币制度，必须在贝币的范畴内
来解释。"[184]

以上讨论的是贝币的北部地区，贝币的南部地区变化更加
多端。在尼日利亚海岸的拉各斯，海贝以一串 40 枚和一头
2000 枚（如弗雷德里克在达荷美所记）计数；在豪萨地区
（尼日利亚北部和尼日尔南部），海贝以 10 枚、20 枚和 100 枚
为单位计数。[185]在位于现尼日尔境内的塔萨瓦（Tasawa），海贝
五枚五枚计数，"然后，根据所数的总数，堆成 200 枚［相当
于十个哈威亚（háwiya）］一堆，或者 1000 枚一堆"[186]。一个
哈威亚即 20 枚海贝，这"似乎是当地算数所能达到的最大数
字"[187]。在这个例子中，20 可能是整个计数方式的基础。[188]在

尼日利亚北部，卡诺（Karo 或 Kano）的巴巴人（Baba）使用一种以 5 为基础，但与之略有差异的系统：

> 数海贝时，他们在地上铺满海贝，然后 5 枚一组计数。十组就是 50 枚。然后把 50 枚一组的合成 200 枚的大组。200 枚一大组的十组就是 2000 枚海贝……一席为 20000 枚海贝，相当于一个人的负载量，即使是一个强壮的男子扛着它，不久也会筋疲力尽。[189]

不妨详细讨论一下尼日利亚中北部的伊加拉人（Igala people）和尼日利亚西南部的约鲁巴人（Yoruba people）是怎么清点海贝的，这或许能够为理解西非贝币的计数渊源提供一些有益的线索。[190]约鲁巴系统在当地影响更大。在数数时，约鲁巴系统中 1 到 10 每一个数字都以双元音 oo、aa 或者 ee 开头，这些双元音其实都是"owo"这个词的缩写，而 owo 就是海贝或者货币的意思。数字 11 到 14，则是以 10 加 1、10 加 2、10 加 3 和 10 加 4 来表示；数字 15 到 20，则以 20 减 5、20 减 4、20 减 3 等来表示，以此类推；数字从 20 到 200，则以 20 的倍数表示；200 以上，则以 200 的倍数表示（表 7.9）。伊加拉的系统和约鲁巴的基本一样，除了数字 11 到 19（他们用 10 加上多少来表示）。

表 7.9　伊加拉和约鲁巴的数字系统[①]

| 数字 | 伊加拉系统 | 约鲁巴系统 |
| --- | --- | --- |
| 20 | 20（ogwu） | 20（ogun） |
| 30 | 20 + 10 | 30（ogbon） |

续表

| 数字 | 伊加拉系统 | 约鲁巴系统 |
|------|-----------|-----------|
| 40 | 20 × 2 | 20 × 2 |
| 50 | 50 | 20 × 3 − 10 |
| 60 | 20 × 3 | 20 × 3 |
| 70 | 20 × 3 + 10 | 20 × 4 − 10 |
| 80 | 20 × 4 | 20 × 4 |
| 90 | 20 × 4 + 10 | 20 × 5 − 10 |
| 100 | 20 × 5 | 20 × 5 |
| 200 | (20 × 5) × 2 | 200（基本单位） |
| 300 | (20 × 5) × 3 | 300（基本单位） |
| 400 | (20 × 5) × 4 | 400（基本单位） |
| 500 | (20 × 5) × 5 | (200 × 3) − 100 |
| 600 | (20 × 5) × 6 | 200 × 3 |
| 700 | (20 × 5) × 7 | (200 × 4) − 100 |
| 800 | (20 × 5) × 8 | 200 × 4 |
| 900 | (20 × 5) × 9 | (200 × 5) − 100 |
| 1000 | 800 + 200 | 200 × 5 |

①Omachonu, 2012, 65 – 66.

　　表7.9 显示的是以数字20为基础的计数系统。除了约鲁巴和伊加拉的系统外，西非还有许多类似的计数模式（表7.10）。[191] 虽然很少指明，20 这个数字可以用5 × 4 来表达，但其实就是一只手（五个手指各按住一枚海贝）数四次，因此，总体而言，在西非许多社会和族群当中多多少少流行着（5）− 20 −（80）− 200 这样的计数模式。这些系统中最基本的单位20（5 × 4）以及没有20那么流行的单位80（20 × 4），同样流行于印度的计数系统中。如此，一个有意思的问题自然浮现了

出来，即西非海贝的计数系统是否和流行于孟加拉、暹罗、云南等地区的印度系统有所关联，受到了后者的影响？它是否有可能就是因海贝贸易和贝币而来的印度联系的遗产？或者这不过是巧合而已？关于西非海贝计数方式这个问题，也有两种解释：一种认为它起源于本地的传统，这和菲利普·柯丁支持的贝币本土起源说是一致的；另一种就是笔者支持的印度联系说，认为西非海贝计数系统受到了孟加拉计数方式的影响。殖民时期的档案显示，5－20－200 这种计数模式只用于清点海贝，不用于其他目的，这不得不让人认为，这是海贝象征的印度联系所留下的痕迹。

表 7.10　西非贝币的计数模式[①]

| 地区／人民 | 计数模式 |
| --- | --- |
| 班巴拉 | 5 – 80 – 400 – 800 |
| 塔萨瓦 | 5 – 20 – 200 – 1000 |
| 卡诺的巴巴 | 5 – 50 – 200 – 2000 |
| 拉各斯 | 40 – 200 – 2000 |
| 约鲁巴和伊加拉 | 20 – 200 |

①Hogendorn and Johnson, 1986, 116 – 120.

话说回来，上述的讨论仅关注贝币区域的空间差异，并没有考察贝币体系随着时间变化而发生演化的过程，以及贝币与其他形式的货币（如黄金和白银）的兑换之变化。[192]西非族群和文化的情况远非上述分析所能涵括。西非本地自有其计数方式，这种可能性当然存在，可是，假如是这样的话，随着十五世纪之前印度洋海贝的到来，这些本地计数传统或被印度体系腐蚀，或被影响，或多少被替代，这也是自然而然的事。在西非相当有影响力的班巴拉体系似乎就是这样一个进程的结果。[193]此外，十六世纪之后，西非金属铸币的计数模式受到了欧洲相当大的影响，因此，西非海贝的计数方式应当是本地和全球因素混杂融合的结果。

尼日尔河下游的伊博人（Ebo、Igbo 或 Ibo people）则采取了一种特殊的计数方式，即 6 - 12 - 60 - 120 - 180 - 600 - 1200 模式。[194]M. D. W. 杰夫瑞斯（M. D. W. Jeffreys）发现，一方面，数其他东西时，伊博人采用十进制；另一方面，在清点海贝时，他们的计数模式是以 6 为基本单位；而在古埃及，六进制和十进制并行，前者主要用于测量。杰夫瑞斯总结说："这些相关的证据只能得出海贝及其计数法是从埃及传入的，没有其他的可能性。"[195]杰夫瑞斯的论证、证据和结论都很薄弱。首先，虽然古埃及有最早的证据，证明了非洲有使用海贝的文化，但海贝在尼罗河下游河谷没有什么显著作用，[196]同时，海贝在古埃及也不是货币。古埃及或者东非，地域广阔，人口众多，但并没有出现其他采用六进制系统的文化。再者，贝币从东向西传播的观点早就被人证明是毫无根据的假说。虽然杰夫瑞斯的这个观点不对，但他提到的伊博人的六进制海贝计数法提醒我们，西非海贝计数方式异常复杂。这是因为，十六世纪后，西非借鉴或采用了很多外来的文化因素和习俗。

由于海贝数量巨大，和东印度公司的林赛一样，西非的殖民地官员发现清点海贝是一项令人生畏的挑战。不久，他们就发明了许多其他办法，不再一个一个地数海贝了。十八世纪，维达以及海岸线一带出现了用来称量海贝的铜容器，不过，这一习俗并没有扩展到其他地方。[197]商人对于数量庞大的海贝也有其处理办法，他们不再交付实际的海贝，而是仅仅记下海贝的数量。这样，海贝从商品货币变成了账簿单位，和中世纪时孟加拉的金币和银币一样：并没有在实际生活（交易）中出现，而只在账本中存在。当然，两者的原因大不一样。海贝是因为数量太大，而金币和银币则是因孟加拉没有铸行而极度稀缺。

## 东非的贝币

东非原来不流通贝币。正是在十九世纪环纹货贝从东非运往西非之际，东非的一些地区也接受了将海贝作为货币。到了十九世纪中期，甚至埃塞俄比亚也开始流通贝币。[198]

1856 年，英国上尉理查德·弗朗西斯·伯顿（R. F. Burton）从桑给巴尔岛出发，到非洲内陆探险，试图发现尼罗河的源头。伯顿留下了包括对海贝贸易的记述在内的一些有趣记录。他说，海贝收集于"从哈丰角（Ras Hafun）到莫桑比克的沿海一带"[199]。从桑给巴尔，海贝向两个方向散布开去：第一个方向朝向"月亮之地"（Land of the Moon）北面的地区，那里也使用海贝作货币，有时在乌尼杨伟奇（Unyamwezi）被用来作装饰；第二个方向是主要的，即通往西非（经海路），那里"利润高达百分之五百"。[200]

在乌干达，海贝直到十八世纪末才被视作货币的一种。圣公会派往东非的传教士约翰·罗斯科（John Roscoe）从 1884 年到 1909 年都待在后来被称为乌干达保护地（Uganda Protectorate）的地区，和好几个非洲部落生活在一起。[201]他看到并记下了那里的贝币演化过程，甚至包括嘎干达人（the Gaganda，乌干达的一个族群）的各种东西的海贝价格。他告诉读者，早年象牙珠（ivory disc）被作为货币使用，后来代之以蓝色的珠子，然后是海贝。无论是一个象牙珠还是一个蓝色珠子，都相当于 100 枚海贝。在他居留在那里的那些年里，"货币的标准是由牛的价值来决定的。象牙和奴隶虽然比牛值钱，但它们的价值还是由相应的牛的数量来衡量的"[202]。他最后枚举了许多货物的海贝价格：一头母牛（等同于一个男奴隶）为 2500 枚海贝（而一个女奴隶则相当于四到五头母牛）；一头山羊为 500 枚海贝；一只鸡为 25 枚海贝；一只大公鸡为 50 枚海贝；一根重达 62 磅的象牙为 1000 枚海贝；一个奶壶为 60～100 枚海贝；一个烟斗为 5～10 枚海贝；一个水壶为 40～50 枚海贝。[203]约翰·罗斯科甚至还记录了随着卢比的到来海贝逐渐贬值的过程，他说："海贝刚刚被介绍进来的时候，大概是国王森马库奇若（Semakokiro）在位时，那时两枚海贝可以买一个妇女。"[204]

无须赘言，海贝在整个非洲地区被广泛作为装饰品使用。[205]

## 逝去

海贝贸易的终止以及各个殖民政府对贝币的禁用，并没有马上结束贝币的历程。各地纷纷抵制关于贝币的禁令，这在很多时候非常有效地销蚀了殖民政府的努力，令其大失所望。实际上，贝币的逝去是一个缓慢的过程，即使引入的英国银币已经在沿海地区取代贝币，并且法郎在尼日尔河上游以及尼日尔河西部逐步取代贝币，其他地区仍然可见贝币的身影。[206]由二十世纪初尼日尔河上的一个小事件可见贝币徘徊的足迹。当地一位妇女在一个叫婉萨（Wonza）的女孩的陪同下，划着一艘独木舟从尼日尔河顺流而下，途中被两个犯人抢劫，他们

"抢走了她所有的财产——约等于 8 镑的海贝"[207]。无论怎么折算，8 镑在二十世纪初的西非绝不是一个小数目。

在第一次世界大战前，贝币作为零钱依然在西非各地的初级市场流通，用来购买小额货物，如一碗水、一些小甜食、一个煮熟的土豆、一捆柴之类。起初，各个殖民政府都试图解决贝币与金属铸币的兑换问题，以此来稳定后者的价格。在尼日利亚北部，英属殖民政府甚至在海贝贬值时收购海贝，试图维持海贝对先令的兑换率的稳定，这是因为那时海贝还被当作一种真正的货币。[208]不久，殖民政府决定剥夺海贝的货币地位，除了禁止进口海贝外，最关键的两个措施就是政府收税拒收海贝，同时进口充足的小面值硬币来代替海贝。[209]殖民制度的严厉碰上的是各地的反抗。令人吃惊的是，1914 年，一些地区的海贝略微贬值，而另一些地区的海贝则在增值，可见情形之复杂。[210]到了二十世纪二三十年代，贝币甚至从其最初的基地（如廷巴克图）消失，即便它最后的历程依然漫长。[211]杰夫瑞斯在 1930 年被派往尼日利亚的伊博地区时，发现海贝"依然是当地的货币"[212]。

在西非的法属殖民地，对法国人以法郎货币制度来代替贝币制度的反抗持续了整个二十世纪上半叶。[213]从 1897 年军事占领西沃尔特地区（现在的布基纳法索），经在 1903 年前后实行正常化管辖，到 1958 年殖民统治结束，法国殖民政府在这一地区先是接受贝币，然后采取各种措施以法郎取代贝币。1907 年，法属殖民政府颁布了海贝进口禁令，同时政府也不再接受以海贝缴纳税款，结果征税过程中出现了相当规模的暴力冲突，包括抢劫和袭击，这一直持续到 1920 年底大量海贝被没收。与此同时，老人家和妇女更愿意把自己窖藏的海贝拿去和货币兑换商兑换，后者则从海贝与法郎兑换率的季节性波动中大赚一笔。在每年一月这个征税季节，海贝相对便宜，因为大家都要兑换法郎去纳税，而后海贝又逐渐恢复原来的价格。[214]与此同时，欧洲人照样用海贝做生意。此外，殖民政府铸行的货币在许多方面都不如海贝方便，这些小面值硬币分量太轻，很容易掉落。

除了以上种种经济因素，贝币在西非社会不肯退去的另一个重要原因是西非人有着文化自觉。在殖民统治时期，西非本地人产生了保护和延续自己的文化、传统和身份的意识，海贝和贝币便成为独立和主权的象征，以及抵抗殖民统治的重要一环。[215]西沃尔特地区的女性小商贩或商人以及部落或宗族的长者坚持使用贝币，以此来"保护他们创造的经济价值中的很大一部分"，同时"竭力地维护着贝币在产品销售和殖民地征税之间的环状流通"，以此获得"某种程度上的经济独立"。[216]这对于他们而言意义重大。

有的殖民政府采取了和上述不同甚至相反的措施。为了摧毁贝币在地方市场上的流通，1917 年，博博迪乌拉索当局决定接受以海贝缴纳税款，期望通过大量收集和贮存海贝，来使海贝在市场上逐渐稀缺，因而无法承担货币的功能。为了配合上述措施，当局还宣布，如在市场上发现海贝，一律没收。[217]政府获取的海贝要么被烧成齑粉，要么被倒入河流。然而，政府的如意算盘却化作了对自己的意想不到的打击。价值规律开始大显神通，海贝与法郎的兑换率大幅度飙升。这样，法郎的流通便成了难题。为了解决这个问题，到 1925 年，殖民当局不得不修订法律，下令凡在市场上拒绝接受法郎即为犯罪。[218]在这个地区，贝币顽强地存续到二十世纪四十年代，但它在第二次世界大战后逐渐消失。其背后有许多原因，除了经济情况的变化外，还有年轻一代的长大成人。和老一代人相比，年轻人逐渐习惯于使用硬币和纸钞。当然，西非还有许许多多类似的抵制，但总的来说，到了二十世纪中期，海贝大势已去，失去了作为货币的功能和地位。当然，这不排除个别地点和事例，到二十世纪五十年代，甚至是六十年代，贝币在伊博地区、加纳西北部和维达等地还有残存。[219]

失去了作为货币的功能后，海贝几乎一无是处，更何况它们早就不被当作压舱物了。有人把它们埋在地里，如同元代云南的斡泥人，希望海贝的黄金时代再度出现；有人则将它们堆积成山，弃置一旁；还有人将它们碾碎，获取其中的石灰成分，可惜价值很低。[220]一度是黄金，现在是垃圾。海贝因数量庞大、质地坚硬，还面临着难以处置的问题。不过，虽然没有了经济价值，海贝和贝币却依然存在于西非的社会和文化当中，其事迹一代代口耳相传。很多手工制品和艺术品也以海贝作为材料或装饰，在当地销售，吸引了相当多的游客。

如果曼宁教授对贝宁湾以贝币购买奴隶的估算，可以推广到整个西非的奴隶贸易的话，[221]也就是说，五分之一乃至三分之一的西非出口物是以海贝购买的，那么，这些货物如此巨大的价值都以海贝的形式永远留在了这个地区，而这些以海贝表达的价值，最终一文不值。成堆的海贝被弃置一旁，毫无用处，不值分文，象征着、诉说着在被欧洲殖民者发明、操弄和统治的全球贸易中非洲人民所遭受的损失和痛楚。海贝因此成为欧洲殖民时期非欧洲人群、物资和文化的隐喻：最初，海贝价值不菲，颇有吸引力，但最终被抛弃，而损失则完全由这些人承担。

回到马尔代夫，贝币在西非的终结导致了海贝出口的骤减。不过，从十九世纪下半叶开始，西非的海贝出口开始缓慢回升，原因是印度将之作为装饰、水泥建材以及药物的原材料。[222]虽然海贝仍保留着许多其他功能，但总体而言，一个新的、将海贝作为装饰用的廉价旅游纪念品的时代开始了。

## 注　释

1. Frederick E. Forbes, *Dahomey and the Dahomans；Being the Journals of Two Missions to the King of Dahomey，and Residence at His Capital，in the Year 1849 and 1850*, 2 vols. (London：Longman, Brown, Green and Longmans, 1851), vol. II, 94.

2. Hogendorn and Johnson, 1986.

3. 维达，又称 Ouidah，法国人称之为 Juda 或 Juida，葡萄牙人称之为 Ajudá，现位于贝宁共和国。——译者注

4. Hogendorn and Johnson, 1986, 15；Jackson, 1917, 128 – 130. G. Elliot Smith acknowledged that while there are "almost the earliest evidence of the use of money-cowry in Egypt", cowrie shells never played any prominent part in the lower Nile Valley. G. Elliot Smith, 1917, "Introduction," in Jackson, 1917, xxi.

5. Dorothea Amold, "An Egyptian Bestiary," *The Metropolitan Museum of Art Bulletin*, New Series, vol. 52, no. 4 (Spring 1995)：36.

6. Hogendorn and Johnson, 1986, 15.

7. Hogendorn and Johnson, 1986, 15.（安条克，或安提俄克，为黎凡特西北部奥朗提斯河下游河畔一个古老城市，其遗址位于现土耳其城市安塔基亚。拉塔基亚，目前是叙利亚西北部的重要港口。的黎波里是利比亚西北部的港口。贝鲁特是黎巴嫩最大的港口，也是世界上最早的城市之一。阿卡，或阿克里，是以色列西北部的重要港口。以上几个城市都是环地中海东部的港口，历史悠久，有的甚至是人类历史上

最早的城市。——译注）

8. 转引自 Hogendorn and Johnson，1986，15。（Buzios 为葡文 buzio 的复数，意思就是海贝。——译注）

9. Ibn Battuta，2011，242 - 243；Hogendorn and Johnson，1986，26.

10. Ibn Battuta，2011，243.

11. Ibn Battuta，2011，243.

12. Ibn Battuta，2011，110.

13. Ibn Battuta，2011，110.

14. Ibn Battuta，2011，235.（法尔斯位于伊朗西南部，是古代波斯人的发源地，所以法尔斯指代波斯。——译注）

15. Ibn Battuta，2011，265.

16. 汪大渊，1981 年，第 337 页。

17. Gray and Bell，2010，"Early Notices of the Maldives，" 474.

18. Hogendorn and Johnson，1986，26.（吉达，红海东海的港口，位于麦加以西 64 公里处。——译注）

19. Hogendorn and Johnson，1986，26 - 27.

20. Hogendorn and Johnson，1986，27.

21. 汪大渊，1981 年，第 364 页。

22. 马欢，2005 年，第 91 ~ 92 页。

23. Ghislaine Lydon，*On Trans-Saharan Trails：Islamic Law，Trade Networks，and Cross-Cultural Exchange in Nineteenth Century Western Africa*（Cambridge：Cambridge University Press，2009），74.

24. S. D. Goitein，*Letter of Medieval Jewish Traders*（Princeton：Princeton University Press，1973），199 - 200；*A Mediterranean Society，The Jewish Communities of the World as Portrayed by the Cairo Geniza：Vol I，Economic Foundations*（Berkeley：University of California Press，1999），373，153 - 4. ［塔赫特，即阿尔及利亚北部提亚雷特（Tiaret），距离地中海 150 公里。——译注］

25. Ghislaine Lydon，2009，*On Trans-Saharan Trails*，76. ［马格里布（Maghreb）指非洲西北部地区，即阿拉伯世界的最西端。马格里布在古代原指阿特拉斯山脉（Atlas Mountains）至地中海海岸之间的地区，有时也包括穆斯林统治下的西班牙部分地区，后来逐渐成为摩洛哥、阿尔及利亚和突尼斯三国的代称。该地区传统上既受地中海和阿拉伯文明的影响，又与撒哈拉沙漠以南的非洲地区有密切的贸易往来，因此形成了独特的文化。阿特拉斯山脉是地中海与撒哈拉沙漠之间的山脉，长 2400 公里，横贯非洲西北部，将摩洛哥、阿尔及利亚、突尼斯三国的地中海西南岸撒哈拉沙漠分开。贝加亚，又称 Bugia。休达在西班牙。——译注]

26. Ghislaine Lydon, 2009, *On Trans-Saharan Trails*, 75. （曼萨·穆萨是十四世纪西非苏丹王国马里的苏丹，大约 1312 年至 1337 年在位，因前往麦加朝圣和赞助伊斯兰学术而闻名。马里盛产黄金，所以曼萨·穆萨被认为是中世纪最富裕的人。——译注）

27. Ghislaine Lydon, 2009, *On Trans-Saharan Trails*, 75 – 76. （马赫迪亚是突尼斯港口，东临地中海。——译注）

28. M. D. W. Jeffreys, 1948, 47, 52；Hogendorn and Johnson, 1986, 17.

29. M. Hiskett, "Materials Relating to the Cowry Currency of the Western Sudan—II：Reflections on the Provenance and Diffusion of the Cowry in the Sahara and the Sudan," *Bulletin of the School of Oriental and African Studies*, University of London, vol. 29, no. 2 （1966）：339 – 366；Hogendorn andJohnson, 1986, 17.

30. 蒙巴萨是肯尼亚濒临印度洋的港口。基尔瓦目前是坦桑尼亚的一个海岛，当时是一个苏丹王国。——译注

31. Hogendorn and Johnson, 1986, 17.

32. 英文版误为西班牙西面。——译注

33. David Abulafia, *A Mediterranean Emporium：the Catalan Kingdom of Majorca* （Cambridge：Cambridge University Press, 1994）.

34. David Abulafia, 1994.

35. 盖伦帆船，又译为加利恩帆船，是至少有两层甲板的大型帆船。——译注

36. David Abulafia, 1994, 117.

37. David Abulafia, 1994, 117, note 53.

38. 菲利普·柯丁（1922～2009 年），是美国著名的非洲史学家、黑奴贸易史学家，同时也是最早的世界史学家，曾任教于斯沃斯莫尔学院（Swarthmore College）、威斯康辛－麦迪森大学和霍普金斯大学，他是笔者导师帕特里克·曼宁教授在威斯康辛－麦迪森大学攻读博士学位时的导师。——译注

39. Philip D. Curtin, "Africa and the Wider Monetary World, 1250 – 1850," in *Precious Metals in the Later Medieval and Early Modern Worlds*, ed. J. F. Richards（Durham：Carolina Academic Press, 1983）, 252；Hisket, 1966, "Materials Relating to the Cowry Currency of the Western Sudan – II," 344；Hogendorn and Johnson, 1986, 18.

40. M. Hiskett, "Materials Relating to the Cowry Currency of the Western Sudan – I：A Late Nineteenth Century Schedule of Inheritance from Kano," *Bulletin of the School of Oriental and African Studies*, University of London, vol. 29, no. 1（1966）：122 – 142；1966, "Materials Relating to the Cowry Currency of the Western Sudan – II". ［摩温·黑斯克特（Mervyn Hiskett, 1920 ~ 1994 年）, 英国历史学家, 伊斯兰研究权威。第一个伊斯兰世纪指的是公元七世纪下半叶到八世纪上半叶。——译注］

41. Hiskett, 1966, "Materials Relating to the Cowry Currency of the Western Sudan – II," 344.

42. Hiskett, 1966, "Materials Relating to the Cowry Currency of the Western Sudan – II," 344.（欧洲殖民者曾将大量玻璃珠卖往多个土著社会, 如印第安人社会, 学者认为土著居民将这些玻璃珠作为货币使用。——译注）

43. Hogendorn and Johnson, 1986, 16.（英文版误记为公元 1046 年。马里城市加奥, 位于尼日尔河的东岸, 是西非重要的贸易中心, 一度是当年西非强国桑海帝国的首都。桑海帝国是位于西非的王国, 也是非洲历史上最强大的政权之一, 开始于十四世纪中期, 强盛于十五世纪和十六世纪, 亡于十六世纪末。——译注）

44. Hogendorn and Johnson, 1986, 16.

45. 转引自 Hogendorn and Johnson, 1986, 16。

46. Ibn Battuta, 2011, 334.（关于荫娜妮, 学者有不同的理解, 有人说它是黄瓜, 有人说是西瓜。——译注）

47. Ibn Battuta, 2011, 381 – 382.

48. Alvise Cadamosto, *The Voyages of Cadamosto and Other Documents on Western Africa in the Second Half of the Fifteenth Century*, ed. G. R. Crone（Routledge, 2010）, 25 – 26. ［阿桑纳吉人大致是指桑哈扎族（Sanhaja）, 他们居住在非洲西北部, 后来皈依伊斯兰教, 并逐步向

东扩散到苏丹边境，向南到塞内加尔河和尼日尔河；欧洲殖民者发现他们和撒哈拉以南的内陆黑人有着宗教、语言和肤色的差异。——译注]

49. Leo Africanus, *The History and Description of Africa* (London, Printed for the Hakluyt Society, 1896), vol. 2, 825. [柏柏尔人就是欧洲人口中的摩尔人，也就是北非和西北非信仰伊斯兰教的居民。利奥·阿非利加努斯是十六世纪传奇的旅行家和学者。他出生在西班牙的格拉纳达，和他的叔叔一起作为外交使节曾经到过桑海王国的廷巴克图、奥斯曼土耳其的君士坦丁堡，以及奥斯曼统治下埃及的尼罗河三角洲的罗塞塔（Rosetta）、开罗、阿斯旺，并从那里跨过红海到阿拉伯半岛。1518 年，他在归途中被西班牙人俘虏，他的主人惊讶于他的学识和智慧，把他带到了罗马，他见到了罗马教宗里奥十世。不久，他重获自由，于 1520 年皈依天主教，并继续在意大利游历。1526年，他完成了《非洲概述》（*Description of Africa*）这部巨著，这一作品被认为是前现代时期关于非洲的最权威的著作。关于他最后的岁月，有的说他至死都在罗马，有的说他晚年回到了北非。廷巴克图是马里的一个城市，位于尼日尔河北岸，从十二世纪起因为黄金、盐、象牙和奴隶贸易而成为重要的商业中心和伊斯兰学术中心，十六世纪末成为桑海帝国的首都。杜卡特是中世纪欧洲流通的金币和银币，分量各有不同。此处可能是指在罗马流通使用的某种杜卡特金币，一盎司等于 28.25 克。——译注]

50. 飞地是一种特殊的人文地理现象，指隶属于某一行政区，但不与这一行政区毗连的土地。如果某一行政主体拥有一块飞地，那么它无法取道自己的行政区域到达该地，只能"飞"过其他行政主体的属地，才能到达自己的飞地。此处以"货币制度"套用"政治制度"或"行政管辖"。——译注

51. Leo Africanus, 1896, vol. 2, 19, 106. （橄榄螺，又名橄榄壳，学名 Olividae，是一种新腹足目、骨螺科类生物，栖息于热带和亚热带的浅海，其椭圆形外壳细长且光滑，通常显示出柔和美丽的颜色，有的带有图案。各地橄榄螺大小不一，但西非使用的一定比较小巧。南美洲的巴西也出产橄榄螺，并有葡萄牙人将之运到西非，参见 Luiz Felipe de Alencastro, *The Trade in the Living : The Formation of Brazil in the South Atlantic, Sixteenth to Seventeenth Centuries*, Albany,

NY：SUNY Press，2018，260 - 263。——译注）

52. Philip Curtin，1983，232.

53. Hogendorn and Johnson，1986，102.

54. Philip Curtin，1983，233.

55. Hogendorn and Johnson，1986，104.（尼奥罗位于马里的西部，是跨撒哈拉沙漠贸易的重要基地，在十八世纪达到鼎盛。——译注）

56. Hogendorn and Johnson，1986，104.（阿泽利克是尼日尔的一个城镇。阿加德兹为撒哈拉沙漠贸易的重要据点，是尼日尔北部的图瓦雷格族的重要城市。——译注）

57. Hogendorn and Johnson，1986，106.

58. Hogendorn and Johnson，1986，106. 海贝可能在尼日利亚东南部卡拉巴尔（Calabar）被当作账簿货币（价值尺度），而后越过克劳斯河（Cross River）被转运到北方。Hogendorn and Johnson，1986，106 - 107. [克里斯蒂安堡，位于几内亚湾的阿克拉的奥苏（Osu），故也称奥苏城堡（Osu Castle），最早由丹麦 - 挪威在十七世纪六十年代建造，之后在欧洲各国殖民者和土著之间多次易手。柏丽库，又称Senya Beraku，加纳滨海城市，荷兰人1667年在此建立了据点好望堡（Fort Good Hope）。阿帕姆，加纳海滨城市，荷兰人1702年在此建立了据点耐心堡（Fort Patience）。温尼巴，又称Winneba，加纳海滨城市，英国1694年在此建立了温尼巴堡（Fort Winneba）。安娜麻波，又称Anomabo，位于加纳中部海滨，十八世纪五十年代英国人在此建立了威廉堡（Fort William）。——译注]

59. Hogendorn and Johnson，1986，125 - 128.（埃尔米纳位于加纳海滨，在海岸角西部约12公里处。——译注）

60. Hogendorn and Johnson，1986，107. [阿散蒂，又称Asante，是十七世纪末到二十世纪中期阿坎人（Akan）建立的王国，位于加纳中南部。萨拉加位于加纳北部，是历史上重要的贸易中心，有"南方的廷巴克图"之称。——译注]

61. John Adams，*Remarks on the Country Extending from Cape Palmas to the River Congo*（London：G. & W. B. Whittaker，1823），263 - 264.（拉各斯是尼日利亚的港口和最大城市，曾经是西非奴隶贸易的中心。豪萨位于尼日尔河和乍得湖之间的尼日利亚北部地区。杰布可能位于乍得湖北岸，原来是一个独立的王国，后来被达荷美吞并。——

译注）

62. Andre Gunder Frank, *ReORIENT: Global Economy in the Asian Age* (Berkeley and Los Angeles: University of California Press, 1998), 73.

63. Karl Polanyi, *Dahomey and the Slave Trade: An Analysis of an Archaic Economy* (Seattle: University of Washington Press, 1966), 49 – 50; Hogendorn and Johnson, 1986, 139.

64. Robin Law, "Computing Domestic Prices in Precolonial West Africa: A Methodological Exercise from the Slave Coast," *History in Africa*, vol. 18 (1991): 239 – 257. （黑奴海岸或奴隶海岸指的是几内亚湾的贝宁湾，位于沃尔特河口到拉各斯潟湖之间。——译注）

65. Robin Law, 1991, 241 – 242.

66. Robin Law, 1991, 242.

67. 此处英文版误为在维达为 15 便士，到了内陆为 24 便士。先令和便士都是英国过去的辅币，20 先令等于 1 镑，12 便士等于 1 先令。先令于 1971 年币制改革时废除，而便士则等于分，100 便士等于 1 镑。——译注

68. Robin Law, 1991, 244.

69. Robin Law, 1991, 245.

70. Hogendorn and Johnson, 1986, 102.

71. Hogendorn and Johnson, 1986, 102 – 104.

72. Gray and Bell, 2010, "Early Notices of the Maldives," 478. Cambay was located in the Gujarat Gulf, western India.

73. Gray and Bell, 2010, vol. 1, 438. （Gentile 本意是 "不是犹太人的人"，此处应该指不是穆斯林的印度人；印度人在葡萄牙的船上做领航员，可能是指印度水手非常熟悉印度洋的这段航程，因而葡萄牙人雇用他们。——译注）

74. Hogendorn and Johnson, 1986, 30.

75. Gray and Bell, 2010, "Early Notices of the Maldives," 484 – 485. One quintal was originally 108 and later 112.5 pounds. Hogendorn and Johnson, 1986, 30.

76. Philip Curtin, 1983, 252 – 253; *Cross-cultural Trade in World History* (Cambridge: Cambridge University Press, 1984), 143; Hogendorn and Johnson, 1986, 36.

77. Gray and Bell, 2010, "Early Notices of the Maldives," 474 – 475.

78. Gray and Bell, 2010, "Early Notices of the Maldives," 475.

79. Hogendorn and Johnson, 1986, 30.

80. 圣方济各·沙勿略，西班牙籍天主教传教士，是耶稣会创始人之一，是将天主教信仰传播到亚洲（如日本）的先行者，1552 年逝世于广东的上川岛。——译注

81. Hogendorn and Johnson, 1986, 39.（迦勒为斯里兰卡西南端的城市，西临印度洋，在科伦坡以南约 110 公里处。——译注）

82. Hogendorn and Johnson, 1986, 41.

83. 胡格利河是恒河的支流，向南穿越西孟加拉邦，流经加尔各答和豪拉，最后注入孟加拉湾，因而，从巴拉索尔可以逆河流而上，通往 150 公里外的加尔各答，使孟加拉和奥里萨连接起来。——译注

84. Hogendorn and Johnson, 1986, 42 – 43.

85. Heath, 2017, 59.

86. Heath, 2017, 59.

87. Heath, 2017, 60.（这样的措施是为了鼓励加快海贝贸易的流通速度，降低海贝的储藏成本。——译注）

88. W. H. Pratt, "Shell Money and Other Primitive Currencies," *Proceeding Davenport Academy of Natural Sciences*, vol. 2（1876）: 39.

89. Heimann, 1980, 52.

90. Hogendorn and Johnson, 1986, 110.

91. Hogendorn and Johnson, 1986, 57 – 58.（金德讷格尔位于胡格利河西岸，在加尔各答北部 35 公里处，曾经是法属印度的一部分。——译注）

92. Hogendorn and Johnson, 1986, 58.

93. Hogendorn and Johnson, 1986, 110.

94. Patrick Manning, *Slavery, Colonialism and Economic Growth in Dahomey, 1640 – 1960*（Cambridge: Cambridge University Press, 1982）, 44; Hogendorn and Johnson, 1986, 110.

95. Hogendorn and Johnson, 1986, 110.

96. Robin Law, "Jean Barbot as a Source for the Slave Coast of West Africa," *History in Africa*, vol. 9（1982）: 155 – 173.

97. John Barbot, "A Description of the Coasts of North and South Guinea, A Description of the Coasts of North and South-Guinea", in *A Collection of*

*Voyages and Travels*, eds. Awnsham and John Churchill（London, 1732），vol. 5, 338 – 339. 巴博特于 1713 年去世，本书在其逝世后的第十九年，即 1732 年出版。（荷兰人称维达为 Fida。——译注）

98. Thomas Phillips, 1732, 173 – 239.

99. Thomas Phillips, 1732, 173 – 174.

100. Thomas Phillips, 1732, 193.

101. Thomas Phillips, 1732, 194, 195.（伯基虽然有"弓"的意思，而且和刀一样可以作为武器，应当受西非武士的欢迎，不过，译者还是以为这是法语"海贝"的意思。——译注）

102. Thomas Phillips, 1732, 221.

103. Thomas Phillips, 1732, 216.

104. Thomas Phillips, 1732, 223.

105. Thomas Phillips, 1732, 223.（康稀是当地的一种食物，大致是将玉米或土豆磨成粉状，加水捏成一团，然后用油煎一下。——译注）

106. Thomas Phillips, 1732, 227.

107. Thomas Phillips, 1732, 227.

108. Thomas Phillips, 1732, 227.（Rango 究竟是何种物品，译者遍查字典并咨询有关学者，不得其解。菲利普斯的记录有时比较混乱，比如，此处前两种商品或货币，即海贝和伯基，其实都是指海贝。——译注）

109. Thomas Phillips, 1732, 227.

110. Thomas Phillips, 1732, 227.

111. Thomas Phillips, 1732, 228.

112. Thomas Phillips, 1732, 227 – 228.

113. Thomas Phillips, 1732, 227. 卡帕舍尔是西非本地的官员，即所谓"奴隶上尉"（captain of the slaves），其职责就是保证奴隶安全到达、登抵奴隶船并离开，其间损失任何奴隶，他都需要赔偿相应的价值。

114. Thomas Phillips, 1732, 227.

115. Thomas Phillips, 1732, 230.

116. 巴巴多斯位于加勒比海和大西洋的交界处，是西印度群岛最东端的岛屿，当时是英国奴隶贸易的中心，以甘蔗种植园经济闻名。——译注

117. Thomas Phillips, 1732, 219.

118. Thomas Phillips, 1732, 219.

119. "Hannibal"（汉尼拔）与 "cannibal"（吃人的，食人的）只差首字母，所以笔者用 "cannibal" 这个谐音词来揭示 "汉尼拔" 号奴隶贸易的罪恶。——译注

120. Thomas Phillips, 1732, 236.

121. 其中缺 1813 年的出口数字，但估计其数量比较少。相关计算根据 "Table 6.1 British cowrie exports to West Africa, 1800 – 1850", Hogendorn and Johnson, 1986, 67。

122. Hogendorn and Johnson, 1986, 67 – 69.

123. Hogendorn and Johnson, 1986, 70.

124. Hogendorn and Johnson, 1986, 73 – 74.

125. Hogendorn and Johnson, 1986, 71, 73.

126. Hogendorn and Johnson, 1986, 69.

127. Hogendorn and Johnson, 1986, 75.

128. Hogendorn and Johnson, 1986, 75.

129. A. G. Hopkins, "The Currency Revolution in South – West Nigeria in the Late Nineteenth Century," *Journal of the Historical Society of Nigeria*, vol. 3, no. 3 (1966): 475; Hogendorn and Johnson, 1986, 78.

130. Hogendorn and Johnson, 1986, 76.

131. Hogendorn and Johnson, 1986, 77.

132. Hogendorn and Johnson, 1986, 16.（阿斯基亚人是西非的土著居民，在 1493 年统治了桑海帝国，开启了阿斯基亚王朝，直到该王朝 1591 年被摩洛哥打败而崩溃。——译注）

133. Hogendorn and Johnson, 1986, 16.（阿斯基亚·易莎科是阿斯基亚王朝的最后一任国王，1588 ~ 1591 年在位。艾哈迈德·曼苏尔是统治摩洛哥的萨阿德王朝的苏丹，1578 ~ 1603 年在位。——译注）

134. Hogendorn and Johnson, 1986, 105.（索科托哈里发国是西非在十九世纪初建立的独立的伊斯兰国家，1903 年为英国所灭，它在鼎盛期曾控制了包括现在的布基纳法索、喀麦隆以及尼日利亚北部和尼日尔南部的大多数领土，是当时非洲最大的国家之一。——译注）

135. 博尔努王国（1380 ~ 1893 年）是西非的一个内陆古国，全盛时包括今天的尼日利亚、乍得、尼日尔、苏丹、喀麦隆的部分领土，早期阿拉伯人称之为加纳姆帝国（Kanem Empire）。——译注

136. Hogendorn and Johnson, 1986, 105. （艾格巴是西非约鲁巴人的一个族群，主要在尼日利亚西部。——译注）

137. Hogendorn and Johnson, 1986, 131.

138. 密斯卡尔是伊斯兰世界称量贵金属的重量单位，为 4.25 克，后来成为第纳尔的代称。——译注

139. T. Edward Bowdich, *Mission from Cape Coast Castle to Ashantee*, with a statistical account of that kingdom and geographical notices of other parts of the interior of Africa（London：J. Murray, 1819）.

140. Hogendorn and Johnson, 1986, 107. （萨拉加位于现在加纳的北部。——译注）

141. 有关达荷美的历史，参见 Melville J. Herskovits, *Dahomey：An Ancient West African Kingdom*（New York City：J. J. Augustin Publisher, 1938）；Manning, 1982。

142. 有关贝币及其与贝宁政权的关系，参见 Patrick Manning, "Coastal Society in the Republic of Bénin：Reproduction of a Regional System," *Cahiers D'tudes Africaines*, vol. 29, no. 114（1989）：239 – 257。

143. Frederick E. Forbes, 1851, vol. I, 1 – 2. ［贡山是十八世纪末到十九世纪八十年代欧洲人想象中的山脉，发端于尼日尔河发源的西非高地坦巴昆达（Tembakounda），和想象中位于东非的月亮山脉（Moon Mountains）相连，后者被认为是尼罗河的发源地。——译注］

144. Frederick E. Forbes, 1851, vol. I, 36. （以下凡是提到海贝多少头，即是指 head，即 2000 枚海贝，不再赘注。——译注）

145. Frederick E. Forbes, 1851, vol. I, 51.

146. Frederick E. Forbes, 1851, vol. I, 51 – 52.

147. Frederick E. Forbes, 1851, vol. I, 123.

148. Frederick E. Forbes, 1851, vol. II, 81 – 22.

149. Frederick E. Forbes, 1851, vol. I, 26. （最后一句话模糊难解：家长应当是女方家长，而主人，按一般的理解应该是女方的主人，如果女方是奴隶的话；可是后面的修饰则假设男方是奴隶。——译注）

150. Frederick E. Forbes, 1851, vol. I, 35.

151. Frederick E. Forbes, 1851, vol. I, 89.

152. Frederick E. Forbes, 1851, vol. II, 75.

153. Frederick E. Forbes, 1851, vol. I, 110. （表中的啤托，又称 pito，是

西非当地用高粱或小米发酵制成的土啤酒。——译注）

154. Frederick E. Forbes, 1851, vol. I, 122.

155. Frederick E. Forbes, 1851, vol. I, 114.

156. Frederick E. Forbes, 1851, vol. I, 114.

157. Frederick E. Forbes, 1851, vol. II, 82.

158. Frederick E. Forbes, 1851, vol. II, 85.

159. Frederick E. Forbes, 1851, vol. I, 83. 司令官指的是英国海军的某高级官员。

160. Frederick E. Forbes, 1851, vol. I, 83.

161. Frederick E. Forbes, 1851, vol. I, 86.

162. Frederick E. Forbes, 1851, vol. II, 18.

163. Frederick E. Forbes, 1851, vol. II, 12 – 14. （Troubadour, 本意是中世纪欧洲的游吟诗人；keeper of records, 此处可能是指账簿或者王室档案的管理者。——译注）

164. Frederick E. Forbes, 1851, vol. II, 28.

165. Frederick E. Forbes, 1851, vol. II, 28 – 30.

166. Frederick E. Forbes, 1851, vol. II, 30 – 31.

167. Frederick E. Forbes, 1851, vol. II, 30.

168. Frederick E. Forbes, 1851, vol. II, 37, 41, 43.

169. Frederick E. Forbes, 1851, vol. II, 46 – 47.

170. Frederick E. Forbes, 1851, vol. II, 47.

171. Frederick E. Forbes, 1851, vol. II, 48.

172. Frederick E. Forbes, 1851, vol. II, 48.

173. Frederick E. Forbes, 1851, vol. II, 49.

174. Frederick E. Forbes, 1851, vol. II, 68 – 69. （Pipe 即 butt, 容积单位, 各地标准不一, 大约等于 126 加仑。——译注）

175. Frederick E. Forbes, 1851, vol. II, 135 – 136.

176. Frederick E. Forbes, 1851, vol. II, 185 – 186.

177. Frederick E. Forbes, 1851, vol. II, 187 – 188.

178. Hogendorn and Johnson, 1986, 114.

179. 班巴拉, 又称 Bamana 或 Banmana, 是西非曼德（Mandé）人内的一个族群, 主要生活在马里的尼日尔河上游地区, 说班巴拉语。——译注

180. Mungo Park, *Journal of a Mission to the Interior of Africa in 1805* (London: Printed for John Murray, by W. Bulmer and Co. , 1815), 146. [Mandinka 或 Malinke, 即曼丁戈人, 亦称马林克人, 是西非曼德人下面的一个族群, 也主要在马里的南部、几内亚的东部和象牙海岸的北部, 说曼丁语 (Manding)。——译注]

181. Mungo Park, 1815, "Addenda," *Journal of a Mission*, xiii.

182. D. E Mage, *Voyage dans le Soudan occidental 1863 – 6* (Paris, 1868), 171, 转引自 Hogendorn and Johnson, 1986, 115。在马奇的书中, 实际页数为第 191 ~ 192 页, 而不是哈根多恩和约翰逊所注的第 171 页。[这里又引起笔者对迦利沙钵拏这个印度货币单位的兴趣。七世纪的义净说, 一个迦利沙钵拏等于 1600 枚海贝; 而九世纪的慧琳说, 一个迦利沙钵拏等于一个钵拏 (80 枚海贝) ×16, 即 1280 枚海贝。如果以 80 当 100 的话, 1280 正好是 1600, 这和班巴拉体系完全一致。这究竟是巧合还是有些联系, 实在无法得知。——译注]

183. Hogendorn and Johnson, 1986, 115 – 118.

184. Hogendorn and Johnson, 1986, 117.

185. Hogendorn and Johnson, 1986, 117.

186. Heinrich Barth, *Travels and Discoveries in North and Central Africa* (London and Gotha, 1857 – 1858), 256.

187. Heinrich Barth, *Travels and Discoveries in North and Central Africa* (London and Gotha, 1857 – 1858), note *.

188. Hogendorn and Johnson, 1986, 118.

189. Mary F. Smith, *Baba of Karo* (London: Faber and Faber, 1954), 80.

190. Adolphus Mann, "Notes on the Numeral System of the Yoruba Nation," *The Journal of the Anthropological Institute of Great Britain and Ireland*, vol. 16 (1887): 59 – 64; Claudia Zaslavsky, "Mathematics of the Yoruba People and of Their Neighbors in Southern Nigeria," *The Two – Year College Mathematics Journal*, vol. 1, no. 2 (Autumn 1970): 76 – 99; Gideon S. Omachonu, "Comparative Analysis of the Numeral Systems of Ígálà, Yoruba, German and English," *Linguistik Online* vol. 55, no. 5/12 (2012): 57 – 73.

191. Claudia Zaslavsky, 1970, "Mathematics of the Yoruba," 78.

192. 有关贝币计数方式因时间而变化的情况, 参见 Hogendorn and

Johnson, 1986, 122。

193. Hogendorn and Johnson, 1986, 116 – 117.

194. Jeffreys, 1948, 45 – 53, esp. 50 – 51; Hogendorn and Johnson, 1986, 122.

195. Jeffreys, 1948, 52.

196. Jackson, 1917, xxi.

197. Robin Law, 1991, 243; Hogendorn and Johnson, 1986, 121 – 122.

198. Jackson, 1917, 140.

199. Richard F. Burton, "The Lake Regions of Central Equatorial Africa," *Journal of the Royal Geographical Society of London*, vol. XXIX (1859): 448.（哈芬角，又称 Cape Hafun，位于索马里哈丰半岛的顶端，是非洲大陆的最东端。——译注）

200. Burton, 1859, 448.["月亮之地"应当是指当时殖民者想象的位于非洲中部和东部、东西走向的月亮山脉南麓的土地。乌尼杨伟奇位于非洲中部，是坦桑尼亚的历史地区，在塔波拉城（Tabora）附近，维多利亚湖（Lake Victoria）以南和坦噶尼喀湖（Lake Tanganyika）以东。——译注]

201. John Roscoe, *The Baganda: An Account of Their Native Customs and Beliefs*（London: Macmillan, 1911）. 巴干达（Baganda）是一个布干达王国（Buganda）——乌干达境内的一个古老王国——的土著班图人群落。

202. John Roscoe, 1911, 456.

203. John Roscoe, 1911, 455 – 456.

204. John Roscoe, 1911, 457. 森马库奇若于 1780~1797 年在位。（森马库奇若，又称 Semakookiro，全名为 Semakookiro Wasajja Nabbunga，是布干达国王，1797~1814 年在位，英版误记为 1780~1797 年在位。——译注）

205. John Roscoe, 1911, 457.

206. Hogendorn and Johnson, 1986, 148.

207. Allen Upward, "In the Provincial Court: Note of Cases Tired in the Provincial Court of Kabba, Northern Nigeria," *Journal of the Royal African Society*, vol. 3, no. 12 (July 1904): 406.

208. Hogendorn and Johnson, 1986, 149.

209. Hogendorn and Johnson, 1986, 150.

210. Hogendorn and Johnson, 1986, 151.

211. Hogendorn and Johnson, 1986, 152.

212. Jeffreys, 1948, 46.

213. Mahir Saul, "Money in Colonial Transition: Cowries and Francs in West Africa," *American Anthropologist*, vol. 106, no. 1 (2004): 71 – 84.

214. Mahir Saul, 2004, 75 – 76.

215. Mahir Saul, 2004, 76.

216. Mahir Saul, 2004, 81.

217. 博博迪乌拉索是目前布基纳法索的第二大城市。——译注

218. Mahir Saul, 2004, 79.

219. Hogendorn and Johnson, 1986, 152 – 53.

220. Hogendorn and Johnson, 1986, 154.

221. Manning, 1982, 44.

222. Hogendorn and Johnson, 1986, 156 – 157.

# 第八章 太平洋诸岛和北美：
## 孟加拉体系之外

他们的交易中可没有猪，只有珍珠贝。

——恩加人（the Enga）对邻居美尔帕人
（the Melpa）的嘲讽[1]

琬朋（wampum）是河狸皮贸易的源泉和母亲，没有
琬朋，我们就得不到野蛮人的河狸皮。如果没有外面来的
琬朋，我们的国家将一无所有。

——彼得·斯特伊维桑特（Petrus Stuyvesant），
新尼德兰总督，1660年4月21日[2]

前面几章对亚非欧大陆的贝币做了全景式勾勒，显示了这
些地区因贝币形成了一个紧密联系的贝币世界。本章转而考察
太平洋诸岛以及北美大陆的贝壳货币（shell money）的历史。
这些贝壳货币有时候是海贝货币（cowrie money），[3]但它们的出
现和使用与亚非欧大陆的贝币区域没有联系，[4]也没有受到孟加
拉贝币制度的影响。没有证据明示或暗示，太平洋诸岛和北美
对贝币的使用与印度洋有联系，或者是模仿印度洋，更不必说

从印度洋输入了。当然，亚非欧大陆的贝币也没有受到太平洋岛国或北美的影响或启发。虽然太平洋诸岛和北美的土著社会对贝壳货币的使用是它们自己的独立发明，而不是印度洋传播的结果，但在北美，尤其是在其东北部，与欧洲人的接触是创造贝币的关键因素。在巴布亚新几内亚，和外界的接触则是导致当地贝壳货币消亡的关键。因此，这些并非位于亚非欧大陆的贝壳货币，给我们探索和反思货币的形成（以及崩溃）提供了地方案例和比较的机会。世界上相隔万里的这些社会，具有某种相同的历史环境，在选择有限的情况下，它们通过进口获取海贝或贝壳，并将其采用为货币，这真是一个极其有趣的现象。在欧洲人到来之后，这种货币的崩溃同样瞩目且引人反思。

本章先回顾太平洋诸岛，特别是巴布亚新几内亚的贝壳货币（包括海贝货币），然后概述北美的贝壳货币。新几内亚使用贝币的包括美尔帕人、恩加人、卡帕库人（the Kapauku），北美的印第安人则使用加工制成的贝珠"琬朋"为货币，这些例子都有助于探索货币的起源。[5]荷兰人在新阿姆斯特丹对贝币的操纵，以及贝币在欧洲殖民时期的巴布亚新几内亚的起落，对贝币比较研究中的许多问题，特别是贝币的贬值和崩溃，不无裨益。此外，欧洲和北美的商人也曾见海贝从西非运到新大陆，这是有意为之还是被迫行事，我们暂时无从得知。这些海贝一度被用于毛皮贸易，同时可能在殖民地某些商业港口中心作为小额贸易的交换媒介。

## 独立的货币起源

十八世纪著名的航海家库克船长给我们留下了一些太平洋

岛屿社会使用海贝的人类学证据。1773～1774 年，库克船长登临汤加（Tonga），发现那里已经使用海贝作为装饰物了。[6]在维也纳博物馆的库克藏品中有一串精致的汤加项链，"可能得自库克的第三次航行"，这串项链"由一个巨大的珍珠贝壳、一块水磨鹅卵石（常用来装饰酋长的坟墓）、一些鸟骨、一些磨尖的棕色贝壳或海贝，以及一枚叫作 pule'out 的贝壳（只有酋长才能佩戴）和一些贝珠，串在一起而成"。[7]保拉胡（Paulaho）——汤加的第三十六个王——可能佩戴过这串项链。根据汤加的神话，保拉胡是汤加的神汤加罗（Tangaloa）的直系后裔，因而处于汤加社会的最顶端。

无论是在史前还是在现在，许多社会都珍爱贝壳。库克船长收藏的带有海贝的项链在汤加很珍贵，但对太平洋和北美土著的酋长们而言，这并不新鲜。和亚非欧大陆一样，海贝在这里有着文化和宗教含义，贝饰在太平洋和北美社会往往因其美丽、能带来好运和可护身而被视为珍贵之物。当然，每个社会赋予海贝的宗教和文化含义都不同，无须赘言。

同样，在太平洋岛屿和北美许多社会中，贝壳货币也流通使用，有时候是海贝货币，但它们和亚非欧大陆的贝币几乎毫无关系。这些贝壳货币或海贝货币，并非从孟加拉或者旧大陆其他地区传播而来。事实上，海贝或其他贝壳这类海洋动物，由于其外在的物理特性和人类获取和加工它投入的劳动，成为某些偏远社会在寻求交换媒介的过程中自然而特定的选择。这种选择的驱动力不仅仅是商业和贸易的发展，还有社会精英阶层维护并延续其权力和社会结构的努力。

因此，从本质上说，新几内亚和北美的贝币都属于具有独立起源的货币体系。首先，多数贝壳源自本地，并非来自马尔代夫。虽然苏禄群岛以出产货贝和环纹货贝出名，那里的海贝也可能抵达了某些太平洋岛屿，可是关于其路线和中间人这类信息的细节，我们一无所知。其次，新几内亚和北美过去和亚非欧大陆相互隔绝。也就是说，这些社会的贝币和孟加拉贝币体系没有联系。此外，孟加拉体系中的贝币，除了被搜集、清洗和运输，并没有经过人工加工。而在北美以及新几内亚的卡帕库社会，海贝或贝壳只有经过劳动密集型加工，被改变形状后，才能作为货币使用。也就是说，人类的密集劳动是这些贝壳成为货币不可或缺的一环。

## 新几内亚岛的海贝

在太平洋的岛屿当中，新几内亚岛是使用贝币的主要岛屿，那里具有海贝被作为货币使用的坚实证据。同时，在这个广阔的海洋空间里，新几内亚岛使用贝币最早，也最集中。考古发现，大约在九千五百年前，其东部高地已经有了海贝。[8]不知从何时起，那里的一些社会开始采用贝壳和海贝作为货币。当然，更多的社会不过是在宗教仪式上使用海贝，或者在日常生活中将之拿来作装饰品而已。

在十九世纪末二十世纪初的英属新几内亚岛，其东南部的大型独木舟哇嘎（waga）有着精美的装饰。比如说，哇嘎的两头雕刻有巨大的白色海贝。[9]约十二年后，在新几内亚，人们发现海贝还被用于其他的装饰用途。[10]史奈伯（Schreiber）先生在荷属新几内亚的塞皮克河（Sepik River）中捡到一个仪式上的面具，将之赠送给了大英博物馆。这个面具"像一面盾牌，呈长橄榄形"，面具的顶部是一个人头骷髅，"由甘蔗叶绑定……上有海贝装点，并有一个长长的'人造'鼻子，它同样由海贝点缀……骷髅的下面是半圆形的海贝和猪的獠牙，充当一条项链"。[11]

剑桥大学的人类学家富尔顿（R. F. Fortune）回忆说，1935 年 6 月 30 日，新几内亚的土著居民曾用西红柿交换其团队的海贝钱（cowrie-shell money）。他还注意到当地土著也使用一种卵圆贝（ovalis shell），并且指出，"海贝是小额货币"。[12]可是他没有提供这两种贝的兑换率。

美尔帕社会和恩加社会是几内亚岛高地上相邻的两个社会，他们都使用珍珠贝。[13]这两个群体有着密切的互动，可能有共同的起源。美尔帕人和恩加人都以猪和珍珠贝为交换媒介。不过，这两种媒介在两个社会的两种不同的货币交换制度中的角色大不相同。有意思的是，猪和海贝在两个社会中的角色正好相反。在恩加社会里，家养的猪地位很高，家里养了多少头猪决定了一个人的食物、财富和威望。而在美尔帕社会里，珍珠贝是占统治地位的交换媒介，比猪更值钱。虽然恩加人也熟悉珍珠贝，也用珍珠贝来交换物品，但是珍珠贝在恩加社会里使用得并不频繁，当然也没有猪那么值钱。因此，恩加人经常嘲讽美尔帕人，说："他们的交易中可没有猪，只有珍珠贝。"[14]珍珠贝并非来自当地，而是从海边进口而来，因此，珍珠贝的进口和采用，作为主要的交换项目，对于美尔帕社会有着重要的影响。美尔帕的首领们为了维护他们的权力、威望和统治地位，垄断了珍珠贝的进口，这样，外来的海贝就不会威胁到他们的经济地位。同理，海贝的进口对于卡帕库的统治精英们也很重要。

## 卡帕库人的贝币

贝壳（和海贝）以及石头是新几内亚中央高地对外贸易

中重要的进口物资。在中央高地的西部偏远处，毗邻威斯尔湖（Wissle Lakes）的卡帕库人采用了一种海贝货币及经济形式。[15]和其他人不同，卡帕库人从不以海贝为饰品，而是只将它当作货币。卡帕库的贝币之所以有意思，就在于大量进口的海贝打破了货币的供给平衡，这不仅威胁到了当地的货币制度，而且威胁到了整个社会秩序的正常运行。[16]1956年，新几内亚爆发了反抗荷兰殖民当局的奥班诺起义（Obano Uprising），该起义宣称"针对所有的外国势力"，而它的一个重要背景就是，海贝大量进口，挑战并削弱了卡帕库人的东那威（tonawi，即酋长）的权威，引起了他们的不满。[17]

卡帕库人的贝币具有鲜明的地方特色。首先，并不是所有的海贝都可以作货币。他们不接受环纹货贝，他们只接受梅雷（méré，货贝），而且其背部凸起处要切去。其次，刚刚进口的梅雷需要经过几年时间才能转化为货币。虽然卡帕库人会毫不犹豫地接受一枚新的货贝，但这枚货贝必须经过打磨、埋葬以及其他处理，直到它和其他旧的货贝一样莹白后，才能作为货币流通使用。有些卡帕库人就专门从事货贝的加工，用他们的货物换取东部部落提供的包括天然海贝在内的商品。因此，在卡帕库社会里存在着两种货贝：一种是旧的，已经流通了很多年的，被称作托拉梅雷（Tola-méré）；一种是新的，刚刚进口的，被称作伊贾梅雷（Ija-méré）。从新的伊贾梅雷变成旧的托拉梅雷，需要一二十年工夫。比如说，1938年进口的货贝，到了二十世纪五六十年代才被认为变旧了、成熟了。[18]

在卡帕库社会里，货贝广泛流通，人们用它来购买各种物品，支付各种服务如打理菜园，或用于医药、治疗，有时还将之作为投资养猪的贷款，或者将之用于对卡帕库人来说非常重要的杀猪宴会。货贝还用来支付彩礼。卡帕库人把彩礼分为两个部分：第一部分叫作欧内（Oné，包括托拉梅雷），为新娘的母亲所有；第二部分叫作卡代（Kadé，既包括托拉梅雷也包括伊贾梅雷），为新娘的兄弟、其他亲戚以及债主所有。以此看来，货贝在卡帕库社会里承担着交换媒介、价值尺度和支付手段这些货币功能。不过，卡帕库人很少把货贝作为储藏财富的手段，这部分是因为卡帕库人不赞成储藏。笔者认为，货贝从进口到成为交换媒介需要一二十年时间，其数量相对有限，继续储存就损害了其流通性，所以储藏旧的、已经成熟的货贝对卡帕库人而言不足为取。总的来说，卡帕库人使用货贝的情况和亚非欧大陆的情况大致相同，他们藏的旧货贝确实是一种货币。实际上，贝币在卡帕库精密的货币和信贷制度中具有基础性的角色，卡帕库各个部落的酋长——东那威——的权力正是建立在这个制度之上。[19]

然而，二十世纪初欧洲探险者的到来改变了卡帕库人传统的货贝供给链。海贝大量涌入，其"数量超出了可控范围"。可能是在 1910 年后，有不明数量的海贝被带进了高地的东北部。1920～1921 年，600 枚海贝被带到了斯瓦特河谷（Swart Valley）。1926 年，5000 枚海贝被带到了罗菲尔河上游（Upper Rouffaer）。1936 年，1200 枚海贝被带到了马庇阿（Mappia）和塔皮罗（Tapiro）处。1939 年，10000 枚海贝被带到了中西部高地。1938 年和 1939 年，阿奇堡（Archbold）探险队带来了数量未知的海贝。1938 年后，在对日作战中，荷兰当局运了许多箱海贝到威斯尔湖。1956 年后，荷兰人又运了几百公斤海贝到巴列姆山谷（Baliem Valley）。[20] 400 枚海贝重一磅，则几百公斤海贝的数量至少在 160000 枚以上。以上便是几十年来殖民者从外界倾销海贝到新几内亚的情况，相对原来的流通数量，上述数量可谓庞大无比。

从理论上分析，大量海贝的输入自然会导致这种货币贬值，甚至有可能使相关货币制度崩溃。贝币确实贬值了，不过，酋长们很快认识到了大量海贝涌入对他们产生的潜在而深远的威胁，于是采取了各种措施来尽可能减少贬值带来的影响和风险。他们马上意识到，部落里的普通人，尤其是青年男性，是海贝涌入最大的受益者，因为是这些青年男性或为探险队提供劳动，或售卖货物给探险队。因此，新输入的海贝，也就是伊贾梅雷，多数都进入年轻男子的口袋。针对这种情况，酋长们制定了新的措施来遏制年轻人拥有的经济权力。

为了维护他们的威望，酋长们对旧的货贝托拉梅雷和新的货贝伊贾梅雷进行了更加严格的区分和限制。比如，猪作为财富和地位的关键体现，只能用旧的货贝托拉梅雷购买，这就剥夺了青年男性参与这种重要交易的资格。新的货贝伊贾梅雷只能用于彩礼中的卡代部分，而给新娘母亲的那部分欧内，则必须由旧的货贝托拉梅雷支付。如前所述，卡代是分给新娘的兄弟、其他亲戚以及债主的。这样一来，新的货贝伊贾梅雷的流通就限定在普通人之间。新的货贝伊贾梅雷及其主人，即青年男性，就被排斥在重要的经济活动之外，青年男性也就无法向上流动，进入精英阶层。

此外，酋长们下令，用新的货贝伊贾梅雷和东部的部落交易，换取他们的食盐、石器、斧头、弓，偶尔还包括旧的海贝。这样一来，新的海贝便流出了卡帕库社会。这个措施有助于减少卡帕库人内部的伊贾梅雷数量，从而削弱这些新的海贝带来的威胁和风险。再次，人工做旧的那些新的海贝也被卖到

了东部的部落。[21] 通过上述措施，卡帕库的酋长们成功地控制
了新的货贝伊贾梅雷在其治下的流动，为普通人积累并实现经
济财富、获取政治权力设置了种种障碍，从而保障了他们的统
治权力和地位。这样，酋长们的智慧化解了伊贾梅雷大量输入
和掌握大量伊贾梅雷的青年男性构成的威胁，维护了卡帕库人
固有的社会结构和等级秩序。

天有不测风云。第二次世界大战后，很多新的因素，特别
是政府的强力干预，加速了托拉梅雷的贬值，这直接挑战了酋
长们的权威，让酋长们的如意算盘破灭了。政府首先禁止酋长
施行肉刑或者暴力行为，这就削弱了酋长们的权力和威望。有
些违规的酋长，甚至还被关进监狱几个月之久，出来后自然颜
面扫地。其次，到了这个时候，二战前进入卡帕库社会的货贝
已经够老、够成熟，转而变成货币，而其中的一大部分掌握在
普通人手中，这大大提高了他们的经济地位。再次，更多的人
有机会外出游玩，他们回来时往往带回一口袋一口袋的旧货贝
托拉梅雷。新来的这些旧货贝对传统的货币制度形成了直接的
威胁，因为一时间，进入卡帕库社会的不再是需要加工、贮藏
一二十年才可以使用的新的货贝，而是可以马上使用的旧的货
贝。最后，战后的教育、经济和商业机会对酋长们很不利，
对年轻人则非常有利。综合上述原因，到了二十世纪五十年
代，贝币贬值明显，这既是旧制度衰落的象征，也是旧制度
衰落的结果。正是在这一背景下，1956 年，酋长们才发动了
奥班诺起义。这和 1817 年奥里萨爆发的反对英国东印度公司
的派卡暴动（参见第三章）有着类似的背景，那就是贝币的
急速贬值。

卡帕库人的贝币对于讨论货币和权力的关系等问题非常有

启发性。贝币是卡帕库社会组织中的关键部分，整个社会的等级秩序建立在这一货币制度的基础之上。控制住旧的货贝托拉梅雷对于统治者而言，不仅仅意味着获得了财富，也意味着维护了其政治权力的合法性源头。这和美尔帕人的酋长垄断海贝的输入以维护和延续其统治地位如出一辙。就此而言，这些太平洋岛屿上的迷你社会中的货币（在这些案例中就是贝币）制度和秦汉以来中国历代王朝对铜钱的铸行，同达荷美王国的奴隶贸易一样，绝不仅仅是一项经济政策，也不仅仅是政府或精英的财富积累，而是政权合法性的来源之一，也是整个社会等级秩序的基石。

卡帕库人的贝币也有助于理解货币的供应－需求链以及货币制度本身。过量供给必然会导致某种货币贬值，长期持续下去，这个货币体系可能会崩溃。这就是为什么元朝政府和卡帕库的酋长们都试图禁止进口海贝，或者竭力减少海贝的输入。可是，最终使卡帕库人的贝币消失的，主要还是二战以后新的历史背景，包括印度尼西亚成立以后的国家权力对卡帕库传统社会结构逐渐增强的冲击和干涉。地方的、区域的和全球的因素都在卡帕库的贝币制度和权力制度的解体中发挥了独特而又能引发共振的作用。

卡帕库的贝币进程实际上可以被视作新几内亚内陆乃至整个美拉尼西亚（Melanesia）中的各个社会的殖民过程中的一环，它揭示了外来的联系（主要是欧洲殖民）是如何导致贝币和本地社会的崩溃的，这其实是 1500 年以来的一个全球现象。

## 因接触而崩溃

直到二十世纪七十年代末，人们对新几内亚土著居民同外来者早期的交流都几乎一无所知。[22]这和世界对新英格兰，以及整个北美大陆的印第安人的早期对外联系的了解，本质上没有区别。以比较的视角看，欧洲人在太平洋岛屿和北美地区采用当地的贝壳货币，与他们在亚非欧大陆利用并统治着海贝贸易和贝币，也如出一辙。为了获得当地的资源，欧洲人控制海贝的供给，并在西非进行倾销，这促进了欧洲殖民者在各个地区的全球性扩张和建立霸权。整个过程可以被概括为"（欧洲）接触与（地方）崩溃"。新几内亚的经验，或者整个美拉尼西亚的经验，都遵循着同样的轨迹。伊恩·休斯（Ian Hughes）曾经总结了二战前欧洲的接触如何给美拉尼西亚带来了一个痛苦而难忘的后果：最终，随着"政治自主的丧失……先前一个个自给自足的美拉尼西亚经济体变成了海外都市经济（metropolitan economy）的卫星"[23]。

早在二十世纪三十年代，澳大利亚政府、传教士以及金矿开采公司就对巴布亚新几内亚开始实施了一系列殖民计划。澳大利亚政府的官员和传教士们认为，他们来到这里是为了在最后的边疆建立起地理空间上、行政管辖上以及心理上的控制。开矿者认为，他们的工作是为了开发资源、发展经济。所有的人都低估了，甚至忽视了殖民进程给当地社会带来的深远影响。他们"在联系的最早阶段"开始的交易"可以说是帝国进程中最关键的机制。（殖民者）采用了本地交易中的传统媒介，即贝壳货币，以及随之而来的大量输入，这可以说是其中最重要的力量"。[24]

在这种外来联系建立之前，新几内亚的族群多数分散而居，自给自足。不过，"用来分配稀罕的、难得的资源"的交换制度逐渐克服了地理的障碍，但尤其是语言的、文化的以及政治分割带来的障碍。[25]实用货物的单子很长，土著居民认为，其中最有价值、最持久的是石斧、贝壳和猪。各种不同的贝壳和石斧在当地社会中承担了货币的角色。休斯估计，以石斧而计，每家不超过两片；以贝壳而计，"只有最重要的男性……才有价值高昂的贝壳"[26]。在中部高地的钦布地区（Chimbu），每个家庭大约持有 100 枚海贝、"20 枚狗螺（dog‐whelks）、两到三串珍珠贝以及个别锥螺或者腹足软体贝"[27]。可见石斧、海贝和猪都是价值高昂的大钱，因此它们的流动并不频繁。

到了二十世纪三十年代初，澳大利亚政府在中部高地建立了一个哨站，驻有一名巡警。此时，传教士在西部高地建立了他们的基地，而北部高地的伊迪溪（Edie Creek）金矿开采也如火如荼地开展着。史无前例的联系和交换开始了。外来人立刻就习得了本地的货币习俗。1930 年，新设立的位于东部高地的凯南图（Kainantu）巡逻站的助理巡长 J. L. 泰勒（J. L. Taylor）回忆说：

我们是第一批认识到高地上贝壳的真正内涵的人。一个库卡库卡人（Kukuku）首先教会了我们这个秘密，看到他检查我的一串基利基利（girigiri）[28]的样子，我意识到这是钱——他看着海贝的样子，就像我还是一个小孩子时看着几尼（guinea）的样子，我开始以为是黄铜，后来才知道是真的。等到米克（Mick）要去凯南图时，我给了他几把拿撒（Nassa，即狗螺），对他说，这也许有点用。过了一周左右，我收到一张便条，上面写着"多寄点来"。[29]

的确，外来者设法获取更多贝壳，并将之运到了新几内亚去购买当地的实物，特别是提供蛋白质的猪以及劳力和各种服务，"当地人开心至极"[30]。

联系一旦建立，马上出现了一连串显著的变化。首先，无论从数量上、空间上还是频率上看，白人殖民者对贝壳货币的使用大大促进了这种货币的流通。因此，这种贝壳货币的地位和功能得以大大提高和增强，逐渐比之前的其他货币（如猪）更加流行。其次，贝壳的新来源不仅重构了贝壳货币在当地的地理空间分布格局，而且也带来了财富在不同阶级、性别和文化中的再分配。比如说，欧洲人到来之前，珍珠贝主要来自南方；到了殖民时期，珍珠贝来自西部高地的那些基地，从那里流通到东部和南部去。[31]特别值得注意的是，如同卡帕库人一样，新贝壳的受益者多数是青年男性或青年女性，这就对传统的权力关系构成了威胁。最后，外部世界输入的贝壳，在开始阶段，由于本地社会对贝壳货币的巨大需求，不断被本地社会吸收，可是，不久之后，通货膨胀开始了。[32]这种通货膨胀，就像贝币的传播一样，从殖民者的各个基地散播到附近社会。此外，随着贝壳货币的增多，食物反而变得短缺，出现了竞争食物的现象。特别是本地蛋白质的主要来源——猪。一时间，猪的需求量大增，价格飞升。[33]当地居民手中的贝壳，也就是钱，确实越来越多，可是，大家最初的激动和快乐却转瞬间变为失望、失落和迷惑。路德教派的一位教士维赛德姆（Vicedom）说，虽然当地居民"现在挣了这么多金唇珍珠贝（goldlip pearl shell），可是他们自己说现在什么也买不起"[34]。

因此，虽然新几内亚的贝币在二战后没有马上消失，但战前的外来联系确实构成了转折点。它不仅使政府和教会在这片边远地区开始出现，并巩固了其影响，而且为土著居民发明了一种新传统。[35]这种联系不可逆转地改变了当地的经济、文化和社会，包括财富的性质和分配、贸易关系、亲属关系和权力结构，最终，"后接触（post - contact）的状况成为常态"[36]。太平洋战争的爆发暂时中断了这一趋势，但战后的数十年见证了这种变迁的加速发展，正如卡帕库人所经历的。大量贝壳在战后输入新几内亚，以换取和利用当地的资源。在 1952 年 9 月到 1953 年 2 月之间，有 6770 磅、约 2000 多万个狗螺被运往政府在西部高地的各个哨站。[37]这次贝壳泡沫，如同十九世纪下半叶西非的那次一样，在各地以不同的速度膨胀，虽然对各地的影响略有不同，但最终都是泡沫破碎、满地狼藉。综合上述，过量的供给，与其他政治的、经济的和文化的因素一起，结束了贝壳货币在巴布亚新几内亚的历史。

巴布亚新几内亚贝币的兴起和崩溃，象征着这个地区从独立自主到成为都市经济圈边缘的地位变迁。这个转化过程，无论在巴布亚新几内亚还是在西非，或者在北美的印第安人部落，都必须被置于殖民者（无论是欧洲人还是澳大利亚人）带来联系的场景下才能理解。

不过，一个关键问题是，新几内亚社会的贝壳货币（包括海贝货币）究竟是什么时候开始出现的。虽然考古发现证实，在史前和文明早期阶段，当地人已经开始使用贝壳（或海贝），但早期贝壳是否被当作货币，这难以确定。殖民者和人类学家的描述虽然都提到了土著社会中的贝壳货币，不过并不能确定它是从什么时候开始出现的。同时，我们要考虑到，这些文献中提到的货币概念往往没有明确的限定，经常和财富、价值混为一谈。本地的传说同样含混不清，只是宣称贝壳货币很早就有了。实际上，许多部落使用贝壳货币是相当晚近的现象，北美印第安人的豌朋也是如此。

## 北美的贝壳与贝（珠）币

从十九世纪末开始，美国的学者便明确指出，北美东西向（从东部的新英格兰地区经过中西部的密西西比河谷到西部的太平洋沿岸）和南北向（从南部的弗吉尼亚到北部的加拿大）的印第安人，都曾使用过贝壳货币。其中最流行的一种就是所谓的豌朋。豌朋的拼写 Wampum 是印第安语 wampumpeag 的缩写，本意就是"白色的贝壳串珠"。它是各种螺、蚌的外壳经过加工打磨而得到的贝壳串珠，长度不等，可以达到五六厘米，外表光滑，中间有孔，所以可以串成一串。早期的学者不约而同地断定，早在欧洲人到来之前，印第安人就已经开始使用贝壳货币。根据使用货币的这个证据，有些学者给予印第安人社会相当高的评价，"因为他们具有公认价值的本土货币，虽然是依照习俗，而不是源于法令的规定"[38]。

亚非欧大陆的贝币除了搜集和运输外，不曾经过人工加工，北美的贝壳货币则不一样，它们经历了精密的加工。除了搜集之外，要花很多工夫把贝壳变成串珠，这样才能成为硬币。观察者称："一个印第安人每天最多加工几个贝珠而已。"[39]由于大量的人力投入，"一个豌朋的购买力远远超出一枚海贝、太平洋沿岸的一枚角贝（dentalium），或者任何一枚未被打磨而作为货币使用的海贝"[40]。

在从弗吉尼亚北部到新法兰西（New France）的广大地区，有两种豌朋存在：白色的豌朋最常见，也最低廉；黑色的豌朋（有时候被称作紫色的或红色的）颜色相对较深，最值钱。[41]黑色的琬朋是由硬壳的蛤蜊加工而成，这种蛤蜊是蚌蛎（Mercenaria mercenaria），如此命名的原因和货贝一样，就是因为它曾经被作为货币使用。[42]白色的琬朋由刺香螺（Busycon carica）和纵沟康克螺（B. canaliculatum）[43]两种海螺加工而成，价值较低。琬朋呈管状，形状小巧而标准，一般长度在 6.4～9.5 毫米，直径约为 3.2 毫米，中间孔的直径不到 1 毫米。[44]如此细密的加工使得琬朋成为生活中装饰的好物件；而其大小均匀，形态一致，分量很轻，作为交换媒介使用相当方便。此外，它体积小，中间有空，可以系成一串，携带和清点都非常方便。不过，琬朋的"铸造"可是极其费工夫的细致活，每人每天大约可以加工 36～48 件成品，当然是指熟练工人。[45]

殖民时期的文献频繁记载了琬朋的广泛使用：

> （琬朋）就是货币，你可以用来购买各种皮、毛、奴隶以及印第安人拥有的任何东西；作为玛蒙（mammon）的琬朋（就像我们的钱），能够引诱和说服他们做任何事，放弃任何他们所拥有的东西，除了售卖他们的孩子为奴。至于老婆，他们也经常卖掉。他们也用此来买凶杀人；无论一个人做了什么邪恶的事，琬朋都能让他祛除罪恶感，并且使他在他们看来善良且符合道德。[46]

这样的观察和评论无疑带着殖民者的傲慢、偏见和误解，但仍然可以使我们看到这些贝珠在印第安人社会中所扮演的货币和宗教角色。在特拉华，印第安人用琬朋来支付公共事业的开销以及雇用宴会的帮手，有时还故意扔在地上让孩子们哄抢，[47]这不由使人联想到几个世纪之前万里之外的伊本·白图泰在马尔代夫看到的类似的娱乐场景。

虽然早期的学者都记录并断言欧洲人到来之前印第安人使用贝珠币，但从二十世纪中叶开始，学者们分析指出，琬朋作为货币其实是相当晚近的发明，它很大程度上是因欧洲人的推动而演化成为货币。[48]玛丽·W. 赫曼（Mary W. Herman）指出，在欧洲人登陆之前，北美东部沿海的印第安人部落中已经广泛使用这种叫作琬朋的管状珠子，但是，欧洲人的卷入带来了琬朋的大量供给和使用，于是情况发生了重大的变化。[49]考古和早期的文献记录告诉我们，琬朋"在欧洲接触之前的时期，总体而言，是稀罕的、价值高的，主要用来装饰"，欧洲人带来的金属工具使琬朋数量急剧飙升，不仅是印第安人，荷兰人和英国人也投入了琬朋的加工和制作。[50]林恩·切奇（Lynn Ceci）甚至还怀疑，印第安人在欧洲机械引入之前，是否有能力完成琬朋中间那如此精细的钻孔。[51]显然，琬朋在十六世纪最后几十年的突然繁盛，是欧洲接触的建立带来的结果。[52]

因此，虽然琬朋的使用是本土的发明，但它的货币功能是晚近的现象，是由于欧洲殖民者的有意推动——如果不是他们的发明的话。由于琬朋价值高昂，欧洲商人下船伊始便学会了用琬朋交换本地的货物，即便这种加工而成的贝珠在欧洲本土或其他地方一文不值。本土的习俗总是能驯服外来者，至少是在开始阶段，无论外来者是蒙古人、汉人，还是欧洲人。1627年前的某时某刻，荷兰人最早发现了琬朋的昂贵，并马上用它来作交换媒介，尤其是在毛皮贸易中使用。其他欧洲人纷纷跟进，他们立刻认识到用琬朋交易的好处，于是不但设法获取琬朋，甚至自己加工制作琬朋。不久，琬朋便成为毛皮贸易中重要的交换商品。[53]在十七世纪五十年代，北美殖民地的荷兰人把贝壳运回荷兰老家制作琬朋，可惜他们的产品不如印第安人的那般精美。此后不久，荷兰人在新英格兰地区设立了他们的琬朋"铸造"基地，其他殖民者纷纷仿而效之，加入这个新产业。长岛因为有充沛的牡蛎，而成为著名的加工基地。[54]制作出来的琬朋品质不同，在交换体系中的等级也不一样。此前，琬朋和其他一些商品，如裘皮，同被当作价值尺度，有时偶尔也作为交换媒介。从此时起，琬朋脱颖而出，承担了一般交换媒介的角色。这种角色，如同巴布亚新几内亚的海贝，在欧洲人带来新的海贝供给资源之后，开始削弱和排斥猪等其他一般等价物，逐渐统治了当地的市场，即承担了货币的功能。形形色色的印第安部落、纷繁芜杂的欧洲商人以及各国殖民当局都认可并接受了琬朋这种交换媒介。在纽约和新泽西，"他们用它来买印第安人的糕点（peltries）。这样，琬朋很快成为价值尺度，甚至是殖民者的货币，在他们的交易中被大量使用，可以说就是一种法定货币（legal tender）"[55]。

于是，琬朋就和荷兰人的硬币混合使用，原因如下。第一，印第安人视琬朋如宝，而荷兰人以及后来的欧洲人，如英国人，都对印第安人的货物，特别是裘皮，垂涎三尺。因此，欧洲人在北美面临着与他们到了明清中国所面临的相同的困境：在中国，他们不得不用中国人喜爱的硬通货白银来购买他们渴求的瓷器和茶叶；在北美，他们不得不使用印第安人喜爱的硬通货琬朋来购买他们渴求的裘皮。[56]这样一来，作为货币的琬朋开始频繁地流通。第二，荷兰人面临着硬币短缺这一长期困扰着他们却又无法解决的难题——十七世纪的英国人也是如此。所以一经殖民当局采用，琬朋就变成了

"法定货币"。[57]

更有意思的是，荷兰人和英国人在北美东北部的竞争很大程度上是围绕着对琬朋的控制展开的，而英国人在这场货币竞争中逐渐占了上风。通过大大小小的战役，英国人占领了新的地区，或者对其所征服的印第安部落征收了更多贡品，因而成功地获得了更多琬朋。从 1634 年到 1664 年，印第安人提供了至少 17000 寻（fathom），即超过 900 万个的琬朋，作为交给英国人的贡品、罚款或者礼物。[58]英国人试图"独占所有琬朋贸易的利润"，这让荷兰人印象深刻，[59]可是，荷兰人无法与之争锋。到了 1650 年，长岛的多数区域已经在英国的控制下。形势如此危急，一个荷兰官员在 1652 年悲观地承认："英国人即将独霸所有的琬朋制造业，我们将被迫吃英国贸易留下的残羹冷炙。"[60]

除了新尼德兰和英国的殖民地外，新法兰西也使用琬朋。1653 年，当耶稣会教士刚刚抵达休伦地区（Huron area）时，他们认识到"今后他们用来购买食物、木材、树皮屋以及其他生活必需品的钱，就是那小小的玻璃管珠、刀、锥子、毛毯、水壶、盖子以及其他类似的东西"[61]。耶稣会教士提到的玻璃管珠其实就是贝珠，因为它是半透明的，和玻璃一样。不过，耶稣会教士当时提到琬朋是印第安人的货币，则是误解。琬朋和其他货物经常在交易中出现，但在休伦地区，整个十七世纪，琬朋主要被用于各种仪式，偶尔也被用于赌博、治病、入葬，或者被作为礼物赠送。河狸皮则是当时常见的交换媒介和价值尺度。[62]

由于琬朋的大量制造和供应，以及许多仿品的出现，琬朋这种法定货币面临着普世的问题：通货膨胀。1652 年，马萨诸塞殖民地（Massachusetts Colony）开始铸行自己的金属硬币，这就导致琬朋单向流入了荷兰人那边。除了琬朋，所有其他货物的价格都暴涨。斯特伊维桑特抱怨说："新英格兰人用琬朋支付，其输入的充足的琬朋，不仅带走了整个地区最好的货物，也带走了许多河狸皮和其他裘毛。"[63]琬朋在英国殖民地的非货币化过程也导致其被单向输往印第安人部落，特别是被倾销到毛皮贸易中去。伴随着英国人的成功的，是荷兰人和印第安人付出的代价。此后，琬朋贸易逐渐衰落。当然，虽然被英国人非法化，并处于不断贬值的过程中，但琬朋的逝去也是一个缓慢的过程。直到1748年，沿海的殖民地贸易依然使用琬朋，欧洲商人依然从中获利颇丰。[64]而作为装饰的琬朋则继续流传。

作为一种地方性货贝的琬朋持续时间并不长，但琬朋这种贝珠币对于货币以及贝币等问题，依然有着比较的和普世的意义。不妨提一下纽约的一项考古发现，学者们对此的分析和争论饶有趣味。考古学家发现了"83枚穿孔的小型的、黄色的海贝珠子"，确定其属于前殖民时期。有人认为这些是"发源于佛罗里达的东南文化"在东北地区的影响（的结果）[65]。林恩·切奇则准确地指出，这些海贝一定属于殖民时期。更令人着迷的是，林恩·切奇怀疑，参与亚洲和非洲之间的海贝贸易的西班牙人和法国人，或许曾经计划"要在新大陆引入类似的变化"[66]。法国人当时也用porcelain这个词指代琬朋，这或许带着某种暗示。[67]我们知道，porcelain在中世纪的海贝贸易中就是指海贝。

琬朋从某种稀缺的贵重物演变为货币，供给的增长是关键。到达新大陆的欧洲人——这次是荷兰人（正如旧大陆的葡萄牙人）——很快意识到利用琬朋从印第安人那里购买货物的潜在利润。这和旧大陆的欧洲人对海贝的利用只有两个不同之处：其一，在此之前，琬朋很难说是一种货币，而海贝在欧洲人带来之前在西非已经是货币，更不要说在亚洲各地了；其二是空间的不同，琬朋基本上是当地制造的，而海贝在十九世纪之前需要从遥远的亚洲市场，通过海运辗转经过欧洲，才能最终抵达西非。

第一个不同之处值得我们注意。在西非，欧洲人并没有发明贝币，但在新大陆，欧洲人是促使琬朋变成货币的主导力量。他们首先保证了这种经过加工的贝珠的足量供给，从而满足交易的需要。这样，无论从数量上还是从频率上看，更多琬朋被更频繁地在交易中使用，排挤了其他各种交换物品，如皮、毛（也就是货币候选物），从而成为一种通用的交换媒介，也就是货币。其次，由于北美殖民地缺少铸币，琬朋随即填补了这个空缺，成为被各国殖民当局认可并接受的法定货币。也就是说，无论在旧大陆还是新大陆，欧洲殖民者都非常熟练地采用了欧洲本土没有的土著货币或者货币候选物，参与、渗透并最后占据了殖民地贸易和经济中的统治地位，确立了欧洲的经济霸权。

琬朋的供应问题再次引起了我们对货币起源的关注。比较印第安人的琬朋和商周时期中国的海贝，对于理解货币的形成不无裨益。这两种贝壳（前殖民时期的琬朋和商周中国的海贝）都是当地社会的贵重物，都被用来作为礼物交换，都在各种仪式（如葬礼）中出现，都有装饰的功能。当琬朋有了足够数量的供应时，它就摇身一变，成为货币。而商周的海贝则一直保持稀缺的状态，无法成为通用交换媒介，与成为货币失之交臂。从对这两者的比较可以看出，供给是创造某种货币不可或缺的因素。

供给创造货币，供给也可以摧毁货币。新尼德兰的一段经历，或者说是对此后西非贝币制度崩溃的一场微型排演，就说明了这一点。

## 新尼德兰的"牡蛎之征"

威廉·基夫（Willam Kieft，1597～1647 年）1638 年至 1647 年曾担任荷兰北美殖民地新尼德兰的总督一职。他注意到了琬朋在当地被用作货币的现象，而且"这种印第安人的货币"如潮水般"涌入了殖民地"。[68] 为了获取并垄断琬朋的资源，他甚至发动了一场"牡蛎之征"（Oyster Crusade）。

根据华盛顿·欧文（Washington Irving，1783～1859 年）这位美国著名作家、历史学家、律师和外交官的记录，威廉·基夫——

> 开始用一串串的琬朋支付公司所有的帮工，以及政府的债务。他派遣团队去搜刮长岛的海岸，那里盛产海贝，是这位现代所罗门王的俄斐山（Ophir）。海贝从那里被装载，然后运回新阿姆斯特丹，被制作成印第安的货币，投入流通。[69]

威廉·基夫也许认为，这样轻而易举地从印第安人那里大赚一笔十分聪明，可是，等到其他人跟风而上时，噩梦随之而来：

扬基（Yankee）商人涌入本地区，买走他们搬得动的所有东西，支付荷兰人其所要价值用的是印第安人的货币。然而，一旦后者企图付给扬基人同样的货币，来购买对方的锡器、木碗，事情就变味了。荷兰人必须用"金属货币"，不然什么也买不了。更可怕的是，扬基人介绍进来一种以牡蛎壳制造的、品质低等的琬朋，它如洪水般涌入本地区，换走了所有的白银和黄金，还有荷兰的鲱鱼和乳酪。这些东方的智者先知先觉，就牡蛎和新阿姆斯特丹人讨价还价，借此充分显示他们的能力，留给对方空空如也的贝壳。[70]

很久之后，这位"冒烟的威廉"（William the Testy）才发现东方邻居是如何利用他伟大的金融计划来以子之矛攻子之盾的。要不是潮汐带给他消息，他也不可能发现扬基人已经在长岛扎稳了脚跟，在牡蛎湾建了铸币厂，并在整个牡蛎海岸忙于铸币。[71]

华盛顿·欧文以尖锐、嘲讽和幽默的口吻接着说，贝壳现在给荷兰人造成了"财政的和美食的"灾难，于是，"一场针对扬基人的牡蛎之征立刻付诸行动"。他们的胜利带回了数量巨大的纪念品，包括"作为战利品的大量牡蛎和蛤蜊，包括已经加工的和尚未加工的"。[72]于是，"州政府大楼举办了一场盛大的宴会，从敌人手中缴获的蛤蜊和牡蛎被源源不断地端上桌子。总督大人则偷偷地将这些贝壳运到铸币厂，将它们制成印第安人的货币，用来支付他的军队"[73]。

如果有人上心的话，荷兰人的事件也许会作为提醒，使后来发生在西非的悲剧得以避免。在海贝如暴风雨般涌入西非时，当地土著居民承受了巨大的损失；在英格兰，扬基人倾销贝壳，获利颇丰，而荷兰人损失惨重。毫无疑问，贝珠币不断贬值，通货膨胀随之而来。1641 年的新尼德兰人，虽然对三百年前元朝政府颁发的禁令"其贝非本土者同伪钞"一无所知，却通过了一项类似的法令："除了精美的打磨成串的琬朋，禁止接受任何形式的贝珠；五个琬朋等于 1 斯托伊弗（stiver）；磨光的四个（琬朋）等于 1 斯托伊弗。"[74]康涅狄克和马萨诸塞颁布了同样的禁令。[75]

贝珠币绝大多数都流入印第安人之手，他们储藏的习惯反而导致了新阿姆斯特丹贝珠币的稀缺。1673 年，荷兰人颁布了一项武断的法令，将贝珠币的法定价格提高 25%，[76]这在商人当中引起一片混乱。当然，贝珠币总的趋势是贬值，虽然东部沿海一带的印第安人和殖民者对它的使用一直持续到十八世纪中叶。[77]

## 加利福尼亚的琬朋：欧内斯特·英格索尔的记录

在太平洋沿海，印第安部落也使用贝珠，其外形各异、功能多样。加利福尼亚海边的印第安人用各种软体动物和腹足动物的外壳制造不同的贝珠和贝饰，时间长达八千年之久。他们还把这些贝壳产品运到远在 500 英里外的大盆地（Greater Basin，即目前的俄勒冈东南部、内华达州和犹他州一带），以及美国西南地区。[78]

殖民时期的许多观察者，如美国的博物学家欧内斯特·英格索尔（Ernest Ingersoll，1852～1946 年），已经注意到，加利福尼亚州的许多印第安部落在交易中广泛使用琬朋，他认为琬朋就是本土的一种货币形式。[79]英格索尔随后仔细描述了加利福尼亚州各地使用琬朋的情况。位于北部，也最著名的贝珠就是海夸（hiqua），即成串的角贝（tusk shell，即 dentalium）外壳。角贝从海底搜集而来，最长不过 2 英寸。哥伦比亚河（Columbia River）[80]北部的印第安部落发明了测量海夸的方法：一串约为 1 寻的长度。海夸的价值取决于角贝的长度，越长越值钱。40 个等于 1 寻是标准，50 个 1 寻的价值几乎只有前者的一半。[81]在这个制度中，角贝的长度至为关键。价值低于 25 分的角贝就太短了，只能让妇女们用来作饰品。[82]在十九世纪初，1 寻海夸在俄勒冈可以买到 10 张河狸皮。不过，等到哈德逊湾公司（Hudson Bay Company）的商人来了之后，"海夸大量消失了，大家以毛毯来衡量价值"，这一直持续到十九世纪八十年代。[83]

往南到加利福尼亚州北部，有一种贝珠换了个名字，叫阿罗柯奇克（allo - cochick），它"也是一种价值表达"[84]。5 个成一串，这是标准，一般值 10 元。胡帕人（the Hupa）为了方便交易，几乎"每个男人都在其左手臂内侧手腕和手肘之间刻了十条线"。1873 年，如果一串贝珠能从左手大拇指指甲处延伸到那条最长的线的末端，这串贝珠的价值则等于 25 元的黄金，甚至还要多。[85]当然，这么长的贝珠是很少见的。

加利福尼亚州中部和南部的贝珠和北美东岸的琬朋很相像。这里有两个类型：哈沃柯（háwok）和乌罗（üllo）。两者都需要细致的加工，要花费很多时间和精力，但它们的形状和价格不一样。将贝壳的两瓣敲裂成数片，然后打磨成圆形的珠子或纽扣状，这就是哈沃柯，其直径从 1/4 英寸到 1 英寸不等，然后在中间穿一个孔，这样哈沃柯可以系成一串；1875 年最好的价格是 25 分一个。[86]乌罗就值钱多了，它们由鲍鱼壳，特别是红鲍鱼（Haliotis rufescens）壳制作而成。鲍鱼的外壳打磨切成 1～2 寸长的小片，两端各穿小孔，10 片成一串，值 10 元钱。[87]在南加利福尼亚州海边的小岛上，还有第三种贝珠币，叫柯柯（kol－kol），但它不那么值钱。[88]

生活在太平洋沿岸的印第安人看起来垄断了贝珠的加工，用这些贝珠同内陆的印第安部落交换毛皮、武器、动物、食物以及其他沿海没有的东西。内陆的印第安人得到了贝珠，或用来装饰，或用来祭祀，或者储藏起来，有时候还用来陪葬。正如欧内斯特·英格索尔所总结的："当美国人越来越多，开始制作大量哈沃柯，其价值就降低了。此外，随着印第安人部分文明化，一种新的情感蔓延开来，原始社会经济发生了一些奇怪的变化。"[89]英格索尔的话很有意思，他说的"新的情感"和"奇怪的变化"指的是，在他的时代，也就是十九世纪末，年轻的印第安人就很少使用贝珠币了。英格索尔认为，贝珠币从印第安人社会和印第安人－白人贸易中退却，原因在于，美国移民在西部的垦殖和繁衍带来了更多的美国文化，甚至使得"原始的"印第安人也得以部分文明化。这和卡帕库以及西非社会里新老两代人对于贝币的情感变化是一模一样的。以笔者的理解看，其实是殖民权力在边疆先利用，然后创造，最后摧毁了印第安人的贝珠币制度。

## 琬朋究竟是不是货币？

欧内斯特·英格索尔在其著作中生动地描述了琬朋的货币角色，他不断地使用 money 一词，也就是"货币/钱"，来指代印第安人使用的贝珠。然而，英格索尔的结论太过简单，很难说是正确的。他使用的 money 一词并非我们现代经济学中的货币概念。多数时候——如果不是全部——他所描述的贝珠不过是物物交换中最受欢迎的一种商品。那么，读者会问，琬朋究竟是不是货币？事实上，对于加利福尼亚州的琬朋或者贝珠是在西班牙殖民者到来之前还是之后成为货币，学者之间有过一场辩论。

早在二十世纪七十年代，切斯特·金（Chester King）就审视了考古、族群史（ethnohistoric）和族群志（ethnographic）的材料，指出圣塔芭芭拉海峡（Santa Barbara Channel）的印第安丘马什人（the Chumash）使用的贝珠是货币。他的观点逐渐为许多学者所接受。[90]随着研究的深入，其他一些学者虽然也强调贝珠在史前加利福尼亚的重要性，却支持以下这个观点：印第安部落间以贝珠为代表的贸易交换是对资源（特别是食物）在季节和空间上的不对称分布的适应性反应。[91]这句话有点绕，我们不妨慢慢分析。

1970 年，拿破仑·夏侬（Napoleon Chagnon）指出，贝珠币最基本的功能就是能够解决两个问题：一个是周期性的饥荒，另一个是季节性的食物短缺。饥荒刺激了生活在两种完全不同的生态环境中的部落之间的贸易，而生存专门化的发展导致两个部落愈发互相依赖。[92]春天是三文鱼在加利福尼亚州沿岸河流回流的季节，也是山地部落的饥荒季节，山地中的印第安人就用贝珠和其他有价值的东西来交换沿岸部落的三文鱼；到了秋天，山地中的印第安人就用他们的坚果来交换沿海的贝珠。[93]更值得注意的是，所谓的贝珠币和现代货币行径颇异，是因为印第安人在"卖"族人或村民已知价格的东西时，从来不会为价格争来争去。"售卖的"东西从来不说价格，而"买者"支付给"卖者"的总是超过货物的价值。[94]当欧洲人看到印第安人之间的贝珠贸易时，他们仅仅看到了欧洲人根据自己的文化传统所强调的部分，即这些加工过的贝珠所承担的货币功能。[95]正是在这样的背景下，虽然拿破仑·夏侬仍然用"贝珠币"和"原始货币"来称呼贝珠，但他的分析实际上挑战了贝珠是货币这样的论断。[96]罗伯特·F. 黑泽尔（Robert F. Heizer）进一步指出，殖民时期的文献中关于印第安部落使用贝珠币的记载，并不像我们所相信的那样准确，贝珠币其实是"在白人到来之后……产生的新的不同的条件下"出现的最新发展。[97]换言之，在欧洲人到来之前，琬朋不是钱，欧洲人到了之后，琬朋才逐渐变成了钱。

2014 年，托马斯·C. 帕特森（Thomas C. Patterson）在其研究中辨析说，贝珠和牛皮、毛毯以及水獭皮一样，都是价值的表现形式，因此都促进了货物的流通。[98]然而，作为价值尺度，它们并不是某种通用货币。因此，前殖民时期加利福尼亚州的贝珠很可能和北美东北部的琬朋一样，都是价值的象征或价值的尺度，而不是一种真正的货币。

虽然在前殖民时期不是货币，但贝珠的确是印第安人的本土传统，而且它在加利福尼亚州中部一直存续到十九世纪下半叶，那时西班牙人和其他白人殖民者的不断推进已经摧毁了土著社会。印第安人的长者们购买贝珠，或用于朋友以及结盟部落酋长的葬礼，或准备用于自己的葬礼。[99]此外，贝珠也在婚礼中出现。十九世纪七十年代初，印第安的卡洛克人（the Karok）要求聘礼的一部分必须是"贝珠币"。[100]在这一土著社会衰落之际，贝珠已经成为印第安传统的象征，挣扎中的印第安人竭力以贝珠来体现和延续他们过去创造的本土文化和身份认同。这与西非的一些社会在十九世纪末、二十世纪初努力用贝币来维护传统和身份一样，令人悲伤却值得尊重。

在这样的历史背景下，为了满足现存印第安部落的需求，十九世纪下半叶居住在加利福尼亚中部的波莫人（the Pomo）制作了大量贝珠。有了泵式打孔机和脚动磨石，他们能够生产足够数量的贝珠，供给萨克拉门托河谷的印第安部落，向东最远可能销给内华达山脉的印第安人。[101]一位叫杰克的上尉"报告说，有个最精明的波莫酋长，每年都要远足数次，和内地的部落交易"[102]。

制作贝珠看起来利润颇丰，有人以为这是个难得的商机。1852 年，乔治·吉布斯（George Gibbs）从普吉特海湾（Puget Sound）给他在上海的兄弟弗朗克邮寄了一枚角贝，并提出了一个商业计划：

> 我想你手下的中国人可以用瓷器分毫不差地加以仿制，这样的话，其中利润颇为可观，不仅可以把它卖给俄勒冈的矿工和商贩，还可以直接用它购买印第安人的毛皮和（金）粉。[103]

纵观印第安人和太平洋岛屿上的土著居民使用贝币的历史，对于相关的殖民时期文献，我们需要格外谨慎，因为殖民者往往会根据他们的文化传统武断地认为，贝珠或贝壳就是货币，即便这是一种误解：他们不了解贝币（以及其他各种货币）是一个历史进程，他们简单地把货币等同于财富或价值尺度。在许多土著社会里的大量商品交易中，这些加工过的贝壳或贝珠实际上并不是货币，而只是物物交换、互赠礼物以及宗教仪式中的贵重物。它们象征着财富和权力，同时还具有审美和宗教功能，正如商周时期中国的海贝。比如，史前时期的人们把海贝作为装饰物，并视其为贵重物，这可能得自海贝是生殖象征这个观念。在史前的加利福尼亚，人们在宝螺凹陷部分的边缘加以内嵌的工艺，使它看起来更像女性的生殖器，这与海贝的生殖隐喻更加吻合。[104]第九章将会综述亚非欧大陆海贝的这些非货币功能。

## 来自西非的海贝：殖民地时期弗吉尼亚的交换媒介？

过去，学者宣称，运往西非的海贝从来没有运回欧洲，当然也很少跨越大西洋运到新大陆，虽然水手和被掳卖的奴隶可能会把零星的海贝带入新大陆的殖民地。[105]最新的研究表明，这个观点并不准确。

从加拿大经加勒比海到巴西，海贝常常在新大陆的考古遗址中现身。学者对此现象有两种解释：它们或者是奴隶留下的非洲传统，或者是非裔社区试图保留自己的文化并创造其非裔美洲人身份的尝试。[106]有些美国考古学家认为，海贝被用来作为"种植园内的贸易代币（trade token）"，欧洲的旅行者将其作为外国货币收存。这些海贝到来的途径大致是：欧洲奴隶贩子首先将海贝作为压舱物运到新大陆，在离开新大陆返回欧洲时，他们就把海贝卸下，留在北美殖民地，小部分也可能在纽约用来和非洲水手们交换货物。[107]

芭芭拉·海兹认真地翻阅了"英国港口的账簿、战时得到的商船货物的广告以及各种销售贴"，她发现，"从十七世纪末到十九世纪初，确实有大量海贝从非洲到北美大陆和加勒比海地区，然后返回不列颠"。[108]她总结说，输入北美的海贝的规模大大超出了过去的估算。[109]欧洲商人把海贝运到北美，如"加拿大的海上数省、纽芬兰以及圣劳伦斯河谷"，用于毛皮贸易，然后逐渐扩张到"大西洋沿海、哈德逊湾北部和西部、五大湖的内陆区域，以及密西西比河和密苏里河地区"。[110]在十七世纪和十八世纪，海贝在毛皮贸易中无足轻重，但到了十九世纪，其地位逐渐重要。这就是在内陆的南达科他州的莱文沃思（Leavenworth）的印第安人墓葬中，都能发现海贝的原因所在。[111]当然，海贝－毛皮贸易的规模尚无从估算。

美国独立战争后的记录表明，美国商人曾经运输大量海贝到东北部和南卡罗尼亚地区。[112]1795 年和 1796 年，分别有"相当数量的海贝"从印度抵达波士顿；1805 年有"几千英担（cwt）"的海贝运达；[113]从 1796 年到 1797 年，纽约的两家商业公司有 67 吨海贝待售。[114]这些海贝的绝大部分在美国独立战争后被运回西非，因为商人当时继续参与跨大西洋的奴隶贸易，直到它于 1808 年完全终止。

若从新大陆的角度来讨论海贝在全球的分布、联系和功能，殖民时期的弗吉尼亚是一个好例子。[115]在弗吉尼亚的 56 处遗址中，至少发现了 354 枚海贝，其中约克镇一地就发现了252 枚。93% 的海贝属于 1800 年之前，95% 的海贝发现于沿河的商业中心。[116]以上发现进一步证实了海贝确实是经跨大西洋奴隶贸易抵达北美大陆的。芭芭拉·海兹分析说："这些发现揭示了在（十八世纪的）前七十五年，弗吉尼亚殖民地使用海贝作货币。"[117]

弗吉尼亚发现的海贝有其特殊性。运往西非并在当地消费的海贝绝大多数是货贝，而弗吉尼亚海贝中的 85% 是环纹货贝，75% 完好无损。[118]这或许表明，十八世纪时，英国商人把这些环纹货贝运到西非后，西非本地不大欢迎这些体积较大的环纹货贝，因而他们不得不在经新大陆回欧洲的途中，将这些滞销的海贝带到弗吉尼亚。[119]这就是所谓的从非洲到新大陆的中间通道。

有理由相信，有些被掳卖的非洲人带着海贝以及饰珠之类的东西上了船，但数量极其有限。因此，在北美殖民地大规模流通的海贝，不可能是奴隶带过来的。如前所述，商人把大宗的海贝运到了北方，用于毛皮贸易，而奴隶贸易中一些船只把海贝带到了南方的弗吉尼亚。[120]根据布里斯托（Bristol）的统计，在从1724年到1734年的十年间，超过3吨海贝从非洲经过西印度群岛和弗吉尼亚，返回了英格兰的布里斯托，其中的1.8吨，也就是全部海贝的55％以上，经过了约克镇。[121]这样看来，在十八世纪，有相当多在西非没有销售出去的海贝被奴隶船运到了弗吉尼亚，其中一些海贝被卸下，留在了这个北美殖民地，以便这些船只返回英国各港口，如伦敦和利物浦。同时，非常有可能的是，船上的水手要么将海贝售卖了，要么将其作为礼物送给了弗吉尼亚的商人，这就是为什么绝大多数海贝是在沿河的商业中心发现的。[122]例如，在当地最成功的商人菲利普·莱特福特（Philip Lightfoot）的莱特福特遗址（约克镇）上，挖出了150多枚海贝；同时在托马斯·内尔森（Thomas Nelson）和他儿子的房屋中，挖出了13枚海贝。[123]莱特福特和内尔森两人控制了当地相当大一部分商业，而且两人都"偏好与布里斯托和利物浦而不是伦敦的商人做生意"[124]。看起来，海贝在十八世纪二三十年代定期抵达弗吉尼亚，当地的商人则在接受和散布这些海贝的过程中扮演着关键的角色。[125]

弗吉尼亚的例子同样涉及海贝的性质这一根本性问题。这些海贝的功能如何？也就是说，是做什么用的？这些海贝，要么在家里被发现，要么在商人的仓库或者商业遗址中被发现，因此，它们"具有经济价值，可能在海贝输入区用作某种非正式的交换媒介"[126]。那么，非洲来的黑人奴隶是否在日常生活中将这些海贝作为交换媒介呢？这个问题也很有意思，因为在从十八世纪四十年代到八十年代的这四十年间，当地的黑人奴隶逐步参与了本地兴起的非正式经济活动。西非有着"海贝是货币"的传统，来自西非、居住于弗吉尼亚的黑人自然对海贝很熟悉，而且一旦获得也会使用。因此，弗吉尼亚的海贝"或许因为其具有积累社会资本，以及想象中的可以用于各种礼仪的这些功能，而被赋予相应的价值"[127]。然而，从十八世纪七十年代开始，弗吉尼亚的奴隶贸易结束了，海贝也不再来了，此后的数十年，海贝逐渐稀缺。于是，"当地的贸易不再流行接受"海贝，特别是非洲其他地区的黑人来到了弗吉尼亚，他们并不认为海贝是值钱货，且没有使用贝币的传统。[128]

也许还有人问，那么，这些殖民地上的自由人是否使用海贝呢？总体而言，如其他的殖民地，弗吉尼亚也缺少硬币，因此，"生活在詹姆士河和约克河畔的居民"在小额交易中可能会以海贝为代币。[129]可是，并没有确切的证据来支持这个猜测。毕竟，北美殖民地广泛流通被视作法定货币的琬朋。遗憾的是，我们也不知道非洲来的海贝是否被用来制作琬朋。由于货贝和环纹货贝质地坚硬，尤其是体积太小，笔者相信其他的贝类比较适合用来加工琬朋。

综合上述，弗吉尼亚殖民地的发现，为对海贝的性质和功能、跨大西洋贸易以及全球场域中的北美殖民地等问题的理解带来了新的思路，在西非贝币的大餐之后，它仿佛是一道甜点，饶有趣味。首先，和过去的观点不同，绝大多数到达北美的海贝，不是通过水手或非洲奴隶零星带入的，它是奴隶贸易带来的大宗商品。其次，这些海贝虽然没有获得货币地位，但在殖民地的港口，它们或许曾作为"一种非正式方式，用来支付各种服务、赌债以及小型日常生活用品"[130]。最后，海贝在弗吉尼亚殖民地承担着某些货币功能，这揭示了旧大陆的货币传统对新大陆若有若无的影响，即便这种殖民地对海贝的使用并非属于旧大陆的货币体系。

## 注　释

1. Dary K. Feil, "From Pigs to Pearlshells: The Transformation of a New Guinea Highlands Exchange Economy," *American Ethnologist*, vol. 9, no. 2 (1982): 293.

2. Edmund B. O'Callaghan, ed., *Documents Relative to the Colonial History of the State of New York* (Albany, 1853 – 1887), 14: 470. (彼得·斯特伊维桑特，生卒年为 1592 ~ 1672 年，是荷兰在新尼德兰的最后一任总督，其生卒年英版误记为 1610 ~ 1672 年。——译注)

3. 虽然此处贝壳货币和海贝货币都可以简称为贝币，但两者有许多不同之处，下文将会述及。——译注

4. 有关海洋贝类的生产、交换和功能，参见 M. B. D Trubitt, "The Production and Exchange of Marine Shell Prestige Goods," *Journal of Archaeological Research*, vol. 11, no. 3 (Sept. 2003): 243 – 277。

5. 美尔帕人，主要分布在巴布亚新几内亚的西部高地省 (Western Highlands Province) 的哈根山 (Mount Hagen)，人口约 13 万；恩加人，分布于巴布亚新几内亚东部高地的恩加省，人口约 25 万；卡帕库人，分布于新几内亚西部的中央高地，即现在的伊里安查亚 (Irian

Jaya)，人口约 10 万。——译注

6. 汤加群岛位于太平洋西南部，由 172 个大小不等的岛屿组成，西距斐济 650 公里，西南距新西兰 1770 公里。——译注

7. Adrienne L. Kaeppler, "Eighteenth Century Tonga: New Interpretations of Tongan Society and Material Culture at the Time of Captain Cook," *Man*, New Series, vol. 6, no. 2 (Jun. 1971): 217.

8. J. P. White and J. Allen, "Melanesian Prehistory: Some Recent Advances," *Science*, vol. 207 (1980): 728 – 734.

9. C. G. Seligman, "A Type of Canoe Ornament with Magical Significance from South – eastern British New Guinea," *Man*, vol. 9 (1999): 33.

10. Thomas A. Joyce, "A Ceremonial 'Mask' from the Sepik River New Guinea," *Man*, vol. 26 (Jan. 1926): 1 – 2.

11. Joyce, 1926, 1.

12. R. F. Fortune, "New Guinea Warfare: Correction of a Mistake Previously Published," *Man*, vol. 60 (1960): 108.

13. Feil, 1982, 291 – 306.

14. Feil, 1982, 293.

15. L. F. B. Duddeldam, "The Devaluation of the Kapauku – Cowrie as a Factor of Social Disintegration," *American Anthropologist*, New Series, vol. 66, no. 4, part 2, New Guinea: The Central Highlands (1964): 293.

16. Duddeldam, 1964, 293 – 303.

17. Duddeldam, 1964, 302.

18. Duddeldam, 1964, 293 – 295.

19. Duddeldam, 1964, 295 – 298.

20. Duddeldam, 1964, 298. [斯瓦特河谷位于新几内亚岛西部中央的高山之中；罗菲尔河（Rouffaer River），现称塔里库河（Tariku River），由北部的中央山区向东延伸，最终与塔里塔图河（Taritatu River）汇合成曼伯拉莫河（Mamberamo River），向北注入太平洋；马庇阿和塔皮罗应当是指新几内亚的小矮人；巴列姆，又写作 Balim，位于新几内亚西部高地。——译注]

21. Duddeldam, 1964, 301 – 302.

22. Ian Hughes, "Good Money and Bad: Inflation and Devaluation in the Colonial Process," *Mankind*, vol. 11 (1978): 308.

23. Hughes, 1978, 309.

24. Hughes, 1978, 308.

25. Hughes, 1978, 310.

26. Hughes, 1978, 311.

27. Hughes, 1978, 311.

28. 美拉尼西亚的洋泾浜，即环纹货贝和货贝。——译注

29. Ian Hughes, *New Guinea Stone Age Trade : The Geography and Ecology of Traffic in the Interior* （Canberra：Department of Prehistory, Research School of Pacific Studies, the Australian National University Canberra, 1977）, 52. ［库卡库卡人，也作 Angu 或 Anga，即安加人，是分布在西南部高地的小矮人。几尼是英国 1663 年至 1813 年铸行的金币，1 几尼开始相当于 1 英镑，后来升值到 21 先令。因为铸币的黄金多数来自几内亚（Guinea）湾，故以 guinea 为名。——译注］

30. Hughes, 1978, 312.

31. Hughes, 1978, 312.

32. Hughes, 1978, 312, 314.

33. Hughes, 1978, 315.

34. Hughes, 1978, 315.

35. Hughes, 1978, 316.

36. Hughes, 1978, 316.

37. Hughes, 1978, 317.

38. Ernest Ingersoll, "Wampum and Its History," *The American Naturalist*, vol. 17, no. 5 （May 1883）: 467. （欧内斯特·英格索尔，生卒年为 1852~1946 年，美国博物学家、作家和探险家。——译注）

39. Ernest Ingersoll, 1883, 467 – 468.

40. Ernest Ingersoll, 1883, 468. （角贝是一种海洋软体动物，管状弯曲成细弯刀形，似象牙，两端开口，长度可达十几厘米。——译注）

41. Ernest Ingersoll, 1883, 21. 有关琬朋的加工，参见 James D. Burggraf, "Some Notes on the Manufacture of Wampum Prior to 1654," *American Antiquity*, vol. 4, no. 1 （Jul. 1938）: 53 – 58。

42. 蚌蛎学名中的 "mercenaria" 与拉丁文中的 "商业" 一词相关。——译注

43. 译法参照《中美经济贸易协议》中的 "附件 1：美国水产品种类目

录"。——译注

44. Lynn Ceci, "The First Crisis in New York," *Economic Development and Cultural Changes*, vol. 28, no. 4 (Jul. 1980): 840. （新法兰西是法国在北美的殖民地，全盛时北起哈德逊湾，南至墨西哥湾，涵盖圣劳伦斯河及密西西比河流域，可划分为加拿大、阿卡迪亚、纽芬兰岛、路易斯安那四个区域。——译注）

45. Lynn Ceci, 1980, 844. （此处原文并没有指明是每人每天完成的数量，还是每个加工点每天完成的数量。——译注）

46. Ernest Ingersoll, 1883, 471. （玛蒙在新约圣经中意味着货币或物质财富，因而象征着追求财富的贪婪。——译注）

47. Ernest Ingersoll, 1883, 471.

48. J. S. Slotkin and Karl Schmitt, "Studies of Wampum," *American Anthropologist*, New Series, vol. 51, no. 2 (Apr. – Jun. 1949): 223 – 236; Mary W. Herman, "Wampum as a Money in Northeastern North America," *Ethnohistory*, vol. 3, no. 1 (Winter 1956): 21 – 33; Lynn Ceci, 1980, 839 – 848; "The Value of Wampum among the New York Iroquois: A Case Study in Artifact Analysis," *Journal of Anthropological Research*, vol. 38, no. 1 (Spring 1982): 97 – 107.

49. Herman, 1956, 21. 有关印第安人为什么视琬朋为贵重物，参见 Lynn Ceci, 1982。

50. Herman, 1956, 22.

51. Lynn Ceci, 1980, 840.

52. Lynn Ceci, 1980, 840 – 841.

53. 有关琬朋在毛皮贸易中的角色，参见 Lynn Ceci, 1980, 841 – 844。

54. Herman, 1956, 22. 有关长岛的琬朋制造业，参见 James D. Burggraf, 1938。James D. Burggraf 正确地指出，长岛出现大规模的琬朋制造业其实也是相当晚的现象。

55. Ernest Ingersoll, 1883, 472.

56. 两者不同之处在于：颇受印第安人欢迎的欧洲工业品，很长一段时间在中国市场上没有销路。

57. Herman, 1956, 26; Lynn Ceci, 1980, 844.

58. Lynn Ceci, 1980, 845. （寻，即英寻，长度单位，1 寻等于 6 英尺，约为 1.83 米，1 英尺等于 12 英寸，则 1 寻为 72 英寸。——译注）

59. O'Callaghan, vol. 1, 269.

60. O'Callaghan, vol. 1, 459.

61. R. G. Thwaites, ed., *The Jesuit Relations and Allied Documents : Travels and explorations of the Jesuit Missionaries in New France, 1610 – 1791*; the original French, Latin and Italian texts, with English translations and notes ( Cleveland: The Burrows Brothers Company, Publisher, M DCCCXCVII, 1897 ), vol. 7, 225 ( http://www. gutenberg. org/files/ 53138/53138 – h/53138 – h. htm ) .

62. Herman, 1956, 27 – 28.

63. O'Callaghan, vol. 14, 450.

64. Ernest Ingersoll, 1883, 475.

65. Edward J. Platt and Walter T. Queren, "Prehistoric Settlement in New York City," *Archaeology*, vol. 32, no. 4 ( Jul. – Aug. 1979): 57.

66. Lynn Ceci, 1982, 101. ( "类似的变化"指的是，就像用海贝换取西非的奴隶一样，欧洲人用海贝换取印第安人的货物。——译注）

67. Lynn Ceci, 1982, 101.

68. Ernest Ingersoll, 1883, 473.

69. 转引自 Ernest Ingersoll 1883, 473。（华盛顿·欧文出生在 1783 年 4 月 3 日，当时英军签订停火协议，美国独立战争胜利结束，他的母亲因此以"华盛顿"为其命名，表示对乔治·华盛顿的敬意，欧文六岁的时候，见到了这位与他同名的总统，这成为他一生的荣耀和激励。这里的"公司"指的是荷兰西印度公司。俄斐山，即旧约中记载的俄斐山，以产金银等贵重物品闻名，是财富的象征。此地每三年向所罗门王进贡。"这位现代所罗门王"指代威廉·基夫。下页中的"东方的智者"也是借用圣经典故来揶揄。——译注）

70. Ernest Ingersoll, 1883, 473. （Yankee 或其缩写 Yank 一般是指美国东北部，特别是新英格兰地区的居民。——译注）

71. Ernest Ingersoll, 1883, 473. （"暴躁的威廉"是华盛顿·欧文给威廉·基夫取的绰号，因为这位新阿姆斯特丹的总督认为，抽烟既浪费时间又腐蚀道德，因而下令禁烟；testy 的本意是"暴躁的、易怒的"，译者沿用欧文嘲讽揶揄的口吻，译为"冒烟的"，这既保留了本意，与中文俗语"气得冒烟"契合，又和禁烟一事相连。——译注）

72. Ernest Ingersoll, 1883, 474. （Spoil 作为名词是战利品、奖品的意思，

但其动词形式有"腐坏、使索然寡味"的意思。华盛顿·欧文是第一位在欧洲博得美名的美国文学家，赢得了拜伦、狄更斯等人的称赞。——译注）

73. 转引自 Ernest Ingersoll, 1883, 474。

74. Ernest Ingersoll, 1883, 474.［斯托伊弗，又称 stuiver，为当时荷兰的硬币，1 斯托伊弗等于 16 辨尼（penning）或者 8 杜伊特（duit）；20 斯托伊弗等于 1 荷兰盾。——译注］

75. Ernest Ingersoll, 1883, 474 – 475.

76. Ernest Ingersoll, 1883, 475.

77. Ernest Ingersoll, 1883, 475 – 476.

78. Thomas C. Patterson, "Shell – Bead Money and the Mission Period Economy of Alta California," *Journal of Social Archaeology*, vol. 14, no. 1 (2014): 117. 大盆地以其气候干旱贫瘠、地形复杂多变而著称，为许多印第安人部落世代居住的地方。关于制作贝珠和贝饰，并从加利福尼亚销往大盆地的全景式的考古分析，参见 James A. Bennyhoff and Richard E. Hughes, "Shell Bead and Ornament Exchange Networks between California and the Western Great Basin", *Anthropological Papers of the American Museum of Natural History*, New York：American Museum of Natural History), vol. 64, part 2, 1987。

79. Ernest Ingersoll, 1883, 476.

80. 哥伦比亚河是北美西北部最长的河流，全长 2000 多公里，它发源于英属哥伦比亚的落基山脉，开始向西北，然后转南进入美国的华盛顿州，再向西沿着华盛顿州和俄勒冈州的交界线注入太平洋。

81. Ernest Ingersoll, 1883, 476.（标准的海夸，40 个为 1 寻，每个长约 1.8 英寸，大概是最长的角贝，因为英格索尔提及，最长的角贝不超过 3 英寸。——译注）

82. Ernest Ingersoll, 1883, 477.

83. Ernest Ingersoll, 1883, 476 – 477.（哈德逊湾公司是英国皇家于 1670 年特许成立的公司，是北美最早的商业股份公司，也是世界上最早的公司之一，殖民时期长期垄断着英属北美的毛皮贸易，至今仍然存在。——译注）

84. Ernest Ingersoll, 1883, 477.

85. Ernest Ingersoll, 1883, 477.（胡帕是生活在加利福尼亚西北部的印第

安人部落。——译注）

86. Ernest Ingersoll, 1883, 477.

87. Ernest Ingersoll, 1883, 478.

88. Ernest Ingersoll, 1883, 478.

89. Ernest Ingersoll, 1883, 479.

90. Chester D. King, "Chumash Inter-village Economic Exchange," in *Native Californians: A Theoretical Perspective*, eds. L. Bean L and T. Backburn ( Menlo Park: Ballena Press, 1976 ), 289 – 318; *Evolution of Chumash Society: A Comparative Study of Artifacts Used for Social System Maintenance in the Santa Barbara Channel Region before A. D. 1894* ( New York and London: Garland Publishing, Inc. , 1990 ). 有关他提出的贝珠币理论和相关反驳，参见 Thomas C. Patterson, 2014, 112 – 127。（圣塔芭芭拉海峡是南加利福尼亚州海湾的一部分，它将加利福尼亚大陆与海峡群岛北部分开。丘马什人是分布于加利福尼亚州中部和南部的印第安人。——译注）

91. Jeffrey S. Rosenthal, "The Function of Shell Bead Exchange in Central California," in *Perspectives on Prehistorical Trade and Exchange in California and the Great Basin*, ed. Richard E. Hughes ( Salt Lake City: The University of Utah Press, 2011 ), 85.

92. Napoleon Chagnon, "Ecological and Adaptive Aspects of California Shell Money," in *Annual Reports of the University of California Archaeological Survey* ( Los Angeles: University of California, 1970 ), 10.

93. Napoleon Chagnon, 1970, 10.

94. Napoleon Chagnon, 1970, 6.

95. Turbitt, 2003, 247.

96. Napoleon Chagnon, 1970, 18.

97. Robert F. Heizer, "Counterfeiters and Shell Currency Manipulators among California Indians," *The Journal of California Anthropology*, vol. 2, no. 1 ( Summer 1975 ): 119.

98. Thomas C. Patterson, 2014, 121 – 122.

99. Robert F. Heizer, 1975, 108.

100. Robert F. Heizer, 1975, 108. （卡洛克，Karok 或 Karuk，是居住在加利福尼亚的印第安部落，也是本地最大的部落之一。——译注）

101. Robert F. Heizer, 1975, 108. （萨克拉门托河谷是加利福尼亚中央山谷的一个区域。内华达山脉位于加利福尼亚中央山谷和大盆地之间，主要分布在加利福尼亚境内。——译注）

102. J. W. Hudson, "Pomo Wampum Makers," *Overland Monthly*, vol. 30 （1897）：107.

103. Stephen Dow Beckham, *George Gibbs, 1815 - 1873 : Historian and Ethnologist*, ( Ph. D. Dissertation in History, University of California, Los Angeles, 1970), 107, 157. 转引自 Robert F. Heizer, 1975, 109。（普吉特海湾是位于美国西北部西雅图的峡湾，是一个复杂的河口系统。乔治·吉布斯的话表明，美国西部的矿工已经使用贝珠来交换，和二战前后新几内亚岛的金矿矿工一样。这些外来者，带来了更多对贝壳、贝珠的需要，增加了它们的数量，使它们的交易频率变高，并给土著社会带来了一系列意想不到的影响。——译注）

104. Henry C. Koerper, " Cowry Shells: Fertility/Fecundity Symbols in Southern California Iconography," *Journal of California and Great Basin Anthropology*, vol. 23, no. 1 （2001）：27 - 38.

105. Hogendorn and Johnson, 13；Heath, 2017, 64.

106. Heath, 2016, 17.

107. Heath, 2016, 17 - 18.

108. Heath, 2017, 64.

109. Heath, 2017, 65.

110. Heath, 2017, 64 - 65.

111. Heath, 2017, 67.

112. Heath, 2017, 64 - 65.

113. Heath, 2017, 64 - 65. （Cwt，重量单位，即英担，是 hundredweight 的缩写，在英美地区使用，分大小两种。小英担 100 磅，等于 45.36 公斤；大英担 112 磅，等于 50.80 公斤。——译注）

114. Heath, 2017, 65.

115. Heath, 2016；2017, 65 - 66.

116. Heath, 2017, 65；2016, 18, 23 - 28, 30.

117. Heath, 2016, 18.

118. Heath, 2017, 65.

119. Heath, 2017, 65.

120. Heath, 2016, 33.

121. Heath, 2016, 33.

122. Heath, 2016, 33.

123. Heath, 2016, 35.

124. Heath, 2016, 35.

125. Heath, 2016, 36.

126. Heath, 2016, 36.

127. Heath, 2016, 37.

128. Heath, 2016, 37.

129. Heath, 2016, 37.

130. Heath, 2016, 38.

# 第九章　不仅仅是钱

> 海贝崇拜的一切根源均在于某一群原始男性的奇特想
> 象，因为他们发现了海贝和女性生殖器官奇妙的相似性。
>
> ——G. 伊略特·史密斯（G. Elliot Smith），
>
> 1917 年[1]

海贝生活在热带和亚热带辽阔的大海里，因此，许多滨海甚至内陆的居民都有机会得到它。海贝在跨地区网络中的货币功能非常引人注目，与此同时，其社会、宗教和文化功能在不同的社会中也各具特色，而且持续很久，有的现在依然存在。

本章讨论世界范围内海贝的非货币功能。笔者先对海贝的社会和文化功能做一概括，其中不少内容前面几章略有涉及；然后转向二十世纪三四十年代西方学者关于海贝意义的讨论，需要提醒的是，此时贝币（也就是作为货币的海贝）基本上已经不存在了。在这场带有殖民主义色彩的大讨论中，西方许多著名的期刊，如《人类》（Man）[2]等，在战乱期间依然发表了不少学者之间的通信。这场讨论似乎是西方学者对于理解西方统治的广大非西方族群和社会所做的最后努力。可惜的是，他们的努力基本上还是对"东方"之物，也就是海贝，做出的"东方主义"（orientalist）的诠释。这些学者们对于非西方社会中的海贝的观察和理解，依然局限于西方的立场、视野和框架，基本把海贝当作对"邪恶之眼"（evil eye）的防护，或者是生育的象征。他们没有意识到，在全球范围内看起来相同或相似的习俗背后，海贝的支撑力量是各地、各个社会不同的甚至大相径庭的文化和宗教信仰。最后，笔者举了几个海贝文化的例子，以揭示海贝和贝币在当代，特别是在西非和美洲非裔社群内部留下的遗产，从而一窥海贝和贝币在殖民时期形成的新传统。

## 审美、财富、生育和保护

海贝源于热带和亚热带的海洋，因而在内陆区很罕见。这种罕见使得海贝成为内陆社会政治、宗教和经济生活中的贵重物。在考古发现中，海贝是最常见的海洋动物，这表明在其背后有着跨地区的广泛的贸易网络和文化交流。同时，在许多地区，人们把海贝视为生育、平安、保护、审美和财富的象征，虽然在各个地区的不同文化里其侧重点有所不同。

人类在很早的时候就欣赏到了海贝的美丽。他们把海贝制成项链、手链、头饰、腰带、挂坠和衣物上的各种点缀，这在各个地区都可以看到。有时候，人们还用海贝来装饰他们心爱的或宝贵的动物，如狗和马。中国、伊朗、匈牙利、挪威和印度的考古都发现过海贝制成的马笼头。在印度，海贝用来装饰大象的挽具。印度的家具也常常嵌上海贝，用它组成丰富多彩的美丽图案。今天，海贝的许多文化功能逐渐衰退，甚至消逝，但其装饰功能依然延续。

早期人类知道海贝这种海洋生物来自遥远的大海，于是不知从何时起，海贝具有了降伏波浪、暴风雨和危险水域的魔力。早期古埃及人就相信将船装饰成（其实就是模拟）某种生物，就可以获得那种生物的能力，于是他们在船只的木桨上画了眼睛，这样似乎就把木桨（也就是船）和代表眼睛的海贝连接在一起。在"阿拉伯岛屿、远东和大洋洲"[3]也有类似的习俗。至于海贝究竟是否被画作眼睛的样子，尚待求证。不过，人们显然相信海贝具有保佑海上航行平安的神力。

海贝的魅力以及附带的经济价值使得它们在很多社会中成为颇受欢迎的礼物，或者用来捐献。这在印度和泰人世界颇为常见，但最复杂、最引人入胜的恐怕还是商周时期中国的海贝。无数考古发现和文献记载表明，从史前到商周晚期，海贝被统治阶级用在赠礼仪式当中，来缔造和巩固王与贵族之间的纽带。海贝的价值在古代中国社会有多重体现：它们既被用作装饰，也被用作价值尺度，还与统治者一起被埋入地下，置于死者的口中、手中以及身体周围。这些都显示了海贝已经成为财富、社会地位和威望的象征。位于云南的古滇国也是如此。到了南诏、大理以及元、明、清时期，正如印度和暹罗，云南也直接捐赠海贝，或者用海贝购买土地等捐给寺庙。在孟加拉地区、西非、新几内亚以及新大陆的印第安部落（后者常常以贝珠的形式），海贝往往是聘礼的重要组成部分。在日常生活中，海贝还有其他用途，它们被用来赌博、占卜或者祭祀。有时候，海贝还出现在一些见血的场合，如割礼和打耳孔等。[4]

究其根源，海贝所有这些审美的、经济的功能，都无法和它的宗教文化功能完全分开。海贝的宗教文化功能，早在前王朝时代的古埃及就已经出现了。史密斯认为，在史前时期海贝向西北散播的过程中，红海和地中海地区成为全世界海贝崇拜的发源地。如果真是这样的话，那么古埃及就是海贝文化形成的关键了。而海贝文化的核心在于，基于其形状与女性性器官的相似性，人们相信海贝拥有或象征着超人的繁衍能力，也就是生殖力。生殖崇拜是早期人类（甚至现代的某些社会）广泛且核心的一种习俗，因为那时人们因自然环境的险恶、食物的缺乏以及生育的巨大风险而面临蕃息困难、人口稀少这种普遍性难题——难以传递祖先的血脉和传统。他们渴望和期待女性的怀孕和顺产，因为这直接决定着这个社会兴旺发达与否。

在前王朝时期的古埃及，海贝被用作护身符。埃及和努比亚的墓葬中都发现了货贝和环纹货贝。[5]最近一篇研究古代埃及和近东的海贝使用的文章分析指出，海贝和仿贝的象征意义"是和它们的凹面密切相关的：细长的、锯齿状的开口，就像女性的外阴或者一只眯着的眼睛"[6]。和人体的这两个器官的相似性成为西方海贝宗教文化的源头：人们普遍认为海贝作为护身符可以避免不孕不育，可以促进蕃息；同时，海贝还可以防备和祛除"邪恶之眼"或者其他恶魔和厄运。

关于古代埃及和近东的发现看起来是支持海贝的生殖象征角色的。从新石器时代开始，在上述地区发现的海贝，主要来自红海，其背部被削除，以便串成挂坠、腰带、手链，或者缝为衣饰。在青铜时代，人们更普遍地在墓葬中发现了海贝，这些海贝往往和前王朝时期的古埃及妇女和儿童相关。[7]很有意思的是，在古埃及的中王国时期，海贝等物编串而成的腰带往往被发现置于女性的骨盆部位，这暗示着海贝的角色不仅仅是装饰。[8]骨盆是孕育胎儿之处，这不由令人想到，海贝被置于骨盆处和它象征生殖有关。而在新石器时代和商代的中国，墓葬中的海贝也有在骨盆处发现的，这似乎也指向了上述的含义。在古埃及，除了装饰妇女和儿童，海贝还被用来装饰猫。

　　猫在古埃及宗教文化中以杀死毒蛇、保护法老著称。在古埃及的神祇中，有三位女神均以猫头出现：玛弗德特（Mafdet）是第一位与猫相关的女神，她可以防止各种毒物的攻击，是正义的化身；巴斯特（Bastet 或 Bast）是生育女神；塞赫美特（Sekhmet）则是战斗女神和疾病女神（既能散播也能治愈疾病），她还是法老的保护者，无论是在法老的生前还是死后。这些猫头女性之神所传递的信号是：生育、保护、女性等都和海贝文化符号相关，值得注意。当然，海贝有时也和男性相关。

　　在女性骨盆处发现了成串的海贝，是因为海贝和孕育与生殖密切相关，而海贝同墓葬中的女性及儿童的关联，则与海贝被赋予保护功能相关，可能海贝还被认为可以帮助死者复活。[9]从埃及到近东，海贝向东传到了新月沃土（Fertile Crescent），新亚述帝国的文献将海贝与金、银并提。与此同时，海贝也向北传播，大约在公元一世纪抵达欧洲南部。[10]

　　除了天然海贝，古埃及墓葬中也发现了以贵金属、石头、硅质岩等材料制的各种仿贝，最早可追溯至新石器时代。而且有意思的是，它们仅在墓葬中被发现。在中王国时期，金银制成的仿贝比天然海贝本身要值钱得多。其实，海贝或者仿贝在宗教文化上的意义，即其象征权力的价值，远远超出了其材质本身的价值。[11]当然，黄金和白银在古埃及文化中本身就具有宗教寓意。黄金和太阳相关，代表着众神的肉身；白银和月亮相关，代表着众神的骨骼。[12]姑且不论这些材料的珍贵，它还是财富和社会地位的象征。因此，人们相信，金贝和银贝这些仿贝能够强化海贝所传递的力量，使之拥有更强大的能量和魔力，以保护死者，保证复活，并使人永葆青春。[13] 所以，这些仿贝通常是在地位较高的（尤其是男性的）墓葬中被发现；反之，天然海贝则常常被置于地位较低者的墓中。[14]

在非洲和西亚地区，海贝和其他贝壳一起，常常被嵌入骷髅的眼窝处，或者被编成骆驼、马及其他动物的笼头和坐鞍等，有时也作为孩子的头饰。有些学者以这些为证据，认为海贝也是一种克制"邪恶之眼"的护身符。伊略特·史密斯解释说，这种习俗和"古代关于眼睛具有促进受精怀孕的观念、关于'邪恶之眼'的一系列信念，以及它带来好运或厄运的力量"[15]密切相连。这个说法听起来有道理，可是需要进一步讨论"邪恶之眼"这种信仰的来源和诞生才能知道它是否正确。我们目前尚不清楚海贝的使用是在"邪恶之眼"这个观念诞生之前还是之后；我们也不清楚人们是在何时相信，海贝除了装饰和审美的功能外，还具有祛除厄运或克制"邪恶之眼"的保护的魔力。可是，早期和当代的学者似乎不约而同且理所当然地认为，海贝是用来克服"邪恶之眼"的护身符。

那么，什么是"邪恶之眼"呢？这是一个发源和流传于地中海世界的观念。人们相信，在某人不知情的情况下，对其带有恶意地瞪一眼（a malevolent glare）就是一种诅咒。人们被"邪恶之眼"一扫，就会厄运附身，或者遭受伤害。旧约圣经中就数次出现类似的记载，因而"邪恶之眼"在地中海和亚洲的许多社会中广为流传。相应地，人们也发明了各种防范和保护的措施。

今天，人们仍佩戴形似眼睛的护身符或者饰物来祛除"邪恶之眼"。穆斯林相信海贝有此魔力，因此有佩戴海贝作为护身符来祛除"邪恶之眼"的传统。十四世纪的一个穆斯林学者反对这种信仰，他在阐述中就提到了这个习俗，他说："谁要是在脖子上挂了海贝项链，真主必定使他不繁茂。"[16]他还说："出于对'邪恶之眼'的恐惧，人们用它们（海贝）来做项链，他（穆罕默德）禁止了他们。"[17]由此可见，在这位先知在世的时候，甚至在前伊斯兰时代，当时的阿拉伯人已经广泛佩戴海贝了。[18]当然，阿拉伯人只是效仿其地中海邻居而已。有趣的是，在第二次世界大战爆发前后的二十世纪三四十年代，虽然阴霾笼罩，炮火连天，欧洲的学者们却针对海贝被用来祛除"邪恶之眼"这个问题展开了一场热烈而持久的讨论。

总而言之，海贝被视为生殖的象征，以及被用作祛除"邪恶之眼"的护身符，这在地中海世界、欧洲、中东，甚至某种程度上在印度，可能是正确的。但是，这个理论不能过度延伸，去解释世界上其他很多地方对海贝的使用。比如说，在商周时代的中国，海贝在政治上和文化上（葬礼）的功能使其生殖象征或护身符的功能（如果有的话）黯然失色。海贝虽然在全球范围内承担着相同或类似的功能，但支撑这一普遍现象的力量，是各地、各社会不同的宗教文化信仰，因此它在各地的展现带着不尽相同的、突出的地方特色，这取决于当地独特的文化和宗教传统。

## 祛除"邪恶之眼"？

十九世纪末到二十世纪上半叶，是殖民时期人类学和族群志的黄金时代。欧洲学者在东方化他者世界，特别是广阔的亚洲这一过程中，发现并讨论了海贝的土著货币角色及其在宗教和文化上的含义。当贝币在此期间从人们的经济生活中消失之际，西方旅行家——包括学者、探险家、商人、医生、殖民地官员，特别是人类学家——发现，几乎在他们足迹所到之处，都有海贝的身影。海贝这种海洋软体动物，居然能够在如此长的时间里出现在如此广阔的空间中，这让他们对其产生了浓厚的兴趣，提出了关于其起源、传播、功能等的各类问题，展开了不少持久的讨论，甚至是争辩。虽然大家都意识到了这是一种跨文化的现象，意义重大，[19] 可是，许多评论与辨析依然采用欧洲的文化标准和价值观念，囿于欧洲族群志的视野、框架和范畴。

因此，本节将介绍一场从二十世纪三十年代末持续到四十年代初的、西方学者关于海贝的讨论。当时的欧洲处于战火之中，而最著名的人类学和族群志期刊，如《人类》和《民俗学》（Folklore）[20]，却连续发表关于海贝的通信和评论。这些来函和评论的作者都是一些受过良好教育，甚至在学术界大名鼎鼎的欧洲学者，他们分析和讨论的主题便是世界各地（尤其是欧洲以外的地区）的海贝，其中的关键议题则是海贝的功能：海贝是不是因为形似半开半闭的眼睛而被作为祛除"邪恶之眼"的护身符；海贝是不是因为形似女性外阴而成为防治不孕不育的护身符。《人类》这一研究"土著"（"土著"这里指的是非西方地区）居民的期刊，是由当时的大不列颠和爱尔兰皇家人类学研究所出版，代表了当时一种东方主义的旨趣，发表了许多混杂着异族文化和殖民主义趣味的文章，不时也被东方主义的阴影笼罩。

这场讨论似乎从 1933 年艾芙琳·F. 库特·雷克（Evelyn F. Coote Lake）的一封来信开始。在 1930 年 5 月和 6 月，艾芙琳到雅典、希腊、叙利亚、塞浦路斯、耶路撒冷、开罗、马耳他和西班牙旅行了一趟。在西班牙西北部的孔波斯特拉

（Compostela），她发现当时儿童售卖的项链是由海贝制成的。她相信这类装饰品实际上是某种护身符（talisman），是用来保护佩戴者免受"邪恶之眼"伤害的。[21]玛格丽特·爱丽丝·默里（Margaret Alice Murray，1863～1963年）是这场讨论的主角，她详述了海贝如何祛除"邪恶之眼"，是这一理论的集大成者。

默里是盎格鲁-印度出身的埃及学家、考古学家、人类学家、历史学家和民俗学家。[22]她出生在英属印度的加尔各答，她的家庭属于富裕的英国中产阶级。她青年时期在印度、英国和德国之间流徙，受训为护士，一度成为社工。她是英国第一位被任命为考古学讲师的女性，从1898年到1935年在伦敦大学学院（University College London）工作，并在1953年至1955年担任民俗学会（Folklore Society）的主席，一生著述颇丰。或许因为她对于女巫、巫术、魔法感兴趣，所以她给《人类》写了好几封关于海贝的信，分享了她在地中海旅行时关于海贝的见闻以及她的分析。

有人认为，人类早就注意到了海贝凹处与女性外阴相似，因而海贝被用来作为女性的饰品，保护女性。在致《人类》的信中，默里则嘲弄了上述的说法。[23]她指出，海贝常常"为男性佩戴，也用来（装饰）雄性动物"，在这一点上，男性和女性并无区别。由于海贝与眯着的眼形似，她相信海贝是祛除"邪恶之眼"的护身符，男女（雌雄）通用，其神力并不局限于某一性别或者仅限于人类："无论在东方还是近东"，都可以看到由海贝编成的辔头被用于笼络公马、母马、阉马以及其他各种动物，如骆驼、驴子、公牛和犍牛。古埃及的墓葬中也发现了针对"邪恶之眼"的海贝幸运符。"'邪恶之眼'的第一瞥往往是最危险的，因此，海贝需要佩戴在相应的位置来捕获那一瞥光。如果第一瞥光扫到了无生命的物体，特别是如果这个物体和眼睛形似的话，那威胁就被规避了。"[24]这就是形似眼睛的海贝为什么被认为可以对"邪恶之眼"起到防护作用。

默里继续解释海贝饰品对于男性和女性的不同含义。她认为，男性的生殖器是外露的，因此很容易受到巫术和其他邪恶力量的袭击，这就是为什么男性佩戴的海贝饰品是暴露在外的；而女性的生殖器是在身体内部，是隐藏的，因此她们佩戴的护身符也是隐藏的、不暴露的。然而，性交行为对女性比对男性更有意义，因为男性将其视为一种转瞬即逝的愉悦，而女性则不仅需要保护那一天，还要保护此后的数个月（怀孕）。因此，女性佩戴的护身符不但要比男性佩戴的力量更强大，而且还必须深藏不露，"以防止巫术和'邪恶之眼'具有比暴露的护身符更强大的力量"[25]。更有意思的是，默里坚信，"早期人类和多数东方人对用手去抚摸女性的生殖器有一种厌恶感"，因此，如果海贝被认为形状与女性性器官相似，它们不可能被当钱使用，因为没有人愿意接触它们。相反，正因为海贝是祛除"邪恶之眼"的护身符，所以很容易解释它为什么被广泛地接受为货币。[26]

综上所述，默里反驳了那种认为海贝与女性性器官形似的传统观点，认为海贝形似眯着的眼，所以可以克制"邪恶之眼"，起到保护作用。她还指出，正因为海贝的保护功能，所以它被人们当作货币使用。默里的观点并非没有同道支持。早在1917年，杰克森在其大作《作为早期文化迁徙证据的贝壳》（*Shells as Evidence of the Migration of Early Culture*）中就相信海贝是祛除"邪恶之眼"的护身符。但到了1919年，他改变了主意，转而支持海贝是保护生育的幸运符，因为"它和女性外生殖器的相似性"[27]。对于海贝文化起源问题的这两种解释一直持续到今天。

默里的信发表于 1939 年 10 月，不久之后，《人类》就接到了不少回应此信的来函。有的提供了更多的地方案例，有的则加入了理论性的辨析。1939 年 12 月，《人类》发表了英国赫尔市博物馆（Hull Municipal Museum）的 T. 舍帕德（T. Sheppard）先生的来信。舍帕德说，在东约克郡（East Yorkshire）的盎格鲁－撒克逊遗址中有海贝发现。赫尔市博物馆藏有一串很长的项链，这串项链悬挂于一个女性的骷髅上，它包括 80 多枚琥珀和珠子以及 1 枚海贝。舍帕德指出，这枚海贝属于"花豹宝螺（Cypraea vinosa Gmel.）"[28]，只有红海出产"。舍帕德看起来接受海贝既是护身符又是生殖象征的观点。[29]

1940 年 4 月，《人类》刊登了关于海贝的三篇文章。柯特·欣吉尔（Kurt Singer）把日本带进了这场争论。日本的东北部发现了一个新石器时代绳纹文化的陶型女性人偶，当时在东京帝国大学科技部的考古收藏中展览。这个人偶胸前挂着一个陶土制作的巨大的海贝形状物，而这个海贝形状物又恰好被置于仿佛放大的女性外阴的中上部。[30]柯特·欣吉尔指出，这个海贝形状物应该就是生殖的象征，或者是规避厄运的护身符。他举了几个日本文化中的例子作为证据：其一，日本女性手上会戴一种叫子安贝（koyasuigai）的海贝，意思是"容易分娩的贝"；其二，日本有些地方俗语中的贝（kai）指的是女性的私密部位。[31]欣吉尔还试图做一个希腊－日本比较分析。然而，由于这个人偶的"海贝"毕竟只是形状看着像海贝，所以他随后的诠释恐怕并不可靠。

C. K. 米克（C. K. Meek）把目光转向了尼日利亚。在那里，迟至当时正处于的 1940 年，人们还在使用贝币。当然，海贝还有其他功能，如作为礼物、装饰物、幸运符、宗教符号，甚至是赌博的工具。[32]当地有些族群，如叶尔古姆人（Yergum），还把海贝作为随葬品，"作为死者人生旅程的货币，或者在另一个世界使用"[33]。一个伊达族（Iddah）的酋长告诉了米克一个有趣的故事，这位酋长——

> 处理他父亲（也就是前任酋长）墓里挖出的海贝，并将之占为己有——足以填满三间茅舍。这个儿子酋长的理由是，他父亲太过贪婪了，把他所有的财产都带到了下一个世界。[34]

米克还记录了一个看起来很奇怪的礼俗：

> 据说在某些约鲁巴部落里，如果新郎发现他的新娘不是处女（virgo intacta），他会给丈母娘送一些纯白的海贝；否则，他就送一些老旧掉色的海贝。这或许是因为海贝和女性外阴相似。[35]

在尼日利亚，人们也佩戴海贝护身符。如果问他们为什么，他们会回答说是用来规避邪恶。在一些伊博人的部落里，小孩掉第一颗牙时，会请一个巫师在其腰上系一根海贝腰带，应当是作为护身符。久昆人（the Junkun）的父母会在孩子的脖子上系几枚海贝。米克对此的解释是，这既是传统的信仰，又和当时的社会变化有关，所谓的社会变化就是贝币极度贬值。米克认为，孩子脖子上的几枚海贝可以欺骗邪恶的神灵，让后者以为这孩子是个奴隶，因而对其不屑一顾。[36]

米克还引用了 N. W. 托马斯（N. W. Thomas）的文章支持默里的观点，即批驳在当地社会海贝是生殖象征的说法。根据托马斯 1922 年的说法，在伊亚瓦（Iyawa）的埃多人（the Edo，即贝宁人）中，如果一个妇女发现自己怀孕了，她会拿一枚海贝，用草药清洗干净，然后系在腰间。[37]米克认为，在这样的情形下，海贝与其说是生育幸运符，不如说是克制邪恶的护身符。他还指出，在整个西非，妇女佩戴各种各样的护身符以防止巫术（包括"邪恶之眼"）的攻击，这些攻击可能会导致流产。[38]米克认为，在尼日利亚，海贝的使用与所谓的生殖神力无关——

> 因此，虽然海贝可能在世界的许多地方，包括尼日利亚，被作为生殖的象征，但它在尼日利亚的状况却有力地支持了默里女士的观点，那就是，海贝是人眼的象征。正因如此，海贝不仅是祛除"邪恶之眼"的合适的护身符，如默里女士所揭示的，它还能察觉并回避各色各样的巫术，以及发现一般看不见的其他东西。[39]

第三篇短文的作者是杰夫瑞斯，他不赞同默里的许多观点。杰夫瑞斯在人口"超出两千万"的尼日利亚工作了二十多年，他观察到当地还广泛地使用海贝作为货币和护身符。不过，尼日利亚佩戴海贝的女性远比男性多，这和默里之前说的相反。杰夫瑞斯还进一步反驳默里认为女性隐藏性佩戴而男性暴露性佩戴的说法，因为他在尼日利亚看到的多数妇女都是裸体的，而在他经过的许多地方，男性并不裸体。最后，杰夫瑞斯说，海贝可克服"邪恶之眼"的说法，在默里提到的许多社会可能是真的，但在"数百万人生活的尼日利亚，那里的人们从没听说过什么'邪恶之眼'"，他认为这种说法毫无依据。[40]与此同时，杰夫瑞斯支持海贝是生育象征的观点，他追溯到了二十世纪初的学术研究，指出这样的看法受到了普遍的支持。[41]杰夫瑞斯提到很多人根本没有听说过什么"邪恶之眼"，因此海贝是祛除"邪恶之眼"的护身符这种说法并不能应用于这些社会。他这个尖锐的辨析值得称赞。实际上，在那个东方主义盛行的时代，杰夫瑞斯是在反思并批驳基于欧洲的对非欧洲文化现象的解读，无论这种立场是有意的还是无意的。

在《人类》1940 年 5 月那一期，M. E. 德拉姆（M. E. Durham）指出，在巴尔干地区的阿尔巴尼亚和波斯尼亚（Bosnia），只有女性和儿童佩戴海贝，男性并不佩戴。[42]海贝的功能就是保护主人规避"邪恶之眼"的伤害。总的来说，海贝在当地被视为幸运符。J. H. 赫顿（J. H. Hutton）在同一期对杰夫瑞斯博士的通信做了回应，指出："在阿萨姆的那加丘陵（Naga Hills），男性普遍佩戴海贝。有些部落的女性也佩戴海贝。"[43]

1940 年 10 月，《人类》又发表了两篇短文。第一篇的作者是默里女士，她发现了剑桥大学考古学与人类学博物馆（Cambridge Museum of Ethnology and Archaeology）中的一件藏品，是一个台湾武士的头盔，上面饰有野猪的獠牙和海贝。默里以此为证据，来说明她关于"邪恶之眼"的观点，认为

"没有一个武士会戴着女性生殖器的象征奔赴战场"[44]。这当然不过是对台湾当地文化的东方主义猜想罢了。

W. V. 格里格森（W. V. Grigson）在他写的第二篇短文中将印度拉进了这场热烈的争论。[45]格里格森说，从十九世纪末开始，人们就注意到巴斯塔尔（Bastar State）玛利亚山（Hill Maria）男子的衣服上有一条海贝编织的腰带。到了二十世纪三十年代，海贝"在当地已经不再是货币了，佩戴海贝腰带的习俗也渐渐消失，虽然人们还珍藏着那些旧的腰带"[46]。佩戴海贝的习俗消失，不是因为人们不喜欢了，而是因为无法得到新的海贝，因此，当地的帕格里（pagri，即头巾）就代替了海贝腰带。格里格森解释说，海贝用作服饰的原因在于，海贝曾经是当地社会"唯一的"货币形式。格里格森虽然认识到了贝币在当地的重要地位，但他似乎认为海贝在丧失了货币功能后才成为服饰，这当然不对。早在海贝成为货币之前，人们已经将之用于各种装饰了。

格里格森在巴斯塔尔没有发现当地妇女佩戴海贝，但他观察到贝图尔区（Betul District）考库人（the Korku）女性"佩戴海贝制成的项链，将之缠绕三圈，中间有红色和蓝色的玻璃珠，就像花朵"[47]。格里格森更感兴趣的是，在考库人的村庄里，人们在播种水生谷物的仪式中使用海贝。大家理所当然地会以为海贝在这里是谷物繁殖的象征，格里格森却说，其实"考库人和贡德人都认为这是规避'邪恶之眼'的护身符"[48]。格里格森的这个观点不久就被维瑞尔·埃尔文（Verrier Elwin）驳斥。

J. H. 德赖伯格（J. H. Driberg）在 1940 年 11 月致《人类》的信件中回应了默里 1939 年的文章。德赖伯格首先把这场争论总结为以下四个问题：

> （1）海贝究竟是不是女性的幸运符，它的效力是否有赖于人们所相信的其形状与女性外生殖器官的形似性？（2）或者，它是一种针对"邪恶之眼"的特定的护身符，而不是给予女性生殖力的幸运符？（3）如果海贝是针对"邪恶之眼"的特定护身符，那么，它的效力是来自和眼睛的相似性，还是来自和女性外阴的相似性？（4）海贝和女性外阴的形似究竟会不会使它丧失众所周知的货币的价值？[49]

这一总结确实抓住了以上讨论的要害，而德赖伯格本人认为，海贝是生命力的象征，"这体现于其代表阴部之内（指胎儿的孕育和从阴道出生，象征着新生命的到来），而非阴部自身"，因此，作为力量象征的海贝"并非因性欲而和女阴相关"，它们也不会因此被排除在经济（货币）活动之外。[50]

在《人类》的第41卷（1941年3月和4月）中，学者们继续讨论海贝在各个社会中的意义。米克在其来信中反驳了杰夫瑞斯"尼日利亚南部对'邪恶之眼'闻所未闻"的宣称，再次表达了对默里的支持。[51]米克说，在尼日利亚的北部诸省，人们对"邪恶之眼"颇为恐惧：

> 孕妇害怕"被人旁观"，父母害怕子女被"邪恶之眼"盯上，农民害怕农作物被盯上。酋长的和祭祀用的食物往往秘密烹制和享用，以防止从巫师之眼投射出的巫术作害。而且根据尼日利亚的风俗，酋长们过去都是在帘

幕之后讲话，根据有些尼日利亚人的解释，这就是为了防止普通人受到"邪恶之眼"的伤害。不过，有人认为这是保护大家避免遭受酋长的"神眼"（magic eye）的魔力。[52]

米克举出的例子中的"眼睛"，细究下来，多数不过是和"邪恶之眼"形似而已，并不能说明尼日利亚这些习俗的文化源头与"邪恶之眼"相关，或者直接源于"邪恶之眼"。即使到了他的时代，可能由于殖民文化的传播，有些尼日利亚人相信了"邪恶之眼"，可是，这也不能说明它是传统的习俗。其实，尼日利亚的这些习俗，在其他社会也存在。支撑这些习俗的信仰系统，并不见得一定与"邪恶之眼"有关。

英国剑桥的 T. C. 莱思布里奇（T. C. Lethbridge）的文章涉猎颇广，他谈到了斐济、埃及和英格兰萨克森地区的海贝。[53]在十九世纪末，海贝在斐济价值不菲，一枚"就代表了'一个老婆'的价值"。莱思布里奇在剑桥大学考古学与人类学博物馆的"李奇微货币藏品"（Ridgeway Collection of Currency）中发现了黄金宝螺（Cypraea aurantium）。有关这些海贝的性质和价值，威廉·李奇微爵士（Sir William Ridgeway）说，一枚海贝等于好多鲸鱼齿，在"旧时代"（old days），一枚海贝可以购买一个女孩，不过"很难说这些海贝实际上就是货币，即便它们偶尔作钱使用"。[54]莱思布里奇还分享了他的海贝考古经历。他在盎格鲁－撒克逊的一处女性墓葬里挖到了三枚花豹宝螺（Cypraea pantherina）。他发现，"女性骷髅"佩戴的"项链的一部分"是由那种有齿状边缘的小海贝组成的，他推测这些海贝的用途是祛除"邪恶之眼"。[55]莱思布里奇指出，在古埃及，海贝就是遏制"邪恶之眼"的幸运符，在古代的英格兰，海贝可能也起这个作用，因而他支持默里的观点。

1942 年 12 月，研究族群志的维瑞尔·埃尔文给默里写了封信，信中详述了印度巴斯塔尔海贝的使用情况。[56]在巴斯塔尔，"海贝广泛在装饰、护身符、仪式用品以及赌博中被使用"，老人家"还记得当年海贝被用作货币，而且还可以交税"。埃尔文发现，当地人也给婴儿和动物佩戴海贝项链，作为某种护身符，但没人知道海贝代表着或模仿了人类的眼睛。此外，海贝还可能"对防止甚至治疗疾病有效用"。在丹德瓦拉 – 德丝尔（Dentewara Tehsil）的蒙克帕尔（Mokhpal），当地人向"任何折磨他们的'扰'（Rau）奉献海贝……一个人病得很重无法饮食时，当地的巫师就会拿着一枚海贝在他的头部挥舞七次"。[57]

> 在杜尔瓦（Durwa），我发现，在天花疫情结束时，为了让受到邪灵侵害的村庄重新纯净，人们会在村庄的边界供奉五枚海贝，一旁还有装着米和各种插花的小竹筒。有时候，一枚海贝被系在一只鞋上，悬挂于村旁的一棵大树上，目的相同。[58]

埃尔文总结说，在这里，海贝有医药功能，但正如杰夫瑞斯所言，它和"邪恶之眼"并没有什么关联。同时，在印度中部诸省，埃尔文也没有发现海贝是生育象征的观念或习俗，因为当地人从没有把海贝与女性生殖器联系起来。[59]在巴斯塔尔，海贝主要用于装饰，而且这个习俗看起来也没有消失。[60]

班贾拉（Banjara）妇女会向玛利亚人（the Maria）购买海贝，并制成精美的头饰售卖。这些头饰通常"在婚礼上舞蹈时佩戴，而其中的海贝可能有些额外的神奇用途"。[61]除了头饰，海贝还用于上衣、项链、手链、腰带、臂饰等。总的来说，男性佩戴海贝比女性多。

话说回来，海贝更常在一些重要的场合，如婚礼和葬礼上出现，这是因为它们是财富的象征。"对巴斯塔尔的印度人而言，海贝是和财富女神大吉祥天女（Mahalakshmi）联系在一起的，毫无疑问，其他地方也一样"，而"在这位女神画像的下部，经常绘有海贝"。[62]在订婚仪式或者婚礼中，一定数量的海贝会被放在告别罐（Pot of the Departed）中，交给玛利亚女孩的父母，表明这个姑娘现在已经离开了她的宗族，加入了她丈夫那边；"过去，新郎还会供奉一把海贝给村里的土地神"，因为他的新娘曾经住在那里。[63]这些习俗表明海贝确实承担了（象征）财富的角色。埃尔文总结说，在巴斯塔尔，海贝既不是女性外阴的象征，也不是生育的护身符，更不是"邪恶之眼"的克物。当地广泛使用海贝作为装饰的原因就在于，海贝曾经作为过货币，因而它更像是旧日时光的象征，或者是某种神秘的幸运符，或者仅仅因为美丽而被当作饰品。埃尔文这种从印度本地文化来理解海贝用途的立场值得赞许。

1942 年 12 月，W. L. 希尔德伯格（W. L. Hildburgh）在《民俗学》上分享了他关于欧洲使用海贝作护身符的研究。[64]他认为，海贝在欧洲作为护身符的原因在于，它被视为女性生殖器的象征，可以"保护佩戴者免受'邪恶之眼'或类似的邪灵侵害，同时还和生育相关"[65]。他先分析了大家为什么偏好用海贝作饰品，其中外在的因素非常重要，包括海贝外表具有吸引力、不易磨损和容易获得。而海贝被作为护身符又有其他三个原因：可以穿孔、容易成串或者悬系，以及和女性阴部或者人眼形似。希尔德伯格的研究大体上重申了海贝在欧洲文化中的源头和重要意义。

此后，第二次世界大战在欧洲如暴风骤雨般展开，导致这场讨论中止了三年半之久。1946 年 8 月，玛格丽特·波希娅·米基（Margaret Portia Mickey）把另一个大国——中国——带进了这场关于海贝的讨论。在中国西南地区的贵州省山区，那里的苗族使用海贝已经有成百上千年的历史。[66]在1940 年至 1942 年间，玛格丽特和龙里县的海肥苗（或称海贝苗）一起生活了数个月。这些苗人分布于龙里、贵定和定番三个县内，其妇女服饰以白银，特别是海贝作装饰，这一特色独一无二，大家因此以海贝为之命名，称之为海贝苗。[67]1948年，杰夫瑞斯发表了一篇论文，论证西非使用海贝是受到了埃及的影响，其中的一个关键证据就是第八章谈到过的六进制。在这篇文章中，他提到了自己 1930 年在尼日利亚看到的现象。[68]这一年，杰夫瑞斯受尼日利亚政府派遣，前去调查东南部奥尼查省（Onitsha Province）奥卡区（Awka Division）的伊博人的宗教信仰。在那里，他发现海贝依然被作为货币使用。[69]玛格丽特发表于 1946 年和杰夫瑞斯发表于 1948 年的这两篇文章，可以被看作战时西方学者关于海贝宗教文化含义的讨论在战后的余波，它们可以说是这场持续了十几年的对话的终结。

现在看来，上述的这场殖民观察、争辩和讨论体现了西方学者（专业的或者业余的）对于亚非欧大陆海贝的非货币功能的最后一波兴趣。此后，人类学家和民族学家开启了对太平洋诸岛土著社会的考察和研究，这些考察和研究也涉及海贝。

1951 年，E. G. 戈伯特（E. G. Gobert）概述了这场讨论，总结说，海贝具有的魔力和给予生命力的特性来源于女性生殖器魔力（le pudendum magique）这个古老的概念，[70] 强调了海贝因为形似女性外阴而具有的神力。戈伯特的观点，如上所述，是值得斟酌的。

以上西方学者关于海贝文化的辨析有几个明显的特征。首先，也是最突出的是，欧洲的视角和立场支配着这场关于海贝在地中海世界和其他非欧洲地区（如印度）的功能的分析。的确，我们很难反驳印度海贝的某些功能与"邪恶之眼"的观念相关或者受其影响。可是，总的来说，印度、太平洋诸岛和东亚对海贝的使用和上述信仰几乎没有关联。在古代中国，海贝作为财富和社会地位的象征的角色是非常突出的，它们在商周墓葬和青铜铭文中出现，彰显了其经济、文化和宗教的多重功能。其次，虽然海贝作为生殖的象征在全世界广为接受，这可能是早期人类共有的观念，但这种功能在各个地区的呈现及其重要性并不是均衡的，而是大不一样的。对古代中国人而言，海贝凹处更像两排小牙齿，与女性外阴并无联系，因此他们称海贝为齿贝或者贝齿。海贝在古代中国之所以被视为贵重物，是因为中原地区距离海洋万里之遥，海贝的供给不能保证，数量极其有限——它因为稀罕、奇特而宝贵。这和印度的状况不同。在印度，海贝虽然也被视为财富的象征，可是由于数量颇多，它并不像在中国那样受珍视，是阶级和社会地位的象征。最后，在这场关于"东方社会"的海贝文化的讨论中，有几位学者（如杰夫瑞斯，特别是维瑞尔·埃尔文）能够质疑东方主义的倾向、立场和角度，尤为难得。他们努力摆脱欧洲中心论的影响，独立研究，从"东方社会"

本土的文化传统出发，来解读海贝的使用这个全球现象，值得赞赏。

## 约鲁巴的海贝文化

西非的海贝贸易，以及在很大程度上，西非的贝币，都是欧洲在全世界的殖民进程中的一环。虽然海贝贸易在十九世纪结束了，贝币到二十世纪中叶也不复存在，但海贝和贝币仍然深深地扎根于当地的文化传统和集体记忆之中，甚至在新大陆的非裔离散人群（the African diaspora）中也若隐若现。贝币和它背后的奴隶贸易，以及欧洲的殖民历史，绝不可能简化为商品、人口或者货币的几个数字，必须要看到它们施加于非洲人民及其后裔身上的文化、精神和制度上的长期影响。令人遗憾的是，这些文化迹象往往为人忽视。

2002 年，阿金万德·欧古迪朗（Akinwande Ogundiran）批判性地分析了社会记忆与隐喻、考古发现和物质文化，探索了海贝（以及玻璃珠）在约鲁巴文化中的象征意义及其社会价值变迁，颇有意义。[71]约鲁巴兰（Yorubaland）大致为今天西非的尼日利亚、多哥和贝宁一带。在讨论海贝时，阿金万德·欧古迪朗充分注意到本地传统对于海贝和贝币这一全球现象的约束，指出："前大西洋时期独特的社会习俗塑造了此后社会对海贝的需求、接受和诠释；而十五世纪后海贝社会价值的变动，则源于此前它作为政治资本物品的玻璃珠的经历。"[72]下面我们就来看看西非前殖民时期的地方传统是如何塑造殖民时期的海贝新传统的。

在十五世纪之前，约鲁巴兰对海贝的使用仅限于仪式、宗教和审美领域，海贝的地位根本不能跟玻璃珠相提并论。从十五世纪初开始，海贝逐渐成为主要的进口商品，尤其是在1650年至1880年间，海贝是贝宁湾占统治地位的进口商品。不完全的数据表明，从十六世纪初到1875年，至少有200亿枚海贝输入了贝宁湾。十八世纪时，贝币在贝宁湾区域，包括贝宁、达荷美和老奥约（Old Oyo），迅猛扩展、深入渗透，刺激沿海和内陆地区形成了一种新的文化习惯，而海贝在这种新的文化习惯中承担了重要且微妙的角色。[73]

贝宁官方的一部口述史非常有意思。它不但提到了十八世纪海贝的繁荣与国王奥巴·埃雷索恩（Oba Eresoyen，1735～1737年）的关系，还提到了国王奥巴与海神奥洛昆（Olokun）的和平约定。奥洛昆是约鲁巴－埃多地区的海洋之神，他极其慷慨地为此地提供了大量海贝。[74]当地的民间传说讲述了国王和海神的互动：

> 有一次，国王奥巴·埃雷索恩和海神奥洛昆发生了争吵，国王就关闭了水路，这样海神就得不到水了。通过奥洛昆与一个棕榈酒制酒师的协商，国王答应放水，而海神则堆积了高耸入云的海贝，这样国王就将海贝搜集来，贮存于自己的宫殿内。[75]

在这个民间传说中，导致海贝贸易繁荣的诸多因素被简化成了陆地与海洋的二重关系。因为海贝象征着财富、生育、充沛和自我实现，所以海贝的来源之地海洋就在"物质和财富积累的话语当中占据了中心位置"[76]。因此，早在欧洲殖民者从海上来之前，海神奥洛昆就因对水域的统治及作为生命、财富和繁盛的源泉而大权在握，影响深远。[77]

　　由于奴隶贸易中使用了巨额数量的海贝，海贝和海神的社会含义发生了变化，海贝的来源也随之改变。在过去精英中心主义的叙事中，海神奥洛昆提供了海贝。在新出现的流传于大众之间，因而更为流行的嘲讽版本中，"海贝是以奴隶的尸体为诱饵从大西洋里钓上来的"。这个简单化的情节"揭示了人类的生命转化为海贝的过程，激起了那种以掳掠、劳役和奴役积累财富的感觉"。[78] 此种精英和大众的对比凸显了关于财富（也就是海贝）积累的源泉和代价的不同观点，虽然这两个版本都没有认识到海贝的真正来源是印度洋。

　　此外，在以海贝－奴隶贸易立国的达荷美，还出现了另外一种更尖锐的叙事。这种叙事以生动而强有力的隐喻，直接指责国王和精英们通过发动战争，掳掠、售卖人口来获取海贝，即通过人与海贝的转化来获取财富：

　　　　世界开始之际，我们有了工具，我们开始造物；我们有了织布机，我们织了衣服；我们有了神堂，在那里请示神谕；我们有了小船，我们用它来捕鱼。我们没有枪。我们没有贝币（akwá）。如果你去市场，你带着豆子去换回甜土豆。你用某种特别的东西换回另外一件东西。然后国王带来了贝币。国王做了什么事才带回了贝币？他捕获人们，打断他们的腿和手。然后他在香蕉园里建了一个小棚，把人们关在里面，每天喂他们香蕉，直到他们变得又肥又胖。于是国王杀了这些人，他命令他的仆人把这些尸体系好，扔进有海贝生长的海里。当海贝开始吃这些尸体的时候，仆人们便把尸体提上来，收集海贝，然后把海贝放进热水里杀死。这就是贝币的由来。[79]

这段叙事充满了暴力和血腥，指明了国王为了获得海贝（即财富）而实施的残酷行为，暗喻了精英积累财富和大众死亡的关系。这种寓言式的口吻看起来荒诞，但揭示的逻辑关系与达荷美王国的财富与强盛的来源完全吻合。

渐渐地，海贝就与财富、市场以及新的社会关系结合起来，而原来的政治精英发现，他们的海贝已经不足以支撑他们的权力和地位。旧的政治制度面临着新的挑战，这一挑战是由通过获取海贝积累财富和力量的新男女带来的，这也正是二十世纪中期新几内亚岛上的卡帕库人酋长所面临的困境。

在约鲁巴社会里，海贝在人类身体物质化过程以及劳动力货币化过程中处于核心地位，因此，海贝也成为普通大众在跨大西洋商业贸易中实现自我价值的关键。[80]很有意思的是，这种俗世间的趋势，居然可以在神灵奥里（Orí）的仪式变迁中找到相应的历程。奥里是一个神灵头像，是约鲁巴人运气和归宿的保护者。每一个成年人，无论男女，都必须用海贝为它建个神坛。一个奥里神坛的装饰可能需要花费多达12000枚海贝，同时还要同样多的海贝来支付制作者的工钱。[81]普通大众就用海贝来供奉奥里神坛，而王室成员依旧用玻璃珠来供奉神坛。[82]到了十九世纪下半叶，奥里在众神中的地位大大提高，成为最普遍的，同时也是仅次于伊法（Ifa，占卜和智慧之神）的、"约鲁巴众神中最方便携带的神"[83]。这表明，俗世的、带着铜臭味的海贝大大增强了奥里在神灵中的话语权，提升了它的重要性。

作为财富象征的海贝的地位也可以从"将为死者供奉的海贝最后分发给亲戚"这一行为中得到体现。为了避免通货膨胀，这些海贝往往被窖藏，尤其是在十九世纪三十年代到

1888 年大通胀的时代，人们期望有一天这些海贝的价值会恢复，那时就可以拿出来使用。[84]

大西洋贸易中的海贝还重塑了社会性别，这一点也可以从占卜的变迁中得以证实。在约鲁巴兰有两个最重要、最为流行的占卜方式：一种是使用神圣的占卜链，一种是使用海贝。男性两者都用，女性只使用后者。海贝占卜由女神奥姗（Osun）控制，她"最先发明了海贝占卜，然后教给其他神，包括约鲁巴最古老的一个神奥巴塔拉（Obatala）"[85]。地位低的女神教授地位高的神，这个神话本身就揭示了约鲁巴众神等级结构的重塑过程，尤其彰显了大西洋贸易带来的财富改变了当地社会的性别关系。奥姗是十七世纪约鲁巴主神当中唯一的女性，可是，由于她和海贝以及大西洋贸易的关系，她"在约鲁巴神话中成为众神和信徒之财富、名声和荣耀的源泉"[86]。这个众神等级和性别的变化，反映了海贝和神祇的女性化，而这其实是越来越多的女性积极投入财富积累和分配这一社会现象在神灵世界的投射。尤其是奥姗，她和棉布、玻璃珠、黄铜以及海贝紧密联系，而所有这些货物都是大西洋贸易的舶来品，是社会分化的重要标志。

综上所述，在十六世纪前的约鲁巴社会，玻璃珠是最重要的政治和经济物品，占统治地位。在这一历史背景、社会结构和社会模式下，十六世纪后以海贝为主的政治、经济和文化制度得到了新的诠释。一种新的、与海贝有着错综复杂的联系的传统，随着大西洋贸易的繁荣，得以在西非社会被发明出来。因此，玻璃珠和海贝的文化史为理解约鲁巴甚至整个西非的现代进程，提供了生动的案例和角度，完全撕开了所谓"停滞的传统"（timeless tradition）的幕布，强调了当地传统和殖民主义如何交织在一起，共同塑造近代社会。而笔者认为，海贝和贝币带来的社会变迁当然不限于约鲁巴社会，我们需要更多的人类学和社会学相关研究。

## 美洲非裔的海贝记忆

贝币也在许多方面给在新大陆的非裔族群文化打上了烙印。比如说，起源于约鲁巴的海贝占卜术就在非裔－古巴文化中十分流行。这样的文化遗迹显示了海贝在大西洋另一岸塑造非洲离散族群的角色。

用16枚海贝来占卜的习俗虽然起源于约鲁巴，却在新大陆的非裔－古巴后裔中发扬光大、流行起来，[87]这可能是他们"最重要的"占卜术。[88]与在非洲占统治地位的伊法占卜术（仅限于男性使用）相比，16枚海贝占卜术简单得多，这种占卜与多个不同的神相连，而且男女都可以使用，或许这就是它在美洲比在非洲老家更为流行的原因。[89]

通过当代的非裔－巴西文学，也可以一窥贝币在新大陆非裔族群中的痕迹。贝币已经融入他们的记忆之中，成为一个用来自我教育、延续传统，从而增强族群意识和身份认同的文化元素。[90]巴西当代作家和雕塑家梅斯特·迪迪（Mestre Didi，1917～2013年）就创作了一个寓言，海贝在其中的角色值得琢磨，寓言如下：

一个女孩到市场上去卖油。一个仙女用海贝买了她的油。因为其中一枚海贝是破裂的，所以小女孩请求仙女换一枚完整的海贝。"你去哪里，我就跟到哪里，直到我拿到我的海贝。"[91]虽然仙女劝她不要这样做，但小女孩还是跟着仙女到了哀甘思之地（land of the Eguns，死者之地）。仙女测试了小女孩好几次，最后给了她三个小葫芦。按照仙女的指示，小女孩到了家。"刹那间，屋子的每一个角落都堆满了海贝。"[92]小女孩父亲的大老婆是一个贪婪的妇女，她听到了这个故事，就派她的亲生女儿去市场卖油给仙女。仙女用海贝买了油，这个小女孩马上藏了一枚，然后问仙女再要一枚。仙女没有海贝了，所以这个小女孩跟着仙女到了仙女的家。最终，小女孩为凶猛的野兽所害。"这就是妒忌的后果。"[93]

这个寓言的主题围绕着诚实和坚持的美德以及妒忌的恶果，其篇幅虽短，却触及西非贝币的许多议题。首先，海贝是货币，是日常生活中的货币，在市场上使用，而且人们（甚至神仙）用贝币购买油（棕榈油?）。或者从另一个角度看，当地的百姓生产、销售油来获得贝币。这无疑是十九世纪海贝－棕榈油贸易在非裔人群中的历史记忆。其次，小女孩知道，海贝一旦破损，就失去了作为货币的资格，就没有价值了。这也是一个符合历史事实的情节。最后，海贝象征着财富，海贝越多，财富越多，所以屋子的每一个角落都堆满了海贝，这就像东亚社会憧憬屋子里堆满黄金，海贝和黄金都是大众心目中的财富符号。这个寓言传递的道理不过是诚实和坚持是通往财富的通道，却无意中凸显了海贝作为跨大西洋奴隶贸易和棕榈油贸易的货币而流传下来的记忆和文化遗产。这些海贝的足迹，有的一眼可见，一望即知；有的如草蛇灰线，需要仔细体会才能察觉；有的如雪泥鸿爪，曾经可见，如今不见。

总的来说，海贝文化是全球性的现象，在亚非欧大陆普遍存在，并传播至新大陆。海贝文化的规模及其某些属性，如作为审美、护身和财富的象征等，也是全球性的。与此同时，在每一个社会中，当地的信仰系统采用和融合海贝文化的过程和侧重点又是变化多端的。海贝是祛除"邪恶之眼"的护身符这样的观念虽然在地中海一带极其流行，广为接受，但在其他很多社会并不见得如此，或者根本不存在。今天，在马尔代夫，在印度，在西非，旅游者会发现各种各样的手工艺品或由海贝制成，或有海贝点缀。这不仅因为海贝的美丽为全球的大众所欣赏，而且因为当地的宗教文化传统赋予海贝特殊的魅力。这些海贝诉说着也隐藏着它们各自的历史，这些历史虽然有时迥异，却紧密相连。因此，海贝文化既是地方性的，也是全球性的，用最新的概念概括，就是具有"全球在地性"。

## 注　释

1. G. Elliot Smith, "Introduction," in Jackson 1917, xii – xiii.

2.《人类》是最早的人类学英文期刊之一，创办于 1901 年，目前在威立 - 布莱克威尔出版公司（Wiley – Blackwell）旗下。——译注

3. G. Elliot Smith, "Introduction," in Jackson 1917, xx – xxi.

4. G. Elliot Smith, "Introduction," in Jackson 1917, xx.

5. J. W. Jackson, 1917, 128.

6. Amir Goalni, "Cowrie shells and their imitations as ornamental amulets in Egypt and the Near East," *Polish Archaeology in the Mediterranean*, Special Studies：Beyond Ornamentation, vol. 23, no. 2 (2014)：75.

7. Amir Goalni, 2014, 73 – 74.

8. Amir Goalni, 2014, 74.（中王国时期，大约从公元前二十一世纪中期到公元前十七世纪中期，包括古埃及的第十一王朝到第十四王朝。——译注）

9. Amir Goalni, 2014, 75 – 76.

10. Amir Goalni, 2014, 75.（新月沃土，指的是从两河流域向西北沿着地中海到尼罗河河谷一带，仿佛一弯新月。新亚述帝国，时期为公

元前911～前609年，是亚述人在铁器时代建立的横跨亚非欧三大洲的帝国。——译注）

11. Amir Goalni, 2014, 76 - 78.

12. Amir Goalni, 2014, 77 - 78.

13. Amir Goalni, 2014, 79.

14. Amir Goalni, 2014, 78.

15. G. Elliot Smith, "Introduction," Jackson 1917, xix.

16. 转引自 M. Hiskett, 1966, II, 341。

17. M. Hiskett, 1966, II, 341.

18. M. Hiskett, 1966, II, 341 - 342.

19. Jackson, 1917. 杰克森的书涵盖了所有贝壳，不过，最后一章侧重于讨论海贝作为货币、护身符和幸运符的功能。

20. 《民俗学》是最早的民俗研究英文刊物之一，创办于1878年，目前在泰勒 - 弗朗西斯出版集团（Taylor & Francis）旗下。——译注

21. Evelyn F. Coote Lake, "Some Notes on the Evil Eye Round the Mediterranean Basin," *Folklore*, vol. 44, no. 1. (Mar. 1933), 93 - 98. （艾芙琳应该是女性，英版误为男性。——译注）

22. http: //web. prm. ox. ac. uk/england/englishness-Margaret-Murray. html.

23. Margaret Alice Murray, "The Meaning of the Cowrie - Shell," *Man*, vol. 39 (Oct. 1939), 167. （默里虽然在许多方面都有建树，博得一时盛名；不过，之后的学者发现，她的相关研究，尤其是民俗学方面的研究，都不可靠。——译注）

24. Margaret Alice Murray, 1939, 167.

25. Margaret Alice Murray, 1939, 167.

26. Margaret Alice Murray, 1939, 167.

27. Jackson, 1917, 216 - 221.

28. 花豹宝螺的常用名为 Cypraea pantherina。——译注

29. T. Sheppard, "The Meaning of the Cowrie - Shell," *Man*, vol. 39. (Dec. 1939), 200.

30. Kurt Singer, "Cowrie and Baubo in Early Japan," *Man*, vol. 40 (Apr. 1940), 51.

31. Kurt Singer, 1940, 51.

32. C. K. Meek, "The Meaning of the Cowrie - Shell in Nigeria," *Man*,

vol. 40（Apr. 1940），62 - 63.（C. K. 米克，生卒年为 1885 ~ 1965 年，英国人类学家，曾在英属尼日利亚担任殖民地官员多年。——译注）

33. Meek, 1940, 62.

34. Meek, 1940, 62.

35. Meek, 1940, 62.

36. Meek 1940, 62 - 63.（久昆人是分布于尼日利亚和喀麦隆西北部的一个族群，米克侧重于研究这个族群。——译注）

37. 伊亚瓦应该位于尼日利亚境内。托马斯的文章发表于 1922 年，即 "Birth Customs of the Edo - Speaking Peoples," *The Journal of the Royal Anthropological Institute of Great Britain and Ireland*, vol. 52（Jul. - Dec., 1922），pp. 250 - 258。——译注

38. Meek, 1940, 63.

39. Meek, 1940, 63.

40. Meek, 1940, 63.

41. Meek, 1940, 63.

42. M. E. Durham, "Cowries in the Balkans," *Man*, vol. 40（May 1940），79.

43. J. H. Hutton, "Cowries in the Naga Hills," *Man*, vol. 40（May 1940），79.（那加丘陵位于印度和缅甸的分界处，Naga 在梵文中意为"蛇"。——译注）

44. Margaret Alice Murray, "The Cowrie Shell in Formosa," *Man*, vol. 40.（Oct. 1940），160.

45. Wilfrid Vernon Grigson, "Cowrie Shells in the Central Provinces of India," *Man*, vol. 40（Oct. 1940），159 - 160.

46. Grigson, 1940, 159.（巴斯塔尔位于印度中部的恰蒂斯加尔邦。——译注）

47. Grigson, 1940, 159. ［贝图尔位于印度中部的中央邦（Madhya Pradesh）。考库人分布于印度的中部，属于蒙达（Munda）部落，和印度的另一个少数族群贡德人（the Gond 或 the Gondi）为邻居。——译注］

48. Grigson, 1940, 159.

49. Jack Herbert Driberg, "The Meaning of the Cowrie," *Man*, vol. 40（Nov. 1940），175.

50. Driberg, 1940, 175 – 176.

51. Charles Kingsley Meek, "The Meaning of the Cowrie: The Evil Eye in Nigeria," *Man*, vol. 41 (Mar. – Apr. 1941), 47 – 48.

52. Meek, 1941, 48.

53. Thomas Charles Lethbridge, "The Meaning of the Cowrie: Fiji, Egypt, and Saxon England," *Man*, vol. 41. (Mar. – Apr. 1941), 48.

54. Lethbridge, 1941, 48.

55. Lethbridge, 1941, 48.

56. Verrier Elwin, "The Use of Cowries in Bastar State, India," *Man*, vol. 42 (Nov. – Dec. 1942), 121 – 124.

57. Verrier Elwin, 1942, 121. (Dentewara 或 Dantewada, 是印度中部偏东的恰蒂斯加尔邦的一个区。德丝尔是包括几个村落的税区。按上下文，"扰"应是本地人相信的病魔。——译注)

58. Verrier Elwin, 1942, 121.

59. Verrier Elwin, 1942, 121.

60. Verrier Elwin, 1942, 122.

61. Verrier Elwin, 1942, 122. (班贾拉，也作 Lambadi、Vanjara 或 Gor, 是印度的游牧部落，据说起源于印度北部，但现在已经散布于中部、东南部等地。玛利亚应当是指前面提到的玛利亚山。——译注)

62. Verrier Elwin, 1942, 123. (Mahalakshmi 或 Mahalaxmi, 译为大吉祥天女，或音译为拉克希米，是印度的财富、幸运和繁荣女神；"maha"是"大"的意思。——译注)

63. Verrier Elwin, 1942, 122.

64. W. L. Hildburgh, "Cowrie Shells as Amulets in Europe," *Folklore*, vol. 53, no. 4. (Dec. 1942), 178 – 195.

65. Hildburgh, 1942, 178.

66. Margaret Portia Mickey, "Cowrie Shell Miao of Kweicow," *Far Eastern Survey*, vol. 15, No. 16. (Aug. 1946), 251 – 253. (定番县现已不存。这几个县的辖区目前都位于黔南布依族苗族自治州境内，西北距贵阳约 100 公里。在 1413 年贵州独立建省前，所述贵州地区在云南省管辖之下，因此南诏大理时期的海贝文化在贵州山区也有沿袭和传承。——译注)

67. Margaret Portia Mickey, 1946, 251 – 253.

68. M. D. W. Jeffreys, 1948, 45 – 53.

69. M. D. W. Jeffreys, 1948, 46.

70. E. G. Gobert, "Le pudendum magique," *Revue Africaine*, xcv (1951), 426 – 427. 转引自 M. Hiskett 1966, II, 340。哈根多恩和约翰逊也提到了戈伯特这篇综述, 不过, 笔者尚未有机会拜读此文。

71. Akinwumi Ogundiran, "Of Small Things Remembered: Beads, Cowries, and Cultural Translations of the Atlantic Experience in Yorubaland," *The International Journal of African Historical Studies*, vol. 35, no. 2/3 (2002): 427 – 457.

72. Akinwumi Ogundiran, 2002, 429.

73. Akinwumi Ogundiran, 2002, 441. [老奥约, 即奥约帝国 (Oyo Empire), 亦称约鲁巴帝国, 形成于十四世纪, 亡于十九世纪, 大致位于今天的贝宁和尼日利亚西部地区。——译注]

74. Akinwumi Ogundiran, 2002, 441.

75. Paula G. Ben – Amos, *Art, Innovation, and Politics in Eighteenth – Century Benin* (Bloomington: Indiana University Press, 1999), 103 – 104; 转引自 Ogundiran, 2002, 441。

76. Ogundiran, 2002, 442.

77. Ogundiran, 2002, 442.

78. Ogundiran, 2002, 442.

79. Christopher A. Gregory, "Cowries and Conquest: Towards a Subalternate Quality Theory of Money," *Comparative Studies in Society and History*, vol. 38, no. 2 (Apr. 1996), 195.

80. Ogundiran, 2002, 447.

81. Ogundiran, 2002, 448.

82. Ogundiran, 2002, 447 – 448.

83. Ogundiran, 2002, 449.

84. Ogundiran, 2002, 450.

85. Ogundiran, 2002, 453 – 454.

86. Ogundiran, 2002, 454 – 455.

87. William Bascom, *Sixteen Cowries: Yoruba Divination from Africa to the New World* (Bloomington and Indianapolis: Indiana University Press, 1993), 3. 威尔·巴斯科姆 (While Bascom) 称, 占卜所用的海贝并非"先

前被用作货币的那种海贝"，而是一种更小型的海贝。笔者在查看了他书中的海贝照片后认为那就是货贝。参见 William Bascom, 1993, 5。

88. William Bascom, 1993, 4.

89. William Bascom, 1993, 3–5.

90. Mestre Didi, trans. Phyllis Peres, "Story of the Woman Whose Daughter Made Palm Oil," *Callaloo*, vol. 18, no. 4, African – Brazilian Literature： a Special Issue（Autumn 1995）：797–798.（梅斯特·迪迪创作了很多带有南美本土风格的雕塑，其中不少以海贝为装饰材料。——译注）

91. Mestre Didi, 1995, 797.

92. Mestre Didi, 1995, 798.

93. Mestre Didi, 1995, 798.

# 第十章　贝币世界

货币在世界流通，世界因此而圆通。

——贡德·弗兰克，《白银资本》（*ReORIENT*）[1]

起源于海洋，尤其是马尔代夫附近海域的海贝，行走于并跨越各个地区和社会，象征着在欧洲殖民主义到来之前，旧大陆那个异彩纷呈却紧密联系的经济复合体，也象征着在欧洲殖民主义开始吞噬和统治旧大陆和新大陆之后，土著资源和传统被利用、操弄、剥夺和扼杀，从而促使欧洲崛起的那个痛苦的过程。海贝因此对货币史、经济史、族群和文化史、全球互动和世界史提出了很多尖锐的问题，值得进一步思考。

本章总结全书的内容，并试图进行理论上的讨论和升华。首先，贝币并非一种无足轻重的货币，遑论所谓的原始货币；相反，贝币是人类历史上第一种全球性货币。实际上，听起来也许矛盾，但贝币既非传统的，也非现代的。其次，贝币作为最早的全球性货币，为我们理解其起源提供了一个难得的机会，促使我们思考为什么有些物品能成为货币，有些却不能。海贝和贝币在各个社会的经历表明，供给对于某种货币候选物是否能够转化为货币起着决定性作用，这揭示了市场和国家调控在货币形成过程中互相交织的关系。再次，海贝贸易和贝币把亚洲、非洲、欧洲和新大陆连接在一起，这种全球性激发我们重新审视所谓的亚洲互动，以及几十年来经久不衰的概念——"西方的崛起"。我们已经初步看到，在欧洲殖民主义利用亚非欧原有的网络和传统时，海贝和贝币的作用非常突出。与此相关的是，如何在比较的框架下，讨论海贝与其他亚洲、非洲或者新大陆的资源（如香料、白银、茶叶、瓷器、棉花和鸦片等）对于现代欧洲世界体系形成的作用。最后，贝币在亚非欧大陆的出现、扩张和消退经历了几个明显的阶段，笔者因此提出了"贝币世界"这个概念，借此与其他历史研究的分析框架或范式——如约定俗成的世界区域（world region）包括南亚、东南亚、中国、海洋亚洲以及最近的佐米亚——展开对话。或许贝币世界不仅仅是一个历史空间和研究对象，也是世界史的一个研究范式，虽然这有待时间检验。

总之，本章着力重申贝币是第一种全球性货币，从全球角度讨论其使用和消逝，提出"贝币世界"这个概念，并讨论由此而引出的两个问题：其一，贝币在欧洲世界体系形成中的作用；其二，贝币世界对于一般历史研究的意义，以及作为世界史研究的一个新范式的可行性。

## 第一种全球性货币：全球实践与地方表述

本书结合其他诸位学者的研究，阐明了贝币是一种通用货币，因为它践行了各种货币功能，实现了货币的各种目的。从历史上看，贝币，而不是人们熟知的铜钱、银币或玻璃珠，是人类历史上的第一种全球性货币。不仅如此，贝币也是人类历史上存续最久的一种货币，时间长达一千五百多年。[2]从流通空间上看，贝币横跨整个地球的广大地区，不但在各式各样的族群和社会中被使用，而且这些地区使用贝币的时间也在很大程度上重合了。

在二十世纪八十年代之前，学者们普遍把海贝看作小额货币（零钱）或者原始货币，这基于一种文化上的偏见，无论是欧洲的还是中国的。[3] 对这些学者而言，"小额"和"早期"就意味着低级、传统或者原始，因而作为小额货币的贝币，似乎无论从对货币的、经济的贡献，还是从对社会的贡献来看，都无法和其他价值高的贵金属货币（金、银、铜）相提并论。这种观点当然基于精英的立场，经不起细细考究。确实，无论是金币还是银币，在人类历史上出现得都比贝币要早。可是，如果上述金属货币能够回应和满足市场的需求，那么为什么后来会出现贝币呢？为什么贝币会和金币、银币一起流通呢？为什么有时候贝币甚至代替了金币、银币呢？这些问题的关键在于，大额度的贵金属货币只能在社会精英当中流通使用，日常生活中的普通老百姓几乎没有机会拥有和使用它们。正因为这些贵金属货币很少在交易中出现，从其使用频率和社会阶层看，它们似乎不应该被视为通用货币，至少它们没有那么流行。正是在这种历史状况下和这一经济内凹处，贝币挤入了普通老百姓日常生活的交易，使得最接地气的市场灵动起来。也就是说，贝币的"微小"，正是它受到大众欢迎的原因，是它成为第一种全球性货币的关键。

从二十世纪八十年代起，詹姆斯·海曼（James Heimann）、简·哈根多恩、马里恩·约翰逊、傅汉斯、弗朗克·珀林和彼得·布姆加德（Peter Boomgaard）等学者通过实证分析和理论反思，开始挑战上述的贝币为原始货币的传统观点。海曼指出，印度的贝币如果不比最早的金属货币早，也至少是与之同时出现的，而且贝币"体现了现代话语下货币的所有功能——对市场变化、流动性需求、供给、交易、生产成本以及国民生产总值应变灵敏"[4]。珀林批评了把黄金和白银与贝币和铜钱对立起来的二分法：前者被看作城市的、沿海的、跨地区的、奢侈的，而后者被看作农村的、当地的、直接的、一成不变的。[5]他强调，在十七世纪和十八世纪的印度，贝币就是城市居民的货币。[6]平心而论，以上这么多学者的分析，既不如罗伯特·林赛的话通俗易懂，也不见得比它更简洁有力。作为英属东印度公司在锡尔赫特的税务官，罗伯特·林赛于1778～1779年评论说，海贝"满足了商业的所有需求"。他的这句话在印度以外的许多地区同样适用。在十七、十八和十九世纪，商人可以带着海贝在亚非欧大陆上相当广阔的世界里行走，所以彼得·布姆加德最早进行了全球性的概括，提出九世纪以来的海贝贸易和贝币不愧"是全球化最早的例子"。[7]

确实，贝币使用的区域广阔，东至泰人世界，北抵比哈尔乃至克什米尔地区，西至贝宁。贝币的持有者纷繁复杂，有商人，有政府，有土著，有殖民者，有亚洲人、非洲人以及欧洲人。贝币流通于佛教的印度、印度教的印度、伊斯兰教的印度和英属印度；流通于清迈王国、素可泰王朝、阿育陀耶王朝和曼谷王朝；流通于下缅甸；流通于唐宋时期中国西南的南诏和大理王朝，以及此后元明时期的云南；流通于西非众多的苏丹王国和葡属、荷属、英属或法属的西非和东非。贝币从没有局限在某一个王国或帝国的领土上，从没有局限于某一个族群或某一个阶层，当然也没有因为某一个政府的禁令而裹足不前或悄然而去。贝币在亚非欧大陆上的传奇，使得学者不禁概叹，贝币"最为重要，最为有趣，也最为现代"[8]。换句话说，贝币时空的广远、表现的多维、功能的全面，不得不让人承认它是第一种全球性货币。正因为这些特色，贝币激发学者们去探求一种研究方法，它既可以"超越对不同地区的经济比较，也可以超越侧重于用某个占统治地位的支柱来解释世界经济的方法"[9]。

语言分析也可以生动展示贝币作为第一种全球性货币在世界上的传播过程。孟加拉地区称海贝为 cury（或 kauri），如皮莱资所闻，这表明孟加拉是云南海贝的来源地。因为在中国，海贝最早被称为贝、贝齿（齿贝）以及贝子，[10]而用来指代海贝的译音"考黎"一词则完全是元明时期才出现的新名称。元明时期的云南地方文献就把海𧵅、海𧴪、𧴪/𧵅子、巴子与考黎（根据形声字的造字原则，也有多种写法）等词混用，都是指海贝。十五世纪初同郑和一起下西洋的马欢、巩珍和费信都不约而同地记下了"考黎"这个名词。从发音来看，考黎就是 cury（或 kauri）的音译，也就是说，云南的考黎（海贝）来自孟加拉，其终极来源地还是马尔代夫。因此，无论是中文的考黎还是英文的 cowrie/cowry，都是各种印度语言的音译，如印地语的 kaudi、马拉塔（Martha）的 kavari 以及马尔代夫语的 kabtaj。[11]

元明时期新发明的中文字"𧴪"或"𧵅"也值得推敲。"𧴪"和"𧵅"有时直接被记载为"巴"，被称为"巴子"，"子"作为后缀，言其小而多也。汪大渊在《岛夷志略》中用了"𧴪子"[12]，马欢、巩珍、费信用了"海𧵅/海𧴪"，"𧵅/𧴪"是形声字，是"贝"和"巴"或"八"的组合。"贝"这个部首指代性质或特征，而"八"或"巴"则是读音，正如明代的李时珍所指出的。[13]而《明实录》和《历代宝案》干脆直接用"巴"，并称之为海巴。不称海贝而称海巴，非常值得琢磨，这表明海巴是外来物，本土没有合适的名称。需要注意的是，虽然 ba 这个读音和"贝"字的读音类似，但它绝不是"贝"的转音或异读，而是另有因缘。ba 音最可能源于梵文的 kaparda 或者印地文的 kapari。[14]它和占婆（Cham）的 bior、高棉（Khmer）的 bier、暹罗的 bia、老挝的 bia，以及泰文的 hoi 读音相近。[15]伯希和还提到了马来语的 biya，并由此谨慎地推测泰语的 bia 可能来自马来语。[16]在云南西部，也就是贝币最核心的区域，例如剑川一带，民国时期称赌钱为赌 pia，pia 是当地人对贝的称呼，与"妑""虪"二字音相近。[17]因此，云南本地发音 pia 和上述的 bia、bior 以及 biya 高度相似，可以推断是受到了东南亚的影响，也就是梵文经东南亚辗转到中国的结果，即中国古籍中所谓的"重译"。

当强调贝币是全球性货币的时候，我们切不可忘记贝币也是地方性的。它在各地有不同的称呼，催生了各具特色的地方文化。尤其值得重视的是，虽然贝币在这些地区都是货币，但是它融入了各地别具一格的货币体系之中。[18]贝币经常和各种不同地方性的或全球性的货币并行不悖，如黄金、白银、铜钱、先令、法郎等，从而在各地绘出了五花八门的货币地图。虽然孟加拉、奥里萨、比哈尔、勃固、暹罗、兰纳、南诏－大理－云南和西非这些地区都采用贝币，可是，贝币这种"全球性货币"的表述本质上也是地方的，是扎根于当地、体现地方特色的，是接地气的。在先秦时期的中国，虽然海贝没有成为货币，但"海贝是货币"这个概念已经深入人心，影响一直延续到现在。更有意思的是，铜贝，也就是海贝的仿制品，代替海贝成了中国最早的货币之一。这或许也是贝币这种全球性货币的地方表述的另一个方式吧。

除了作为货币和经济上的作用外，贝币在政治、社会性别、宗教、文化以及家庭和社会的权力结构等诸多方面意义同样重大。正如帕特里克·曼宁教授在本书序言中所指出的，佛教和伊斯兰教在传播海贝文化和贝币的过程中发挥了重要作用。在本书谈到的许多史实中，我们可以看到，本来处于社会边缘的妇女和年轻男子，通过参与海贝贸易或者通过劳动获得贝币，逐渐增强了他们的经济和社会权力，开始挑战原有的社会结构。在一些非洲社会或非裔社会，虽然贝币是一种新发明，但是海贝迅速成为地方传统和独立的象征，在抵制和反抗欧洲殖民争取自由的斗争中发挥了独特的作用。

当然，海贝作为最早的全球性货币，还有许多地方值得斟酌。海贝在奥里萨、孟加拉和比哈尔等地是货币，可是，当海贝被从孟加拉运输到勃固、暹罗，直至江南（长江三角洲），或者被从清迈和兰纳运到云南时，它们是商品还是货币？我们知道，在从印度洋经欧洲到西非的这个过程中，海贝是货物，而且因为是压舱物，所以它可为利润锦上添花。因此，贝币虽然在亚非欧的广大区域得到使用，但是，在将这些区域联系起来时，海贝不见得是货币，而可能是一种商品（也许很特殊，可仍然是一种商品）。比如，西非似乎是贝币的一块飞地——如果东南亚和云南不是的话。这些都值得进一步思考。

## 成为（或者没有成为）货币：市场与国家

贝币的产生、全球化以及消逝的过程对于探究货币的起源、形成和消失有相当大的启迪。首先，贝币的例子告诉我们，某种货币候选物（同时具备稀少和充足这两个条件以及货币的物理特性）的供给是其货币化成功（或失败）的关键。在不同的时空里，市场和国家在供应货币候选物的过程中的作用各不相同。

新几内亚岛上的一些社会都选择了将海贝作为本地的一种货币使用。然而，它们的海贝并非来自马尔代夫，它们的经济也和印度洋无关，它们的贝币体系也并非基于印度洋的模式；可是，它们与印度洋世界在历史环境、社会场域，以及人们拥有的货币候选物的有限性等方面具有相似性。在白人到来之前的北美，加工过的贝珠在印第安人部落中价值昂贵，欧洲殖民者下马伊始便注意到了贝珠，马上用他们不需要却备受印第安人青睐的贝珠来交换其他欧洲人垂涎的地方货物，尤其是皮毛。欧洲人的参与带来贝珠供应的迅猛增长，使贝珠在这个市场化和货币化的过程中淘汰了其他货币候选物，成为某种广泛流通的货币。和印第安人的贝珠相反的就是先秦时期的海贝。海贝在那时的中国是最有力的货币候选物，可是，由于距离印度洋太过遥远、转运成本太高，海贝供应稀缺，始终只能是一种贵重物，仅仅在政治活动（包括礼仪）中存在。因而海贝在货币化的过程中没有竞争力，无法成为中国最早的货币。以上的例子，都说明了供给是货币化的关键一环。

基于同样的逻辑，供应过多是贝币贬值、失效甚至失败的普遍因素，在全世界许多社会造成了诸多悲惨的故事，其严重的经济后果甚至引发了社会动荡和暴乱，如十七世纪三十年代的新英格兰、1817 年奥里萨地区的派卡暴动和 1956 年新几内亚的奥班诺起义，更不要说十九世纪末海贝被倾销、被当作垃圾丢弃给西非带来的混乱局面。正是海贝在西非的无限供应，宣告了贝币之货币功能的结束，这也就结束了贝币本身。这就是为什么在很多非洲社会，作为财富象征的海贝和贝币往往和血腥、暴力、谋杀以及苦难紧密联系。钱带来的不是快乐和满足（即便它能够带来快乐和满足，那也只是暂时的），而是始终铭记于记忆之中的痛苦。正因如此，贝币的历史对于探求货币的起源与形成别有意义，因为它凸显了供给在挑选、择定和淘汰货币候选物这一重要过程中的关键作用。

在谈到贝币的形成与全球化时，人们自然而然会注意到，全世界如此众多的文化、人群和社会在如此漫长的时间里所使用的海贝，居然基本上都是来自马尔代夫群岛的，这几乎令人无法想象。海贝作为商品从那里被船运至各个市场，供应过量会导致贝币贬值，供应不足会导致贝币升值，特别是和其他货币的兑换率飙升。总体而言，在欧洲人参与并垄断海贝贸易之前，海贝的供给维持在让贝币迅速扩张的程度。早在十世纪前后，贝币已经进入了中南半岛的北端，甚至到了内陆的云南地区；云南不但境内多山，而且远离海滨，同时更重要的是，云南属于强大的经济体——中国，而中国早就建立了自己独特的金属货币的传统，即使用铜钱。虽然白银在十六世纪后的中国广泛流通，但是白银从未取得官方认可的货币地位，中央王朝也从来没有铸造过银币。这不由得让人惊叹市场和贸易的内生力量，惊叹印度洋世界的活力。

欧洲人的到来逐渐改变了这种状况。他们不仅连接起了印度洋和欧洲，而且连接起了西非和新大陆。此后不久，他们就把印度洋和跨大西洋贸易（如奴隶贸易）连接起来，成千上万吨海贝被作为压舱物从印度洋运到欧洲，在伦敦、阿姆斯特丹和汉堡被拍卖，然后又被运到西非。到了西非，海贝被用来购买当地的特产，特别是奴隶和棕榈油，前者被运到新大陆的种植园做苦工，后者是欧洲工业革命名副其实的"润滑油"。海贝最初的到来刺激了西非许多社会的货币化进程，促进了非洲和大西洋以及印度洋和欧洲之间的贸易，推动了欧洲的工业革命，助长了欧洲殖民者对亚洲、非洲和新大陆的蚕食和渗透。贝币的全球化也是这个进程的一个结果，直到海贝倾销的程度远远超出了西非可以吸收、消化和容纳的程度——这导致了市场的崩溃。从供应充足到倾销，海贝淹没了西非市场，自己本身也失去了公信力，最终彻底摧毁了贝币和它支撑的商业，给予它象征的贸易世界以毁灭性的打击。

市场确实是推动贝币扩张及走向失败的那只看不见的手。与此同时，另一个常见的机构，也就是政府，也对贝币状况影响很大。虽然各个地区和国家的政府采取的货币政策各不相同，但政府也是一个全球性和地方性的结合体。这种全球性－地方性的特色尤其表现在政府对贝币施加控制和垄断的企图上。无论在欧洲、亚洲还是新大陆，新建立的政府（包括殖民政府）的贝币政策大致相同，先是参与、承认和接受贝币，然后是操弄、限制和取消贝币。

1253 年，蒙古军队征服了大理国，当地的贝币马上引起了元朝政府的注意。虽然他们不喜欢贝币，也不愿意接受以贝币缴纳赋税的习俗，因为贝币在元朝中国的其他地区并不流通。可是，元朝政府不得不接受这种地方传统，同意以海贝来交付30%的税款。这样，在元朝政府统治之下（1254～1383年），云南出现了海贝、白银、中统钞、铜钱交错并存的货币体系。同时，元朝的中央政府和云南地方政府也采取了许多措施，一方面限制海贝继续流入云南，另一方面控制和削弱贝币在云南的流通。前已述及的所谓私肥就体现了这样的政府立场和政策。

明代的云南采取了和元代类似的立场和措施，也就是一方面无奈地暂时容忍贝币，奉行海贝、纸钞、白银、铜钱交错并行的货币体系，另一方面采取了比元代更积极的措施来限制贝币和用其他货币取代贝币。其中最重要的行动就是三次大规模的铸币——铸造铜钱以供地方的汉人和非汉人族群日常使用。然而，这三次铸币收效甚微，其中一个关键的原因就在于，云南的贝币是跨区域货币体系的一个组成部分。海贝的东南亚来源不消失，且贝币与东南亚的联系不中断，贝币就很难靠政府的力量被废除。因此，云南的贝币一直到明清交替的十七世纪中期才逐渐消失，关键原因就在于全球海贝贸易的变化，而不仅仅是明清政府的决心和能力。

英属印度的贝币政策也与中国大致相同，虽然时间比云南稍晚一些。当英国人的统治逐渐建立后，英属殖民政府允许用海贝来支付部分（而不是全部）税收。到了1807年，则规定"缴纳入库的税收必须由加尔各答的丝卡卢比支付"，兑换率固定为4卡汉海贝（5120枚）等于1卢比。[19] 不久，兑换率下降为7卡汉（海贝）等于1卢比，原因很多，包括白银从奥里萨大量外流。这样，英国的殖民政策悄悄地改变了贝币政策：之前他们允许海贝直接用来交税，虽然只能交付一部分；现在他们拒绝接受贝币，而是要求大家先按照官方规定的牌价兑换卢比，然后用卢比交税。可以想象，官方牌价肯定低于市场，对海贝不利，从而损害了大众的利益。在逐步把海贝从官方税收系统中排除出去后，英国人采取了和明朝政府同样的手段，那就是铸币，用新的小额铜币来替代市场交易中的海贝。

不过，这个过程相当漫长，直到十九世纪下半叶，市场上流通的铜币还远远不能满足需求。一步步地，海贝失去了官方货币的地位，然后逐渐失去了合法货币的地位，虽然这个下行的过程持续了一个多世纪。

上述对西非和其他地区贝币历史的量性分析，曾被格雷戈里（C. A. Gregory）批评为纯经济学的和精英主义的论断。[20]格雷戈里采用了地方视角，把权力理论引入对贝币的讨论，提出了次生质量理论（subalternate quality theory）的政治经济学诠释。[21]他先引用了切切（Cece）讲述的神话来开始他的分析——"我们本没有贝币"。切切是西非的"阿伊佐人（Ayizo people），阿伊佐人曾经被贩卖为奴隶，还曾被迫在国王掠夺奴隶的军队里服役"。[22]根据当地的传说，是国王第一次引进了象征着政治权力、经济剥削和社会苦难的贝币。可是，"我们本没有贝币"这个断言也不完全符合历史事实。的确，殖民者带来了贝币的迅猛扩张，使其逐渐深入内陆地区，渗透到穷人的日常生活中。可事实是，欧洲殖民者既没有在西非，也没有在印度发明贝币。诚然，贝币确实是统治精英权力的象征，这也就是为什么达荷美国王拒绝了英国人终止奴隶贸易的建议：因为海贝–奴隶贸易是其统治的基石，是达荷美王国的秩序所系。贝币确实总是与暴力、残忍和苦难联系在一起，正如非洲许许多多的民间故事所记载的那样。

因此，读者无须对格雷戈里强调政治权力在制造货币和调控价格的过程中扮演的角色感到惊奇，笔者也一再指出贝币和权力的共生关系。切切在神话里的断言——"国王带来海贝"，在西非的部分地区也并非没有历史依据。[23]然而，在贝币世界的其他广阔区域，是市场而不是国王带来了海贝。市场扮演着比国王更加基础的角色，促使海贝货币化，促进贝币全球化。上述的数量理论在详细分析对贝币的限制、替代贝币、海贝供应，尤其是海贝在非洲的倾销时，无不强调这些都和政治权力紧密相关，无论权力来自欧洲人、澳大利亚人，还是当地国王或酋长。

这样看来，说数量理论是纯经济学分析的指责并不公正。在分析历史上的人类社会或者现实中的人类社会时，政治经济学都能切中肯綮，但格雷戈里可能对海贝的例子有所误解。贝币的形成和扩张，如前所述，更多是基于市场的推动力，而不能归因于某个政治巨头，或者几个政治中心的合力。但在另一方面，虽然贝币远在欧洲殖民之前就形成了，但从本质上说，其衰退和消逝主要是殖民权力导致的。因此，对海贝供应的数量分析并没有排斥权力因素，相反，它无时无刻不考虑市场和政府，体现了政治经济学的角度和方法。

## 海贝与西方的崛起[24]

海贝故事中一个最夺目的问题就是，它在我们生活的现代世界的形成中起了什么作用？换个角度来问，以海贝为象征的亚洲与西方的崛起之间究竟是什么关系？研究大西洋贸易的学者常常强调新大陆带来的黄金和白银是如何促进欧洲崛起的。贡德·弗兰克就生动地比喻说，新大陆的这些贵金属使得欧洲有能力买一张搭上亚洲特快列车的车票。[25]虽然贡德·弗兰克关于世界体系的理论对多数学者而言过于偏颇空泛，可是，没有人会否认，白银和黄金对于现代欧洲的快速崛起和在全世界的迅猛扩张起到了关键作用。研究明清中国的学者也抱有类似的观点，他们指出，欧洲商人带到中国的白银，对于中国的经济和社会有利有弊，总体上促进了中国的市场化和货币化，并使其融入世界经济。可是，一旦白银大量外流，就会导致中国社会出现灾难。

从明末起，白银一方面加速了中国的商业化和货币化，使得中国经济融入世界经济体的程度达到了前所未有的高度；另一方面，作为帝国经济和财政的关键因素，白银倘若大量外流，就会导致空前的灾难，如后来的鸦片贸易。可见，新大陆的白银对于欧洲、新大陆、中国、东南亚和印度的联系紧密化以及全球化功不可没。那么，和白银一样是货币，而且还是最早的全球性货币的贝币，在这个全球化的过程中起到了什么作用？令人遗憾的是，相对于白银，很少有历史学家关注贝币，虽然贝币这个亚洲特产，即便不比黄金和白银早，也至少和它们同时参与了印度洋－大西洋贸易，在亚非欧之间穿行。[26]

简单地说，海贝在欧洲世界体系中扮演了和白银类似的角色。简·哈根多恩和马里恩·约翰逊的统计表明，从1700年到1790年，荷兰人和英国人运输了约11436吨（metric ton）海贝到西非。11436吨相当于令人瞠目结舌的100亿枚海贝。[27]这些海贝又被换成西非出口的奴隶和棕榈油，使得欧洲渗入亚洲、非洲和新大陆的市场，促进了所谓"西方的崛起"。海贝和白银的比较与海贝和鸦片的比较也是惊人地相似，因为这三者都有助于欧洲的资本积累和统治。欧洲人把新大陆的白银和孟加拉的鸦片运送到中国市场，交换中国的茶叶、丝绸和瓷器等商品。同样，印度洋的海贝被运送去开辟西非市场，用来交换奴隶，而奴隶则被转运到新大陆的种植园。虽然无法量化印度洋的贸易在多大程度上塑造了现代世界体系，但毋庸置疑，海贝对欧洲的崛起和欧洲霸权的建立贡献良多。

相关的另一个问题就是海贝与金属货币——特别是黄金和白银——的关系。珀林曾经分析了欧洲从海上渗透中国的特定历史前提和条件。谈到新大陆的白银是国际商业发展的前提时，他评论说：

> 正是这种立足于广阔区域的、多样化且大规模的货币化需求，和长期以来货币生产和供应的发展一起，构成了美洲白银流动和欧亚贸易的先决条件。[28]

也就是说，贝币就是亚洲的先决条件中的关键一个。虽然直到十八世纪五十年代，欧洲和世界其他地区看起来也没有多大区别，[29]但是，欧洲在地理上与新大陆的近距离以及欧洲的航海能力，使得它能够利用亚洲的先决条件（如资源、网络和基础设施）为其服务，而不是相反。

布姆加德研究过金属货币（金、银、铜）和海贝的流动。[30]当白银主要是从欧洲流向亚洲时，海贝就反向流动。更重要的区别在于，当白银或者其他金属货币作为受欢迎的商品，逐利而行，而不是固化于一个流通方向时，海贝则不同，它只有一个流通方向。欧洲人从亚洲购买海贝，然后在欧洲或者西非售出，但他们从来不再次从西非购买或换回海贝，也从来没有在欧洲使用贝币。换句话说，对于欧洲人来说，海贝本身没有价值，海贝的价值存在于它能够交换或购买回来的货物上。白银或其他金属货币则不同，它们本身的价值不但吸引着亚洲人和非洲人，而且吸引着欧洲人。这样，贝币的流通虽然是跨区域的，但本质上是单向的、不可逆的。[31]一旦海贝被欧洲人从印度洋运到西非，它们就不会再被购买回亚洲。结果，欧洲人利用海贝得到非洲的财富，而海贝，无论其最终的归属地是非洲还是印度，都失去了最初的价值，变得一文不值。初看起来，由市场推动的、买卖双方都自由接受的"公平"交易，最终成为亚洲人和非洲人的陷阱。这种单向贸易导致非洲和亚洲在世界经济体中损失惨重，并逐渐被边缘化。[32]

贝币货币体系使人不得不重新考察关于世界体系的争论，特别是考虑到"欧洲霸权建立之前"的世界，以及欧洲人抵达亚洲时发生的世界体系的结构调整。布罗代尔指出，在1500年至1800年之间，"远东"有三个世界经济体，即伊斯兰世界、印度和中国，这三者都在欧洲世界经济体的掌控之中。[33]沃勒斯坦（Wallerstein）则将印度洋视为现代世界经济早期阶段的外部区域，而印度洋和其他区域被欧洲世界经济吞并发生在1750年至1850年间。[34]两位著名学者似乎都没有注意到海贝贸易和贝币，以及它们是如何建立印度洋同大西洋的联系的，这无疑反映了他们以欧洲中心论的视角来概括现代世界的立场，即使他们的初心就是努力批判和解构这一立场。

和沃勒斯坦的现代世界体系相比，珍妮特·阿布－卢高德（Janet Abu-Lughod）提出的十三世纪世界体系虽然本质上还是一种国际贸易经济，但可视之为沃勒斯坦阐述的现代世界体系的先驱，而且比后者更"面向亚洲"。[35]她把1250年至1350年间的这个世界体系分为八个交错联系的亚体系，这八个亚体系又构成三个大圈：西欧、中东和远东。珍妮特·阿布－卢高德的世界体系开始于1250年前后，终结于1350年前后。可是，在她笔下，这个体系的始末与贝币的形成和传播似乎毫无关系。有证据表明，西非在1250年前已经使用贝币，然而遗憾的是，珍妮特·阿布－卢高德无论在讨论属于欧洲亚体系的西北非，还是在讨论泛地中海亚体系时，都没有提到贝币。[36]西非的贝币区域在她1250年至1350年的世界体系里没有被标识出。同时，她将1350年作为其世界体系的终点，看起来也相当武断，因为如果说西非的贝币在十三世纪早期没有那么显眼的话，那么，到了十四世纪早期，西非的贝币已经众所周知了。伊本·白图泰曾经亲见亲历，而且他也知道海贝是从印度洋经由跨地中海的贸易路线被运抵西非的。

贝币不仅挑战了珍妮特·阿布－卢高德世界体系的时段划分，也挑战了其地理划分。读者已经知道，早在十世纪时，贝币的使用区域便已经从孟加拉地区扩张到阿萨姆、下缅甸、泰人世界以及位于云南和贵州的南诏，那么，珍妮特·阿布－卢高德关于印度和远东两个圈的划分就武断地分割了贝币世界，因而值得斟酌。

珍妮特·阿布－卢高德的世界体系或国际贸易网络结束于1350年，而似乎正与之相反，海贝贸易和贝币在那时正渐入佳境，完全没有国际贸易网络那衰退的景象。因此，海贝贸易和贝币区域无法容于珍妮特·阿布－卢高德的十三世纪世界体系，反之亦然。假如确实有这个世界体系的话，本书所讨论的海贝似乎支持这个世界体系开始得早一些，结束得晚一些，而这促使我们重新思考所谓的亚洲互动。

## 什么是亚洲互动？

贝币的存在挑战了学术界对亚洲互动的时空界定。首先，在空间上，贝币的存在对南亚、东南亚、东亚、印度洋世界和整个亚洲这些地理概念的定义提出质疑，对它们进行了解构，并提倡亚非欧大陆这个地理空间概念。滨下武志曾经指出，强调全球化下的地方化实际上大大改变了"亚洲"这个概念的意思。[37] 沈丹森也带有启发性地辨析说，亚洲联系（connections）和联通（connectivities）实际上"早就超越了亚洲大陆"，因而"必须在更宽广的场域，也就是亚非欧网络内加以审视"。[38] 海贝贸易和贝币为反思亚洲和亚洲交流的这些范式的局限性提供了有力的个案研究，倡导将亚非欧这个超级大陆作为讨论各色各样跨区域联系和网络的坚实平台，换言之，就是提倡笔者所说的全球性研究视角。贝币这种货币在不同地区间以及大陆和海洋之间穿行，同时又超越了上述地理空间的界限。这样一来，即使是地区间或者亚地区间的联系，在全球化的进程中，也都被赋予了新的内涵。当然，我们也要看到，虽然贝币是全球性的，可它也没有处处流通，即使在贝币区域内部也不是均质的。

其次，一些时间上的里程碑或标志，如十三世纪或前现代时期（无论是指十三世纪前、十四世纪前，还是十五世纪前），面对贝币的存在，显得尴尬无力，甚至没有意义。对于贝币的研究，本书不仅呼应了亚洲研究的最新趋势（如海洋的视角和长时段历史的视角）[39]，同时也挑战了亚洲研究中对时间的划分。在勾勒了穆斯林的海洋贸易，海洋亚洲的注辇和室利佛逝，陆地亚洲的畏兀儿、契丹和女真，以及中国宋代空前的商业化之后，沈丹森指出，十一世纪到十三世纪是前现代的亚洲交流最富有活力的时期之一。[40] 在讨论安东尼·瑞德提出的"商业时代"（Age of Commerce, 1450～1680 年）的东南亚时，韦杰夫提出，"公元 900 年到 1300 年的这段时间，应该被看作东南亚贸易时代的初期"。[41] 维克多·利伯曼分析全球语境下的中南半岛时，直接把公元 800 年前后作为讨论的开端，而这一时间也和贝币进入南诏的时间大致相符。不过，利伯曼的中南半岛并不包括南诏或大理，他也没有花工夫来说明为什么他采用这个时间点作为分析的开端。[42]此外，还有一些世界史学者认为，跨地区交流（或者说是全球化）的一个分水岭大致在公元 1000 年，因为公元 1000 年后的世界历史"成为合流（convergence）而非分裂（separation）的故事"[43]。虽然所有这些分期的努力所关注的地理空间各有侧重，但它们都为探索亚洲交流提供了新的思路，值得推介，[44]而贝币的历程或许可以把这个地区和全球的商业化追溯到更早的时期。

在东亚，亚洲内部的交流时常被简化为中印关系，[45]而跨亚洲的互动则被简化为东西方之间的联系，[46]在这样的框架下，中印之外的其他地区以及东西方（如果有所谓的东方和西方）两极之间的其他文明和区域都被抹杀了。比如说，我们可以认为云南贝币的出现是印度洋货币体系所造成的最遥远的影响，可是，这种说法忽视了印度和云南之间许多族群和文化的能动性、活力及贡献。如勃固人和暹罗人，他们最早把孟加拉的货币引入中南半岛，并在九世纪或十世纪，将之从那里向北传到南诏。其他的族群，如琉球人，也在海贝贸易中发挥了一定的（如果不是重要的）作用，而且他们都是亚洲互动的积极参与者，而不仅仅是掮客。[47]

基于同样的逻辑，贝币也挑战了研究亚洲互动时常常采用的政治单元及其边界。读者或许已经注意到，贝币的存在和使用并没有被某一个帝国或庞大的王国所控制，市场才是贝币全球化的原动力。因此，贝币令人回想起桑贾伊·苏布拉马纳姆（Sanjay Subrahmanyam）对我们的提醒，即要避免"因沿用纯粹的政治实体来研究经济联系所带来”的令人熟视无睹的陷阱。[48]毕竟，市场作为一种经济体，其诞生远远早于国家和民族，而且市场和政治权力的运行与边界往往存在紧张关系。

贝币的存在对探讨海洋亚洲和印度洋世界也不无裨益。海贝是大海的产物，但在远离大海的内陆社会和王国，如中国的商朝、印度的比哈尔、东南亚的兰纳王国、南诏和大理以及西非的腹地，它或为贵重物，或为礼仪之象征，或为货币，各具重要意义。正因如此，贝币体现了海洋对陆地深远而持久的影响，代表着大陆－海洋的联系和互动。其实，早在二十世纪中叶，就有一些先驱学者，如 G. 戈岱斯（G. Coedès），强调海洋在亚洲历史中的作用。[49]海曼则通过对海贝贸易的研究，来展示印度洋“世界经济”的一体化。[50]里拉·慕克吉在其对印度洋海域的研究中指出，这片水域“是由很多滨海社会、杂交型的政治体、宗教和商业习俗，以及交错联系的社会构成的”。[51]芭芭拉·沃森·安达娅（Barbara Watson Andaya）对上述这些研究角度和方法做了最新的阐述，她告诫我们要注意到“纯粹从陆地出发”这个角度的危险性，她呼吁我们关注“去界的海洋”（ocean unbounded）。[52]在提倡海洋史研究时，杰瑞·本特利不仅倡议把海（sea）和洋（ocean）作为历史分析的框架，而且还从商业、生态和文化交流的角度阐述了这种方法的优势；同时，他也指出了海洋史存在的局限和问题，如海洋在时空上的分期和划界、不同海域之间的关系，以及海洋与其存在于其中的更大世界的关系。[53]由此可见，贝币确实启发我们去思考历史分析的单元，而这是长期以来一直为许多著名历史学家（如汤因比）所关注的难题。[54]

上述各种实证性的研究也罢，理论性的探索也罢，其旨趣都在反思过去历史研究中空间划界和时间分期的不合理性。笔者受其启发，结合贝币这个无法用地区史、国别史和文明史界定的案例，提出"贝币世界"这个概念，作为纯粹的陆地研究或海洋研究的一个补充和选择，因为贝币世界既非陆地的，也非海洋的。

## 贝币世界

贝币世界囊括了由贝币联系起来的广大陆地和宽阔大海，贝币把它们结合成一个在商业和文化上紧密联系的世界。这个世界在不同的地形、人群、文化、宗教和社会中移动潜行，跨越了它们之间的界限。

作为最早的全球性货币，贝币持续了一千五百多年，而海贝贸易则比贝币形成更早、结束更晚。考古和文献的发现，特别是晚商时期的海贝记录，都表明海贝贸易（转口贸易）在三千年前就很发达。可惜的是，印度北部与中国（以及中南半岛北部）之间早期海贝贸易的情形依然模糊不清。[55]

亚非欧大陆史前的海贝文化起源远远早于海贝贸易，因而为海贝贸易和基于孟加拉地区的贝币世界提供了基础。贝币世界的关键性标志就是使用海贝作货币。在公元第一个千年早期的某一时期，海贝在印度某地首先被作为货币使用。[56]中国取经僧人法显在四五世纪留下的关于印度北部贝币的文献，是关于贝币的最早文献。不过，贝币的出现可能还可以推到法显之前。早期的贝币，大致在印度北部、孟加拉和奥里萨地区，随后在七世纪时扩张到了东部的阿萨姆地区。这是贝币的第一个阶段，在此阶段，贝币世界基本局限于印度大陆本土。到了十世纪，贝币通过下缅甸和泰人区域抵达了位于今天云南的南诏。也就是说，早在十世纪，印度的一大块（奥里萨和孟加拉地区）、阿萨姆、中南半岛的一部分，以及中国的西南已经使海贝与金、银同为货币。这是贝币的第二个阶段。

贝币世界的第三个阶段大致从十三世纪的某时（可能还要早）——也就是西非开始流通贝币的时候——开始。此时，以印度为基础的贝币世界已经在万里之外的西非建立了一块飞地，把东亚、东南亚、南亚、地中海世界和西非连在一起。这也是前现代时期亚非欧大陆互动的极致。

贝币世界的最后一个阶段便是葡萄牙人和其他欧洲人开始从印度洋运送海贝经欧洲到西非。如此一来，贝币就把印度洋和大西洋以及新大陆和旧大陆这两个世界联系在一起。亚洲的货物成为西非的货币，欧洲人以此购买了非洲的奴隶，非洲的奴隶又被运到了美洲的种植园，在新大陆上生产了蔗糖和棉花，促进了那里资本主义经济的发展，新大陆的蔗糖和棉花则被运到了欧洲和亚洲的市场。此后，海贝又被欧洲人用来购买西非的棕榈油，"润滑"、加速了欧洲的机器，推动了工业革命的进程，欧洲从而生产了大量工业品，并将之推销到全世界。由此看来，贝币对于欧洲资本主义的扩张、世界经济一体化（也就是全球化）的形成、工业革命的完成，以及欧洲在全世界建立霸权的贡献不可忽视。与此同时，贝币继续在印度流通，但逐渐从云南退出，在东南亚萎缩，部分是因为非洲市场的巨大需求。资本在海贝贸易中的逐利愈演愈烈，终于导致要从东非海岸进口环纹货贝来代替货贝，于是在十九世纪末出现了海贝在西非的倾销。此时，贝币体系开始崩溃，贝币世界同时破碎，不复存在，即便在非洲和印度的某些地区，贝币挣扎到二十世纪上半叶才彻底消失。

贝币世界对于探索海洋史、贸易史、亚洲史、世界史乃至一般历史都有所启迪。首先，贝币世界是一个修正且超越了传统陆地研究或海洋研究的课题。"贝币世界"这个概念以平衡和包容的视角来容纳陆地和海洋，避免了在历史研究中常见的基于陆地的视角和新兴海洋史中基于海洋的视角下会存在的一些盲点和局限。贝币世界挑战了空间的划分，对人们习以为常的地理空间概念加以质疑，打破了传统的以政治中心或东西方二元对立（或者族群区别）为基准的对地理空间的划分。因此，"贝币世界"这个概念对传统的（或者非传统的）国家、地区及文明概念（如南亚、东南亚、中国、印度洋等概念）提出了挑战。[57]同时，贝币世界也挑战了时间的划分，因为它超越了约定俗成的对传统和现代的界定。

不妨看下明代云南本地人关于其所处世界的观念，他们自认为是南诏人的后代。虽然《南诏野史》编纂于明代，但它保留了一些南诏－大理时期的文献或信息，其中记载了一个经久不息的传说，这个传说不仅反映了云南与周边地区的密切联系，也展现了当地人的世界观念。[58]

根据《南诏野史》记载的传说，南诏的创始人是印度阿育王的后裔。《南诏野史》中"南诏历代源流"云：

> 云南古荒服，《白古记》三白王之后，西天摩竭国阿育王第三子驃苴低娶次妻，生低蒙苴，苴生九子，名九龙氏：长子阿辅罗，即十六国之祖；次子蒙苴兼，即土蕃国之祖；三子蒙苴诺，即汉人之祖；四子蒙苴酬，即东蛮之祖；五子蒙苴笃，生十三子，五贤七圣蒙氏之祖；六子蒙

苴托，居狮子之国；七子蒙苴林，即交阯国之祖；八子蒙
苴颂，白崖张乐进求之祖；九子蒙苴闵，白夷之祖。[59]

关于南诏的建国，《南诏野史》记载，蒙舍诏也就是南
诏，其创始人为"细奴罗，又名独罗消，西天天竺摩竭国阿
育王低蒙苴第五子蒙苴笃之三十六世孙"[60]。南诏以唐朝、吐
蕃、越南、锡兰和印度等为兄弟。这种世界观念是跨越疆域
的，因为它是对佛教世界的概括，涵盖了远近的各个佛教国
家。南诏的世界地图既有宗教色彩，也包含经济因素。以印度
为首，随后是吐蕃和中原王朝的等级制度，是佛教的印记，因
为南诏和大理是佛教地区，以佛教为官方宗教。[61]此外，贝币
体现出的云南与印度洋的密切经济关系，也支撑着南诏世界地
图。其实，在贝币形成后一千年左右，贝币区域和佛教世界有
很多重合的地方。或者说，贝币在亚洲几乎都处于佛教世界当
中。我们可以看到，贝币和佛教这两者都是在几个地区流行，
都跨越了各种各样的边界。

因此，贝币世界和佛教世界一样，是无法用传统政治疆域
和时间分期来分析的主题。不仅如此，贝币世界或许还可以作
为一种历史研究的新方法或范式，如同学术界其他类似的方法
和范式，在南亚、东南亚和东亚地区的世界体系（如佐米亚
等）中穿行。

贝币世界与其他各种世界体系有所不同，[62]贝币世界主要
是由市场催生的，而在后者的形成过程中发挥着更多作用的是
国家或政治实体。在贝币世界内，几乎不存在一个中心 - 边缘
结构，因为价值规律主导着贝币的流通。相反，等级秩序不但
是世界体系（尤其是沃勒斯坦的现代世界体系）的特色，也

是其核心。贝币世界比沃勒斯坦的世界体系形成要早，但从 1450 年起，它便和现代世界体系并行且交错重合了。到了 1650 年，现代世界体系扩张到印度洋世界，开始利用贝币世界的组织、习俗和网络。这个立足于欧洲的世界体系利用贝币世界连接起了西非和美洲这两个边缘地带，从而逐渐加强了自身的力量，推进了自身在全世界的扩张。当沃勒斯坦的欧洲世界体系兼并了贝币世界以及亚洲的许多其他机构时，它就上升为他的现代世界体系。[63]

和贝币世界一样，佐米亚也是打破固有观念而被提出来的范式。不妨直接引用詹姆斯·斯科特（James Scott）的定义：佐米亚，从地理上看，也就是大家熟知的中南半岛高地（Southeast Asian mainland massif）——

> 这个新名词，包括从越南中部高原到印度东北部山区几乎所有海拔在 300 米以上的区域，它跨越了五个国家（越南、柬埔寨、老挝、泰国和缅甸）以及中国的四个省（云南、贵州、广西以及四川的一部分）……由于这个庞大的区域处在九个国家的边缘，却不在任何一个国家的中心，同时横跨传统的地区划分（东南亚、东亚、南亚）之上，加上这个区域的生态多样性以及它与周边国家的特殊关系，佐米亚代表了一个全新的研究主题、一种跨国的阿巴拉契亚山脉（transnational Appalachia），以及一条地区研究的新思路。[64]

斯科特认为："对山地居民最到位的理解应当是，他们是逃离、流亡、避居（maroon）社会，他们在长达两千年的过程中，始终在因要逃离国家对他们的压迫——如奴役、征召、税负、劳役、疾病和战争——而避居山谷。"[65]因此，佐米亚的概念就是对文明话语的解构。文明话语中把山地居民视为野蛮、粗鲁和原始的，而其实他们可能不过是"有意，同时也是被迫地"选择成为"没有国家的人"。[66]

不难发现，贝币世界和佐米亚既有许多相似之处，也有不同。首先，从地理和族群上看，两者互有重合。比如说南诏自视的世界，很大一部分就在贝币世界或佐米亚之内。其次，佐米亚和贝币世界一样，也是全球性的，因为跨区域贸易把这块高地和外部世界联系在一起。[67]再次，斯科特的佐米亚强调山地居民甘居偏僻之地，是他们故意要逃离国家的控制，但这个论断遭到了很严厉的批评。本特·G.卡尔松（Bengt G. Karlsson）指出，在印度东北部，与其说"山地居民想逃离国家，不如说他们想要另一种不同的国家"[68]。在其他地区，山地居民既是国家构建的被动参与者，也是主动参与者，有时甚至还是中心力量。与此同时，他们也不时想和周围的国家，如缅甸、泰国、老挝、柬埔寨、越南和中国，建立某种联系。[69]以中国的历史文献为例，虽然这些记录有时难免带有中原王朝中心主义的口吻，但边疆的土司为了自身利益而熟练地操纵他们与中原王朝及东南亚国家关系的事例屡见不鲜。无论是被迫的还是主动的，都不能仅仅因为他们住在山地，就说国家政权的涉入处于最低的程度，或者他们是与国家背道而驰的（state-averse）。因此，在佐米亚的范式中（无论是指区域还是居民），国家依然是举目可见的存在，有时还是决定性的因素，这点似乎和在贝币世界不同。在贝币世界这个本质上是货币的和商业的网络里，市场是原动力，是其产生、存续和全球化过程中最重要的因素。最后，佐米亚包括海拔在 300 米以上（海拔 300 米似乎也是一个武断的标准）的山地社会，而贝币世界则跨越了陆地与海洋、山地与平原、山谷与高原、温带与热带，包容性更强。

就此结束全书吧。海贝这种海洋动物为我们开启了奇妙的全球历史。在一千五百多年间，各式各样的族群和社会纷纷使用海贝作为货币，创造了一个在经济和文化上相互联系的世界，也就是贝币世界。这个贝币世界，不仅包括广阔的陆地，也包括浩瀚的海洋，它跨越了形形色色的地貌、族群、文化、宗教和社会，并超越了它们之间的界限（无论是想象的还是真实的）。海贝和贝币，对塑造我们的世界是如此重要，遗憾的是，几乎无人能够欣赏。

## 注 释

1. Frank, 1998, 131.
2. 本章所讨论的贝币，除非特别注明，均指代亚非欧大陆的贝币。
3. 保罗·爱因格在研究所谓原始货币时，就列举了世界上许多地方（包括印度、中国、所罗门群岛、特罗布里恩群岛以及新几内亚的贝币）来加以说明。Paul Einzig, *Primitive Money: In Its Ethnological, Historical and Economic Aspects* (Pergamon Press, 1966, 2nd edition). （人们不假思索地认为铸币是一种高级的货币，而天然海贝是货币的原始或初级阶段。——译注）
4. Heimann, 1980, 55 & 57.
5. Frank Perlin, "Money-use in Late Pre-colonial India and the International Trade in Currency Media," in *The Imperial Monetary System of Mughal India*, ed. John F. Richards (New Delhi: Oxford University Press,

1987），233.

6. Perlin, 1987, 237.

7. Peter Boomgaard, "Early globalization Cowries as Money: 600 BCE – 1900," in *Linking Destinies: Trade, Towns, and Kin in Asian History*, ed. Peter Boomgaard, Dick Kooiman and Henk Schulte Nordholt（Leiden: KITLV Press, 2008), 15. "全球化" 对布姆加德而言，指的是 "在较早时期就可以观察到的经济一体化和经济连通现象"。

8. Hogendorn and Johnson, 1986, 1.

9. Patrick Manning, "Asia and Europe in the World Economy: Introduction," *The American Historical Review*, vol. 107. 2（2002）：419.

10. 之所以称之为贝齿，是因为海贝下部的内侧有一排齿状物。James Legge, *A Record of Buddhistic Kingdoms*, 43 and 43, footnote 2.

11. Egami Namio, 1974, 36.

12. Wang Dayuan, 2000, 264.

13. 李时珍，1994 年，第 1061 页。

14. Egami Namio states that it is "apparently". 参见 Egami Namio, 1974, 34。

15. Pelliot, 1959, 554；Egami Namio, 1974, 32.

16. Pelliot, 1959, 554.

17. 高去寻，1954 年，第 354 页及注释 5。

18. Hogendorn and Johnson, 1986, 2.

19. Amiya Kumar Bagchi, "Transition from Indian to British Indian Systems of Money and Banking 1800 – 1850," *Modern Asian Studies*, vol. 19, no. 3（1985）：504.（丝卡卢比是东印度公司在孟加拉辖区铸造使用的银币，一个相当于 925 纯银 2 先令，或 50 分。孟加拉管辖区，也叫威廉堡管辖区，是英属殖民地最重要的组成部分，不仅包括整个孟加拉地区，还包括比哈尔和巴基斯坦部分地区，其全盛时也包括英属东南亚地区，如缅甸、槟榔屿、马六甲和新加坡，加尔各答为其首府。——译注）

20. C. A. Gregory, "Cowries and Conquest: Towards a Subalternate Quality Theory of Money," *Comparative Studies in Society and History*, vol. 38, no. 2（Apr. 1996）：195 – 217.

21. Gregory, 1996, 208.

22. Gregory, 1996, 203.（阿伊佐人是西非贝宁的一个部落。——译注）

23. Gregory, 1996, 207.

24. 本节参照 Bin Yang, 2011, 317 – 342。

25. Frank, 1998.

26. 在世界史学者中，除了以非洲为基地的菲利普·柯丁和帕特里克·曼宁外，似乎只有贡德·弗兰克注意到了海贝作为一种关键货币是如何润滑欧洲殖民者的车轮的。Frank, 1998, 73 &102 – 103.

27. Hogendorn and Johnson, 1986, 58;, 1996, 198.

28. Frank Perlin, "Monetary Revolution and Societal Change in the Late Medieval and Early Modern Times: A Review Article," *The Journal of Asian Studies*, vol. 45, no. 5（1986）: 1046.（这句话是在强调美洲白银流入亚洲，及进行欧亚跨地区贸易的先决条件在于，亚洲长期以来货币化的传统、发展和最新的需求。——译注）

29. Kenneth Pomeranz, *The Great Divergence*（Princeton and Oxford: Princeton University Press, 2000）；参见 Patrick Manning, Bin Wong, Kenneth Pomeranz and David Ludden, AHR Forum: "Asia and Europe in the World Economy," *The American Historical Review*, vol. 107, no. 2（Apr. 2002）: 419 – 480。

30. Peter Boomgaard, 2014, 25.

31. Hogendorn and Johnson, 1986, 2.

32. Frank, 1998, 73.（在海贝贸易中，欧洲人从印度获得了棉花、大米等，从西非获得了奴隶和棕榈油等，而亚洲和西非除了日益增多但逐渐贬值，最后不名一文的海贝外，一无所获。当然，这个结局并不是否认海贝长期以来对印度和西非商业化和货币化的贡献，而只是以海贝贸易和贝币为特殊且突出的例子，来强调欧洲殖民体系如何利用亚洲原有的资源、网络和传统为其服务，最终实现欧洲的殖民霸权。鸦片贸易对于买卖双方的后果与海贝贸易类似，而鸦片造成的社会恶果恐怕甚于海贝。——译注）

33. Fernand Braudel, *Civilization and Capitalism, 15th – 18th Century: Volume 2, The Perspective of the World*（Berkley: University of Berkeley Press, 1992）, 484 – 488, 523.

34. Immanuel Wallerstein, *The Modern World System*（New York: Academic Press, 1974 – 1988）, 3 vols., I, 39 – 46, 301 – 302, II, 47, 50, 273 – 274.

35. Janet Abu – Lughod, *Before European Hegemony: The World System A. D.*

*1250 - 1350* (Oxford: Oxford University Press, 1991).

36. Abu - Lughod, 1991, 34 - 36.

37. Takeshi Hamashita, 2004.

38. Tansen Sen, "The Intricacies of Pre-Modern Asian Connections," *The Journal of Asian Studies*, vol. 69, no. 4 (2010): 991, 998 and 999.

39. Takeshi Hamashita, 2004.

40. Tansen Sen, 2010, 995 - 996.

41. Anthony Reid, 1990, 1 - 30; *Southeast Asia in the Age of Commerce, 1450 - 1680*, 2 vols. (New Haven: Yale University Press, 1988 & 1993); Geoff Wade, "An Early Age of Commerce in Southeast Asia, 900 - 1300 CE," *Journal of Southeast Asian Studies*, vol. 40, no. 2 (2009): 221 - 265.

42. Victor Lieberman, 2003, *Strange Parallels*, vol. 1; *Strange Parallels: Southeast Asia in Global Context, c. 800 - 1830: volume 2, Mainland Mirrors: Europe, Japan, China, South Asia, and the Islands* (Cambridge: Cambridge University Press, 2009).

43. Peter N. Sterns, *Globalization in World History* (London and New York: Routledge, 2010), 29.

44. Tansen Sen, 2010, 991, 998.

45. Tansen Sen, 2010, 991, 998.

46. Takeshi Hamashita, 2004.

47. Tansen Sen, 2010, 992 - 993.

48. Sanjay Subrahmanyam, "'World - Economies' and South Asia, 1600 - 1750: A Skeptical Note," *Review* (Fernand Braudel Center) 12, no. 1 (1989): 146.

49. 戈岱斯在引述西尔万·莱维 (Sylvain Levi) 时，强调印度洋的角色："洋流和季风的模式主导着航海，长期以来形成了一个贸易体系，其中非洲沿海、阿拉伯世界、波斯湾、印度、印度支那和中国各有贡献，各得其分。"他还指出南中国海在东南亚的重要性："与其说它是沿河人民的障碍，不如说它是一个使之统一的因素。"G. Coedès, *The Indianized States of Southeast Asia*, ed. Walter F. Vella and trans. Susan Brown Cowing (K. L & Singapore: University of Malaya Press, 1968), 3 - 4.

50. Heimann, 1980, 48 - 69.

51. Rila Mukherjee, "The Neglected Sea: The Eastern Indian Ocean in History," *Journal of the Asiatic Society*, vol. xlix, no. 3: 1 – 48; and no. 4 (2007): 18 – 49.

52. Barbara Watson Andaya, "Oceans Unbounded: Transversing Asia across 'Area Studies'," *Journal of Asian Studies*, vol. 65, no. 4 (2006): 669 – 690. ("Unbounded" 这个词在这里意味深长, 中文难以对译。"Bound" 的意思是束缚、限制、划界, 加上前缀 "un" 就是指从束缚、限制和划界中解脱、释放出来。因此, 芭芭拉·沃森·安达娅用 "unbounded" 这个过去分词有两重意思, 第一就是指过去的研究认为, 把海洋划界, 将其与陆地或相邻海洋分开, 这是不对的; 第二重意思就是, 现在要做的就是要打破过去强加于海洋的界限, 把海洋研究从这些框框中解脱出来, 故笔者将之翻译成 "去界" 而非 "无界"。——译注)

53. Jerry Bentley, "Sea and Ocean Basins as Frameworks of Historical Analysis," *Geographical Review*, vol. 89, no. 2 (1999): 215 – 225.

54. 汤因比作为二战前后最后一个传统的世界史学家, 在其巨著《历史研究》的开端便讨论了历史研究的单元, 他一一否定了国家等单元, 提出 "文明" 才是恰当的历史研究的单元。由此说来, 汤因比可谓第一个探索新的世界史的历史学家, 他奠定了以文明研究为方法和契入点的世界史范式。——译注

55. Peter Boomgaard, 2014, 25.

56. 彼得·布姆加德认为贝币持续的时间长达两千五百年, 这个结论不能成立。Peter Boomgaard, 2014, 24.

57. Martin W. Lewis and Kären E. Wigen, 1997.

58. 倪辂辑, 王崧校理, 胡蔚增订,《南诏野史会证》, 木芹会证, 昆明: 云南人民出版社, 1990 年, 第 17 ~ 19 页。

59. 十六国指的是印度, 因为古代中国知道印度有十六个古国; 吐蕃指的是当时位于青藏高原和唐朝与南诏并立的吐蕃王朝; 东蛮指的是大理以东地区, 可能包括云南东部和贵州地区, 当地部落文化落后于大理地区; 狮子之国, 一般说狮子国, 也就是锡兰; 交趾, 就是越南北部地区; 白崖,《南诏野史》在不同地方称其为白国、白子国、太白国、建宁国, 此间又有昆弥氏继之, 成为拜国、昆弥国等, 其承替混乱难考; 惟其地居大理白崖, 最后一个首领张乐进求, 见

细奴罗有奇相，不但把女儿嫁给了他，而且自己还逊国让之，也就是说，白子国是蒙舍诏/南诏的前身。白夷，即百夷、摆夷，居云南南部，为泰人前身。——译注

60. 倪辂，1990 年，第 35 页。——译注

61. 大理又称妙香佛国，这是乾陀罗（Gandhara，又称犍陀罗）的意译。乾陀罗是古印度十六国之一，位于北部的山区，字面意思就是香遍国。而大理国自比为乾陀罗国，所以译成汉文就是妙香佛国。那么，大理国为什么自比为乾陀罗，而不是十六国中的其他国家呢？笔者以为其中最关键的因素是地理位置，除了大理国也在山区之外，更重要的是大理国坐落于中南半岛的最北端，处在其他佛教国家（如缅甸、清迈王朝、兰纳王朝、吴哥王朝等）的北面，正如乾陀罗处在印度的北部，也是诸多佛国的北面。这种佛教的比拟心态颇值得玩味，特别是考虑到阿育王九个孙子的次序，我们发现，南诏居然位列南传上座部佛教的发源地狮子国之前，可知南诏自视其在佛教世界地位颇高。——译注

62. 之所以说"各种世界体系"，是因为自二十世纪七十年代以来，学者们虽然受到系统论的影响，提出了世界体系学说，可是，大家对世界体系的理解和定义不同，存在许多争论。沃勒斯坦的三卷本《现代世界体系》侧重于以欧洲为基地和中心、向全世界扩张的世界体系，也就是"现代世界体系"或"欧洲世界体系"或"资本主义世界体系"，这个世界体系是全球性的，地理上包括整个地球。还有一些学者提出的世界体系并不是全球性的，而是自称成世界的世界体系，如中国或东亚的世界体系（沃勒斯坦称其为世界帝国），以及印度洋世界体系。当然，各种世界体系还是具有共同点的，其一是单一的劳动分工；其二是中心 - 半边缘 - 边缘（core-semi periphery-periphery）这种等级结构的存在。——译注

63. 此处指沃勒斯坦的世界体系最初局限于欧洲，最终扩张到全世界，成为现代世界体系这样一个过程。——译注

64. James C. Scott, *The Art of Not Being Governed: An Anarchist History of Upland Southeast Asia* (New Haven: Yale University Press, 2009), ix. 关于对佐米亚的文献回顾，参见 Jean Michaud, ed., "Zomia and Beyond," *Journal of Global History*, vol. 5, no. 2 (2010): 187 - 188; 199 - 203。笔者借此指出，吉恩·米乔德（Jean Michaud）对于拙作

《季风之北，彩云之南：云南的形成》（*Between Winds and Clouds: The Making of Yunnan*）的批评（特别是第七章）——认为此章"缺失地方的声音"——是毫无道理的，因为第七章是从前面几章的"地方"转到"中央"，分析中央如何指导进行民族识别，而且在第七章中，笔者一再引用地方上的少数族群的话语来讨论这个过程。参见 Jean Michaud, 2010, 190; Bin Yang, 2009; "Central State, Local Governments, Ethnic Groups and the Minzu Identification in Yunnan, (1950s-1980s)," *Modern Asian Studies*, vol. 43, no. 3 (2009): 741-775.（阿巴拉契亚指阿巴拉契亚山脉在美国东部的地带，包括纽约州南部、亚拉巴马州北部、密西西比州北部和佐治亚州北部一带，面积与英国相当，是人口稀少的高山地区，它远离美国的政治和文化中心，地貌复杂，生态多样，资源丰富，但经济落后，是美国的内疆，故斯科特将其与东南亚的高地相提并论。——译注）

65. James Scott, 2009, ix.

66. James Scott, 2009, x.

67. Jean Michaud, 2010, 194-195.

68. Bengt G. Karlsson, "Evading the State Ethnicity in Northeast India through the Lens of James Scott," *Asian Ethnology*, vol. 72, no. 2 (2013), "Performing Identity Politics and Culture in Northeast India and Beyond," 321.

69. Jean Michaud, 2010, 207-208; Bernard Formoso, "Zomian or Zombies? What Future Exists for the Peoples of the Southeast Asian Massif?" *Journal of Global History*, vol. 5 (2010): 313-332; Victor Lieberman, "A Zone of Refuge in Southeast Asia?" *Journal of Global History*, vol. 5 (2010): 333-346. 笔者曾提及，南诏和大理这两个强有力的王国的地理位置也在所谓的佐米亚当中。在很大程度上，佐米亚是由国家创造的。（笔者认为，斯科特的佐米亚与其说是根据历史和现实研究导出的模式或结论，不如说是人类学家基于个别案例而得出的理论化的推论和总结，因此，佐米亚并不能解释许多历史现象，甚至与历史事实龃龉。——译注）

# 参考文献

## 英文文献

Abulafia, David. *A Mediterranean Emporium: The Catalan Kingdom of Majorca*. Cambridge: Cambridge University Press, 1994.

Abu-Lughod, Janet. *Before European Hegemony: The World System A. D. 1250 – 1350*. Oxford: Oxford University Press, 1991.

Adams, John. *Remarks on the Country Extending from Cape Palmas to the River Congo*. London: G. and W. B. Whittaker, 1823.

Africanus, Leo. *The History and Description of Africa*. Vol. 2. London: Printed for the Hakluyt Society, 1896.

Amold, Dorothea. "An Egyptian Bestiary." *The Metropolitan Museum of Art Bulletin*, New Series, vol. 52, no. 4 (Spring 1995): 1 + 7 – 64.

Andaya, Barbara Watson. "Oceans Unbounded: Transversing Asia across 'Area Studies'." *Journal of Asian Studies*, vol. 65, no. 4 (Nov. 2006): 669 – 690.

Anderson, J. Gunnar. *Children of the Yellow Earth*. New York: Macmillan Co., 1934.

Backus, Charles. *Nan-chao Kingdom and T'ang China's Southwestern Frontier*. Cambridge and New York: Cambridge

University Press, 1981.

Bagchi, Amiya Kumar. "Transition from Indian to British Indian Systems of Money and Banking 1800 – 1850." *Modern Asian Studies*, vol. 19, no. 3 (1985): 501 – 519.

Baker, Dalgairns, Arundel. *The Theory of Money*. Cambridge: Cambridge University Press, 2011.

The Bank of Thailand Museum, Northern Region Office. *Chotana Road, Muang District, Chiang Mai Province*. www2. bot. or. th/ museum/eng/money/lannadesc. asp? PoID = 81.

Barbosa, Duarte. *The Book of Duarte Barbosa: An Account of the Countries Bordering On the Indian Ocean and Their Inhabitants*. London: Printed for the Hakluyt Society, 1918, vol. II.

Barbot, John. "A Description of the Coasts of North and South Guinea, A Description of the Coasts of North and South – Guinea." In *A Collection of Voyages and Travels*, vol. 5, edited by Awnsham Churchill and John Churchill. London, 1732.

Barth, Heinrich. *Travels and Discoveries in North and Central Africa*. London and Gotha, 1857 – 58.

Bascom, William. *Sixteen Cowries: Yoruba Divination from Africa to the New World*. Bloomington and Indianapolis: Indiana University Press, 1993.

Battuta, Ibn. *Travels in Asia and Africa, 1325 – 1354*, translated and selected by H. A. R. Gibb, with an Introduction and Notes. Abingdon and New York: Routledge and Kegan Paul LTD, Paperback, 2011.

Beckham, Stephen Dow. *George Gibbs, 1815 – 1873:*

*Historian and Ethnologist.* Ph. D. diss. , University of California, Los Angeles, 1970.

Ben-Amos, Paula G. *Art, Innovation, and Politics in Eighteenth-Century Benin.* Bloomington: Indiana University Press, 1999.

Bennyhoff, James A. and Richard E. Hughes. "Shell Bead and Ornament Exchange Networks Between California and the Western Great Basin. " In *Anthropological Papers of the American Museum of Natural History.* New York: American Museum of Natural History, vol. 64, Part 2, 1987.

Bentley, Jerry. "Sea and Ocean Basins as Frameworks of Historical Analysis. " *Geographical Review*, vol. 89, no. 2 ( Apr. 1999) : 215 – 225.

Biswas, Anirban. *Money and Markets from Pre-Colonial to Colonial India.* New Delhi: Aakar Books, 2007;

——. *The Cowrie Money and Monetary History of India.* Kolkata: CAMP, 2006.

Böhme, Rainer Nicolas Christin, Benjamin Edelman and Tyler Moore. "Bitcoin: Economics, Technology, and Governance. " *The Journal of Economic Perspectives*, vol. 29, no. 2 ( Spring 2015 ) : 213 – 238.

Boomgaard, Peter. "Early Globalization Cowries as Money: 600 BCE – 1900. " In *Linking Destinies: Trade , Towns , and Kin in Asian History*, edited by Peter Boomgaard, Dick Kooiman and Henk Schulte Nordholt, 13 – 27. Leiden: KITLV Press, 2008.

Bose, Sugata. *A Hundred Horizons: The Indian Ocean in the Age of Global Empire.* Cambridge, MA and London: Harvard

University Press, 2006.

Bowdich, T. Edward (Thomas Edward). *Mission from Cape Coast Castle to Ashantee*, with a statistical account of that Kingdom and geographical notices of other parts of the interior of Africa. London: J. Murray, 1819.

Bowrey, Thomas. *A Geographical Account of Countries Round the Bay of Bengal, 1669 - 1679*, edited by Rechard Carnac Temple. Cambridge: Hakluyt Society, 1905.

Braudel, Fernand. *Civilization and Capitalism, 15th - 18th Century: Volume 2, The Perspective of the World*. Berkley: University of Berkeley Press, 1992.

Burgess, Clarence M. *Cowries of the World*. Cape Town: Gordon Verhoef Seacomber Publications, 1985.

Burggraf, James D. "Some Notes on the Manufacture of Wampum Prior to 1654." *American Antiquity*, vol. 4, no. 1 (Jul. 1938): 53 - 58.

Burton, Richard F. "The Lake Regions of Central Equatorial Africa." *Journal of the Royal Geographical Society of London*, vol. XXIX, 1859.

Bynum, Bill and Helen Bynum. "Egyptian Cowrie Necklace." *The Lancet*, vol. 386, no. 1003 (2016): 1525.

Cadamosto, Alvise. *The Voyages of Cadamosto and Other Documents on Western Africa in the Second Half of the Fifteenth Century*, edited by G. R. Crone. Routledge, 2010. ProQuest Ebook Central, https://ebookcentral-proquest-com.libezproxy. umac.mo/lib/umac/detail.action? docID = 2004673.

Ceci, Lynn. "The First Crisis in New York." *Economic Development and Cultural Changes*, vol. 28, no. 4 (Jul. 1980): 839 – 848;

———. "The Value of Wampum among the New York Iroquois: A Case Study in Artifact Analysis." *Journal of Anthropological Research*, vol. 38, no. 1 (Spring 1982): 97 – 107.

Chagnon, Napoleon. "Ecological and Adaptive Aspects of California Shell Money." In *Annual Reports of the University of California Archaeological Survey*, 1 – 25. Los Angeles: University of California, 1970.

Coedès, George. *The Indianized States of Southeast Asia*, edited by Walter F. Vella, translated by Susan Brown Cowing. Kuala Lumpur and Singapore: University of Malaya Press, 1968.

Cook, Constance A. "Wealth and the Western Zhou." *Bulletin of the School of Oriental and African Studies*, vol. 60, no. 2 (1997): 253 – 294.

Cook, Constance A. and Paul R. Goldin. *A Source Book of Ancient Chinese Bronze Inscriptions*. Berkeley, CA: The Society for the Study of Early China, 2016.

Coote Lake, Evelyn F. "Some Notes on the Evil Eye Round the Mediterranean Basin." *Folklore*, vol. 44, no. 1 (Mar. 1933): 93 – 98.

Cowrie Shell Girdle of Sithathoryunet, The Metropolitan Museum of Art. *New York*. www. metmuseum. org/art/collection/search/545533.

Curtin, Philip D. *Cross-cultural Trade in World History*.

Cambridge: Cambridge University Press, 1984;

———. "Africa and the Wider Monetary World, 1250 – 1850." In *Precious Metals in the Later Medieval and Early Modern Worlds*, edited by J. F. Richards. Durham: Carolina Academic Press, 1983.

De, Sushil Charana. "The Cowry Currency in India." *The Orissa Historical Research Journal*, vol. 1, no. 1 (1952): 1 – 10.

Deyell, John. "Cowries and Coins: The Dual Monetary System of the Bengal Sultanate." *The Indian Economic and Social History Review*, vol. 47, no. 1 (2010): 63 – 106;

———. *Living Without Silver, the Monetary History of Early Medieval North India*. Oxford: Oxford University Press, 1999.

Didi, Mestre and Phyllis Peres, trans. "Story of the Woman Whose Daughter Made Palm Oil." *Callaloo*, vol. 18, no. 4, African Brazilian Literature: A Special Issue (Autumn 1995): 797 – 798.

Driberg, Jack Herbert. "The Meaning of the Cowrie." *Man*, vol. 40 (Nov. 1940): 175 – 176.

Duddeldam, L. F. B. "The Devaluation of the Kapauku-Cowrie as a Factor of Social Disintegration." *American Anthropologist*, New Series, vol. 66, no. 4, Part 2, New Guinea: The Central Highlands (1964).

Durham, M. E. "Cowries in the Balkans." *Man*, vol. 40 (May 1940): 79.

Einzig, Paul. *Primitive Money: In Its Ethnological, Historical, and Economic Aspects*. 2nd edition. Oxford, London, Edinburgh, New York, Toronto, Paris and Braunschweig: Pergamon Press, 1966.

Egami, Namio. "Migration of the Cowrie-Shell Culture in East

Asia. " *Acta Asiatica*, vol. 26 (1974): 1 – 52.

Elwin, Verrier. "The Use of Cowries in Bastar State, India. " *Man*, vol. 42 (Nov. – Dec. 1942): 121 – 124.

Fei, Xin. *Hsing-Ch'a Sheng-Lan* (The Overall Survey of the Star Raft), translated by J. V. G. Mills. Revised, annotated and edited by Roderich Ptak. Wiesbaden: Harrassowitz Verlag, 1996.

Feil, Dary K. "From Pigs to Pearlshells: The Transformation of a New Guinea Highlands Exchange Economy. " *American Ethnologist*, vol. 9, no. 2, Economic and Ecological Processes in Society and Culture (May 1982): 291 – 306.

Forbes, Frederick E. *Dahomey and the Dahomans: Being the Journals of Two Missions to the King of Dahomey, and Residence at His Capital, in the Year 1849 and 1850.* 2 vols. London: Longman, Brown, Green, and Longmans, 1851.

Formoso, Bernard. "Zomian or Zombies? What Future Exists for the Peoples of the Southeast Asian Massif?" *Journal of Global History*, vol. 5 (2010): 313 – 332.

Forster, Johann Reinhold. *A Voyage to the East Indies.* London: Printed by J. Davis for Vernor, Hood and J. Cuthell, 1800. https://archive. org/details/b22037202.

Fortune, Reo Franklin "New Guinea Warfare: Correction of a Mistake Previously Published. " *Man*, vol. 60 (Jul. 1960): 108.

Frank, Andre Gunder. *ReORIENT: Global Economy in the Asian Age.* Berkeley and Los Angeles: University of California Press, 1998.

Fritz, Sonja. *The Dhivehi Language : Descriptive and Historical*

*Grammar of Maldivian and Its Dialects*, Beiträge zur Südasienforschung, Südasien-Institut, Universität Heidelberg, Band 191, 2 vols, Würzburg: Ergon-Verlag, 2003.

Furber, Holden. *John Company at Work: A Study of European Expansion in India in the Late Eighteenth Century.* Cambridge: Harvard University Press, 1948.

Garg, Sanjay. "Non-Metallic Currencies on Indian in Indian Ocean Trade and Economies." In *Cross Currencies and Community Networks*, edited by Himanshu Prabha Ray and Edward A. Alpers, 245 – 262. New Delhi: Oxford University Press, 2007.

Goalni, Amir. "Cowrie shells and their imitations as ornamental amulets in Egypt and the Near East." *Polish Archaeology in the Mediterranean*, Special Studies: Beyond Ornamentation, vol. 23, no. 2 (2014): 71 – 83.

Goitein, Shelomo Dov. *A Mediterranean Society, The Jewish Communities of the World as Portrayed by the Cairo Geniza. Volume 1, Economic Foundations.* Berkeley: University of California Press, 1999;

———. *Letter of Medieval Jewish Traders.* Princeton: Princeton University Press, 1973.

Gray, Albert and Harry Charles Purvis. Bell, trans. and ed. *The Voyage of François Pyrard of Laval to the East Indies, the Maldives, the Moluccas and Brazil.* Vol. 3. Cambridge: Cambridge University Press, 2010.

Gregory, Christopher A. "Cowries and Conquest: Towards a Subalternate Quality Theory of Money." *Comparative Studies in Society and History*, vol. 38, no. 2 (Apr. 1996): 195 – 217.

Grigson, Wilfrid Vernon. "Cowrie Shells in the Central Provinces of India." *Man*, vol. 40 (Oct. 1940): 159 – 160.

Griswold, Alexander Brown. and Prasert na Nafara. "Epigraphic and Historical Studies No. 22: An Inscription from Vat Hin Tan, Sukhodaya." *Journal of the Siam Society*, vol. 67, no. 1 (1979): 68 – 73;

——. "Epigraphic and Historical Studies No. 21: The Second Oldest Known Writing in Siamese." *Journal of Siam Society*, vol. 67, no. 1 (1979): 63 – 67;

——. "The Inscription of King Rāma Gamhen of Sukhodaya (1292 A. D. ) Epigraphic and Historical Studies No. 9." *Journal of the Siam Society*, vol. 59, no. 2 (1971): 179 – 228;

——. "A Law Promulgated by the King of Ayudhyā in 1397. A. D. Epigraphic and Historical Studies No. 4." *Journal of Siam Society*, vol. 57, no. 1 (1969): 109 – 138;

——. "The Asokārāma Inscription of 1399 A. D. Epigraphic and Historical Studies No. 2." *Journal of the Siam Society*, vol. 57, no. 1 (1969): 29 – 56.

Haider, Najaf. "Fractional Pieces and Non-Metallic Monies in Medieval India (1200 – 1750) ." In *Money in Asia (1200 – 1900): Small Currencies in Social and Political Contexts*, edited by Jane Kate Leonard and Ulrich Theobald, 86 – 107. Leiden and Boston: Brill, 2015.

Halhed, Nathaniel Brassey. *A Code of Gentoo Laws, or, Ordinations of the Pundits: From a Persian Translation*. London: East India Company, 1776. https://archive.org/details/

codeofgentoolaws00halh.

Hamashita, Takeshi. "Introduction to Intra-Asian Networks. " *International Journal of Asian Studies*, vol. 1, no. 1 (2004): 3.

Hamilton, Water. *The East-India Gazetteer*, 2nd edition. London: Printed for Parbury, Allen and Co,. 1828.

Harvey, Godfrey Eric. *History of Burma: From the Earliest Times to 10th March, 1824*. London: Frank Cass, 1967.

Heath, Barbara J. " Commoditization, Consumption and Interpretive Complexity: The Contingent Role of Cowries in the Modern World. " *In Material Worlds: Archaeology, Consumption, and the Road to Modernity*, edited by Barbara J. Heath, Eleanor E. Breen and Lori A. Lee, 56 – 76. Oxon, UK: Routledge, 2017;

——. "Cowrie Shells, Global Trade, and Local Exchange: Piecing Together the Evidence for Colonial Virginia. " *Historical Archaeology*, vol. 50, no. 2 (2016): 17 – 46.

Heimann, James. " Small Changes and Ballast: Cowries Money in India. " *South Asia*, vol. 3, no. 1 (1980): 48 – 69.

Heizer, Robert F. " Counterfeiters and Shell Currency Manipulators Among California Indians. " *The Journal of California Anthropology*, vol. 2, no. 1 (Summer 1975): 108 – 110.

Herman, Mary W. "Wampum as a Money in Northeastern North America. " *Ethnohistory*, vol. 3, no. 1 (Winter 1956): 21 – 33.

Herskovits, Melville J. *Dahomey: An Ancient West African Kingdom*. New York: J. J. Augustin Publisher, 1938.

Higham, Charles. *The Bronze Age of Southeast Asia*. Cambridge: Cambridge University Press, 1996;

———. *The Archaeology of Mainland Southeast Asia.* Cambridge, New York, Port Chester, Melbourne and Sydney: Cambridge University Press, reprint, 1991.

Hildburgh, Walter Leo. "Cowrie Shells as Amulets in Europe." *Folklore*, vol. 53, no. 4 (Dec. 1942): 178 – 195.

Hiskett, Mervyn. "Materials Relating to the Cowry Currency of the Western Sudan – I: A Late Nineteenth Century Schedule of Inheritance from Kano. " *Bulletin of the School of Oriental and African Studies*, vol. 29, no. 1, University of London (1966): 122 – 142;

———. "Materials Relating to the Cowry Currency of the Western Sudan – II: Reflections on the Provenance and Diffusion of the Cowry in the Sahara and the Sudan. " *Bulletin of the School of Oriental and African Studies*, vol. 29, no. 2, University of London (1966): 339 – 366.

Hogendorn, Jan and Marion Johnson. *The Shell Money of the Slave Trade.* Cambridge: Cambridge University Press, 1986;

———. "A New Money Supply Series for West Africa in the Era of the Slave Trade: The Import of the Cowrie Shell from Europe. " *Slavery & Abolition*, vol. 3, no. 2 (1982): 153 – 162.

Hopkins, Anthony Gerald. "The Currency Revolution in South-West Nigeria in the Late Nineteenth Century. " *Journal of the Historical Society of Nigeria*, vol. 3, no. 3 (1966): 471 – 483.

Horesh, Niv. *Chinese Money in Global Context : Historical Junctures Between 600 BCE and 2012* (Stanford, CA: Stanford University Press, 2012), 2.

Hudson, John W. "Pomo Wampum Makers. " *Overland*

Monthly, vol. 30 (1897): 101 – 108.

Hughes, Ian. "Good Money and Bad: Inflation and Devaluation in the Colonial Process." *Mankind*, vol. 11 (1978): 308 – 318;

——. *New Guinea Stone Age Trade: The Geography and Ecology of Traffic in the Interior*. Canberra: Department of Prehistory, Research School of Pacific Studies, the Australian National University, 1977.

Hutton, John Henry. "Cowries in the Naga Hills." *Man*, vol. 40 (May 1940): 79.

Ingersoll, Ernest. "Wampum and Its History." *The American Naturalist*, vol. 17, no. 5 (May 1883): 467 – 479.

Jackson, J. Wilfred. *Shells as Evidence of the Migration of Early Culture*. London, New York [etc.]: Manchester University Press; Longmans, Green & Co., 1917.

Jeffreys, Mervyn David Waldegrave. "The Cowrie Shell in British Cameroons." *Man*, vol. 40 (Apr. 1940): 63.

Joyce, Thomas Athol. "A Ceremonial 'Mask' from the Sepik River New Guinea." *Man*, vol. 26 (Jan. 1926): 1 – 2.

Jung, Bar-sheng. "Shiyusuo cang Yinxu haibei jiqi xianguan wenti chutan (A Preliminary Investigation of Cowrie Shells from Yinxu in the Collection of the Institute of History and Philology)." *Bulletin of the Institute of History and Philology Academia Sinica*, vol. 64, no. 3 (1993): 687 – 737.

Kaeppler, Adrienne L. "Eighteenth Century Tonga: New Interpretations of Tongan Society and Material Culture at the Time of Captain Cook. " *Man*, New Series, vol. 6, no. 2 (June 1971): 204 – 220.

Karlsson, Bengt G. "Evading the State Ethnicity in Northeast India through the Lens of James Scott. " *Asian Ethnology*, vol. 72, no. 2, Performing Identity Politics and Culture in Northeast India and Beyond (2013): 321 – 331.

Kench, Paul. "Maldives. " In *Encyclopaedia of Modern Coral Reefs*, edited by David Hopley, 648 – 649. Dordrecht, The Netherlands: Springer Science + Business Media B. V. , 2011.

King, Chester D. *Evolution of Chumash Society: A Comparative Study of Artifacts Used for Social System Maintenance in the Santa Barbara Channel Region Before A. D.* 1894. New York and London: Garland Publishing, Inc. , 1990;

——. " Chumash Inter-village Economic Exchange. " In *Native Californians: A Theoretical Perspective*, edited by L. Bean and T. Backburn, 289 – 318. Menlo Park: Ballena Press, 1976.

Kinoshita, Naoko (Muxia Shangzi) . "Cong gudai zhongguo kan Liuqiu liedao de baobei (Ancient China and Cowrie Shells in the Ryukyu Islands) . " *Sichuan Wenwu*, vol. 1 (2003): 29 – 34.

Kiyotaki, Nobuhiro and Randall Wright, "On Money as a Medium of Exchange. " *Journal of Political Economy*, vol. 97, no. 4 (Aug. 1989): 927 – 954.

Koerper, Henry C. " Cowry Shells: Fertility/Fecundity Symbols in Southern California Iconography. " *Journal of California and Great Basin Anthropology*, vol. 23, no. 1 (2001): 27 – 38.

Law, Robin. "Computing Domestic Prices in Precolonial West

Africa: A Methodological Exercise from the Slave Coast. " *History in Africa*, vol. 18 (1991): 239 – 257;

———. "Jean Barbot as a Source for the Slave Coast of West Africa. " *History in Africa*, vol. 9 (1982): 155 – 173.

Legge, James. *A Record of Buddhistic Kingdoms: Being An Account By the Chinese Monk Fa-Hien of His Travels in India and Ceylon ( A. D. 399 – 414) in Search of the Buddhist Books of Discipline*, translated and annotated with a Corean recession of the Chinese text. Oxford: Clarendon Press, 1886.

Lekhakun, Nawarat and Kusik Manotham. *Tamnan nai ngoentra Thai* ( Legends in Thai Money ) . Bangkok: Nakhonton Bank, 1993.

Lethbridge, Thomas Charles. "The Meaning of the Cowrie: Fiji, Egypt, and Saxon England. " *Man*, vol. 41 ( Mar. – Apr. 1941): 48.

Lewis, Martin W. and Kären Wigen. *The Myth of Continents: A Critique of Metageography*. Berkeley and Los Angeles: University of California Press, 1997.

Li, Yung-Ti. "On the Function of Cowries in Shang and Western Zhou China. " *Journal of East Asian Archaeology*, vol. 5 ( Jan. 2003): 1 – 26.

Liberman, Victor. "A Zone of Refuge in Southeast Asia?" *Journal of Global History*, vol. 5 (2010): 333 – 346;

———. *Strange Parallels: Southeast Asia in Global Context, c800 – 1830: Volume 2 , Mainland Mirrors: Europe, Japan, China, South Asia, and the Islands.* Cambridge: Cambridge

University Press, 2009;

——. *Strange Parallels: Southeast Asia in Global Context: Volume 1, Integration on the Mainland.* Cambridge: Cambridge University Press, 2003.

Lindsay, Robert. "Anecdotes of an Indian Life. " In *Lives of the Lindsays; or, A Memoir of the Houses of Crawford and Balcarres.* Vol. 3, edited by Lord Lindsay. London: John Murray, 1849.

Litster, Mirani. *Cowry Shell Money and Monsoon Trade: The Maldives in Past Globalizations.* Ph. D. diss. , The Australian National University, 2016.

Lorenz, Felix and Alex Hubert. *A Guide to Worldwide Cowries.* Wiesbaden: Hemmen, 1993.

Lydon, Ghislaine. *On Trans-Saharan Trails: Islamic Law, Trade Networks, and Cross- Cultural Exchange in Nineteenth Century Western Africa.* Cambridge: Cambridge University Press, 2009.

Ma, Huan. *Ying – yai sheng – lan* (The Overall Survey of the Ocean's Shores 1433 ), translated and edited by Feng Cheng – Chun, with introductory notes and appendices by J. V. G. Mills. Cambridge: Published For the Hakluyt Society at the University Press, 1970.

Mage, Eugène Abdon. *Voyage dans le Soudan occidental 1863 – 6.* Paris, Paris: L. Hachette et cie, 1868.

Majumdar, Susmista Basu. "Monetary History of Bengal: Issues and Non-Issues. " In *The Complex Heritage of Early India, Essays in Memory of R. S. Sharma*, edited by D. N. Jha, 585 – 605. New Delhi: Manohar, 2014.

Majumdar, Susmista Basu and Sharimistha Chatterjee. "The Alagum ( Odisha ) Gartteśvara Śiva Temple and the Two Temple Inscription. " *Pratna Samiksha*, New Series, vol. 5 ( 2014 ): 97 – 107;

———. "Cowries in Eastern India: Understanding Their Role as Ritual Objects and Money. " *Journal of Bengal Art*, vol. 19 ( 2014 ): 39 – 56;

———. "From Unimpressive to Impressive: Understanding the Alagum Temple Complex, District Puri, Orissa. " *Research Journal*, vol. XVII ( 2013 – 2014 ): 155 – 164.

"Maldives Weather and Climate. " www. themaldives. com/ maldives/.

Maloney, Clarence. "The Maldives: New Stresses in an Old Nation. " *Asian Survey*, vol. 16, no. 7 ( Jul. 1976 ): 654 – 671.

Mann, Adolphus. "Notes on the Numeral System of the Yoruba Nation. " *The Journal of the Anthropological Institute of Great Britain and Ireland*, vol. 16 ( 1887 ): 59 – 64.

Manning, Patrick. *World History: Global and Local Interactions*. Princeton, NJ: Markus Wiener Publishers, 2005;

———. " Asia and Europe in the World Economy: Introduction. " *The American Historical Review*, vol. 107, no. 2 ( 2002 ): 419 – 424;

———. " Coastal Society in the Republic of Bénin: Reproduction of a Regional System. " *Cahiers D'tudes Africaines*, vol. 29, no. 114 ( 1989 ): 239 – 257;

———. *Slavery, Colonialism and Economic Growth in Dahomey,*

*1640 – 1960*. Cambridge: Cambridge University Press, 1982;

——. "Slaves, Palm Oil, and Political Power on the West African Coast." *African Historical Studies*, vol. 2, no. 2 (1969): 279 – 288.

"Margaret Murray." http: //web. prm. ox. ac. uk/england/ englishness – Margaret – Murray. html, Pitt Rivers Museum.

Marshall, John. *John Marshall in India Notes and Observations in Bengal 1668 – 1672*, edited by Shafaat Ahmad Khan. London: Oxford University Press, 1927.

McKeown, Adam. "Chinese Emigration in Global Context, 1850 – 1940." *Journal of Global History*, vol. 5, no. 1 (Mar. 2010): 95 – 124.

Meek, Charles Kingsley "The Meaning of the Cowrie: The Evil Eye in Nigeria." *Man*, vol. 41 (Mar. – Apr. 1941): 47 – 48;

——. "The Meaning of the Cowrie – Shell in Nigeria." *Man*, vol. 40 (Apr. 1940): 62 – 63.

Michaud, Jean, ed. "Zomia and Beyond." *Journal of Global History*, vol. 5, no. 2 (2010): 187 – 214.

Mickey, Margaret Portia. "Cowrie Shell Miao of Kweicow." *Far Eastern Survey*, vol. 15, no. 16 (Aug. 1946): 251 – 253.

Miller, Heidi J. "Spiraling Interconnectedness: A Fresh Look at Double-spiral-headed Pins in the Indian Subcontinent." In *Connections and Complexity: New Approaches to the Archaeology of South Asia*, edited by Shinu Anna Abraham, et al, 223 – 239. New York: Taylor and Francis, 2013.

Mitra, Debendra Bijoy. *Monetary System in the Bengal*

*Presidency, 1757 – 1835.* Calcutta and New Delhi: K. P. Bagchi and Company, 1991.

Mohamed, Naseema. " Notes on the Early History of the Maldives. " *Archipel*, vol. 70 (2005): 7 – 14.

Moule, Arthur Christopher. and Paul Pelliot, trans. and annotated. *The Description of the World.* Vol. 1. London: G. Routledge, 1938.

Mukherjee, Rila. " The Neglected Sea: The Eastern Indian Ocean in History. " *Journal of the Asiatic Society*, vol. XLIX, no. 3 (2007): 1 – 48; and no. 4 (2007): 18 – 49.

Murray, Margaret Alice. " The Cowrie Shell in Formosa. " *Man*, vol. 40 ( Oct. 1940): 160;

——. " The Meaning of the Cowrie-Shell. " *Man*, vol. 39 ( Oct. 1939): 167.

Naojito, Akimoto. " Chūsei ni okeru Unnan no baika. " *Shigaku Kenkyū* ( Historical Research) 41 (1950): 1 – 46.

O'Callaghan, Edmund B. , ed. *Documents Relative to the Colonial History of the State of New York.* Vol. 1 and 14. Albany, 1853 – 1887.

Ogundiran, Akinwumi. " Of Small Things Remembered: Beads, Cowries, and Cultural Transformation of the Atlantic Experience in Yorubaland. " *The International Journal of African Historical Studies*, vol. 35, no. 2/3 (2002): 427 – 457.

Omachonu, Gideon S. " Comparative Analysis of the Numeral Systems of Ígálà, Yoruba, German and English. " *Linguistik Online*, vol. 55, no. 5/12 (2012): 57 – 73. https: //bop. unibe.

ch/linguistik – online/article/view/274/382.

Oneida wampum strings, ca. 1900. New York. Whelk shell, quahog shell, hide, silk and wool fabric, cellulosic thread. Photo by Ernest Amoroso, NMAI. (20/1253), "Nation to Nation: Treaties Between the United States and American Indian Nations," September 21, 2014 – 2021, Washington, DC, The National Museum of the American Indian. http: //nmai. si. edu/explore/ exhibitions/item/? id =934.

Pal, Sayantani. "Media of Exchange Under the Pālas and the Senas as Reflected in Their Inscriptions. " In *From Mountain Fastness to Coastal Kingdoms: Hard Money and " Cashless" Economies in the Medieval Bay of Bengal World*, edited by John Deyell and Rila Mukherjee. New Delhi: Manohar, in press.

Paney, Deena Bandhu. "Cowrie as Monetary Token in Ancient India. " *Journal of the Numismatic Society of India*, vol. XXVIII (1966): 127 – 142.

Park, Mungo. *Journal of a Mission to the Interior of Africa in* 1805. London: Printed for John Murray, by W. Bulmer and Co. , 1815.

Patterson, Thomas C. "Shell-bead Money and the Mission Period Economy of Alta California. " *Journal of Social Archaeology*, vol. 14, no. 1 (2014): 112 – 127.

Pelliot, Paul. *Notes on Marco Polo*. Vol. 1. Paris: Imprimerie nationale, librairie Adrien- Maisonneuve, English version, 1959.

Peng, Ke and Zhu Yangshi. "New Research on the Origin of Cowries in Ancient China. " *Sino-Platonic Papers. 68*, 1995. www. sino platonic. org/complete/spp068_ cowries_ china. pdf.

Peng, Xinwei. *A Monetary History of China ( Zhongguo Huobi Shi)* ( East Asian Research Aids and Translations, vol. 5 ) . 2 Vol. 1st edition, translated by Edward H. Kaplan. Bellingham: Western Washington University, 1994;

Perlin, Frank. "Money-use in Late Pre-colonial Indian and the International Trade in Currency Media. " In *The Imperial Monetary System of Mughal India*, edited by John F. Richards. New Delhi: Oxford University Press, 1987;

———. "Monetary Revolution and Societal Change in the Late Medieval and Early Modern Times: A Review Article. " *The Journal of Asian Studies*, vol. 45, no. 5 ( 1986) : 1037 – 1049.

Phillips, Thomas. "A Journal of a Voyage. " In *A Collection of Voyages and Travels*, edited by Awnsham Churchill and John Churchill. London, 1732.

Pieterse, Jan Nederveen. *Globalization and Culture: Global Mélange*. Lanham: Rowman and Littlefield Publishers, 2015.

Pinn, Fred. "The Money Cowrie of the Maldives Islands – A Miracle of Reproduction ( ?). " In *The Conchologists' Newsletter*, vol. 8, no. 1 ( 1995) : 526 – 527.

Pirazzoli-t' Serstevens, Michèle. "Cowry and Chinese Copper Cash as Prestige Goods in Dian. " In *Southeast Asian Archaeology 1990: Proceedings of the Third Conference of the European Association of Southeast Asian Archaeologists*, edited by Ian Glover, 45 – 52. Central for South-East Asian Studies, University of Hull, 1992;

———. "The Bronze Drums of Shizhaishan, Their Social and

Ritual Significance. " In *Early South East Asian*, edited by R. B. Smith and W. Watson, 125 – 136. Oxford: Oxford University Press, 1979.

Pires, Tomé. *The Suma Oriental of Tomé Pires and the Book of Francisco Rodrigues*, edited by Armando Cortesao. New Delhi and Chennai: Asian Educational Services, 2005.

Platt, Edward J. and Walter T. Queren. "Prehistoric Settlement in New York City. " *Archaeology*, vol. 32, no. 4 (Jul. – Aug. 1979): 56 – 57.

Polanyi, Karl. *Dahomey and the Slave Trade: An Analysis of an Archaic Economy.* Seattle: University of Washington Press, 1966, 49 – 50.

Pomeranz, Kenneth. *The Great Divergence.* Princeton and Oxford: Princeton University Press, 2000.

Prakash, Om. "On Coinage in Mughal India. " *Indian Economic and Social History Review*, vol. 24, no. 4 (1988): 475 – 491.

Pratt, W. H. "Shell Money and Other Primitive Currencies. " *Proceeding Davenport Academy of Natural Sciences*, vol. 2 (1876): 38 – 46.

Ptak, Roderich. "The Maldives and Laccadive Islands ( liu-shan 溜山 ) in Ming Records. " *Journal of American Oriental Society*, vol. 107, no. 4 (Oct. – Dec. 1987): 675 – 694.

Reid, Anthony. "Intra-Asian Networks: Global and Local in Southeast Asian History. " *International Journal of Asian Studies*, vol. 1, no. 1 (2004): 5 – 21;

——. "Economic and Social Change, c. 1400 – 1800. " In

*The Cambridge History of Southeast Asia: Volume 2, from c. 1500 to c. 1800*, edited by Nicholas Tarling. Cambridge: Cambridge University Press, 1999;

——. "An 'Age of Commerce' in Southeast Asian History." *Modern Asian Studies*, vol. 24, no. 1 (Feb. 1990): 1 – 30;

——. *Southeast Asia in the Age of Commerce, 1450 – 1680*. 2 Vols. New Haven: Yale University Press, 1988 and 1993.

Rhodes, Nicholas G. and S. K. Bose. "Circulation of Cowrie Shells as Money." In *The Coinage of Assam : Volume 1, Pre-Ahom Period*. Kolkata: Gywahati, 2003.

Risk, Michael J. and Robert. Sluka, "The Maldives: A Nation of Atolls." In *Coral Reefs of the Indian Ocean*, edited by Tim R. McClanahan, Charles R. C. Sheppard, and David O. Obura, 325 – 351. London: Oxford University Press, 2000.

Ritzer, George. "Rethinking Globalization: Glocalization/ Globalization and Something/Nothing." *Sociological Theory*, vol. 21, no. 3 (Sept. 2003): 193 – 209.

Robertson, Roland. "Sitting. Glocalization: A Relatively Autobiographic Intervention." In *Global Themes and Local Variations in Organization and Management: Perspectives on Glocalization*, edited by Gili S. Droi, Markus A. Höllerer and Peter Walgenbach, 25 – 36. New York and London: Routledge, 2013;

——. "Glocalization: Time-Space and Homogeneity-Heterogeneity." In *Global Modernities*, edited by Mike Featherstone et al., 25 – 43. London and Thousand Oaks: Sage Publication, 1995;

——. *Globalization: Social Theory and Global Culture.* London: Sage, 1992.

Rockhill, William Woodville. "Notes on the Relations and Trade of China with the Eastern Archipelago and the Coast of the Indian Ocean during the Fourteenth Century." Part 2, *T'oung Pao,* Second Series, vol. 16, no. 1 (Mar. 1915): 61 – 159;

——. "Notes on the Relations and Trade of China with the Eastern Archipelago and the Coast of the Indian Ocean during the Fourteenth Century." Part III, *T'oung Pao,* Second Series, vol. 16, no. 3 (July 1915): 374 – 392.

Roscoe, John. *The Baganda: An Account of Their Native Customs and Beliefs.* London: Macmillan, 1911.

Rosenthal, Jeffrey S. "The Function of Shell Bead Exchange in Central California." In *Perspectives on Prehistorical Trade and Exchange in California and the Great Basin,* edited by Richard E. Hughes, 81 – 113. Salt Lake City: The University of Utah Press, 2011.

Roudometof, Victor. "The Glocal and Global Studies." *Globalizations,* vol. 12, no. 5 (Mar. 2015): 774 – 787.

Sakamaki, Shunzō. "Ryukyu and Southeast Asia." *The Journal of Asian Studies,* vol. 23, no. 3 (1964): 383 – 389.

Saul, Mahir. "Money in Colonial Transition: Cowries and Francs in West Africa." *American Anthropologist,* vol. 106, no. 1 (2004): 71 – 84.

Schafer, Edward H. *The Vermillion Bird: T'ang Images of the South.* Warren, Conn.: Floating World, 2008.

Scott, James C. *The Art of Not Being Governed: An Anarchist*

*History of Upland Southeast Asia*. New Haven: Yale University Press, 2009.

Seligman, Charles Gabrie. "A Type of Canoe Ornament with Magical Significance from South-eastern British New Guinea. " *Man*, vol. 9 (1909): 33 – 35.

Sen, Tansen. " The Intricacies of Pre-Modern Asian Connections. " *The Journal of Asian Studies*, vol. 69, no. 4 (2010): 991 – 999;

——. "The Impact of Zheng He's Expeditions on Indian Ocean Interactions. " *Bulletin of the School of Oriental and African Studies*, vol. 79, no. 3: 609 – 636.

Sheppard, T. "The Meaning of the Cowrie-Shell. " *Man*, vol. 39 (Dec. 1939): 200.

Singer, Kurt. "Cowrie and Baubo in Early Japan. " *Man*, vol. 40 (Apr. 1940): 50 – 53.

Slotkin, James Sydney and Karl Schmitt. " Studies of Wampum. " *American Anthropologist*, New Series, vol. 51, no. 2 (Apr. – Jun. 1949): 223 – 236.

Smith, Mary F. *Baba of Karo*. London: Faber and Faber, 1954.

Smith, Monica L. "The Substance and Symbolism of Long-distance Exchange: Textiles as Desired Trade Goods in the Bronze Age Middle Asian Interaction Sphere. " In *Connections and Complexity: New Approaches to the Archaeology of South Asia*, edited by Shinu Anna Abraham et al. New York: Taylor and Francis, 2013.

Sterns, Peter N. *Globalization in World History*. London and

New York: Routledge, 2010.

Subrahmanyam, Sanjay. " ' World-Economies' and South Asia, 1600 – 1750: A Skeptical Note. " *Review* (Fernand Braudel Center) 12, no. 1 (1989): 141 – 148.

Tavernier, Jean-Baptiste. *Travel in India*. Vol. 1, translated by V. Ball, edited by W. Crooke. London: Oxford University, 1925. www. biodiversitylibrary. org/item/123215 # page/330/ mode/1up;

——. "The Second Part: Describing India and Isles Adjacent. " In *The Six Voyages of John Baptista Tavernier*. London: Printed for R. L. and M. P. , 1678.

The Cowrie Genetic Database Project, Florida Museum of Natural History. www. floridamuseum. ufl. edu/cowries/taxon_ list. htm.

The Maldives Heritage Survey. *Oxford Centre for Islamic Studies*. http: //maldivesheritage. oxcis. ac. uk/.

The Museum of Nanyue Kingdom, Guangzhou, China. www. gznywmuseum. org/.

Thomas, Phillips. "A Journal of a Voyage. " In *A Collection of Voyages and Travels*, edited by Awnsham Churchill and John Churchill, 173 – 239. London, 1732.

Thwaites, Reuben Gold, ed. *The Jesuit Relations and Allied Documents: Travels and Explorations of the Jesuit Missionaries in New France, 1610 – 1791*. Cleveland: The Burrows Brothers Company, Publisher, 1897.

Trubitt, Mary Beth D. "The Production and Exchange of Marine Shell Prestige Goods. " *Journal of Archaeological Research*, vol. 11 , no. 3 ( Sept. 2003 ) : 243 – 277.

Upward, Allen. "In the Provincial Court : Note of Cases Tired in the Provincial Court of Kabba, Northern Nigeria. " *Journal of the Royal African Society*, vol. 3 , no. 12 ( Jul. 1904 ) : 405 – 409.

Vogel, Hans Ulrich. *Marco Polo Was in China : New Evidence From Currencies, Salts and Revenues*. Leiden and Boson : Brill, 2013;

——. "Cowrie Trade and Its Role in the Economy of Yunnan : From the Ninth to the Mid-Seventeenth Century ( Part II ) . " *Journal of the Economic and Social History of the Orient*, vol. 36 , no. 4 ( 1993 ) : 309 – 353;

——. "Cowrie Trade and Its Role in the Economy of Yunnan : From the Ninth to the Mid-Seventeenth Century ( Part I ) . " *Journal of the Economic and Social History of the Orient*, vol. 36 , no. 3 ( 1993 ) : 211 – 252.

Von Glahn, Richard. *Fountain of Fortune : Money and Monetary Policy in China, 1000 – 1700*. Berkeley and Los Angeles : University of California Press, 1996.

Wade, Geoff. "An Early Age of Commerce in Southeast Asia, 900 – 1300 CE. " *Journal of Southeast Asian Studies*, vol. 40 , no. 2 ( 2009 ) : 221 – 265.

Wallerstein, Immanuel. *The Modern World System*. 3 Vols. New York : Academic Press, 1974, 1980 and 1988.

"Wampum, 18th Century," Gifts of Mendel L. Peterson and The Chase Manhattan Bank, The National Museum of American History. http : //americanhistory. si. edu/ religion – in – early – america/ new – england.

White, J. Peter and Jim Allen. "Melanesian Prehistory: Some Recent Advances. " *Science*, vol. 207 (1980): 728 – 734.

White, Leslie A. *The Evolution of Culture, the Development of Civilization to the Fall of Rome.* New York: McGraw-Hill, 1959.

White, William C. Book Review of *The Beginnings of Chinese Civilization: Three Lectures Illustrated with Finds at Anyang*, by Li Chi (Seattle: University of Washington Press, 1957), *Journal of Asian Studies*, vol. 17, no. 3 (May 1958): 464 – 465.

Wichienkeeo, Aroonrut and Gehan Wijeyewardene, trans. and ed. *The Laws of King Mengrai (Mangrayathammasart).* Canberra: The Richard Davis Fund and an occasional paper of the Department of anthropology, Research School of Pacific Studies, The Australian National University, 1986.

Wicks, Robert S. *Money, Markets, and Trade in Early Southeast Asia: The Development of Indigenous Monetary System to AD 1400.* Ithaca and New York: Southeast Asia Program, Cornell University, 1992.

Wills, John E. "Maritime Asia, 1500 – 1800: The Interactive Emergence of European Domination. " *The American Historical Review*, vol. 98, no. 1 (1993): 83 – 105.

Wyatt, David K. and Aroonrut Wichienkeeo, trans. *The Chiang Mai Chronicle.* 2nd edition. Chiang Mai: Silkworm Books, 1998.

Yang, Bin. "Cowry Shells in Eastern Eurasia. " In *The Silk Road: Long-Distance Trade, Culture, and Society: Interwoven History*, the inaugural issue of Association for Central Asian Civilizations and Silk Road Studies, 250 – 283. Cambridge, MA:

Cambridge Institutes Press, 2014;

——. "The Bengal Connections in Yunnan." *China Report*, vol. 48, no. 1 and 2 (Feb. and May 2012, Special Issue: Studies on India-China Interactions Dedicated to Professor Ji Xianlin 1911 – 2009): 125 – 146;

——. "The Bay of Bengal Connections to Yunnan." In *Pelagic Passageways: The Northern Bay of Bengal Before Colonialism*, edited by Rila Mukherjee, 317 – 342. New Delhi: Primus Books, 2011;

——. "The Rise and Fall of Cowry Shells: The Asian Story." *Journal of World History*, vol. 22, no. 1 (Mar. 2011): 1 – 26;

——. "Central State, Local Governments, Ethnic Groups and the Minzu Identification in Yunnan (1950s – 1980s) ." *Modern Asian Studies*, vol. 43, no. 3 (2009): 741 – 775;

——. *Between Winds and Clouds: The Making of Yunnan (Second Century BCE – 20th Century CE)* . New York: Columbia University Press, 2008, Gutenberg-e book: www. gutenberg – e. org/yang/ index. html; hardcopy, 2009;

——. "Horses, Silver, Cowries: Yunnan in a Global Perspective." *Journal of World History*, vol. 15, no. 3 (Sept. 2004): 281 – 322.

Yang, Lien-sheng. *Money and Credit in China*, 2nd print. Cambridge, MA: Harvard University Press, 1971.

Yule, Henry, trans. and ed. *The Book of Ser Marco Polo, The Venetian Concerning the Kingdoms and Marvels of the East.* Cambridge: Cambridge University Press, 2010.

Zaslavsky, Claudia. "Mathematics of the Yoruba People and of Their Neighbors in Southern Nigeria." *The Two-Year College Mathematics Journal*, vol. 1, no. 2 (Autumn 1970): 76–99.

# 中文文献

艾儒略著，谢方校释：《职方外纪校释》，北京：中华书局，2000 年。

敖天照：《三星堆海贝来源初探》，《四川文物》，1993 年第 5 期，48~50 页。

陈德安：《三星堆：古蜀国的圣地》，成都：四川人民出版社，2000 年。

陈佩芬编著：《中国青铜器辞典》（全六册），上海：上海辞书出版社，2013 年。

陈戍国点校：《周礼·仪礼·礼记》，长沙：岳麓书社，1989 年。

陈旭：《夏商周考古》，北京：文物出版社，2001。

陈治军：《"锱两"与"圣朱"》，《中国钱币》，2013 年第 5 期，3~6 页。

董作宾、董敏：《甲骨文的故事》，台北：商周文化事业股份有限公司，2012 年。

法显撰，章巽校注：《法显传校注》，北京：中华书局，2008 年。

樊绰撰，木芹补注：《云南志补注》，昆明：云南人民出版社，1995 年。

方国瑜：《云南用贝作货币的时代及贝的来源》，杨寿川编著《贝币研究》，昆明：云南大学出版社，1997 年，28~64 页。

方国瑜编：《云南史料丛刊》，13 卷，昆明：云南大学出版社，1998 年。

方慧：《从金石文契看元明及清初云南使用贝币的情况》，杨寿川编著《贝币研究》，昆明：云南大学出版社，1997 年，127～157 页；

——《关于元代云南的"真贼""私贼"问题》，杨寿川编著《贝币研究》，昆明：云南大学出版社，1997 年，209～215 页。

费信著，冯承钧校注：《星槎胜览校注》，北京：中华书局，1954 年。

福建省泉州海外交通史博物馆编：《泉州湾宋代海船发掘与研究（修订版）》，北京：海洋出版社，2017 年。

高亨注：《诗经今注》，上海：上海古籍出版社，1980 年版，1982 年印。

高津孝、陈捷主编：《琉球王国汉文文献集成》，3～5 册，上海：复旦大学出版社，2013 年。

高去寻：《殷礼的含贝握贝》，《"中研院"院刊》，第 1 辑，1954 年，373～401 页。

葛兆光：《宅兹中国》，北京：中华书局，2011 年第 1 版，2017 年 8 月第 9 次印刷。

巩珍著，向达校注：《西洋番国志》，北京：中华书局，2000 年。

顾炎武：《天下郡国利病书》（六），《顾炎武全集》，第 17 集，上海：上海古籍出版社，2012 年。

郭沫若：《释朋》，《郭沫若全集·考古编》，第一卷，北京：科学出版社，1982 年；

——《十批判书》，北京：东方出版社，1996 年。

《汉书》，北京：中华书局，1975 年。

洪遵撰，胡震亨、毛晋同订：《泉志》，明崇祯间汲古阁刻本，哈佛大学燕京图书馆藏。

《后汉书》，北京：中华书局，1975 年。

桓宽：《盐铁论》，上海：上海古籍出版社，1990 年。

《皇朝文献通考》，浙江大学图书馆，China-America Digital Academic Library（CADAL）。

黄启善：《广西贝币研究》，《广西金融研究》，2001 年（增刊），20～23 页。

黄省曾著，谢方校注：《西洋朝贡典录校注》，北京：中华书局，2000 年。

黄锡全：《古文字与古货币文集》，北京：文物出版社，2009 年；

——《先秦货币通论》，北京：紫禁城出版社，2001 年；

——《先秦货币研究》，北京：中华书局，2001 年。

慧琳：《一切经音义》，《辞书集成》，卷 2，谷风编，北京：团结出版社，1993 年；

——《一切经音义》，CBETA 电子版，版本记录：1；完成日期：2001/04/29；发行单位：中华电子佛典协会（CBETA），cbeta@ ccbs. ntu. edu. tw。

江西省博物馆、江西省文物考古研究所、江西省新干县博物馆：《新干商代大墓》，北京：文物出版社，1997 年。

江西省文物考古研究所、江西省新干县博物馆：《江西新干大洋洲商墓发掘简报》，《文物》，1991 年第 10 期，1～32 页。

江应樑：《云南用贝考》，杨寿川编著《贝币研究》，昆明：云南大学出版社，1997 年，81 ~ 93 页。

蒋志龙：《滇国探秘》，昆明：云南教育出版社，2002 年。

近藤乔一：《商代海贝的研究》，中国社会科学院考古研究所编《中国商文化国际学术讨论会论文集》，北京：中国大百科全书出版社，1998 年，389 ~ 412 页。

《旧唐书》，北京：中华书局，1975 年。

黎道纲（泰）：《上水考》，《东南亚》，1997 年第 3 期，49 ~ 57 页。

李济：《中国现代学术经典·李济卷》（刘梦溪主编，李光谟编校），石家庄：河北教育出版社，1996 年。

李家瑞：《古代云南用贝币的大概情形》，杨寿川编著《贝币研究》，昆明：云南大学出版社，1997 年，94 ~ 118 页。

李埏：《序》，杨寿川编著《贝币研究》，昆明：云南大学出版社，1997 年，1 ~ 3 页。

李时珍著，陈贵廷等点校：《本草纲目》，北京：中医古籍出版社，1994 年。

李中溪纂修：《云南通志》，林超民、张学君、王水乔主编《西南稀见方志文献》，第二十一卷，兰州：兰州大学出版社，2003 年。

《历代宝案》，台北：台湾大学图书馆，1972 年。

梁启雄著：《荀子简释》，北京：中华书局，1983 年版，2009 年印刷。

刘光曙：《试论三星堆海贝来源及其影响》，《四川文物》，1993 年第 5 期，45 ~ 47 页。

刘晟宇、张烨亮、黄希：《江西南昌西汉海昏侯刘贺墓出土部分金器的初步研究》，《文物》，2020 年第 6 期，41 ~

62 页。

刘世旭：《"南方丝绸之路"出土海贝与贝币浅论》，《中国钱币》，1995 年第 1 期，3～7 页。

陆龟蒙著，宋景昌、王立群点校：《甫里先生文集》，开封：河南大学出版社，1996 年。陆韧：《交融与变迁——明代云南汉族移民研究》，昆明：云南教育出版社，2001 年。

罗懋登：《三保太监西洋记》，北京：昆仑出版社，2001 年。

罗振玉著，罗继祖主编，王同策副主编：《罗振玉学术论著集》，上海：上海古籍出版社，2010 年。

马承源：《亢鼎铭文——西周早期用贝币交易玉器的记录》，《上海博物馆集刊》，第 8 期，上海：上海书画出版社，2000 年，120～123 页。

马德娴：《明嘉靖时用贝买楼房的契纸》，《文物》，1963 年 12 期，14～17 页。

马欢原著，万明校注：《明钞本〈瀛涯胜览〉校注》，北京：海洋出版社，2005 年。

《明实录》（韩国制电子版），http：//sillok. history. go. kr/mc/main. do。

《明实录》，台北："中研院"历史语言所校印，1984 年。

《明史》，北京：中华书局，1975 年。

莫洪贵：《广汉三星堆遗址海贝的研究》，《四川文物》，1993 年第 5 期，40～44 页。

木下尚子：《从古代中国看琉球列岛的宝贝》，《四川文物》，2003 年第 1 期，29～34 页。

倪蜕辑，李埏校点：《滇云历年传》，昆明：云南大学出版社，1992 年。

倪蜕辑，王崧校理，胡蔚增订：《南诏野史会证》，木芹会证，昆明：云南人民出版社，1990 年。

彭柯、朱岩石：《中国古代所用海贝来源新探》，《考古学集刊》，第 12 集，北京：中国大百科全书出版社，1999 年，119～147 页。

彭信威：《中国货币史》，上海：上海人民出版社，1958年第 1 版，1965 年第 2 版，1988 年第 3 次印刷。

钱公麟：《揭开吴王陵之谜》，朱启新主编《考古人手记》，第二辑，北京：生活·读书·新知三联书店，2002 年，114～157 页。

钱江：《马尔代夫群岛与印度洋的海贝贸易》，《海交史研究》，2017 年第 1 期，26～46 页。

荣新江：《唐朝与黑衣大食关系史新证——记贞元初年杨良瑶的聘使大食》，《丝绸之路与东西文化交流》，北京：北京大学出版社，2015 年，81～97 页。

沈家本校：《大元圣政国朝典章》，台北：文海出版社，1964 年。

《史记》，北京：中华书局，1975 年。

谭继和：《"三星堆文明与巴蜀文化"三题》，宋镇豪、肖先进主编《殷商文明暨纪念三星堆遗址发现七十周年国际学术研讨会论文集》，北京：社科文献出版社，2003 年，47～49 页。

檀萃：《滇海虞衡志》，昆明：云南人民出版社，1990 年。

万明：《明代白银货币化——云南海贝货币消亡的新视野》，《澳门研究》，2017 年第 3 期，115～133 页。

汪大渊著，苏继庼校释：《岛夷志略校释》，北京：中华书局，1981 年版，2000 年第 2 次印刷。

王大道：《云南出土货币概述》，《四川文物》，1988 年第 5 期。

王国维著，周锡山编校：《王国维集》，第四册，北京：中国社会科学出版社，2008 年；

——《观堂集林》，北京：中华书局，1959 年。

王宏编著：《金文楷释大字典》，济南：山东美术出版社，2006 年。

王献唐：《中国古代货币通考》，青岛：青岛出版社，2005 年。

吴旦敏，《出土贝现象分析研究》，《上海博物馆集刊》，第 9 期，上海：上海书画出版社 2002 年，102～133 页。

向达整理：《郑和航海图》，北京：中华书局，2000 年。

萧清：《中国古代货币史》，北京：人民出版社，1984 年。

谢方：《中国史籍中之马尔代夫考》，《南亚研究》，1982 年第 2 期，1～8 页。

谢肇淛：《五杂俎》，上海：上海书店，2009 年。

《新唐书》，北京：中华书局，1975 年。

徐朝华注：《尔雅》，天津：南开大学出版社，1987 年。

许慎撰，徐铉等校：《说文解字》，上海：上海世纪出版股份有限公司－上海古籍出版社，2007 年版，2009 年印刷。

玄奘、辩机著，季羡林等校注：《大唐西域记校注》，北京：中华书局，1985 年版。

薛爱华著，程章灿、叶蕾蕾译：《朱雀：唐代的南方意象》，北京：生活·读书·新知三联书店，2014 年。

杨慎：《升庵全集》，上海：商务印书馆，1937 年。

杨寿川：《贝币研究——中原与云南用海贝作货币的历史考察》，《贝币研究》，昆明：云南大学出版社，1997 年，1 ~ 27 页；

——《云南用贝作货币的起始时代》，《贝币研究》，昆明：云南大学出版社，1997 年，65 ~ 80 页；

——《云南用海贝作货币的历史考察》，《贝币研究》，昆明：云南大学出版社，1997 年，119 ~ 126 页；

——《论明清之际云南"废贝行钱"的原因》，《贝币研究》，昆明：云南大学出版社，1997 年，158 ~ 171 页。

杨寿川编著：《贝币研究》，昆明：云南大学出版社，1997 年。

义净著，王邦维校注：《南海寄归内法传校注》，北京：中华书局，1995 年版，2009 年印刷。

《元史》，北京：中华书局，1975 年。

云南省文物工作队：《大理崇圣寺三塔主塔的实测和清理》，《考古》，1981 年第 2 期，245 ~ 282 页。

张彬村：《十七世纪云南贝币崩溃的原因》，杨寿川编著《贝币研究》，昆明：云南大学出版社，1997 年，172 ~ 208 页。

张善熙、陈显丹：《三星堆文化的贝币试探》，《四川文物》，1989 年第 1 期，69 ~ 71 页。

张世民：《杨良瑶：中国最早航海下西洋的外交使节》，《咸阳师范学院学报》，2005 年第 3 期，4 ~ 8 页。

张燮著，谢方点校：《东西洋考》，北京：中华书局，2000 年。

张新宁：《云南江川县李家山古墓群第二次发掘》，《考古》，2001 年第 12 期，25 ~ 46 页。

赵汝适著，杨博文校释：《诸蕃志校释》，北京：中华书局，2000 年。

郑振香：《殷代王后的地下珍宝库——河南安阳殷墟妇好墓考古记》，朱启新主编《考古人手记》，第一辑，北京：生活·读书·新知三联书店，2002 年，2～33 页。

中国国家博物馆、云南省文化厅编：《云南文明之光：滇王国文物精品集》，北京：中国社会科学出版社，2003 年。

《中国考古文物之美——商代蜀人秘宝》，北京：文物出版社，1994 年。

中国钱币学会货币史委员会：《货币起源问题座谈会纪要》，《中国钱币》，2001 年第 4 期，30～36 页。

中国社会科学院考古研究所编：《沣西发掘报告》，北京：文物出版社，1963 年。

中国社会科学院考古研究所编：《殷墟的发现与研究》，北京：科学出版社，1994 年。

中国社会科学院考古研究所编：《殷墟妇好墓》，北京：文物出版社，1980 年。

钟柏生：《史语所藏殷墟海贝及其相关问题初探》，《史语所集刊》，1993 年 64 本 3 分，687～737 页。

周去非著，杨武泉校注：《岭外代答校注》，北京：中华书局，1999 年。

朱活：《古币续谈——谈我国先秦货币中的铜贝》，《中国钱币》，1985 年第 2 期，5～13 页。

# 译名对照表

abstract money 抽象货币

Accra 阿克拉

Aceh 亚奇

Acre 阿卡

Addu Atoll 阿杜环礁

Afro-Eurasian 亚非欧大陆

Agades 阿加德兹

Age of Commerce 商业时代

Agra 阿格拉

Ahom Kingdom 阿洪姆王朝

akwá 贝币

Al Mas'udi, El Mas'udi 马苏第

Alagum 阿拉古姆

allo-cochick 阿罗柯奇克

Altona 阿通纳

Aluva, Alwaye 哑哩喏

Al-Bakri 巴克里

Al-Biruni 比鲁尼

Al-Madhiyya 马赫迪亚

Al-Zuhri 祖赫里

Al-'Umari 乌玛里

Andhra Pradesh 安得拉邦

Anin 阿宁

Anomabu 安娜麻波

Antioch 安条克

Apam 阿帕姆

Aphrodite 阿佛洛狄忒

Arcot rupee 阿尔乔特卢比

Ardra, Allada 阿拉达

Arguin 阿尔金

Ashanti Empire 阿散蒂王国

Asian Express 亚洲特快列车

Asian interactions 亚洲互动

Askiya Ishaq 阿斯基亚·易莎科

Assam 阿萨姆

Awka Division 奥卡区

Ayizo people 阿伊佐人

Ayudhya 阿瑜陀耶

Azalik 阿泽利克

Azanaghi 阿桑纳吉人

Baba 巴巴人

Bacalor 巴科洛尔

Bagangā 巴冈阿

Baht 铢

Camel 加尔默罗山

Cananor, Canur, Cannanore, Kannur 坎努尔

cancy 康稀

canoe 独木舟

Cao Sikkhi Buddha 尸弃佛

Cape Coast 海岸角

cappasheir 卡帕舍尔

Carajan 合剌章

Carmelite 加尔默罗会教士

carnelian beads 肉红石髓珠

Catalan 加泰隆

Caugigu 东京

Cece 切切

Ceudú 桑杜

Ceylon 锡兰

Chagos Islands 查戈斯群岛

Chai Nat 猜纳

Champa, Cham 占婆

Chandernagore 金德讷格尔

Chandike, Chandi, Candi, Chandika 尚狄克

Chandragupta II 旃陀罗·笈多二世

Chao Phraya basin 昭披耶河盆地

Chaul 焦尔

Chennai 金奈

Chhattisgarh 恰蒂斯加尔邦

Chi River 锡河

Chiang Rung 景龙，景洪

Chittagong 吉大港

Chola, Cola 注辇

Chola 注辇王国

Christiansborg 克里斯蒂安堡

Chula Sakarat/Chulasakarat 朱拉历纪年法

City Pillar 因陀罗神柱，城市之柱

Cobolly masse 黑鱼

Cochin China 交趾支那

Cochin, Kochi 柯枝或科钦

Coilam, Quilon, Kollam, Kawlam 奎隆

Colombo 科伦坡

Columbia River 哥伦比亚河

commodity money 商品货币

Compostela 孔波斯特拉

conquetee 小桶

Coromandel coast 科罗曼德海岸

Cosmas 科斯马斯

cross-cultural 跨文化

cross-regional 跨地区

cruzado 克鲁扎多

cubit 腕尺

cudú 库杜

Currency, fiat currency 法定货币

cury, cori, cauri, caury, gowrie 考黎，考喇，考嘛

Fars 法尔斯

fathom 寻

Fattan 法坦

Fertile Crescent 新月沃土

Fida 菲达

Forcados 福卡多斯

Fort St George 圣乔治堡

Fuamulah Atoll 福阿穆拉环礁

galina 加利纳

galleon 盖伦帆船，加利恩帆船

Galle 迦勒

Gambia 冈比亚

Gartteśvara Śiva Temple 迦尔特斯瓦哈湿婆庙

Gauda 高达国

Gawgaw，Kougha，Ga，Gaogao，Kugha 加奥

gaṇdaka 甘达卡

general money 通用货币

general-purpose money 全能货币

Gentile 僭特尔人

*Gentoo Code, A Code of Gentoo Law, Ordinations of the Pundits* 《简图法典》

Ghazipur 加普尔区

girigiri 基利基利

glass beads 玻璃珠

global homogenisation 全球均质化

global pattern 全球模式

global perspective 全球视野

globalization 全球化

glocal 全球在地性

godown 免费仓库

Golconda 果尔贡德王朝

goldlip pearl shell 金唇珍珠贝

grand cabess 大卡贝斯

Great Inflation 大通胀

Great Mogull 大莫卧儿国

Greater Basin 大盆地

groat 格罗特银币

Gufkral 古夫克拉尔

Guinea-Bissau 几内亚比绍

guinea 几尼

Gujerat 古吉拉特邦

Gulf of Guinea 几内亚湾

Gulf of Martaban 马达班湾

gundàe，gundee，gunda 古恩达

Gupta Empire 笈多王朝

Guzerati 古吉拉特人

haat 黑特

haj 前往麦加的朝觐之路

Haliotis rufescens 红鲍鱼

Hannibal "汉尼拔" 号

Hanthawaddy Kingdom 勃固王朝，汉达瓦底王国

Hariphunchai 骇黎朋猜王国

kol-kol 柯柯

Kong Mountains 贡山

koroni 克罗尼

kot cai 庚子年

Kougha 加奥

Koyasuigai 子安贝

Kozhikode 科泽科德

Kukuku 库卡库卡人

kula tārana 库拉－塔哈纳

Kuruhinna Tharaagadu 库鲁西纳－塔拉卡拉

kākanika 卡卡尼卡

Kāpadika 海贝兑换商

kārṣāpaṇa 卡尔萨帕纳

Lagos 拉各斯

lakn 拉克

Lakshadweep, Laccadive Islands 拉克沙群岛, 拉克代夫群岛

Lamphum 南奔

Lan Na 兰纳

lanchara 桨帆船

land of the Eguns 哀甘思之地

Land of the Moon 月亮之地

Latakia 拉塔基亚

Lay 莱

le pudendum magique 女性生殖器魔力

Leavenwort 莱文沃思

legal tender 法定货币

Leo Africanus 利奥·阿非利加努斯

Lesser Saka Era 塞伽小历

Levant 黎凡特

Liberia 利比里亚

localization 地方化

local 地方

Lochac 罗斛

Lophuri 华富里

Lothal 洛塔

Luanda Island 罗安达岛

Madras 马德拉斯

Mafdet 玛弗德特

Magadha 摩揭陀

Mage 马奇

magic eye 神眼

Mahalakshmi 大吉祥天女

Mahājāti 布道

Mahāthera 大长老

Majorca, Mallorca 马约卡岛

Malabar 马拉巴尔

Malaca 马六甲

Maldives, Maladvipa, Beldive 马尔代夫

Maluco 摩鹿加

Malé 马累

Mamalle 马默尔

mammon 玛蒙

Mangrai, Mengrai 孟莱王

Mansa Mūsa 曼萨·穆萨

Mappia 马庇阿

Maratha Empire 马拉塔帝国

Maria Theresa thaler 玛丽娅·特蕾莎－塔勒银币

Martamane，Martaban，Mottama 马达班

Masaon 马萨翁

Masulipatam 默苏利珀德姆

Mathurā 摩头罗

mat 席

Mauritania 毛里塔尼亚

Maurya Empire 孔雀王朝

Melanesia 美拉尼西亚

Mercenaria mercenaria 蚌蛎

Mergui 针路

mestif 混血儿

Middle Passage 中间通道

mithqal 密斯卡尔

Mlechchha Dynasty 蔑戾车王朝

Mokhpal 蒙克帕尔

Mombasa 蒙巴萨

money candidate 货币候选物

Mottama 马达班，八都马

moxama 鱼干

Mughal Empire 莫卧儿王朝

Mun River 蒙河

Mungo Parks 芒戈·帕克斯

Māhādharmarājā 大法王

Mállí，Malli 马里

méré 梅雷

Naga Hills 那加丘陵

Nakhon Ratchasima，Korat 那空叻差是玛

Nassa 拿撒，即狗螺

Nawab 纳瓦布

negroes 尼格罗

New France 新法兰西

Ngan Muang 庵明

Ngoenyang 恩央王国

Niger Bend 尼日尔河弯

Nioro 尼奥罗

Nkonya 恩科尼亚

Oba Eresoyen 国王奥巴·埃雷索恩

Obano Uprising 奥班诺起义

Obatala 奥巴塔拉

ocean unbounded 去界的海洋

Odisha，Orissa 奥里萨

Oil Rivers 油河

Old Oyo，Oyo empire 老奥约，即奥约帝国

Olokun 海神奥洛昆

Onitsha Province 奥尼查省

Onor，Honavar 霍纳瓦尔

Oné 欧内

Ophir 俄斐山

orientalist 东方主义

Orí 奥里

Ostend Company 奥斯坦德公司

Osun 奥姗

Oti River 奥蒂河

out of time 过期货

Oyster Crusade 牡蛎之征

pagri 帕格里

Pahang 彭亨

Paharpur 帕哈尔普尔

Paika Rebellion 派卡暴乱

paisa, pice 派萨

Pala Empire 波罗王朝

pana 帕纳

panr 帕纳尔

parao 小帆船

parcel 一包

Parvati 雪山女神

Pase, Pasai 八昔

Patani 北大年

Patna 巴特那

Paulaho 保拉胡

pecha 桃子

Pedir 佩蒂尔

Pedu 佩杜

Pegu, Peegu 勃固

peltries 糕点

Phayao 帕尧王国

Phing River 平河

Phitsanulok 彭世洛

pitto, pito 啤托

Pod Duang Money 子弹钱

pon 砰

Pot of the Departed 告别罐

potdar 波特达尔

post-Gupta period 后笈多时代

Pradymn abandhu 乌姆纳邦杜时期

Pravartta 普拉瓦塔

primary money 原始货币

Pugan 蒲甘

Puget Sound 普吉特海湾

pun, pund, pan 普恩

Puri District 普里区

purāṇa 普拉纳

Pushyabhuti Dynasty 伐弹那王朝

Pyu 骠国

Quilon, Kollam, Kawlam, Coilam 奎隆

quintal 公担

raja 王公

Ramkhamhaeng 拉玛甘亨

Raqā, Arakan 阿拉干

Ras Hafun 哈丰角

Ratburi 叻武里

Rau 扰

regional 区域

Ridgeway Collection of Currency 李奇

Suvadiva Atoll 苏瓦代瓦环礁

Swart Valley 斯瓦特河谷

Sylhet 锡尔赫特

tael 两

talisman 护身符

Tananor，Tanur 达努尔

Tangaloa 汤加罗

Tanka，taka，tanga，tangka，tenge，tenga，tanqat 唐加，倘伽

Tapiro 塔皮罗

Tasawa 塔萨瓦

Taungoo Dynasty 东吁王朝

Telugu language 泰卢固语

Tenaaserim 丹那沙林

Terrien De Lacouperie 拉克伯里

the African diaspora 非裔离散人群

the Askiya 阿斯基亚人

the Berber 柏柏尔人

The Chang Mai Chronicle 《清迈编年史》

the Chumash 印第安丘马什人

The Deeds of Harsha 《戒日王传》

the Edo 埃多人

the Enga 恩加人

the fickle goddess 善变的女神

the Gaganda 嘎干达人

the Hupa 胡帕人

the Junkun 久昆人

the Kapauku 卡帕库人

the Karok 卡洛克人

the Korku 考库人

The Laws of King Mengrai 《孟莱王法典》

the Maghribi Jews 犹太人

the Maria 玛利亚人

the Melpa 美尔帕人

the Mon 孟人

the Moors 摩尔人

the Pomo 波莫人

the Saharans 撒哈拉居民

The Theory of Money 《货币理论》

Theogony 《神谱》

Thomas Philipps 托马斯·菲利普斯

tical 提克尔

Timbuktu，Tombuto 廷巴克图

timeless tradition 停滞的传统

tocky，toggy，toccy，tocque 托基

Tola-méré 托拉梅雷

tonawi 东那威

Tootanagga 白铜

trade token 贸易代币

traditional money 传统货币

transnational Appalachia 跨国的阿巴拉契亚山脉

transnational 跨国

trans-local 跨区域

图书在版编目（CIP）数据

海贝与贝币：鲜为人知的全球史／杨斌著译. --
北京：社会科学文献出版社，2021.11（2024.8 重印）
    书名原文：Cowrie Shells and Cowrie Money：A
Global History
    ISBN 978 - 7 - 5201 - 8281 - 2

    Ⅰ.①海…　Ⅱ.①杨…　Ⅲ.①贝币 - 货币史 - 世界
Ⅳ.①K865.6②F821.9

    中国版本图书馆 CIP 数据核字（2021）第 073201 号

## 海贝与贝币：鲜为人知的全球史

著　　译／杨　斌

出 版 人／冀祥德
组稿编辑／董风云
责任编辑／张冬锐　沈　艺
责任印制／王京美

出　　版／社会科学文献出版社·甲骨文工作室（分社）（010）59366527
　　　　　地址：北京市北三环中路甲 29 号院华龙大厦　邮编：100029
　　　　　网址：www.ssap.com.cn
发　　行／社会科学文献出版社（010）59367028
印　　装／北京联兴盛业印刷股份有限公司

规　　格／开本：889mm × 1194mm　1/32
　　　　　印张：18.875　插页：1.25　字数：422 千字
版　　次／2021 年 11 月第 1 版　2024 年 8 月第 3 次印刷
书　　号／ISBN 978 - 7 - 5201 - 8281 - 2
著作权合同
登 记 号／图字 01 - 2019 - 1968 号
定　　价／108.00 元

读者服务电话：4008918866